Der europäische Reformzyklus

Europäische Hochschulschriften
Publications Universitaires Européennes
European University Studies

Reihe V
Volks- und Betriebswirtschaft

Série V Series V
Sciences économiques, gestion d'entreprise
Economics and Management

Bd./Vol. 3284

PETER LANG
Frankfurt am Main · Berlin · Bern · Bruxelles · New York · Oxford · Wien

Ansgar Kortenjann

Der europäische Reformzyklus

Ursachen und Lösungswege aus verfassungsökonomischer Perspektive

PETER LANG
Internationaler Verlag der Wissenschaften

Bibliografische Information der Deutschen Nationalbibliothek
Die Deutsche Nationalbibliothek verzeichnet diese Publikation in der Deutschen Nationalbibliografie; detaillierte bibliografische Daten sind im Internet über <http://www.d-nb.de> abrufbar.

Zugl.: Münster (Westfalen), Univ., Diss., 2007

D 6
ISSN 0531-7339
ISBN 978-3-631-57413-3

www.peterlang.de

Vorwort

Im März 2007 jährte sich zum 50. Mal die Unterzeichnung der Römischen Verträge. Im Rückblick auf die vergangenen 50 Jahre kann festgestellt werden, dass der Traum früherer Generationen von einem Europa in Frieden, Freiheit, Stabilität und Wohlstand Wirklichkeit geworden ist. Die Euphorie über das bislang Erreichte geht jedoch mit Ernüchterung über das Gegenwärtige und Sorge um das Zukünftige der Europäischen Union einher. Die Ratifikationskrise um den Vertrag über eine Verfassung für Europa hat diesen Euroskeptizismus offen zu Tage treten lassen. Eine intensive Diskussion über die konstitutionellen Grundlagen und die Finalität der EU ist überfällig.

Die vorliegende Arbeit, die bei der Philosophischen Fakultät der Westfälischen Wilhelms-Universität Münster als Dissertation eingereicht und angenommen wurde, möchte als grundlegende Analyse und konstruktive Streitschrift einen Beitrag zu dieser Debatte leisten.

Das Verfassen der Arbeit war eine Herausforderung für mich. Dabei habe ich viel gelernt, doch galt es auch, manch mühsame und anstrengende Phase zu überstehen. Bei denjenigen, die mich auf diesem Weg begleitet und unterstützt haben, möchte ich mich herzlich bedanken.

Mein erster Dank gilt Prof. Dr. Thomas Apolte für die Begutachtung und engagierte Betreuung der Arbeit, für Ideen und Impulse, wertvolle Anregungen, ausgezeichnete Literaturtipps sowie gute Antworten auf allerlei Fragen. Bei der Auswahl und Bearbeitung des Themas hat er mir die nötige Freiheit gelassen, um das Forschungsvorhaben nach meinen Ideen und Vorstellungen gestalten zu können. Ebenfalls gilt ihm mein herzlicher Dank für die Möglichkeit, während der Promotion an verschiedenen Fachtagungen teilnehmen zu können. Für die Erstellung des Zweitbegutachtens der Arbeit bedanke ich mich herzlich bei Prof. Dr. Dr. h.c. Wichard Woyke.

Entstanden ist die vorliegende Arbeit zu großen Teilen während meiner Zeit als Mitarbeiter am Institut für Ökonomische Bildung der Universität Münster. Allen Mitarbeitern und Kollegen aus dieser Zeit danke ich für die vielseitige Unterstützung, für mancherlei hilfreiches Material, für lebendiges Interesse und kritisches Nachfragen, für klärende Diskussionen und zahlreiche gute Unterhaltungen – nicht nur in fachlicher Hinsicht! Besonderer Dank gilt Prof. Dr. Rainer Frey, der meine Vorliebe für wissenschaftliches Arbeiten zum richtigen Zeitpunkt erkannt und gefördert hat, Prof. Dr. Gerd-Jan Krol, der mein Interesse für ökonomische Fragestellungen überhaupt erst geweckt hat, Herrn Dirk Loerwald, der mir bei der Durchsicht des Manuskripts sehr hilfreich und engagiert zur Seite stand sowie Frau Britta Meersmann, M.A. für orthographische, grammatikalische und stilistische Korrekturen und zahlreiche Illustrationshilfen.

Großer, tiefer und weiter Dank gebührt meiner Frau Julia, die mich mit Liebe, Verständnis und Ermutigung begleitet hat und meine Promotion zunächst mit großer räumlicher Entfernung mitgetragen und schließlich durch Nähe sehr befördert hat.

Schließlich, aber umso herzlicher, danke ich meinen Eltern Antonia und Gregor Kortenjann. Neben vielen anderen Dingen verdanke ich ihrer Erziehung, ihrer ideellen und materiellen Unterstützung sowie ihrem Zuspruch die Möglichkeit, diese Arbeit geschrieben haben zu können. Ihnen ist dieses Buch gewidmet.

München, im Juli 2007 Ansgar Kortenjann

Inhaltsverzeichnis

Abbildungsverzeichnis

Tabellenverzeichnis

Abkürzungsverzeichnis

abs.	absolute
AdR	Ausschuss der Regionen
Anl.	Anlage
Art.	Artikel
Aufl.	Auflage
Bd.	Band
BVerfGE	Bundesverfassungsgericht
bzw.	beziehungsweise
ca.	circa
CERN	Conseil Européenne pour la Recherche Nucléaire
COREPER	Comité des Representats Permanents
ebd.	ebenda
engl.	englisch
Ders.	Derselbe
d. h.	das heißt
div.	diverse
Dok.	Dokument
dt.	deutsch
EEA	Einheitliche Europäische Akte
ECG	European Constitutional Group
ECOFIN	Economic and Financial Affairs Council
EG	Europäische Gemeinschaft
EGKS	Europäische Gemeinschaft für Kohle und Stahl
EGV	Vertrag zur Gründung der Europäischen Gemeinschaft
EIB	Europäische Investitionsbank
EP	Europäisches Parlament
EPG	Europäische Politische Gemeinschaft
EPZ	Europäische Politische Zusammenarbeit
ERP	European Recovery Program

ESZB	Europäisches System der Zentralbanken
et al.	et alii
etc.	et cetera
EU	Europäische Union
EuGH	Europäischer Gerichtshof
EURATOM	Europäische Gemeinschaft für Atomenergie
EUROSTAT	Statistisches Amt der Europäischen Gemeinschaften
EUV	Vertrag über die Europäische Union
EVG	Europäische Verteidigungsgemeinschaft
EWG	Europäische Wirtschaftsgemeinschaft
ESZB	Europäisches System der Zentralbanken
EZB	Europäische Zentralbank
f.	folgende
ff.	fortfolgende
FuE	Forschung und Entwicklung
GASP	Gemeinsame Außen- und Sicherheitspolitik
GeI	Gericht erster Instanz (Europäischer Gerichtshof)
gem.	gemäß
ges.	gesamt
Hrsg.	Herausgeber
i. S.	im Sinne
i. V.	in Vorbereitung
Jg.	Jahrgang
MdEP	Mitglied des Europäischen Parlaments
NATO	North Atlantic Treaty Organisation
Nr.	Nummer
OECD	Organisation for Economic Cooperation and Development
OEEC	Organisation for European Economic Cooperation
qual.	qualifizierte
S.	Seite

SVR	Sachverständigenrat zur Begutachtung der gesamtwirtschaftlichen Entwicklung
u. a.	unter anderen/m; und andere
UdSSR	Union der Sozialistischen Sowjetrepubliken
überarb.	überarbeitete
übers.	Übersetzt
unveränd.	unveränderte
USA	United States of America
v.	von
Verf.	Verfasser
vgl.	vergleiche
VVE	Vertrag über eine Verfassung für Europa
WSA	Wirtschafts- und Sozialausschuss
z. B.	zum Beispiel
ZIJP	Zusammenarbeit in der Innen- und Justizpolitik
zit.	zitiert

A. Einleitung und Überblick

„Wer nicht weiß, welchen Hafen er anlaufen soll,
bekommt keinen günstigen Wind." (Seneca)

Es gab Zeiten, da wurde der europäische Integrationsprozess mit Anerkennung, Faszination, ja sogar Begeisterung betrachtet. Denn wer hätte nach dem Zweiten Weltkrieg daran geglaubt, dass dieser von nationalstaatlichen Rivalitäten und kriegerischen Auseinandersetzungen gleichermaßen gekennzeichnete und geprägte Kontinent zu einem Raum dauerhaften Friedens und wirtschaftlicher Prosperität für die Menschen werden würde? Europa hat es geschafft, sich in einem – nicht immer gradlinigen – Prozess dorthin zu entwickeln. Und diese Entwicklung ist noch nicht beendet. Europa bewegt sich weiter, jedoch weiß niemand so recht, wohin die aus den Europäischen Gemeinschaften hervorgegangene Europäische Union unterwegs ist. Daher verschwindet zunehmend die Anerkennung, die Faszination verfliegt und die Begeisterung vergeht. Dieser Befund ist jedoch keineswegs ein Novum, denn genau genommen befindet sich Europa seit den Achtzigerjahren in einem dauerhaften Reformprozess, der von der Dringlichkeit geprägt ist, Ziele und Finalität der Integration zu spezifizieren und zu institutionalisieren. Bislang konnte sich Europa dabei als „erfolgreiche Krisengemeinschaft" (*Woyke* 1998) bewähren. Geradezu periodisch wiederkehrende Krisen der Gemeinschaft gingen dabei stets mit substanziellen Integrationsfortschritten einher – nach innen durch Kompetenzverlagerungen und organisatorische Erneuerung und nach außen durch die Aufnahme von weiteren Mitgliedern. In der gegenwärtigen Phase des europäischen Integrationsprozesses scheint jedoch genau dieses Prinzip außer Kraft gesetzt zu sein.

1. Hinführung zum Problemkontext

Um den zuvor beschriebenen Zusammenhang zu verdeutlichen, bietet sich zunächst ein Vergleich an: Man stelle sich daher einer kleine Gruppe von Wanderern vor, die beschließt, sich in Richtung Süden aufzumachen. Den Weg dorthin wollen die Wanderer auf Grundlage ihrer schon etwas in die Jahre gekommenen Wanderkarten finden. Auf die Mitnahme eines Kompasses verzichten sie. Anfangs marschiert die Gruppe voller Elan und mit großen Schritten und nimmt sogar den einen oder anderen weiteren Wanderer am Wegesrand auf. Das Unternehmen stellt sich – im wahrsten Sinne des Wortes – zunächst als ein „Selbstläufer" heraus. Irgendwann jedoch weiß die mittlerweile beachtlich angewachsene Gruppe nicht mehr, wohin es eigentlich weiter geht, denn der Weg nach Süden kann grundsätzlich in süd-östlicher oder in süd-westlicher Richtung fortgesetzt werden. Die alten Karten erweisen sich bei der Lösung dieses Orientierungsproblems als wenig hilfreich, weil sie die tatsächlichen Gegebenheiten nicht mehr korrekt wiedergeben. Da aber bereits eine so große Strecke erfolgreich zurückgelegt wurde, ist man sich darüber einig, dass der Rückweg ausgeschlossen ist. Aus diesem Grund werden die alten Karten überarbeitet, indem man neue Wege einzeichnet und auf dieser Grundlage weitermarschiert. Weil man aber immer noch keinen Kompass zur Hand hat, verständigt man sich darauf, die Karten immer nur bis zu bestimmten Zwischenzielen zu erneuern. Und so marschiert die gesamte Gruppe in Richtung eines noch unkonkreten Ziels weiter, wobei die nächste Zwischenetappe immer schwieriger auszumachen ist. Das jedoch führt zu einer für Wanderer ermüdenden Bewegungsart: die Schritte werden kürzer, das Tempo verlangsamt sich, man verharrt, bleibt stehen und muss an nahezu jeder Wegzweigung eine Pause einlegen, da ein Teil der Wanderer lieber rechts, ein anderer Teil hingegen lieber links weitergehen möchte. Schließlich bewegt sich die Gruppe nur noch in Trippelschritten fort.

Auf einem solchen Weg befindet sich die europäische Integrations-gemeinschaft seit den Achtzigerjahren. Wenngleich es nach einigen wichtigen Wegmarken wie der *Einheitlichen Europäischen Akte* oder dem *Vertrag von Maastricht* zunächst wieder zügig voranging, gelangte man letztlich immer wieder an solche Wegzweigungen und verlor die Grundorientierung. Da in immer kürzeren Zeitabständen eine Pause eingelegt werden musste, um das vorhandene Kartenmaterial zu überarbeiten (*Vertrag von Amsterdam*, *Vertrag von Nizza*), wurde schließlich auf der Zwischenetappe in *Laeken* der Bau eines „Kompasses", den man Verfassung nennen wollte, in Auftrag gegeben. Da ein funktionierender Kompass immer nach Norden weist, hätte man auf Basis dieser Informationen den weiteren Wanderweg nach Süden eindeutig festlegen können. Die Gruppe der Wanderer schreckte jedoch vor einem solch eindeutigen Weg zurück und konstruierte daher einen fehlerhaften „Kompass", dessen Zeiger schwankt und nur tendenziell nach Norden weist. Damit war es möglich, das bisherige Kartenmaterial in eine neue Wanderkarte zu übertragen und einen Weg zu planen, der mal in süd-östliche Richtung zu einem Staatenbund, mal in süd-westliche Richtung zu einem Bundesstaat führt. Die anfängliche Euphorie darüber, nun im Besitz eines solchen Kompasses zu sein, ließ nicht selten die Erkenntnis schwinden, dass man diesen nur unzureichend konstruiert hatte. Spätestens die gescheiterten Verfassungsreferenden in Frankreich und in den Niederlanden haben dazu geführt, dass die Idee eines derartigen „Kompasses" vorläufig gescheitert ist. Seitdem befindet sich die Gruppe abermals in einer Wander- beziehungsweise Denkpause. Wenngleich im Jahr 2007 über das bedeutungsschwangere fünfzigjährige Jubiläum der Römischen Verträge „hinwegpausiert" werden kann, ist spätestens 2009, wenn Wahlen zum Europaparlament stattfinden und eine Neubestellung der Kommission ansteht, die Notwendigkeit gegeben, sich für eine Fortsetzung der Wanderung zu entscheiden.

2. Fragestellung und Aufbau

Ziel der vorliegenden Arbeit ist es, zunächst im Rahmen einer positiven Analyse zu erklären, warum sich die EU seit den Achtzigerjahren in einem Zyklus von institutionellen Reformen befindet, welche in immer kürzeren Zeitabständen abermalige Revisionen des Ist-Zustands erzwingen. Darauf aufbauend sind normative Kriterien zu entwickeln, auf deren Grundlage schließlich ein Beitrag zur Lösung dieses Problems ausgearbeitet werden soll, der der Verfassungsdiskussion in Europa neue Impulse verleihen kann. Konkret wird dabei folgendermaßen vorgegangen: Der sich an diese Einleitung anschließende *Teil B* liefert zunächst durch einen Überblick über den Verlauf der europäischen Integration sowie über die spezifischen Institutionen und Verfahren das nötige Vorverständnis für einen Zugang zum eigentlichen Themenkomplex. Dieser erschließt sich darauf im Rahmen einer Problem*beschreibung*. Es werden die wesentlichen strukturellen Defizite der EU genannt und in einen Zusammenhang mit den Reformanstrengungen seit den Achtzigerjahren bis hin zur aktuellen Verfassungsdebatte gebracht. Dabei steht die Hypothese im Vordergrund, dass alle bisherigen Reformen der EU zwar das eine oder andere Teilproblem lindern konnten, an der wesentlichen Problemlage jedoch kaum etwas zu ändern vermochten. Um diese wesentlichen Probleme spezifizieren zu können, werden in *Teil C* der Arbeit, im Rahmen einer verfassungsökonomischen Problem*analyse*, die grundsätzlichen Bedingungen europäischer Herrschaft aus liberal-individualistischer Perspektive hergeleitet. Im Verlauf dessen wird der spezifische (quasi-)föderale Charakter der EU in den Vordergrund gerückt. Dabei ist die Hypothese zu überprüfen, dass die föderalen Strukturen – in der momentanen Ausprägung – nicht nur ein Problem für die EU darstellen, sondern auch ein, wenn nicht sogar *das* Instrument zur (Auf-)Lösung des europäischen Reformzyklus sind. Allerdings kommt es dabei entscheidend auf die spezifische Konstitution und institutionelle Gestaltung eines solchen föderalen Systems an, was inhaltlicher Hauptbestandteil des in *Teil D* herausgearbeiteten Problem*lösungsansatzes* ist. Auf Grundlage der dabei erzielten Ergebnisse werden schließlich in *Teil E* Lehren für die aktuelle Reformdiskussion in der EU gezogen und dementsprechende *Perspektiven* europäischer Reformgestaltung erarbeitet.

Im Zentrum der Analyse stehen sehr grundsätzliche Aspekte der europäischen Integration. Um eine sachgemäße Auseinandersetzung mit solch grundsätzlichen Themen zu gewährleisten, ist es erforderlich, die folgende Analyse in einen konsistenten theoretischen Rahmen zu stellen.

3. Methodisches Vorgehen

Die Forderung nach einem solchen konsistenten theoretischen Rahmen erweist sich jedoch zunächst als problematisch. Gerade die Komplexität der europäischen Integration verstärkt die Tatsache, dass einzelne wissenschaftliche Disziplinen jeweils andere Theorien verwenden, um sich einem Themengebiet anzunähern. Eine Analyse der europäischen Integration aus juristischer, philosophischer, politikwissenschaftlicher, soziologischer, geografischer oder ökonomischer Perspektive führt häufig zu teilweise vollkommen unterschiedlichen Ergebnissen. Eine solch monodisziplinär begründete Herangehensweise ist durchaus immer dann sinnvoll, wenn Einzelaspekte im Zentrum der Betrachtung stehen. Dass Ökonomen besser fundierte Aussagen zum Bereich der Wirtschafts- und Währungsunion treffen können, während Juristen bei der Auslegung der Verträge eine zentrale Funktion zukommt und Politikwissenschaftler ihr Spezialwissen auf dem Gebiet der politischen Institutionen anwenden, dürfte in der Regel zustimmende Anerkennung finden. Wenig hilfreich ist eine solche Herangehensweise indessen dann, wenn grundsätzliche und normative Aspekte in den Vordergrund rücken, wie beim Thema *institutionelle Reform* und *Europäische Verfassung*. In diesem Fall erweist sich vielmehr die Behauptung als zutreffend, dass es keinen Königsweg wissenschaftlicher Forschung gibt, sondern lediglich eine Vielzahl unterschiedlicher Pfade der Annäherung an das, was sich vielleicht als Wahrheit bezeichnen ließe und worüber Erkenntnisse gewonnen werden sollen. Nichtsdestotrotz gilt es hinsichtlich des anfangs betonten Erfordernisses eines konsistenten theoretischen Rahmens, sich für einen disziplinspezifischen, forschungstheoretisch begründeten Erkenntnispfad zu entscheiden. Im Rahmen der vorliegenden Untersuchung ist dies der ökonomische Ansatz – jedoch nicht in seiner über den Gegenstandbereich definierten „klassischen“ Form, sondern in jener über seine spezifischen Axiome definierten „modernen“ Ausprägung, wie sie in vielen Bereichen gesellschaftlicher Interaktionen Anwendung findet.

Ebenso wie andere Disziplinen verfügt auch der ökonomische Theorieansatz über keine vorherrschende Lehre, die von allen Vertretern in derselben Weise akzeptiert und angewandt wird. Doch ungeachtet sämtlicher bestehender Unterschiede zeichnet sich die wissenschaftliche Gemeinschaft in der Hinsicht durch einen gewissen Grad an Homogenität aus, dass es einige fundamentale Gemeinsamkeiten als Elemente eines *ökonomischen Grundmodells* gibt, die weithin anerkannt und berücksichtigt werden. Dazu zählen:

- *Methodologischer und normativer Individualismus*: Im Zentrum steht dabei die dem Liberalismus verpflichtete Auffassung, dass das Individuum Mittel- und einziger Bezugspunkt der Theorie ist. Das Individuum ist die einzige Quelle von Werten und dadurch alleinige Beurteilungsinstanz alternativer Zustände. Demnach bestimmen ausschließlich individuelle Ziele die Ergebnisse. Ein solches anthropozentrisches Weltbild hat Auswirkungen auf die Eigenschaften sozialer Systeme. Wenn nämlich jedes Handeln individuelles Handeln ist, dann können – wie auch immer beschaffene – Gruppen nicht in ihrer Gesamtheit handeln, sondern ausschließlich auf der Basis individueller Entscheidungen. Damit ist jegliche Form einer organischen Staatsauffassung, die von der grundsätzlichen

Möglichkeit staatlichen Handelns ausgeht, strikt abzulehnen. Ausprägungen einer solchen kollektivistischen Annahme wie das „öffentliche Gemeinwohl", „nationale Verantwortung" oder „mitgliedstaatliche Interessen" werden vor diesem Hintergrund, gerade auch im Hinblick auf den europapolitischen Kontext, hinfällig.

- *Problemorientierung auf Entscheidungen unter Knappheit*: Die allgemeine Knappheit der Ressourcen führt dazu, dass individuelles Handeln stets unter diesen Bedingungen stattfindet. Die natürliche Knappheit der Ressourcen und das damit einhergehende Problem der Allokation auf verschiedene Verwendungsmöglichkeiten schränken den individuellen Entscheidungsspielraum ein und gelten als ein zentrales Konfliktpotenzial einer gesellschaftlichen Ordnung.
- *Unterscheidung und Trennung von Präferenzen und Restriktionen*: Es wird von gegebenen, unersättlichen individuellen Präferenzen ausgegangen, während die Restriktionen grundsätzlich veränderbar sind. Die individuelle Nutzenmaximierung findet unter diesen Bedingungen statt. Ändert sich das individuelle Verhalten, dann ist die Ursache hierfür in einer Veränderung der relevanten Restriktionen zu sehen und nicht in einer Veränderung der Präferenzen selbst.
- *Rationalverhalten*: Das Individuum ist dazu in der Lage, seine Handlungen den Restriktionen rational anzupassen, indem es Entscheidungen auf Grundlage eines Kosten-Nutzen-Kalküls gemäß dem relativen Vorteil seiner eigenen Präferenzen trifft. Das Rationalprinzip wird verwirklicht, wenn die bezüglich eines Ziels optimale (Handlungs-) Alternative gewählt wird.
- *Repräsentativverhalten*: Die ökonomische Analyse bezieht sich nicht auf einen bestimmten Einzelfall, sondern auf das typische Verhalten von Individuen in einer spezifischen Situation. Die Suche nach Gesetzmäßigkeiten steht demnach im Vordergrund, wobei Abweichungen im konkreten Einzelfall sowohl möglich als auch durchaus üblich sind.

Der ökonomische Denkansatz zeichnet sich dadurch aus, beobachtbare Phänomene unter Rückgriff auf diese Grundannahmen erklären zu können. Selbstverständlich ist der Preis dieser Annahmen eine Abstraktion von der Wirklichkeit. Will man jedoch – und das ist das ureigene Ziel wissenschaftlicher Forschung – die Wirklichkeit *erklären* und nicht bloß *beschreiben*, dann ist ein gewisser Abstraktionsgrad unvermeidlich, um die Komplexität der Wirklichkeit auf handhabbare Modelle zu reduzieren. Der ökonomische Denkansatz als wissenschaftstheoretische Grundlage zur Erkenntnisgewinnung ist diesbezüglich häufiger Kritik ausgesetzt – auch und gerade von anderen Vertretern der Sozialwissenschaften. Diese Kritik wird im Rahmen der Untersuchung dann aufgegriffen, wenn die oben genannten Annahmen hinsichtlich eventueller Unvollkommenheiten individueller Rationalität oder möglicher Transaktionskosten zugunsten der Wirklichkeit an der einen oder anderen Stelle relativiert werden. Für den vorliegenden Zusammenhang ist der ökonomische Denkansatz gerade deshalb von großer Relevanz, weil er Organisationen und Kollektive nicht als eigenständige Akteure betrachtet. Vielmehr richtet die ökonomische Theorie bei der Erklärung und Analyse sozialer Erscheinungen den Fokus auf die individuelle Akteursebene und die handlungsbestimmenden systematischen Anreize. Die Europäische Union ist – in abstrakter Hinsicht – eine solche soziale Konstellation. Und was liegt vor dem Hintergrund des häufig erhobenen – und durchaus berechtigten – Vorwurfs mangelnder Bürgerorientierung näher, als den europäischen Bürger selbst ins Zentrum der theoretischen Analyse zu stellen und auf dieser Grundlage Probleme zu erklären und zu entsprechenden Lösungsansätzen zu gelangen?

B. Erfolge und Probleme des europäischen Integrationsprozesses

„Viele sind hartnäckig in Bezug auf den einmal eingeschlagenen Weg, wenige in Bezug auf das Ziel.“ (Friedrich Nietzsche)

Seit über einem halben Jahrhundert herrscht in der Mitte Europas Frieden. Das ist in der europäischen Geschichte nicht nur eine Seltenheit, sondern vor dem Hintergrund zweier Weltkriege im vergangenen Jahrhundert auch eine außerordentliche Leistung und Entwicklung. Kriegerische Auseinandersetzungen zwischen den Mitgliedstaaten der EU sind heute nicht nur undenkbar, sie sind wegen der ökonomischen, gesellschaftlichen und politisch-institutionellen Verzahnung geradezu unmöglich geworden. Der europäische Vereinigungsgedanke hat in dieser Hinsicht heute immer noch eine große Bedeutung – nicht zuletzt nach dem Ende der politisch-ideologischen und wirtschaftlichen Spaltung Europas. Doch wenngleich die Sicherung und Gewährleistung des Friedens für die Bürger in Europa immer noch ein hohes Gut darstellt, hat Europa an Anerkennung verloren. Eine ausufernde Bürokratie, schwerfällige Entscheidungsprozesse und eine fehlende Rückkopplung mit den Interessen der Bürger werden momentan vorwiegend mit der europäischen Idee in Verbindung gebracht – erst recht nach den gescheiterten Verfassungsreferenden in Frankreich und in den Niederlanden. Offenkundig gibt es strukturelle Probleme in der EU, welche im Folgenden zunächst in einen Kontext mit den unbestreitbaren Erfolgen der europäischen Integration gebracht werden, um auf dieser Grundlage sodann die Defizite zu spezifizieren und einer weiter gehenden Problemanalyse zugänglich zu machen.

1. Die europäische Integration

Der europäische Integrationsprozess entzieht sich durch seine Komplexität einfachen Beschreibungen, Analysen und Bewertungen und ist auch aus diesem Grund Thema einer Fülle wissenschaftlicher Arbeiten. Bis zum heutigen Tage ist selbst der Begriff „Europa“ nicht eindeutig bestimmbar. Vielmehr entzieht sich Europa aufgrund der historischen Entwicklungen und der damit zusammenhängenden politischen und kulturellen Vielfalt einfachen Definitionsansätzen. Der Begriff „Europa“ markiert durch alle Epochen hindurch sowohl eine geografische als auch eine normative Größe (vgl. *Weidenfeld* 2002, S. 18), wobei jedoch weder die räumliche Ausdehnung *von* Europa noch die normative Begründung *für* Europa exakt bestimmbar sind. Der Komplex Europa ist derart facettenreich, dass er inhaltlich aus verschiedenen Perspektiven gefüllt werden kann. Ganz in diesem Sinne impliziert auch der europäische Integrationsprozess eine Vielzahl unterschiedlicher institutioneller Leitbilder und -ideen, welche ihrerseits die große Spannbreite – teilweise divergierender – Europavorstellungen verdeutlichen und sich damit zugleich einer einfachen Abhandlung dieses Phänomens entziehen. Das heutige Europa stellt sich als ein unvollendetes, noch im Werden begriffenes Gebilde dar. Demnach kann auch die Europäische Union (noch) nicht als die abschließende Stufe der Integration bezeichnet werden. Gerade aufgrund dieses prozesshaften Charakters der europäischen Integration erscheint es daher angemessen, zunächst einige grundsätzliche Überlegungen anzustellen, um auf dieser Basis ein Vorverständnis für „typisch europäische" Abläufe zu entwickeln. Dabei ist herauszuarbeiten, wie es der EU gelungen ist, „den Begriff Europa an sich zu ziehen und zu bewirken, dass im allgemeinen Sprachgebrauch der Name Europa für die Europäische Union steht und man sie meint, wenn heute von Europa die Rede ist" (*Isensee* 2007).

1.1 Ausgangssituation

Der eigentliche europäische Integrationsprozess hat unmittelbar nach dem Zweiten Weltkrieg begonnen. Die heutige Europäische Union[1] gilt dabei als das institutionelle Ergebnis einer erfolgreichen regionalen Integration[2]. Genau genommen geht die auch unter dem Begriff „Europamythos" zusammengefasste europäische Integrations- und Einigungsidee allerdings bis ins Mittelalter beziehungsweise – je nach Einschätzung – ins frühe Mittelalter oder sogar in die Antike zurück.[3] Konzepte zur Einigung Europas haben somit eine ausgedehnte historische Dimension. Insbesondere nach verheerenden Kriegen wurden immer wieder Pläne für ein geeintes Europa entworfen und präsentiert, die nach innen Frieden und nach außen kollektiven Schutz gewähren sollten. Jedoch werden diese derart weit in die Geschichte zurückreichenden Vorstellungen und Konzepte im Rahmen dieser Ausführungen nicht berücksichtigt.

Die vorliegende Untersuchung knüpft vielmehr im Jahr 1945 an. Ab diesem Zeitraum ist ein Entwicklungsprozess zu verzeichnen, in dessen Verlauf sich europäische Nationalstaaten auf freiwilliger Basis zusammengeschlossen haben und durch die Abgabe souveräner Rechte jene eigene europäische Ebene institutionalisiert und etabliert haben, welche sich heute als das vielschichtig integrierte und interdependente politische Gebilde EU präsentiert. Wenngleich die Europäische Union viele historische Vorläuferideen und -projekte hat, so stellt der Mitte des 20. Jahrhunderts einsetzende Integrationsprozess doch eine neue Ent-

---

[1] Der offizielle Name der europäischen Gemeinschaftsinstitution hat sich im Laufe der Zeit mehrfach geändert und ist abhängig von dem jeweiligen rechtlichen Status, welcher im engen Zusammenhang mit der Entstehungsgeschichte zu sehen ist (vgl. dazu auch *Wagener/Eger/Fritz* 2006, S. 80). Im Rahmen dieser Arbeit wird die Bezeichnung Europäische Union (EU) gewählt, sofern nicht explizit auf ein anderes vertragliches Arrangement (EGKS, EWG, EG etc.) eingegangen wird.

[2] Vor dem Hintergrund des Ost-West-Konflikts vollzog sich die europäische Integration jedoch zunächst nur in Westeuropa.

[3] Einen Überblick über die Geschichte und Entwicklung der europäischen Einigungsidee bieten u. a. *Bowle* (1993), *Heater* (1992), *Padgen* (2002), *Plessen* (2003) und *Schulhoff* (1997).

wicklung in der europäischen Geschichte dar: Zu keiner Epoche war Europa bislang politisch vereint.[4] Europa zeichnet sich schon immer durch eine beträchtliche geistes- und kulturgeschichtlich sowie machtpolitisch geprägte Vielfalt aus. Insbesondere im 18. und 19. Jahrhundert bildete sich in einem vielfältig territorial zersplitterten Europa der Nationalstaat als *die* dominierende politische Organisationsform heraus. Das führte letztlich zur Differenzierung Europas in verschiedene Länder, welche sich allesamt geografisch, historisch und kulturell voneinander abzugrenzen versuchten. Von diesem Zeitraum an ist die Entwicklung in Europa stets durch diese vorherrschende Rolle der Nationalstaaten geprägt. Auch wenn es vor dem Hintergrund der EU aus heutiger Sichtweise geradezu paradox klingt: „Nichts ist so europäisch wie Europas Zersplitterung in Nationen und Nationalstaaten" (*Schulze* 2002, S. 41).

Europa war jedoch räumlich zu begrenzt, damit sich eine derart ausgeprägte Vielfalt auf solch engem Raum isoliert nebeneinander hätte entwickeln können. Die europäischen Staaten mussten sich daher zwangsläufig voneinander abhängig entwickeln. Das geschah entweder in Kooperation oder im Konflikt. So betrachtet kann das Bewegungsmoment der europäischen Integration letztlich immer als eine Frage von Krieg und Frieden bewertet werden. *Bracher* (1979, S. 459) beschreibt diesbezüglich die Geschichte Europas als einen „geradezu dialektischen Konflikt zwischen zwei Grundtendenzen [...]: Auseinanderentwicklung der Staaten, Nationen, Kulturen und ihr enger Zusammenhang; Verschiedenheit und Gleichheit; Differenzierung und Vereinheitlichung". Die europäischen Völker wissen einerseits, dass sie aufeinander angewiesen sind und sich demnach nicht voneinander entziehen können, und suchen andererseits dennoch die Unterscheidung voneinander. Gemeinsame europäische Projekte fanden demzufolge zunächst nahezu ausschließlich im Rahmen von zwischenstaatlichem Handel oder von militärischen Zusammenschlüssen statt. Die Idee einer weiter gehenden europäischen Zusammenarbeit, wie sie beispielsweise von Kant entworfen wurde,[5] scheiterte zumeist an der machtpolitischen Konstellation in Europa und der damit zusammenhängenden fehlenden Bereitschaft der Staaten, freiwillig auf Souveränität zu verzichten. Bis ins 20. Jahrhundert hinein versuchte man, Konflikte, welche sich zu geradezu schicksalhaften kriegerischen Auseinandersetzungen entwickelten, durch die Bildung von Allianzen zu lösen, um ein europäisches Gleichgewicht zwischen den souveränen Nationalstaaten zu schaffen und das Herausbilden *einer* vorherrschenden Hegemonialmacht zu verhindern. Die Erfahrungen von zwei Weltkriegen im 20. Jahrhundert ließen je-

---

[4] Mancher mag in diesem Zusammenhang an das *„regnum Europae"* Karls des Großen denken, jedoch war auch diese Einheit Europas im Mittelalter letztlich das Ergebnis einer Expansionspolitik der Eroberung und Unterwerfung.

[5] In diesem Zusammenhang sei verwiesen auf Kants philosophischen Entwurf „Zum ewigen Frieden" von 1795, welcher für die Europadiskussion bis in die Gegenwart von Relevanz ist.

doch an der dominierenden Stellung der Nationalstaaten als souverän verbleibende Einheiten im Hinblick auf die Frage von Krieg und Frieden in Europa zweifeln. So bestätigte insbesondere der Zweite Weltkrieg die lang verdrängte Einsicht, dass die innereuropäischen Kriege letztlich zum Verlust der Stellung Europas in der Welt geführt hatten. Damit war prinzipiell der Weg für eine – in welcher Form auch immer – engere politische Zusammenarbeit zwischen den europäischen Nationalstaaten geebnet. Kooperation und Verflechtung durch Integration wurden in diesem Zusammenhang als ein – zunächst theoretisch begründetes – Gegenmodell zum bisherigen Ansatz verstanden. Demnach sollte die dominierende Rolle der Nationalstaaten beziehungsweise eines Nationalstaates durch Integration eingeschränkt werden, um die zwischenstaatlichen Differenzen beizulegen und darüber hinaus eine Bündelung der einzelstaatlichen Potenziale zu ermöglichen. Auf der Basis dieses theoretischen Denkansatzes ist letztlich der ab 1945 einsetzende europäische Integrationsprozess in seiner historischen Ausgangsdimension einzuordnen.

1.2 Ziele und Prinzipien der europäischen Integration

In der Geschichte der Menschheit hat es schon immer Bündnisse zwischen Staaten gegeben. Es liegen in diesem Kontext zahlreiche Untersuchungen vor, die sich mit den Bedingungen und Voraussetzungen für einen erfolgreichen Zusammenschluss zwischen Staaten beschäftigen. So hat beispielsweise *Wheare* (1959, S. 52) am Beispiel der USA, Kanadas, Australiens und der Schweiz folgende Faktoren einer erfolgreichen Integration zwischen Staaten herausgearbeitet:

- Militärische Unsicherheit und die Notwendigkeit gemeinsamer Verteidigung;
- Unabhängigkeit von fremden Mächten;
- Erwartung wirtschaftlicher Vorteile;
- gewisse politische Verbundenheit der betreffenden Gemeinwesen;
- geografische Nachbarschaft;
- ähnliche politische Regierungssysteme.

Im Hinblick auf die Ursprünge der europäischen Integrationsgeschichte treffen diese Kriterien weitgehend zu. Die einzige Ausnahme bildet der vierte Punkt, unter welchem *Wheare* (1959, S. 52) konkret die „Verbundenheit [...] in einem losen Staatenbund [...] oder als Teil desselben Reiches" versteht. Ohne auf die folgenden Ausführungen vorweg zu greifen kann bereits behauptet werden, dass erst mit der EGKS von einer europäischen Integration in diesem Sinne gesprochen werden kann. Wie sich jedoch noch zeigen wird, ist es schwierig, die Abfolge und Inhalte der europäischen Integration systematisch und geradlinig aufzuzeigen, denn es fehlt an einer im Vorhinein vereinbarten Konzeption einer europäischen Gemeinschaft, in der Themen, Bereiche und Umfang der Integrationsbestrebungen festgelegt sind. So sind – letztlich bis zum heutigen Tag – weder der Integrations*weg* noch das Integrations*ziel* exakt bestimmt. Doch obwohl keine expliziten integrationspolitischen Strategien verfolgt wurden,[6] basiert der europäische Integrationsprozess von Beginn an auf einigen grundlegenden Prinzipien, die sich weitestgehend aus dem spezifischen historischen Kontext ergeben haben: Vor dem Hintergrund des Zweiten Weltkriegs, der Schutzmachtstellung der USA in Westeuropa und dem Expansionsstreben der Sowjetunion nahmen ab 1945 europäische Integrationspläne insofern eine konkrete Gestalt an, als dass ein europäisches Integrationsprojekt zum einen die fälligen Konsequenzen aus der langen Konfliktgeschichte Europas ziehen und zum anderen eine Reaktion Westeuropas auf die „Bedrohung" aus dem Osten sein sollte.

Gestützt durch die Annahme einer europäischen Zivilisations- und Wertegemeinschaft und geprägt durch die Erfahrungen zahlreicher kriegerischer Auseinandersetzungen zwischen den europäischen Staaten, insbesondere jedoch durch den Zweiten Weltkrieg, gelangte man zu der Überzeugung, dass die wirtschaftliche und politische Einigung Europas die einzige Möglichkeit zur Überwindung des Sicherheitsdilemmas zwischen den europäischen Staaten sei und nur damit eine stabile und dauerhafte Friedensordnung in Europa geschaffen werden könne. Ökonomisch betrachtet handelt es sich hierbei um eine kollektive Selbstbindung zur Überwindung einer Gefangenendilemmasituation. Letztere liegt vor, wenn für jedes Individuum Nichtkooperation die dominante Strategie darstellt, denn bei voneinander unabhängiger Entscheidung können beide Parteien einen größeren Nutzen erreichen, wenn sie nicht kooperieren. Kooperieren die Parteien jedoch tatsächlich beide nicht, so verschlechtern sie ihre Situation gegenüber einer Kooperationslösung. Genau eine solche Situation der Nichtkooperation lag in Europa viele Jahre vor, wie in Tabelle 1 am Beispiel von Deutschland und Frankreich illustriert ist (vgl. *Witte* 1995, S. 39): Rüstet beispielsweise Deutschland auf, während Frankreich nicht in Rüstung investiert, so kann Frankreich die damit eingesparten Ressourcen zwar anderweitig nutzen, muss jedoch damit rechnen, von Deutschland angegriffen zu werden – schließlich verfügt man über kein oder nur wenig Militär. Deutschland kann durch die Androhung militärischer Gewalt sodann besser eigene Interessen und Ansprüche gegenüber Frankreich durchsetzen und damit letztlich sein Nutzenpotenzial auf 6 Einheiten erhöhen (Quadrant III). Gleiches gilt selbstverständlich auch, wenn die Rollen vertauscht werden und Frankreich rüstet, während Deutschland auf solche Maßnahmen verzichtet (Quadrant II). Die dominante Strategie wird damit für beide Länder sein, in Rüstung zu investieren. Zwar müssen für diese Investition Ressourcen aufgewandt werden, doch wird damit gewährleistet, dass der jeweils andere seine Interessen nicht mehr ohne Weiteres durch die Androhung oder

[6] Ein systematischer Überblick über verschiedene integrationspolitische Strategien findet sich bei *Theurl/Meyer* (2001), S. 67 – 80.

Anwendung militärischer Gewalt durchsetzen kann – man selbst jedoch auch nicht! Aus diesem Grund realisieren Deutschland und Frankreich jeweils ein Nutzenniveau von 2, abgebildet im Quadranten I. Unter diesen Bedingungen – und diese lassen sich tatsächlich in Europa bis zum Zweiten Weltkrieg vielfach beobachten – besteht für beide Länder ein Anreiz zur Aufrüstung – egal, wie das andere Land sich verhält. Rüstet man auf, während das andere Land auch rüstet, so steigert man sein Nutzenniveau von 0 auf 2 Einheiten (Quadrant II/III → Quadrant I), rüstet man auf, während das andere Land nicht rüstet, so lässt sich ein Nutzenzuwachs von 4 auf 6 Einheiten realisieren (Quadrant IV → Quadrant II/III). Ohne Absprache bleiben damit Deutschland und Frankreich immer im Quadranten I „gefangen". Erst durch eine gegenseitige verbindliche Verpflichtung beider Parteien, die Rüstung bzw. rüstungsnahe Produktionen einer gegenseitigen Kontrolle zu unterwerfen, können Deutschland und Frankreich gegenseitig glaubhaft gewährleisten, die eigenen Interessen nicht mehr durch Androhung oder Anwendung von Gewalt durchsetzen zu wollen. Anders ausgedrückt lässt sich durch einen solchen Akt kollektiver Selbstbindung gegenseitige Sicherheit durch Kooperation statt durch Abschreckung erreichen. In der Folge können Deutschland und Frankreich die nicht mehr in Rüstungsinvestitionen gehenden Ressourcen anderweitig nutzen und darüber hinaus *economies of scale* nutzen[7], so dass beide Länder ein höheres Nutzenniveau von jeweils 4 Einheiten erreichen können.[8]

Tabelle 1: Gefangenendilemma

		Deutschland	
		Rüstungsinvestition	*keine Rüstungsinvestition*
Frankreich	*Rüstungsinvestition*	**I (2/2)**	**II (6/0)**
	keine Rüstungsinvestition	**III (0/6)**	**IV (4/4)**

Quelle: Eigene Darstellung auf Basis von *Witte* (1995, S. 39)

Eng verbunden war das Ziel kollektiver Selbstbindung mit einer konsequenten politischen Integration und Kontrolle Deutschlands. Insbesondere galt es dabei, das in der Vergangenheit konfliktgenerierende deutsche Wirtschafts- und Militärpotenzial einbinden und überwachen zu können. Die Kooperation der beiden

[7] Beispielsweise durch eine gemeinsame Verteidigung gegenüber Drittländern, wenngleich gerade dieser Bereich in der EU nur unzureichend ausgeschöpft wird.

[8] In diesem Zusammenhang ist allerdings zu betonen, dass die Aussagekraft des hier gewählten Beispiels entschieden davon abhängt, welche und vor allem wessen Kosten und Nutzen man jeweils abträgt.

„Erbfeinde" Deutschland und Frankreich wurde ebenfalls als Vorbedingung für stabile Verhältnisse in Europa betrachtet. Einen diesbezüglichen Ansatzpunkt sah man zunächst vor allem im Bereich wirtschaftlicher Integration. Die durch eine Intensivierung des zwischenstaatlichen Handels induzierten komparativen Austausch-, Effizienz- und Wachstumsgewinne müssen darüber hinaus auch als ein eigenständiges elementares Prinzip der europäischen Integrationsidee gesehen werden, um Europa dauerhafte wirtschaftliche Stabilität und Prosperität sowie sozialen Fortschritt zu ermöglichen. Auf der Basis von durch den Prozess der ökonomischen Integration geförderten Wohlfahrtsgewinnen und der damit einhergehenden Freiheit und Mobilität von Personen und Waren sollte nicht zuletzt auch die Überlegenheit des marktwirtschaftlich-kapitalistischen Systems gegenüber dem System der Zentralverwaltungswirtschaft gezeigt werden. In dieser Hinsicht ist das europäische Integrationsprojekt auch als ein Produkt des Ost-West-Konflikts zu sehen. Wenngleich die europäische Integrationsidee zunächst auch von einigen als eine „Dritte Kraft" im Sinne eines eigenständigen politischen und wirtschaftlichen, geostrategischen Gegengewichts zu den Supermächten USA und Sowjetunion gesehen wurde (vgl. *Bracher* 1979, S. 426), hat sich schnell gezeigt, dass dieses Konzept durch die Formierung der politisch-militärischen Blöcke mit ihrer Trennlinie mitten durch den europäischen Kontinent spätestens seit Beginn der Fünfzigerjahre hinfällig geworden war. Die Integrationsbestrebungen in (West-)Europa waren demnach maßgeblich von der sich herausbildenden atlantischen Sicherheits- und Wertegemeinschaft mit den USA geprägt. Das näher zusammengerückte Westeuropa war somit eher ein „Bollwerk" gegen ein gegnerisches System und dessen Ideologie als eine zwischen den beiden Systemen angelagerte, alternative Organisationsform, mittels welcher die westeuropäischen Staaten einen Teil jener Macht zurückzuerlangen glaubten, die sie im Zuge des Zweiten Weltkriegs verloren hatten. Betrachtet man diese grundlegenden Ziele in einem Gesamtzusammenhang, so lassen sich vor allem drei Hauptmotivationsstränge für das europäische Integrationsprojekt hervorheben:

- Aufbau einer europäischen Friedensordnung durch politische, militärische und wirtschaftliche Kooperation (politisches Kalkül);
- Schaffung von Wohlstand (ökonomisches Kalkül);
- Aufbau eines Gegengewichts und -modells zum sowjetischen Expansionsstreben (ideologisches Kalkül).

Gleichwohl sind diese grundlegenden Ziele derart weit gefasst, dass sich daraus kein fester Integrationsplan für Europa ergeben konnte. Folglich wundert es auch nicht, dass sich die europäische Integration zunächst auf eher pragmatische Weise nach dem sogenannten „Prinzip Monnet" entwickelte. Demzufolge bewegten sich die Nationalstaaten in kleinen Schritten dort gemeinsam voran, wo es ihnen in ihrer jeweiligen historischen Situation politisch annehmbar erschien (vgl. *Brasche* 2003, S. 11).

2. Bewegung und Stillstand – zur Entwicklungsgeschichte der europäischen Integration

Die tatsächliche Integration Europas vollzog sich vor dem Hintergrund der zuvor ausgeführten ideellen Grundlagen der europäischen Einigungsidee anfangs in einzelnen Schritten, in denen Vereinbarungen über zunächst wirtschaftliche und zunehmend auch politische Ziele zwischen den beteiligten Staaten getroffen wurden. Zum heutigen Zeitpunkt kann konstatiert werden, dass es gelungen ist, in Europa einen friedlichen Rahmen für die Staaten zur konstruktiven Beilegung ihrer Differenzen und zur Bündelung ihrer Kräfte zu etablieren. Um zu zeigen, dass sich Europa nicht geradlinig auf dieses Ergebnis hin entwickelt hat, sondern in einem von Bewegung und Stillstand geprägten Prozess, sollen im Folgenden die wichtigsten Stationen des Integrationsprozesses überblicksartig skizziert werden.

2.1 Entstehungsphase (1945–1950)

Unmittelbar nach dem Zweiten Weltkrieg standen für die europäischen Staaten zunächst der Wiederaufbau und die Sicherung der allgemeinen Grundversorgung im Mittelpunkt. Wenngleich der Wiederaufbau zunächst vornehmlich auf nationalstaatlicher Basis erfolgte, begannen politische und gesellschaftliche Akteure, sich vermehrt mit der Schaffung von Strukturen jenseits des Nationalstaates zu beschäftigen. Beispielsweise plädierte *Churchill* im September 1946 in Zürich für „die Vereinigten Staaten von Europa" (zit. nach *Gasteyger* 2001, S. 43). Der 1949 begründete und auch als „europäisches Rohmodell" (*Gruner/Woyke* 2004, S. 43) bezeichnete Europarat kann als Forum für die künftige Gestaltung und Ausarbeitung Europas gesehen werden. In diesem Organ gab es – schon damals – einen Richtungsstreit zwischen jenen, die eine einheitliche, über den bisherigen europäischen Staaten stehende supranationale Ordnung anstrebten, und jenen, die am herkömmlichen System der eigenverantwortlichen Nationalstaaten festhalten und lediglich die Zusammenarbeit zwischen den Regierungen in bestimmten Politikfeldern intensivieren wollten. Mehr Einigkeit bezüglich einer europäischen Zusammenarbeit herrschte hingegen beim ökonomischen Wiederaufbau. Insbesondere gestützt durch den in das *European Recovery Program* (ERP) eingebetteten und von der US-amerikanischen Administration initiierten *Marshallplan* entstand in dieser Zeit die Grundlage des sogenannten „Wirtschaftseuropas". Die Durchführung und Verwaltung der *Marshallplan*-Hilfsmaßnahmen oblag dabei zu großen Teilen der im Jahr 1947 gegründeten OEEC (*Organization for European Economic Cooperation*). Wenngleich diese Form wirtschaftlicher Integration vornehmlich aus politischen Motiven von den USA vorangebracht wurde, um das neu entstandene (Wirtschafts-)Europa institutionell binden zu können, wurde damit die Grundlage für eigene Integrationspläne der europäischen Staaten gelegt, welche zur Gründung der Europäischen Gemeinschaften führte.

2.2 Gründung der europäischen Gemeinschaften (1950–1957)

Der bereits erwähnte Streit zwischen Anhängern einer supranationalen Föderativordnung und einer rein zwischenstaatlichen Organisationsform führte letztlich zur Gründung von zunächst funktional zusammengehörigen Sonderorganisationen. So stellte 1950 der sogenannte *Schuman*-Plan des gleichnamigen französischen Außenministers eine europäische Lösung für das Problem der nationalen Verfügungsgewalt über kriegswichtige Rohstoffe dar. Der Plan sah nicht nur die Zusammenlegung der Kohle- und Stahlproduktion Frankreichs und Deutschlands vor, sondern zudem die Gründung einer – in ihren konzeptionellen Grundzügen supranationalen – Organisation, die auch anderen europäischen Ländern zum Beitritt offen stehen sollte. Mit der Unterzeichnung des Pariser Vertrags am 18.4.1951 fand der *Schuman*-Plan in der Gründung der am 25.7.1952 in Kraft getretenen *Europäischen Gemeinschaft für Kohle und Stahl* (EGKS) zwischen Deutschland, Frankreich, Italien und den Benelux-Staaten seine institutionelle Umsetzung und damit die europäische Integration ihren eigentlichen Anfang.

Mit dieser ersten echten – zunächst sektoral integrierten[9] – europäischen Gemeinschaft mit eigenen Zuständigkeiten und Institutionen[10] begann eine neue Etappe der europäischen Einigungsbemühungen, welche, zusammen mit einer *Europäischen Verteidigungsgemeinschaft* (EVG), ihren Abschluss in einer *Europäischen Politischen Gemeinschaft* (EPG) finden sollte. Der Entwurf für einen Vertrag zur Bildung einer EPG enthielt dabei Konzeptionen, die fortan nicht nur Bestandteil europäischer Verfassungsdiskussionen werden sollten, sondern darüber hinaus in ihrer Reichweite den heutigen Organisationsstand der EU teilweise übertrafen. Jedoch erwies sich eine solche supranationale Institution mit föderativen Elementen zum damaligen Zeitpunkt als unvereinbar mit den nationalen Interessen und Bedenken, zu viele Souveränitätsrechte an eine europäische politische Autorität abgeben zu müssen. Mit der Ablehnung des EVG-Vertrags durch die französische Nationalversammlung am 30.8.1954 scheiterte damit nicht nur eine Europäische Verteidigungsgemeinschaft, auch war das Projekt einer Europäischen Politischen Gemeinschaft auf diese Weise hinfällig geworden. Die Erkenntnis, von einer politischen Einigung scheinbar noch weit entfernt zu sein, warf den europäischen Integrationsprozess zwar zurück, führte jedoch nicht zur Stagnation. So forderte der niederländische Außenminister *Beyen* be-

---

[9] So ist die EGKS auch unter dem Namen „Montanunion" bekannt.

[10] Mit dem EGKS-Vertrag wurden die Hohe Behörde, der Rat, der Gerichtshof und die Versammlung eingesetzt.

reits 1955 die auch als *Relance européenne* bezeichnete Wiederaufnahme der Einigungsbemühungen:

> „Wenn wir zum politischen Zusammenschluss gelangen wollen, müssen wir an das Problem unter dem Gesichtswinkel der Gesamtwirtschaft herangehen; denn die Wirtschaftsmacht stellt die für die Aufrechterhaltung der politischen Einheit Europas notwendige Infrastruktur dar" (zit. nach *Gasteyger* 2001, S. 146).

Demnach sollte eine immer engere wirtschaftliche Zusammenarbeit der Wegbereiter für eine später folgende politische Einigung sein. Durch die Integration einzelner Sektoren und Politikfelder sollte also ein sachlogischer Druck zur Übertragung immer weiterer Funktionen auf die Gemeinschaft ausgeübt werden. Es wurde in der Folgezeit eine Regierungskonferenz eingesetzt, welche sich mit der Errichtung einer Zollunion und einer Organisation zur friedlichen Nutzung und Entwicklung nuklearer Energie beschäftigen sollte. Als Ergebnis konnten 1957 die Römischen Verträge über eine *Europäische Wirtschaftsgemeinschaft* (EWG) und eine *Europäische Gemeinschaft für Atomenergie* (Euratom) präsentiert werden. Die institutionelle Absicherung der Verträge dieser weiteren europäischen Gemeinschaften folgte weitgehend der EGKS. 1967 wurden zudem die Organe dieser drei Gemeinschaften fusioniert.

Insbesondere die Gründung der über eine reine Zollunion hinausgehenden EWG kann als ein großer Schritt auf dem Weg zur Bildung einer wirtschaftlichen Gemeinschaft und als Bekenntnis zum Ziel einer weiter gehenden Integration interpretiert werden. Die Schaffung eines Gemeinsamen Marktes stellt nämlich theoretisch betrachtet den Versuch dar, das zuvor beschriebene Gefangenendilemma durch kollektive Selbstbindung zu überwinden. Obwohl Freihandel wohlfahrtssteigernde Wirkungen hat, haben die handelnden nationalen Regierungen zunächst ein Interesse an protektionistischen Maßnahmen. Dafür gibt es im Wesentlichen zwei Gründe (vgl. *Apolte* 2001, S. 213): Zum einen kann das Ziel einer gesamtwirtschaftlichen Wohlfahrtsmaximierung im Gegensatz zu den Eigeninteressen der Regierungen stehen und zum anderen sind die Regierungsvertreter selbst dem Einfluss von durch Lobbys vertretenden partikularen Sonderinteressen ausgesetzt, lassen sich dadurch doch – zumindest kurzfristig – Wählerstimmen hinzugewinnen. Dass sich eine solche Politik langfristig wohlfahrtsmindernd auswirkt und überdies negative Folgen für die Reputation der eine solche Politik vertretenden Parteien hat (vgl. *Olson* 1985, S. 61), wird entweder nicht eingesehen oder stillschweigend hingenommen. Subventionen und Handelsverzerrungen bei entsprechenden Produkten durch Zölle oder andere protektionistische Maßnahmen nationaler Regierungen lassen sich am effektivsten im Rahmen verbindlicher internationaler Abkommen begrenzen. Denn aus Sicht der handelnden Politiker stellt der Abbau von Zöllen – gerade auch am Beispiel Europas (vgl. *Schulknecht* 1992) – einen sozialen Zielkonflikt dar (*Apolte* 2001, S. 213). So werden Politiker nämlich nur dann bereit sein, zu kooperieren und auf protektionistische Maßnahmen zu verzichten, wenn sie sich darauf verlassen können, dass Politiker anderer Länder in derselben Weise handeln. In diesem Kontext muss die Gründung der EWG als eine verbindliche, sanktionierbare, kollektive Selbstbindungsinstitution betrachtet werden.

2.3 Fort- und Rückschritte beim Aufbau der Gemeinschaften (1958–1969)

Die EWG war nicht wie die EGKS auf spezielle wirtschaftliche Sektoren ausgerichtet, sondern sah die schrittweise Liberalisierung des innergemeinschaftlichen Handels mit dem Ziel der Zusammenführung der beteiligten Volkswirtschaften zu einem einheitlichen Gesamtwirtschaftsraum, einem Gemeinsamen Markt, vor. Neben der Errichtung einer Zollunion innerhalb von 12 Jahren wurden darüber hinaus bereits Schritte zur Beseitigung der Hindernisse des freien Personen-, Dienstleistungs- und Kapitalverkehrs veranlasst. Damit wurde ein Integrationsgrad angestrebt, welcher zwangsläufig mit einer Einschränkung weiterer nationalstaatlicher Souveränität einhergehen musste. Insbesondere Frankreich widersetzte sich jedoch solchen Bestrebungen und verfolgte weiterhin den Integrationsansatz einer reinen Staatenunion ohne supranationale Institutionen. Vor diesem Hintergrund muss auch ein Scheitern der beiden sogenannten *Fouchet-Pläne* von 1961 und 1962 gesehen werden, welche Fragen zur institutionellen Zukunft der europäischen Gemeinschaften und einer weiter gehenden politischen Integration behandelten. Während diese Pläne bereits im Stadium des Entwurfs scheiterten, gab es mit der Agrarpolitik jedoch auch einen konkreten Bereich, in welchem sich die unterschiedlichen Grundpositionen der europäischen Integration gegenüberstanden. Da die 1962 beschlossene *Gemeinsame Agrarpolitik* von Beginn an dem Problem konsensualer Entscheidungen im Ministerrat ausgesetzt war, sollte 1965 die Abkehr vom Einstimmigkeitsprinzip zugunsten einer qualifizierten Mehrheitsregel beschlossen werden.[11] Einer solchen, in Richtung auf eine ausgeweitete supranationale Integration ausgerichtete Entscheidung widersetzte sich jedoch Frankreich – zunächst erfolgreich – mit der sogenannten „Politik des leeren Stuhls“: Vertreter der französischen Regierung nahmen an den Ratssitzungen nicht teil und machten die EWG damit *de facto* handlungsunfähig. Diese Politik verfolgte Frankreich bis zum *Luxemburger Kompromiss* vom 30.1.1966. Dieser sieht vor, dass bei sämtlichen Fragen, bei denen ein Mitgliedstaat ein „nationales Interesse“ geltend macht, solange nach einem Kompromiss gesucht werden soll, bis auch der betreffende Staat zustimmt. Seitdem nahm Frankreich wieder an Sitzungen des Rates teil, doch wurde gleichzeitig das Einstimmigkeitsprinzip im Ministerrat bei Fragen des vitalen nationalen Interesses einzelner Mitgliedstaaten – entgegen den eigentlichen Vertragsbestimmungen – aufrechterhalten.

[11] So sollten bei 17 Stimmen im Ministerrat (F: 4; D: 4; I: 4; B: 2; NL: 2; L: 1) 12 Stimmen zur Entscheidung genügen.

Wenngleich in dieser Zeit der europäische Integrationsprozess als schleppend anzusehen ist, gelang es trotzdem, die Handlungsfähigkeit der Gemeinschaft wiederherzustellen. So wurde sowohl 1967 die Fusion der drei Gemeinschaften zu einer *Europäischen Gemeinschaft* (EG) vollzogen als auch 1968 durch die Abschaffung der Binnenzölle und Einführung eines gemeinsamen Zolltarifs gegenüber Drittländern die Zollunion – 18 Monate früher als vorgesehen – vollendet.

2.4 Ausbau und Wandel der Gemeinschaft (1969–1979)

Mit der Aufgabe des französischen Vetos gegen eine Aufnahme Großbritanniens in die EG wurde der Weg für die erste Erweiterung der europäischen Gemeinschaft um Dänemark, Irland und Großbritannien frei. Mit dieser Norderweiterung gingen zudem Integrationsbemühungen in weiteren Politikfeldern einher. Neben der Ausweitung der EG-Zuständigkeiten auf die Gebiete der Energie-, Regional und Umweltpolitik wurde 1969 nach dem Scheitern der EVG und den *Fouchet*-Plänen mit der *Europäischen Politischen Zusammenarbeit* (EPZ) ein weiterer Versuch zur Koordinierung und Intensivierung der europäischen Außen- und Verteidigungspolitik unternommen. Vor dem Hintergrund einer zunehmenden internationalen Kapitalverflechtung erwies sich auch die Währungspolitik zunehmend als ein für die weitere Integration der europäischen Gemeinschaft wichtiger Bereich (vgl. *Brasche* 2003, S. 109 ff.). So sind in diesem Zusammenhang der *Barre*-Plan (1969) und insbesondere der *Werner*-Plan (1970) zu nennen, welche Konzepte zur stufenweisen Bildung einer Wirtschafts- und Währungsunion enthielten. In einer abgeschwächten Variante wurde der *Werner*-Plan angenommen, und die zunächst noch sechs Gemeinschaftsmitglieder schlossen sich 1972 zu einem gemeinsamen Wechselkursverbund, der sogenannten „Währungsschlange", zusammen. Äußere Einflüsse wie der Ölpreisschock sowie die Weigerung der Mitgliedstaaten, Kernkompetenzen in der Währungspolitik abzugeben, verhinderten jedoch zunächst die Realisierung einer gemeinsamen Währungsunion. Das Scheitern der „Währungsschlange" und des *Werner*-Plans machten deutlich, dass sich die Integration im Bereich der Wirtschafts- und Währungspolitik zunächst nur mit partiellen Erfolgen ohne konkrete, institutionell bindende Vereinbarungen vollziehen konnte (vgl. *Pfetsch* 2001, S. 52). 1978 wurde somit eine Alternativlösung durch die Einführung eines *Europäischen Währungssystems* (EWS) mit festgelegter Schwankungsbreite „um einen vereinbarten ‚richtigen' Kurs" (*Brasche* 2003, S. 118) gefunden.

Wenngleich die Integrationserfolge in der Wirtschafts- und Währungspolitik in den Siebzigerjahren als unzureichend eingestuft werden können, ist im institutionellen Bereich eine Weiterentwicklung zu verzeichnen. So wurde 1974 nicht nur der Europäische Rat als ein „Promoter für die Weiterentwicklung der europäischen Institutionen" (*Pfetsch* 2001, S. 53) eingerichtet, sondern darüber hinaus die – erstmals 1979 stattfindende – Direktwahl zum Europäischen Parlament beschlossen.[12]

2.5 Süderweiterung und Eurosklerose (1980–1986)

Zu Beginn der Achtzigerjahre erwies sich die europäische Integration abermals als eine in zwei Richtungen gehende Entwicklung. Auf der einen Seite vollzog sich mit den Beitritten Griechenlands (1981) sowie Spaniens und Portugals (1986) die Süderweiterung der Europäischen Gemeinschaft, welche fortan 12 Mitglieder umfasste. Der – letztlich zwar politisch nahezu bedeutungslose – *Spinelli*-Entwurf über eine Europäische Verfassung wurde 1984 vom Parlament verabschiedet, und die Kommission legte 1985 ein Weißbuch über die Verwirklichung eines europäischen Binnenmarktes vor. Dieses Ziel wurde durch das erste *Schengener Abkommen* über den freien Personenverkehr zwischen Deutschland, Frankreich und den Beneluxstaaten positiv flankiert. Auf der anderen Seite muss der EG zu dieser Zeit aber eine Unfähigkeit zu weiteren Integrationsschritten konstatiert werden. Dabei standen weniger neue Politikfelder im Fokus der Kritik als bereits integrierte oder teilweise vergemeinschaftete Bereiche wie die Agrarpolitik, die Verkehrs-, Industrie- und Regionalpolitik, aber auch die Außen- und Verteidigungspolitik. Der Begriff der *Eurosklerose* (vgl. *Giersch* 1987) als eine „scheinbare Immunität der Gemeinschaftspolitik gegen Ausbaubemühungen" (*Pfetsch* 2001, S. 53) wurde geprägt, wobei die Erweiterung der Europäischen Gemeinschaft häufig als ein Grund für diese Form der Stagnation angeführt wurde. Erst mit der 1986 verabschiedeten und 1987 in Kraft getretenen *Einheitlichen Europäischen Akte* (EEA) bekam der europäische Integrationsprozess neue Schubkraft.

2.6 Institutionelle Neuorganisation und Gründung der EU (1987–1993)

Die integrationsfördernde Wirkung der EEA lässt sich nach *Pfetsch* (2001, S. 56 ff.) auf drei Ebenen festmachen. Mit dem erklärten Ziel der Schaffung eines europäischen Binnenmarktes bis Ende 1992 auf der Grundlage des bereits erwähnten Weißbuchs wurde erstens der wirtschaftlichen Integration neuer Auftrieb verliehen. Zudem wurde eine Korrektur der Beschlussverfahren im Ministerrat angestrebt. Insbesondere den Binnenmarkt betreffende Fragen sollten dort fortan in den meisten Fällen mit qualifizierter Mehrheit beschlossen werden. Das kam *de facto* einer schrittweisen Abkehr vom Prinzip der Einstimmigkeit (Luxemburger Kompromiss) gleich, wenngleich betont werden muss, dass viele Ausnahmen für die Beibehaltung der Einstimmigkeitsregel formuliert wurden. Darüber hinaus wurden die Exekutivkompetenzen der Europäischen Kommission ausgeweitet, was zunächst der Gemeinschaft zweitens eine größere institutionel-

[12] Bis zu diesem Zeitpunkt delegierten die nationalen Parlamente Abgeordnete ins Europäische Parlament.

le Entscheidungseffizienz ermöglichte. Zum Dritten können integrative Fortschritte im Bereich der Außenpolitik vermerkt werden, weil der *Europäischen Politischen Zusammenarbeit* (EPZ) mit der EEA eine rechtliche Grundlage gegeben wurde. Die erste große Reform der europäischen Gründungsverträge mittels der EEA brachte somit eine neue Dynamik in den europäischen Integrationsprozess. So ist diesbezüglich insbesondere der 1989 vom Kommissionspräsidenten *Jacques Delors* vorgelegte Dreistufenplan zur Errichtung einer Wirtschafts- und Währungsunion zu nennen. Die erste Stufe dieses Plans trat am 1. Juli 1990 mit der Aufhebung der meisten noch bestehenden Beschränkungen des Kapitalverkehrs, einer verstärkten Koordinierung der einzelstaatlichen Wirtschaftspolitiken und einer intensiveren Zusammenarbeit der nationalen Zentralbanken in Kraft. Zudem wurde kurz darauf das zweite *Schengener Abkommen* unterzeichnet, mit welchem der angestrebten Freizügigkeit von Personen eine konkrete Form gegeben wurde.[13]

Durch die politischen Umwälzungen in der UdSSR und ihren mittel- und osteuropäischen Bündnisstaaten musste sich die Europäische Gemeinschaft inmitten dieser Integrationsphase abermals mit dem weiteren Verlauf des europäischen Integrationsprozesses beschäftigen. So galt es, eine Position bezüglich des Zusammenbruchs der sozialistischen Staaten sowie der Frage der deutschen Einheit zu finden. In diesem Kontext wurde das Prinzip von Erweiterung und Vertiefung geschaffen, indem man den Staaten Mittel- und Osteuropas – zunächst durch Assoziationsabkommen – eine Perspektive zum Beitritt zur EG in Aussicht stellte und gleichzeitig weiter gehende Integrationsschritte verfolgte. Auf einem EG-Sondergipfel 1990 in Dublin wurde daraufhin nicht nur der Rahmen für ein gemeinsames Vorgehen bezüglich der deutschen Einigung und der Beziehungen zu den mittel- und osteuropäischen Ländern geschaffen, sondern zugleich die Einsetzung von regelmäßig stattzufindenden Regierungskonferenzen vereinbart. Diese sollten sich vornehmlich mit der konkreten Realisierung einer Wirtschafts- und Währungsunion und der Schaffung einer politischen Union befassen.

Im Vorfeld des *Vertrags von Maastricht* kam es zu erneuten Richtungsdiskussionen über weitere Integrationsschritte, wobei insbesondere zwei konkurrierende Positionen zu erwähnen sind. Vertreter des sogenannten „Baumansatzes“ (*Pfetsch* 2001, S. 60) bevorzugten eine Ausweitung der bereits bestehenden Kompetenzen der Gemeinschaftsorgane im Hinblick auf die supranationalen Strukturen, während Vertreter des „Tempelansatzes“ (ebd.) die vorwiegend intergouvernementalistisch organisierte Einbeziehung neuer Politikbereiche nach dem Modell von Säulen eines Tempels anstrebten. Der 1992 in Maastricht unterzeichnete und 1993 in Kraft getretene Vertrag über die *Europäische Union*

[13] Aufgrund einer Reihe von Problemen sind die Personen- und Warenkontrollen an den Binnengrenzen *de facto* erst am 26. März 1995 weggefallen.

macht deutlich, dass mit der spezifischen Struktur eines Nebeneinanders von miteinander verbundenen gemeinschaftlichen und intergouvernementalen Elementen eine Kompromisslösung gefunden wurde.

Abbildung 1: Säulenstruktur der EU

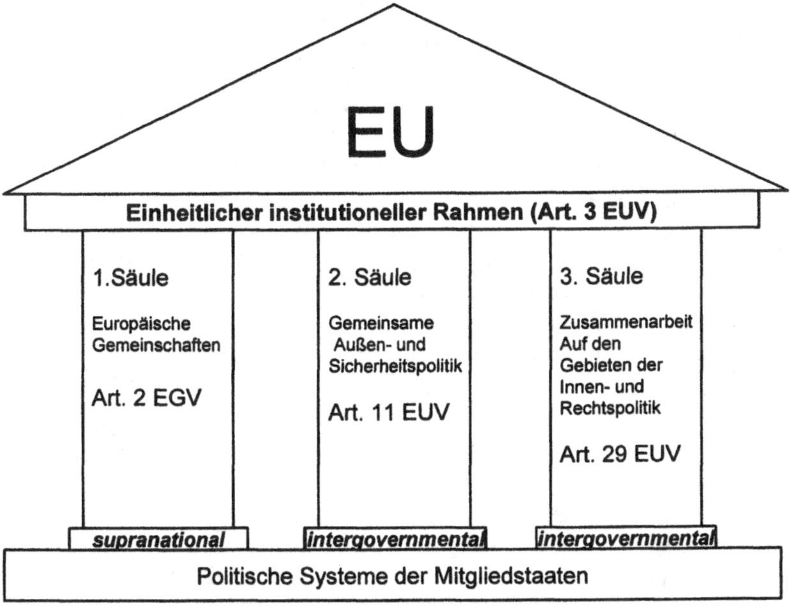

Quelle: Eigene Darstellung

Demnach ist die EU eine Art Dachorganisation, welche drei Teile einbezieht bzw. sich auf drei Säulen stützt. Die erste Säule beinhaltet die *Europäische Gemeinschaft* (EG), bestehend aus den in der Anfangsphase der europäischen Integration entstandenen Gemeinschaften (EGKS, EURATOM, EWG). Kernstück dieser Säule ist der Binnenmarkt mit seinen vier Freiheiten: Freier Warenverkehr, freier Personenverkehr, freier Dienstleistungsverkehr und freier Kapitalverkehr. Aber auch Angelegenheiten wie Landwirtschaft und Wettbewerb fallen in den Zuständigkeitsbereich der in der ersten Säule zusammengefassten Europäischen Gemeinschaften. Die anderen beiden Säulen sind zwar Bestandteil der EU, nicht jedoch Teile der EG. Die zweite Säule umfasst dabei den Bereich der *Gemeinsamen Außen- und Sicherheitspolitik* (GASP), während die dritte Säule die *Zusammenarbeit in der Justiz- und Innenpolitik* (ZIJP) beinhaltet.

Zwischen der ersten Säule und den beiden anderen liegt aber ein fundamentaler Unterschied, denn nur in der ersten Säule können die EU-Institutionen Recht setzen, welches direkt anwendbar ist und Vorrang vor nationalem Recht genießt. Jede Entscheidung, die im Rahmen der in der zweiten und dritten Säulen zusammengefassten Gemeinschaftsformen getroffen wird, erfordert im Gegensatz dazu Einstimmigkeit und muss von den nationalen Parlamenten gebilligt werden, um als nationales Recht Anwendung zu finden. So betrachtet handelt es sich genau genommen gar nicht um *drei* Säulen, denn nur der – insbesondere auf eine Wirtschafts- und Währungsunion ausgerichtete – erste Bereich genügt ausschließlich supranationalen Kriterien und kann damit als *eine* Säule bezeichnet werden. Die anderen beiden Bereiche entsprechen dem Prinzip des Intergouvernementalismus und damit fußt ihr Fundament eigentlich auf vielen Säulen, da die teilnehmenden Staaten weiterhin ihre Souveränität bei Entscheidungen behalten. Der Vertrag von Maastricht kann – im Hinblick auf die bisherigen Ausführungen – als symptomatisch für den Verlauf des Integrationsprozesses bis zu diesem Zeitpunkt bezeichnet werden: Während der ökonomische Bereich der am weitesten integrierte blieb, waren die Mitgliedstaaten in den Bereichen der Außen-, Verteidigungs- und Innenpolitik in nur begrenztem Umfang bereit, Souveränität abzugeben. Gleichwohl hat der Vertrag von Maastricht zu einer bedeutenden qualitativen Veränderung des bisherigen Systems der vorwiegend intergouvernementalen Zusammenarbeit und der drei Europäischen Gemeinschaften geführt.

2.7 Die EU nach Maastricht: Integrationsfortschritte, *leftovers* und Osterweiterung

1993 wurde der in der EEA als Ziel festgelegte europäische Binnenmarkt vollendet. Damit war – zumindest formell – zwischen allen zwölf Mitgliedstaaten der freie Güter-, Personen-, Dienstleistungs- und Kapitalverkehr gewährleistet. Mit dem Vertrag über den Europäischen Wirtschaftsraum trat 1994 die zweite Stufe der Wirtschafts- und Währungsunion in Kraft. Das *Europäische Währungsinstitut* (EWI) wurde errichtet, um die notwendigen Bedingungen für den Übergang zur dritten Stufe im Hinblick auf eine Koordinierung der Geldpolitiken der Mitgliedstaaten zu schaffen. Mit Beginn des Jahres 1995 traten Finnland, Schweden und Österreich der EU bei, wodurch sich die Gemeinschaft auf 15 Mitgliedsstaaten vergrößerte. Zudem wurde der Termin für den Beginn einer Währungsunion auf den 1.1.1999 festgelegt. 1996 fand eine Regierungskonferenz zwecks Überarbeitung des *Vertrags von Maastricht* statt, bei welcher vornehmlich die Punkte Bürgernähe und Entscheidungseffizienz auf der Agenda standen. Im darauf folgenden Jahr einigte sich der Europäische Rat bei einer Konferenz in Amsterdam über den Entwurf eines neuen Vertrags. Dieser *Vertrag von Amsterdam* trat 1997 in Kraft. Im Wesentlichen wurden dabei Aufgabenbereiche von der dritten in die erste Säule verlagert und der europäische Bürger formell in seinen Rechten gestärkt.[14] In der zweiten Säule gab es unter

---

[14] So kann seitdem beispielsweise jeder EU-Bürger den EuGH anrufen, wenn er durch das Handeln von EU-Institutionen seine Grundrechte eingeschränkt sieht.

anderem mit der Institutionalisierung des Amtes des Hohen Beauftragten für die GASP ebenfalls Änderungen und dem Parlament wurden durch die Spezifizierung der europäischen Gesetzgebungsverfahren mehr Beteiligungskompetenzen zugewiesen. Insgesamt jedoch gelang es mit dem Vertrag von Amsterdam nicht, die zunächst angekündigten Reformschritte einzuleiten. Die insbesondere für die Handlungsfähigkeit der Union wichtige Neugewichtung der Stimmen im Rat scheiterte in Amsterdam und wurde als *leftover* auf eine weitere Vertragsrevision vertagt.

Die dritte Stufe der Wirtschafts- und Währungsunion trat 1999 mit der unwiderruflichen Festlegung der Wechselkurse zwischen den Währungen in elf Teilnehmerstaaten der Währungsunion und der Einführung des EURO als offizieller Gemeinschaftswährung in Kraft. Bei der Tagung des Europäischen Rates 2000 in Nizza standen abermals grundlegende Fragen der institutionellen Struktur der EU im Hinblick auf eine Weiterentwicklung der Entscheidungsstrukturen, die insbesondere die Erweiterungsfähigkeit der EU gewährleisten sollten, auf der Tagesordnung. Es galt insbesondere, die in Amsterdam offen gebliebenen Lücken zu schließen. Die Konferenz endete mit dem *Vertrag von Nizza*, welcher jedoch nur über den unmittelbaren Reformbedarf hinausgehende Schritte beinhaltete. Man einigte sich zwar auf eine Änderung der Stimmengewichtung zwischen den Staaten, doch gelang nur eine begrenzte Reform der Mehrheitsentscheidungen. Die Resultate zur institutionellen Reform waren insgesamt dürftig und hinterließen damit wiederum *leftovers*, welche in einer abermaligen Vertragsrevision geklärt werden sollten. Aus diesem Grund wurde 2001 auf der Regierungskonferenz von Laeken ein *Europäischer Konvent für die Zukunft Europas* (Verfassungskonvent) konstituiert. Dieser erhielt den Auftrag, eine umfassende Vertragsrevision zu konzipieren, Lösungen für die institutionelle Zukunft einer 25er bzw. 27er-Union zu finden und Leitlinien einer Verfassung auszuarbeiten. Damit wurde der Verfassungsbegriff erstmals offiziell in den Zielkatalog des Europäischen Rates aufgenommen.

Mit Beginn des folgenden Jahres wurde der EURO als reale Währung der Mitglieder des Euroverbunds eingeführt und auf dem Europäischen Gipfel von Kopenhagen die Erweiterung der EU um 10 Staaten aus vornehmlich Mittel- und Osteuropa beschlossen. 2003 wurden die Ergebnisse des Konvents in Form eines Verfassungsentwurfs für die EU vorgelegt und die Beitrittsverträge mit den zehn neuen Mitgliedstaaten unterzeichnet. Am 1. Mai 2004 fand die bislang umfangreichste Erweiterung der EU statt. Die Gemeinschaft umfasste von da an zunächst 25 Mitgliedsstaaten, seit 2007 sogar 27. Zudem verabschiedeten die Staats- und Regierungschefs den Entwurf einer Europäischen Verfassung, welche zum aktuellen Zeitpunkt den einzelnen Mitgliedstaaten zur Ratifizierung vorliegt.

2.8 Dialektik von Stagnation und Fortschritt – zum Verlauf der europäischen Integration

Rückblickend auf den hier skizzierten Verlauf der europäischen Integration lassen sich folgende Punkte festhalten: Zunächst einmal kann der bisherige europäische Integrationsprozess als ein großer Erfolg bewertet werden, da sich ehemals verfeindete Nationalstaaten nach zahlreichen kriegerischen Auseinandersetzungen auf der Basis völkerrechtlicher Verträge zusammengeschlossen und einen Gemeinsamen Markt mitsamt einer einheitlichen Währung errichtet sowie die Grundlagen einer politischen Union geschaffen haben. Gleichwohl vollzog sich diese Entwicklung keineswegs gradlinig, sondern vielmehr als ein Prozess allmählicher Annäherung mit zahlreichen Vor- und Rückschritten, eben: Bewegung und Stillstand:

> „Schritt für Schritt und in ständigen Wechselbädern zwischen Supranationalität und Intergouvernementalismus wurden Institutionen zusammengelegt, Kompetenzen ausgeweitet, neue Mitglieder integriert, die Parlamentarisierung vorangetrieben und neue Politikfelder in den Gemeinschaftsbereich aufgenommen" (*Pfetsch* 2001, S. 67f.).

Vornehmlich und zunächst auch ausschließlich vollzog sich der Integrationsprozess im wirtschaftlichen Bereich, doch wurde die Idee einer politischen Gemeinschaft niemals gänzlich vernachlässigt, wenngleich dieser Bereich bereits zu Beginn des europäischen Einigungsprojekts durch das Scheitern großer Projekte, wie der EVG, gekennzeichnet war. Der Integrationsprozess kam insbesondere immer dann ins Stocken, wenn es um die Aufgabe nationalstaatlicher Souveränität durch eine Verlagerung auf die europäische Ebene ging. Vor diesem Hintergrund muss nicht nur das frühe Scheitern einer Europäischen Politischen Gemeinschaft gesehen werden, sondern auch die Tatsache, dass man sich bislang nicht auf einen klar supranationalen oder aber intergouvernementalen Weg hat einigen können. Auch dort, wo ein auf den ersten Blick supranationaler Weg eingeschlagen wurde, ist nach wie vor ein nicht unerheblicher Einfluss intergouvernementaler Akteure zu beobachten. Insgesamt vier Erweiterungsrunden haben die EU nicht nur quantitativ sondern auch qualitativ verändert, da die Gemeinschaft insgesamt heterogener geworden ist und die Vorstellungen der Bürger in den Mitgliedstaaten über die institutionelle Struktur und Zukunft der Gemeinschaft nach wie vor teilweise erheblich voneinander abweichen. Welche strukturellen und institutionellen Probleme sich daraus ergeben, wird im weiteren Verlauf erarbeitet. Zum besseren Verständnis ist es zuvor jedoch sinnvoll, auch die institutionelle Organisation und Struktur der EU in ihren Grundzügen problemorientiert darzustellen.

3. Zwischen Intergouvernementalismus und Supranationalismus – zur institutionellen Struktur der EU

Ähnlich wie der vorangegangene Überblick über den Verlauf der europäischen Integration, stellt eine Übersicht über die Institutionen und Verfahren der EU einen wesentlichen Zugang zum vorliegenden Themenkomplexes dar (vgl. *Woyke* 1995). Die Aufgaben, Funktionen und Strukturen der europäischen Organe einerseits sowie die Entscheidungsverfahren zwischen diesen Organen andererseits sind für ein Grundverständnis europäischer Zusammenhänge gleichermaßen hilfreich und notwendig. Aus diesem Grund wird im Folgenden zunächst ein kurzer Überblick über das Institutionensystem der EU gegeben, um darauf aufbauend die spezifischen Verfahren zwischen diesen Institutionen in ihren Grundzügen zu skizzieren. Wie beim Verlauf der europäischen Integrationsgeschichte wird sich dabei zeigen, dass auch die „institutionelle und prozedurale Konfiguration" (*Wessels* 2004a, S. 86) auf keinem eindeutigen, von vornherein festgelegten Konstruktionsplan basiert.

3.1 Das Institutionensystem der EU

Das Institutionensystem der Europäischen Union ist sowohl durch Formen zwischenstaatlicher Zusammenarbeit als auch durch Formen supranationaler Organisation bestimmt. Mit der Entscheidung der Mitgliedstaaten, auf Teile ihrer Souveränität zu verzichten und diese zusammenzulegen, ergab sich die Notwendigkeit, diese Rechte auf gemeinschaftliche Organe zu übertragen.

Abbildung 2: Organe der EU

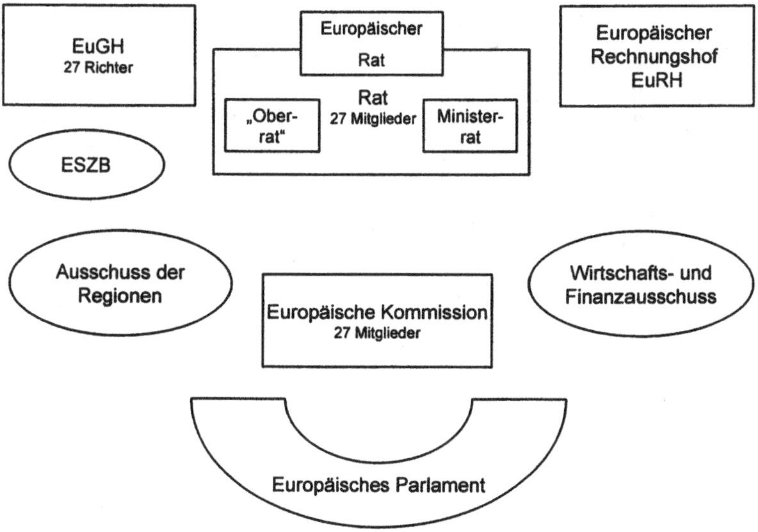

Quelle: Eigene Darstellung

Dabei wurde darauf geachtet, dass die Institutionen einerseits eine vom Druck einzelstaatlicher Interessen unabhängige Planung der Gemeinschaftspolitik garantieren, und andererseits eine Beteiligung der Mitgliedstaaten an der Gestaltung der Politik nicht vollkommen ausschließen. Aus diesem Grund finden sich heute Institutionen mit supranationalen und intergouvernementalen Elementen, welche durch die Verbindung zwischenstaatlicher Kooperation und gemeinschaftlicher Politik ein „originär institutionelles System sui generis" (*Pfetsch* 2001, S. 119) ergeben. Formaljuristisch besteht das in Abbildung 2 veranschaulichte Institutionensystem aus fünf Organen: dem Rat, welcher in zwei Ausprägungen auftritt, der Europäischen Kommission, dem Europäischen Parlament, dem Europäischen Gerichtshof (EuGH) und dem Europäischen Rechnungshof. Hinzu kommen weitere Institutionen, die zwar politisch durchaus von Bedeutung sind, aber nicht als EU-Organe im engeren Sinne zählen. Erwähnenswert sind in diesem Zusammenhang der Wirtschafts- und Sozialausschuss (WSA), der Ausschuss der Regionen (AdR) und die Europäische Zentralbank (EZB).

3.1.1 Europäischer Rat

Die europäischen Verträge trennen recht klar zwischen dem Ministerrat und dem Europäischen Rat hinsichtlich der politischen Bedeutung und Zielsetzung. Während die Ministerräte in ihren jeweiligen Ressortbereichen Entscheidungen fällen, setzt sich der Europäische Rat hauptsächlich aus den Staats- und Regierungschefs der Mitgliedstaaten zusammen. Er kommt unter Leitung des amtierenden EU-Vorsitzes regulär zweimal pro Halbjahr zusammen und hat die Aufgabe, die Leitlinien und langfristigen Ziele der Union festzulegen. Wenngleich der Europäische Rat formal keine Entscheidungsbefugnis besitzt, ist er doch die einflussreichste Institution der Union. Dennoch ist er im Institutionengefüge der EU ein rechtlich schwer fassbares Gremium. Auf Beschluss des Pariser Gipfels von 1974 wurden die regelmäßig stattfindenden Gipfeltreffen der Staats- und Regierungschefs zu einer ständigen Einrichtung, die sich sowohl mit den Angelegenheiten der Europäischen Gemeinschaft (EG) als auch mit Themen im Rahmen der Europäischen Politischen Zusammenarbeit (EPZ) befasste. Durch diesen Auftrag etablierte sich der Europäische Rat zu der entscheidenden Institution für die Abstimmung und den Kurs der europäischen Zusammenarbeit. Eine genaue Festlegung seiner Rolle resultiert jedoch erst aus der EEA von 1986.

Der Europäische Rat ist zwar kein rechtlich formelles Organ, wohl aber seit der EEA zu einem integralen Bestandteil der europäischen Verträge geworden. Er ist demnach eine Institution der Europäischen Union, jedoch kein Organ der Europäischen Gemeinschaft (vgl. *Theurl/Meyer* 2001, S. 82). Der Vertrag von Maastricht zur Gründung einer Europäischen Union schrieb diesen institutionellen Status fest und bestätigte dadurch den Europäischen Rat in seiner Funktion, die europäische Einigung voranzutreiben und deren unterschiedliche Ebenen miteinander zu verknüpfen. Demnach ist der Europäische Rat, in der Zusammensetzung der Staats- und Regierungschefs der Mitgliedstaaten sowie des Präsidenten der Europäischen Kommission, unterstützt von den jeweiligen Außenministern und einem Mitglied der europäischen Kommission, gemäß Art. 4 EUV dafür zuständig, der EU die für ihre Integrationsentwicklung erforderlichen Impulse zu geben und die dazu notwendigen politischen Zielvorstellungen zu formulieren. Auf diese Weise kommt dem Europäischen Rat die Rolle eines quasikonstitutionellen Gremiums zu, dessen Entscheidungen erheblichen Einfluss auf den europäischen Integrationsprozess haben. Im Rahmen der GASP sind dem Europäischen Rat überdies eigene Kompetenzen gegeben. Innerhalb der Europäischen Gemeinschaften „erörtert" der Europäische Rat „Schlussfolgerungen" zur Wirtschafts- und Beschäftigungspolitik (Art. 99, 128 EGV). Im Rahmen der GASP ist bei Entscheidungen des Europäischen Rates grundsätzlich Einstimmigkeit erforderlich (vgl. Art. 23 EUV). Bei den Entscheidungen, die die eigentliche Aufgabe des Europäischen Rates betreffen, nämlich die Festlegung politischer Zielvorstellungen, fehlt es hingegen an einer genauen Spezifikation des Verfahrens, so dass in diesem Kontext von einem gewissen „Maß an institutionell-prozeduraler ‚Kreativität'" (*Wessels/Müller* 2000, S. 111f.) gesprochen werden kann. Trotzdem – oder gerade deshalb – ist auch hier in der Regel von Einstimmigkeit auszugehen.

Vom Europäischen Rat zu unterscheiden ist der „Rat in der Zusammensetzung der Staats- und Regierungschefs" (Art. 121, 122, 214 EGV), der ohne die Vertreter der Kommission tagt. Diesem auch als „Oberrat" bezeichneten Gremium obliegt die Aufgabe, den neuen Kommissionspräsidenten, die EuGH-Richter und den Präsidenten der EZB zu benennen sowie gegebenenfalls darüber eine Entscheidung zu treffen, ob die Rechte von Mitgliedstaaten im Falle schwerwiegender Verletzungen von Menschen- und Grundrechten ausgesetzt werden (Art. 7 EUV). Der „Rat in der Zusammensetzung der Staats- und Regierungschefs" kann Entscheidungen über einen qualifizierten Mehrheitsbeschluss treffen.

3.1.2 Rat der Europäischen Union (Ministerrat)

Der (Minister-)Rat übt die Rechtssetzungskompetenz innerhalb der EU aus. Er kann als wichtigstes gesetzgebendes Organ und damit als das „eigentliche Entscheidungszentrum" (*Woyke/Gruner* 2004, S. 436) der EU bezeichnet werden, denn sämtliche legislativen Rechtsakte der Gemeinschaft müssen vom Rat gebilligt werden; entweder gemeinsam mit dem Europäischen Parlament oder nach dessen Konsultation. Zudem ist er an Entscheidungen im Bereich der Gemeinsamen Außen- und Sicherheitspolitik sowie bei der Koordinierung der Wirtschaftpolitik beteiligt. Der Rat ist Inhaber der Ausführungsbefugnis, die er in der Regel auf die Kommission überträgt. Zur Unterstützung der Arbeit des Rates, insbesondere im Hinblick auf die Koordination zwischen den Regierungen der Mitgliedstaaten und die Vorbereitung konsensfähiger Beschlussgrundlagen, existiert das COREPER (*Comité des Representants Permanents*), ein aus Botschaftern und Beamten der Mitgliedstaaten zusammengesetzter ständiger Ausschuss (vgl. Art. 207 EGV).

Entscheidungen werden im Rat in mehrstufigen Verfahren getroffen, da, neben den jeweiligen nationalen Ministern, Arbeitsgruppen, das COREPER oder diverse Ausschüsse beteiligt sind (vgl. *Theurl/Meyer* 2001, S. 90f.). Die Differenzierung von drei verschiedenen Abstimmungsverfahren im Ministerrat ist für den vorliegenden Kontext relevant: Gemäß Art. 205, 1 EGV fasst der Rat Beschlüsse mit der Mehrheit seiner Mitglieder. Dieses Verfahren einer einfachen Mehrheit kommt indessen nur in seltenen Fällen zur Anwendung.[15] Bei den meisten Beschlüssen des Rates wird mit qualifizierter Mehrheit oder aber einstimmig entschieden.[16] Die Einführung einer qualifizierten Mehrheit in – zunächst – einigen Bereichen der Landwirtschafts- und Handelspolitik, welche die Stimmen der Mitgliedsländer nach deren Größe gewichtet, sorgte in der Gemeinschaft für Diskussionen, welche durch den „Luxemburger Kompromiss" vorübergehend gelöst wurde. Demnach wurde *de facto* die einstimmige Beschlussfassung institutionalisiert. Insgesamt erwies sich diese Konsensmethode als ein ineffizientes Entscheidungsverfahren. Erst im Laufe der Zeit, spätestens mit dem *Kompromiss von Ioannina*,[17] wurde im Rat zunehmend mit einer qualifizierten Mehrheit entschieden, wenngleich diese qualifizierte Mehrheit noch mehrfach modifiziert wurde (Festlegung von Sperrminoritäten und die Einführung einer doppelten Mehrheit).

Obwohl der Rat formal als *ein* Organ konstituiert ist, tagt er materiell in unterschiedlichen Zusammensetzungen. Er besteht „aus je einem Vertreter jedes Mitgliedstaates auf Ministerebene, der befugt ist, für die Regierung des Mitgliedstaates verbindlich zu handeln" (Art. 203 EGV).[18] Damit weist der Rat in seiner funktionalen und sektoralen Aufgabenwahrnehmung einen hohen Grad an Fragmentierung auf. Die Governance-Struktur der Gemeinschaft hat neben dieser funktional-sektoralen aber auch noch eine supranationale sowie intergouvernementale Dimension (vgl. *Wagener/Eger/Fritz* 2006, S. 175). Da der Rat näm-

[15] So z. B. im Rahmen der Verabschiedung der Geschäftsordnung (Art. 207, 3 EGV) oder beim sogenannten indirekten Initiativrecht, d. h. der Aufforderung an die Kommission, ein Verfahren einzuleiten (Art. 208 EGV).

[16] Eine in diesem Zusammenhang gute, wenngleich aufgrund von Vertragsrevisionen nicht mehr ganz aktuelle Übersicht bieten *Theurl/Meyer* (2001, S. 187–194).

[17] Der Kompromiss sieht Folgendes vor: Wenn Ratsmitglieder, die über eine Sperrminorität verfügen, signalisieren, dass sie eine Mehrheitsentscheidung des Rates ablehnen, soll der Rat alles daran setzen, um innerhalb einer angemessenen Frist zu einer Lösung zu gelangen.

[18] Der (Minister)-Rat tritt momentan in folgenden (neun) Konstellationen zusammen: Allgemeine Angelegenheiten und Außenbeziehungen, Wirtschaft und Finanzen (*Econfin*), Beschäftigung, Sozialpolitik, Gesundheit und Verbraucherschutz, Wettbewerbsfähigkeit, Zusammenarbeit in den Bereichen Justiz und Inneres, Verkehr, Telekommunikation und Energie, Landwirtschaft und Fischerei, Umwelt sowie Bildung, Jugend und Kultur.

lich einerseits als Organ der EU fungiert und als dieses für die Gemeinschaft entscheidet, andererseits jedoch aufgrund der spezifischen personellen Zusammensetzung nationale Interessen der (Regierungen der) Mitgliedstaaten vertritt und durchzusetzen versucht, nimmt er eine gewisse „Zwitterrolle" im politischen System der EU ein, die eine unvermeidliche Problematik impliziert. Regierungsvertreter orientieren sich nämlich zusätzlich – und möglicherweise auch vorwiegend – an nationalen Interessen. Die Tatsache, dass die europäische Legislative und die nationalen Exekutiven identisch sind, hat Auswirkungen auf das Legitimationsfundament der EU, was im Verlauf der Arbeit noch aufgegriffen und ausführlich analysiert.

3.1.3 Europäische Kommission

Die Kommission ist eine genuin europäische, supranationale Institution, die – zumindest *de jure* – allein dem Interesse der Gemeinschaft und den europäischen Verträgen verpflichtet ist. Von der Kommission gehen Gesetzesinitiativen aus und sie übernimmt administrative Aufgaben. Im Zuge der Gründung der EGKS wurde mit der – zunächst als *Hohe Behörde* bezeichneten – Kommission ein europäisches Gremium geschaffen, welches unabhängig von den nationalen Regierungen entscheidungsbefugt für den supranational organisierten Bereich der Kohle- und Stahlpolitik war. Damit kann die Kommission zum einen als ein „Gegenpol zu den nationalstaatlichen Interessenvertretern im Rat" (*Brasche* 2003, S. 31) und zum anderen als ein „Gegengewicht zu den nationalen Bürokratien" (*Witte* 1995, S. 57) gesehen werden. Mit Bildung der EWG sowie der EURATOM kamen zwei weitere Kommissionen hinzu, welche im Zuge des Fusionsvertrags von 1965 zu einem supranationalen Organ für alle drei europäischen Gemeinschaften verschmolzen wurden.

Nach Art. 211 EGV ist die Kommission insbesondere für drei große Aufgabenbereiche zuständig. In ihrer Rolle als „Hüterin der Verträge" überwacht sie die Umsetzung, Anwendung und Einhaltung des Gemeinschaftsrechts. Durch die Durchführung von Rechtsakten und die Verwaltung des Haushalts sowie der europäischen Fonds und Programme ist die Kommission, entweder auf der Grundlage von Beschlüssen des Rates oder in direkter Anwendung der Vertragsbestimmungen[19], als Exekutive für die Ausführung von Gemeinschaftspolitiken verantwortlich. Damit trägt sie insbesondere zur Gewährleistung des ordnungsgemäßen Funktionierens und der Entwicklung des Gemeinsamen Marktes bei. Da die Kommission innerhalb des Instuitutionengefüges das alleinige Initiativrecht bei der Einleitung eines Verfahrens zur Verabschiedung europäischer Rechtsakte besitzt, nimmt sie zusätzlich die aktivierende Rolle eines Motors der

[19] So hat die Kommission in Fragen ihrer Selbstorganisation, des Haushalts, der Wettbewerbspolitik, innerhalb der EGKS sowie des freien Waren- und Kapitalverkehrs (Binnenmarkt) eigene Rechtsetzungsbefugnisse.

Integration ein. Im Zuge des Binnenmarktprogramms hat die Kommission diese Funktion sehr wirksam wahrgenommen. Ferner ist die Kommission für die Vertretung der Europäischen Union in internationalen Organisationen zuständig. Dadurch wird deutlich, dass die Kommission vornehmlich im Rahmen der ersten Säule (Europäische Gemeinschaften; vgl. Abb. 1) tätig wird, während ihre Befugnisse in den beiden intergouvernemental ausgerichteten Säulen deutlich schwächer ausgeprägt sind.

Bis zur Erweiterung der EU vom 1.5.2004 bestand die Kommission aus 20 Kommissaren, die seit 1995 für jeweils fünf Jahre auf Vorschlag der nationalen Regierungen und nach Zustimmung des Europäischen Parlaments bestimmt werden. Die großen EU-Mitgliedstaaten Deutschland, Frankreich, Großbritannien, Italien und Spanien stellten jeweils zwei Kommissare, während die übrigen Staaten je einen ernennen konnten. Der Präsident der Europäischen Kommission, welcher dem Gremium vorsitzt und seit dem Vertrag von Amsterdam mit weiter reichenden Kompetenzen ausgestattet wurde, wird seit Inkrafttreten des Nizza-Vertrags vom Rat – in der Zusammensetzung der Staats- und Regierungschefs – ernannt und ist, neben den nationalen Regierungen, ebenfalls an der Bildung der Kommission beteiligt. Die neue Kommission hat sich dem Zustimmungsvotum des Europäischen Parlaments zu stellen. Dieses kann zwar keine einzelnen Kommissare ablehnen, wohl aber die Kommission in ihrer gesamten Zusammensetzung. Die Mitglieder der Kommission sind zwar jeweils für bestimmte Themen, welche von den zuständigen Generaldirektionen bearbeitet werden, federführend verantwortlich, doch übt die Kommission ihre Befugnisse kollegial aus, das heißt, es gibt – zumindest offiziell – kein Ressortprinzip. *De facto* entspricht die Funktion eines Kommissars jedoch derjenigen eines Ministers in einer Regierung auf nationaler Ebene. Die Beschlussfassung innerhalb der Kommission erfolgt gemäß den Art. 213 und 219 EGV mit einfacher Mehrheit, wenngleich die Kommission als Kollegialorgan dessen ungeachtet stets darauf bedacht ist, möglichst einen Konsens zu erzielen. Da befürchtet wurde, dass im Zuge einer Erweiterung der EU die Anzahl der Kommissare bei einer Beibehaltung des bisher praktizierten Verteilungsschlüssels unter den EU-Staaten zur Besetzung der Kommission zu stark anwachsen und damit zu negativen Konsequenzen bezüglich der Arbeitsfähigkeit führen würde, hat man sich im Vertrag von Nizza auf eine Reform der Zusammensetzung der Kommission verständigt. Ab 2005 gibt es demnach nur noch einen Kommissar pro Mitgliedstaat, was bedeutet, dass die großen EU-Staaten einen „ihrer" beiden Kommissare aufgeben mussten. Zukünftig soll die Kommission auf eine noch vom Rat zu bestimmende Größe verringert werden. Fest steht in diesem Zusammenhang lediglich, dass die Anzahl der Kommissare unterhalb der Anzahl der Staaten liegen wird. Die Mitglieder der Kommission sollen dabei auf der Grundlage eines gleichberechtigten Rotationsverfahrens ausgewählt werden.

Diese kurze Beschreibung der Funktionen und Tätigkeiten der Kommission muss als eine idealtypische Darstellung gesehen werden. Insbesondere im Hinblick auf die formelle Unabhängigkeit der Kommission sind kritische Einwände zu machen: Zum einen sind die Kommissare in nicht unerheblichem Maße von „ihren" nationalen Regierungen abhängig, da ihre Nominierung letztlich durch diese erfolgt. Zum anderen ist die Kommission in ihrer Rolle als Exekutive teilweise erheblichen Beschränkungen unterworfen. Zwar trifft die Kommission *de jure* die notwendigen Entscheidungen zur Durchführung von Rechtsakten der Gemeinschaft (vgl. Art. 202 EGV), doch sind ihr eine große Anzahl von Ausschüssen nationaler Experten seitens des Rates beigeordnet. Diese Ausschüsse überwachen die Exekutivarbeit der Kommission und nehmen – je nach Themen- und Wirkungsbereich – beratend, mitverwaltend aber auch regelnd Einfluss, indem Maßnahmen der Kommission aufgehoben und an den Rat zurückverwiesen werden können. Diese kritisch zu betrachtende Einflussnahme des Rates, und damit letztlich nationaler Regierungen, auf die Administrativ- und Exekutivbefugnisse der Kommission wird unter dem Begriff der *Komitologie* zusammengefasst und macht Entscheidungsprozesse zusätzlich schwer durchschaubar (vgl. *Gerken/Holtz/Schick* 2003). Auf eine weitere Problematik des institutionellen Charakters der Kommission machen *Alesina* und *Perotti* (2004, S. 3) aufmerksam: So sei die Kommission ursprünglich als ein europäischer *Think-Tank* konzipiert gewesen, mit der vorrangigen Aufgabe der Vorbereitung und Einbringung europäischer Rechtsakte. Die Tatsache, dass die Kommission als eine mehr oder weniger unabhängige und keiner anderen Institution Rechenschaft schuldende Institution konzipiert wurde, bekräftigt diese Aussage. Im Zuge der fortschreitenden Integration seien der Kommission jedoch mehr und mehr Angelegenheiten, insbesondere wichtige Exekutivbefugnisse und Kontrollaufgaben, anvertraut worden. Die für einen *Think-Tank* durchaus angemessene institutionelle Unabhängigkeit und Unverantwortlichkeit sei jedoch für ein Gremium mit Exekutivgewalt nicht adäquat. Somit muss der Kommission in ihrem institutionellen Selbstverständnis ein gewisser Doppelcharakter zugeschrieben werden.

3.1.4 Europäisches Parlament

Das Europäische Parlament ist die einzig direkt gewählte und damit unmittelbar legitimierte Institution der Europäischen Union. Das Parlament fungiert als demokratisches Repräsentativorgan, das die Bürger der in der EU zusammengeschlossenen Staaten vertritt. Durch seine Abgeordneten beteiligt es sich in unterschiedlichen Verfahren an der Ausarbeitung der Rechtsakte der EU und teilt sich mit dem Rat legislative und den Haushalt betreffende Zuständigkeiten.

Institutionell hervorgegangen ist das Parlament aus der *Gemeinsamen Versammlung*, welche gemäß den Gründungsverträgen zusammen mit dem Rat als Haushaltsbehörde für die drei Gemeinschaften zuständig war sowie – relativ schwach ausgeprägte – Kontroll- und Informationsrechte gegenüber Rat und Kommission innehatte. Die Abgeordneten dieser parlamentarischen Versammlung wurden von den nationalen Parlamenten ernannt. Wenngleich sich diese Institution seit 1962 auf eigene Initiative hin Parlament nannte und zudem seit 1979 direkt gewählt wurde, hat diese Bezeichnung tatsächlich erst mit Inkrafttreten der EEA Gültigkeit. Bis zu diesem Zeitpunkt waren die Befugnisse des Parlaments eher von geringer Bedeutung, da es mit Ausnahme des geregelten Haushaltsverfahrens über keinerlei Legislativrechte verfügte. Durch neue Beteiligungsformen im Rahmen der sogenannten Zusammenarbeits- und Zustimmungsverfahren ist das Parlament jedoch seitdem am Gesetzgebungsprozess als relevanter Akteur beteiligt. Durch die Verträge von Maastricht und Amsterdam ist überdies ein weiterer rechtlicher und politischer Bedeutungszuwachs des Parlaments zu verzeichnen.

Das in Straßburg (Plenartagungen), Brüssel (Ausschüsse) und Luxemburg (Sekretariat) ansässige Parlament setzt sich seit der Osterweiterung der EU im Mai 2004 und dem Beitritt Bulgariens und Rumäniens im Januar 2007 aus insgesamt 785 Abgeordneten zusammen, welche nach uneinheitlichem Verfahren in den jeweiligen Mitgliedstaaten gewählt werden. Die Anzahl der jedem der „europäischen Völker" zustehenden Abgeordneten spiegelt nicht die Einwohnerzahl der EU-Mitgliedstaaten wider. Das Parlament zeichnet sich daher durch große Heterogenität und Disproportionalität bezüglich der nationalen Zusammensetzung aus und arbeitet somit in multinationalen Fraktionen. In Abhängigkeit von den jeweils anzuwendenden Entscheidungsverfahren und den jeweiligen Politikfeldern stimmt das Parlament mit einfacher, absoluter sowie nach genau festgelegten Quoren ab.

Die Zuständigkeiten des Europäischen Parlaments manifestieren sich im Wesentlichen in drei Punkten: Haushaltsrecht, Kontrolle der Kommission und Mitwirkung bei der Rechtsetzung. *Haushaltsrechtlich* ist das Parlament entscheidungsbefugt über sämtliche nichtobligatorischen Ausgaben der EU (vgl. Art. 272 EGV), also all jene Ausgaben, welche nicht aufgrund spezifischer Gemeinschaftsregelungen festgelegt sind.[20] Zudem hat es im Rahmen des geregelten Haushaltsverfahrens die Aufgabe, der Kommission die „Entlastung zur Ausführung des Haushaltsplans" (Art. 276,1 EGV) zu erteilen. Die *Kontrollfunktion* übt das Parlament hauptsächlich gegenüber der Kommission aus. So muss eine neue Kommission als Ganze zunächst durch das Parlament bestätigt werden (vgl. Art. 214 EGV). Damit hat das Parlament einen nicht unerheblichen Einfluss auf die Auswahl der Kommissare.[21] Überdies kann das Parlament der Kommission in

---

[20] Die Ausgabenseite des EU-Haushalts ist de facto jedoch zu ca. 80% durch vertraglich gebundene Finanzzuweisungen und Subventionen (obligatorische Ausgaben) dominiert.

[21] Das Europäische Parlament drohte im November 2004 in der Diskussion um den umstrittenen italienischen Kommissionskandidaten *Rocco Buttiglione* mit einer Ablehnung der gesamten Kommission.

schwerwiegenden Fällen und mit einer Zweidrittelmehrheit sogar das Misstrauen aussprechen (vgl. Art. 201 EGV). In diesem Fall müsste die Kommission geschlossen zurücktreten. Auch wenn das Parlament Fragerechte gegenüber den übrigen EU-Institutionen besitzt, ist in diesen Fällen lediglich eine indirekte und damit nur schwache Kontrolle möglich. An der *Rechtsetzung in der EU* nimmt das Parlament mit – in Abhängigkeit von dem jeweiligen Verfahren – unterschiedlicher Intensität teil: Neben dem passiven *Anhörungsverfahren* kann das Parlament im Rahmen des *Zusammenarbeitsverfahrens* (vgl. Art. 252 EGV) Gesetzgebungsvorlagen mitgestalten. Es besitzt in diesem Fall ein zumindest formales Abänderungsrecht, da es Einfluss auf die – letztlich relevanten – Abstimmungsregeln im Rat hat. Mit dem Vertrag von Maastricht wurde dieses *Zusammenarbeitsverfahren* weitgehend durch das sogenannte *Mitentscheidungsverfahren* (vgl. Art. 251 EGV) ersetzt. Demzufolge kommen Rechtsakte nun in einem mehrstufigen Verfahren zwischen Rat und Parlament zustande. Im Rahmen des *Zustimmungverfahrens* kommt ein Rechtsakt nur dann zur Anwendung, wenn das Parlament diesem mit absoluter bzw. relativer Mehrheit zugestimmt hat (vgl. Art. 48 u. 49 EU; Art. 310 EGV). Dieses Verfahren wird vornehmlich im Bereich der Unionsbürgerschaft und bei Beitrittsverfahren zur Europäischen Union angewandt. Initiativ kann das Parlament hingegen im Gesetzgebungsprozess nicht tätig werden. Einzige Ausnahme bildet in diesem Zusammenhang die Ausarbeitung eines Entwurfs für ein einheitliches Wahlverfahren (vgl. Art. 190,4 EGV). Das Parlament kann jedoch die Kommission zur Einleitung eines Gesetzgebungsverfahrens auffordern (vgl. Art. 192 EGV).

Insgesamt ist festzuhalten, dass sich das Europäische Parlament von einer bloßen beratenden Versammlung hin zu einem entscheidungsrelevanten Akteur im europäischen Institutionengefüge entwickelt hat, dessen Zuständigkeiten auf zusätzliche Regelungsbereiche ausgedehnt wurden. Gleichwohl ist jedoch zu betonen, dass das Europäische Parlament noch weit davon entfernt ist, die Funktion einer Legislative, wie sie die nationalen Parlamente in den Mitgliedstaaten einnehmen, auszufüllen (vgl. *Brasche* 2003, S. 26). „[...] Bisher hat das Parlament noch nicht die Rolle eines Identitäts- und Legitimationsstifters einnehmen können" (*Wessels* 1996, S. 30). Das Parlament besitzt zwar die größte demokratische Legitimation in der EU, doch sind die Mitwirkungs-, Kontroll- und Entscheidungsbefugnisse weiterhin eher gering und können fast ausschließlich im Zusammenspiel mit den anderen Institutionen entfaltet werden. Aus diesem Grund werden die Funktionen des Europäischen Parlaments häufig mit „denjenigen der Opposition in den nationalen Parlamenten" (*Pfetsch* 2001, S. 157) verglichen.

3.1.5 Europäischer Gerichtshof (EuGH)

Der Europäische Gerichtshof ist das gemeinsame Rechtsprechungsorgan der EU. Er übt einerseits die richterliche Kontrolle aus und sorgt andererseits durch die Auslegung des Vertragsrechts für die gemeinschaftskonforme Weiterentwicklung der EU.

Wenngleich bereits mit Gründung der EGKS ein Gerichtshof gebildet wurde, zählt der Europäische Gerichtshof erst seit den Römischen Verträgen zu den offiziellen Hauptorganen der Gemeinschaft. Seine Tätigkeit bezieht sich nahezu ausschließlich auf die vergemeinschafteten Bereiche der ersten Säule der Europäischen Union. Entscheidungen, die der EuGH unabhängig von den Mitgliedstaaten trifft, sind für diese bindend (vgl. Art. 220–245 EGV). Damit wird der supranationale Charakter der ersten Säule unterstrichen (vgl. *Pfetsch* 2001, S. 167). Der in Luxemburg ansässige Gerichtshof setzt sich, abhängig von der Anzahl der EU-Mitglieder, aus momentan 27 Richtern zusammen, welche für jeweils 6 Jahre im Einvernehmen der Mitgliedstaaten ernannt werden. Zudem unterstützen derzeit 8 Generalanwälte die Arbeit der Richter. Zwecks Entlastung des EuGH ist durch Beschluss des Rates vom 24. Oktober 1988 ein Gericht erster Instanz (GeI) eingerichtet worden, dessen Bestellung und Amtsdauer derjenigen des EuGH gleichkommt.

Der EuGH bildet im institutionellen Gefüge der EU das gemeinsame Rechtsprechungsorgan. Seine Zuständigkeiten liegen hauptsächlich in der Auslegung und Anwendung der Gemeinschaftsverträge sowie in der Sicherung der von Rat und Kommission erlassenen Normen. Die Auslegung des Rechts erfolgt dabei nicht nach nationalen Normen, sondern ausschließlich nach Wertmaßstäben, welche sich aus den europäischen Verträgen ergeben. Konkret behandelt das Gericht Klagen von Regierungen gegen Entscheidungen der Kommission beziehungsweise im Gegenzug Klagen der Kommission aufgrund von Vertragsverletzungen einzelner mitgliedstaatlicher Regierungen. Darüber hinaus zählen Vertragsverletzungsklagen eines Mitgliedstaates gegen einen anderen, Untätigkeitsklagen gegen Parlament, Rat oder Regierungen, Nichtigkeitsklagen gegen unrechtmäßige Handlungen von EU-Organen, Vorabentscheidungen über die Auslegung und Gültigkeit von Gemeinschaftsrecht sowie Schadensersatzklagen gegen die EU zu den Tätigkeitsfeldern. Das Gericht erster Instanz (GeI) ist unter anderem zuständig für Streitfälle zwischen der EU und ihren Bediensteten sowie für Wettbewerbsverfahren und direkte Klagen von Bürgern, Unternehmen und Behörden gegen Organe der EU. Diese genannten Zuständigkeitsfelder sind im EGV in unterschiedlichen Klage- und Verfahrensarten zusammengefasst. Über diesen Zuständigkeitskatalog hinaus kann der EuGH auf Antrag des Rates oder der Kommission einzelne Kommissare ihres Amtes entheben, falls diese ihren Pflichten nicht entsprechen (vgl. Art. 213, 216 EGV). Insgesamt nimmt der EuGH damit seine Aufgaben in verschiedenen Funktionen wahr: Als Verfassungs-, Verwaltungs-, Schieds- und Zivilgericht sowie als Gutachter- und Kontrollinstanz. Weil die Entscheidungen *in dubio pro communitate*, also im Allgemeinen zugunsten der supranationalen Ebene, ausfallen, hat der EuGH das Gemeinschaftsrecht integrationsverstärkend fortentwickelt und damit zudem die Funktion eines „Motor[s] der Integration" (*Gruner/Woyke* 2004, S. 416) eingenommen. Gerade bei der Interpretation der Gemeinschaftsverträge kommt diese Funktion besonders zum Tragen, indem das Gericht die „Auslegung des EU-Rechts im Sinne einer größtmöglichen Ausschöpfung der Gemeinschaftsbefugnisse" (*Herzog/Gerken* 2007) betreibt.

Die Entscheidungen und gefällten Urteile des EuGH binden die jeweils Verfahrensbeteiligten. Bis zum Vertrag von Maastricht war die Durchsetzung der Urteile ausschließlich von der Kooperationsbereitschaft der Mitgliedstaaten abhängig. Mit dem Artikel 228 EGV ist dem EuGH seitdem jedoch ein – insgesamt eher schwach ausgeprägtes – Sanktionsinstrument in Form der Verhängung eines Zwangsgelds gegeben. Somit ist das EuGH weiterhin hauptsächlich auf die grundsätzliche Akzeptanz der Mitgliedstaaten und insbesondere der nationalen Verfassungsgerichtsbarkeiten angewiesen.

3.1.6 Europäischer Rechnungshof

Der Europäische Rechnungshof wurde 1977 auf Grundlage einer Vereinbarung im Brüsseler Vertrag zunächst als ein ergänzendes Nebenorgan geschaffen. Mit dem Vertrag von Maastricht wurde dem Rechnungshof jedoch der Rang eines formaljuristischen Hauptorgans der EU zugeordnet (vgl. Art. 7 EGV). Der aktuellen Zahl der Mitgliedstaaten entsprechend, besteht der Rechnungshof aus 27 Mitgliedern, welche vom Rat nach Anhörung des Europäischen Parlaments für 6 Jahre ernannt werden.

Dem Rechnungshof obliegt die Rechnungsprüfung in der Gemeinschaft (vgl. Art. 246 EGV). Er ist demnach zuständig für die externe Prüfung und Begutachtung des Finanzgebarens der einzelnen europäischen Organe. Formal dient der Rechnungshof in erster Linie der Entlastung der Kommission, doch wird die Kontrolltätigkeit des Rechnungshofs insbesondere auch vom Europäischen Parlament in Anspruch genommen. Obschon die Kommission den Haushalt in eigener Verantwortung führt, hat das Parlament die Aufgabe, der Kommission die „Entlastung zur Ausführung des Haushaltsplans" (Art. 276,1 EGV) zu erteilen. Damit das Parlament diese Aufgabe wahrnehmen kann, ist es auf eine entsprechende externe Kontrollinstanz angewiesen. Aus diesem Grund legt der Rechnungshof für jedes Haushaltsjahr einen Jahresbericht vor, in welchem er nicht nur die Recht- und Ordnungsmäßigkeit der Ein- und Ausgaben der EU überprüft, sondern auch die Wirtschaftlichkeit der Haushaltsführung sowie die Zielgenauigkeit des Ausgabensystems einer kritischen Begutachtung unterzieht. Neben dieser nachträglichen formalen Prüfungsfunktion kann der Rechnungshof auch Stellungnahmen in Form von Sonderberichten zu aktuellen und speziellen Fragen abgeben (Art.248, 4 EGV). Obwohl den Berichten und Stellungnahmen des EuRH insgesamt eine große Beachtung bescheinigt werden kann, haben diese jedoch keine richterlich-verbindliche Qualität. Allerdings ist dem Rechnungshof die Möglichkeit zur Klage vor dem EuGH gegeben (vgl. Art. 230 EGV). Insgesamt ist zu konstatieren, dass der Rechnungshof mit einem Anwachsen der EU und einem damit einhergehenden vergrößerten Finanzvolumen an Bedeutung gewonnen hat.[22]

3.1.7 Weitere Institutionen der EU

Neben den zuvor genannten europäischen Hauptinstitutionen sind noch zwei weitere Neben- beziehungsweise Hilfsorgane erwähnenswert: Der *Wirtschafts- und Sozialausschuss* (WSA) und der *Ausschuss der Regionen* (AdR), wobei betont werden muss, dass diese Institutionen im formaljuristischen Sinne nicht als Organe der EU bezeichnet werden können. Ebenfalls kein Organ der Gemeinschaft, wohl aber eine wichtige beratende und vor allem ausführende Institution ist die *Europäische Zentralbank*, welche in diesem Zusammenhang ebenfalls Erwähnung finden soll. Weitere abhängige europäische Behörden wie beispielsweise die *Europäische Investitionsbank* (EIB), das Statistische Amt *Eurostat* oder die *Gemeinsame Kernforschungsstelle* (CERN) werden im Rahmen dieser Ausführungen hingegen nicht näher betrachtet.

3.1.7.1 Wirtschafts- und Sozialausschuss

Der Wirtschafts- und Sozialausschuss wurde bereits 1958 begründet. Ihm obliegt die Aufgabe, die Positionen organisierter Interessen zu bündeln und diese bei der Vorbereitung verbindlicher Entscheidungen auf EU-Ebene einzubringen (Art. 7, 257 – 262 EGV). Die Positionen der (nationalen) Verbandsvertreter sollen durch institutionalisierte Konsultationen so früh wie möglich in den europäischen Entscheidungsprozess einbezogen werden können. Der WSA lässt sich somit als eine organisierte ständige Lobby-Vertretung bezeichnen.

Nach einem in Art. 258 EGV festgelegten Verteilungsschlüssel entsenden die Mitgliedstaaten der EU momentan 344 Mitglieder für einen Zeitraum von 4 Jahren in den Wirtschafts- und Finanzausschuss. Die Mitglieder lassen sich im Groben in drei Gruppen klassifizieren: Arbeitgeber, Arbeitnehmer und Vertreter verschiedener Interessen (Umwelt, Verbraucher, Handelskammern etc.). In einigen vergemeinschafteten Politikfeldern der ersten Säule der EU stehen dem WSA Anhörungsrechte zu. So müssen die Stellungnahmen des Ausschusses zu vielen wirtschaftlichen und sozialen Angelegenheiten von Rat, Kommission und

---

[22] So ist in diesem Zusammenhang auf die Betrugsproblematik und den damit verbundenen Rücktritt der *Santer*-Kommission am 17.3.1999 zu verweisen.

Parlament gehört werden. Gleichwohl muss aber betont werden, dass für die Entscheidungsorgane keine Verpflichtung zur Berücksichtigung dieser Stellungnahmen besteht. Der WSA verfügt weder über das Recht zur Durchsetzung seiner Stellungnahmen, noch hat er die Möglichkeit, gegen eine Verletzung seiner Rechte vor dem EuGH zu klagen.

Wenngleich die Beteiligungsrechte des WSA im Zuge der EEA sowie der Verträge von Maastricht und Amsterdam ausgeweitet wurden, muss doch konstatiert werden, dass dieses Organ seinen „exklusiven Charakter als Institution einer effektiven politischen Lobbyarbeit" (*Linsenmann* 2000, S. 363) eingebüßt hat. Lobbyaktivitäten laufen heute weniger über die Zwischenstation des Wirtschafts- und Sozialausschusses ab, sondern sind stattdessen direkt an Kommission oder Parlament adressiert.

3.1.7.2 Ausschuss der Regionen

Der im Zuge des Vertrags von Maastricht gegründete Ausschuss der Regionen (AdR) soll die Interessen der lokalen und regionalen Gebietskörperschaften in der EU kanalisieren und in den europäischen Rechtsetzungsprozess einbringen (Art. 7, 263 – 265 EGV). Dieses Regionalgremium auf europäischer Ebene nimmt eine, dem Wirtschafts- und Finanzausschuss sehr ähnliche, beratende Funktion innerhalb des europäischen Instuitutionengefüges ein (vgl. *Wentzel* 2007). So ist der AdR in Politikfeldern, die regionale Interessen berühren, obligatorisch von Rat, Kommission und Parlament anzuhören. Eine Verpflichtung zur Berücksichtigung der Stellungnahmen durch die entscheidungsrelevanten Organe besteht indessen auch hier nicht. Der Ausschuss der Regionen setzt sich aus momentan 344 von den Mitgliedstaaten entsandten Repräsentanten für einen Zeitraum von vier Jahre zusammen.

Insgesamt betrachtet können dem AdR nur begrenzte institutionelle Mitwirkungsmöglichkeiten bescheinigt werden. Die Erwartungen im „Hinblick auf das Fundament für eine dritte Kammer mit legislativen Kompetenzen" (*Mittag* 2000, S. 79), die insbesondere von den stark föderal aufgebauten Mitgliedstaaten bei der Institutionalisierung dieses Gremiums im Zuge des Vertrags von Maastricht erhofft wurden, konnten bislang nur marginal erfüllt werden. Diese Tatsache hängt unter anderem damit zusammen, dass eine genaue Definition des Begriffs *Region* nicht möglich zu sein scheint (vgl. *Frey/Kortenjann* 2005, S. 410 f.). Darüber hinaus ist zu beobachten, dass viele lokale und regionale Gebietskörperschaften ihren Einfluss vorbei am AdR auf europäischer Ebene geltend zu machen versuchen. So haben sich beispielsweise die deutschen Bundesländer mit jeweils eigenen Vertretungen in Brüssel angesiedelt.

3.1.7.3 Europäische Zentralbank

Mit dem Beginn der dritten Stufe der Wirtschafts- und Währungsunion (WWU) wurde am 1.6.1998 die Europäische Zentralbank (EZB) offiziell eingerichtet und dadurch der Verzicht auf nationalstaatliche Souveränität im Bereich der Währungspolitik zugunsten einer europäischen Entscheidungsebene institutionalisiert (vgl. *Michler* 2006). Die EZB bildet gemeinsam mit den nationalen Zentralbanken der 27 EU-Mitgliedstaaten das *Europäische System der Zentralbanken* (ESZB), welches für die gemeinsame Geldpolitik der EURO-Mitglieder verantwortlich ist. Gerade weil nicht alle Staaten in der EU zugleich auch Mitglieder der EURO-Zone sind war die Einrichtung eines solchen zweigliedrigen monetären, unabhängigen[23] Institutionensystems erforderlich, welches auf einer ersten Ebene das gesamte EU-Gebiet und auf einer zweiten Ebene lediglich das EURO-Gebiet umfasst (vgl. *Theurl/Meyer* 2001, S. 147). Das ESZB wird von den Beschlussorganen der EZB geleitet, also dem EZB-Direktorium, dem EZB-Rat sowie dem erweiterten EZB-Rat. Primäre Aufgabe der ESZB ist gem. Art. 105, 1 EGV die Wahrung der Preisstabilität. Zur Erreichung dieses Ziels ist das ESZB mit der gemeinsamen Geldpolitik im EURO-Raum beauftragt. Wenn dieses Ziel dadurch nicht beeinträchtigt wird, unterstützt das ESZB die in Art. 2 EGV festgeschriebene allgemeine Wirtschaftspolitik der Gemeinschaft. Zur Ausführung dieser Aufgaben hat der EZB-Rat die Möglichkeit, Verordnungen zu erlassen, Entscheidungen zu treffen oder Stellungnahmen abzugeben. Näheres ist in der Satzung des ESZB festgelegt, welche „eine ähnliche Rechtskraft wie der EG-Vertrag" (*Theurl/Meyer* 2001, S. 150) hat. Seine Entscheidungen trifft das ESZB nahezu ausschließlich nicht im Zusammenspiel mit den Hauptorganen der Europäischen Union, so dass diese Institution für die folgenden Zusammenhänge vernachlässigt werden kann.

3.2 Willensbildung und Entscheidungsverfahren in der EU

Die Institutionalisierung einer Europäischen Union hat weitere Kompetenzverlagerungen von der nationalenstaatlichen auf die europäische Ebene bedingt. Darin drückt sich jedoch keine uneingeschränkte Abhängigkeit der Mitgliedstaaten von der Union aus, denn schließlich gelten die Mitgliedstaaten immer noch als „Herren der Verträge". Gleichwohl besitzt die Union inzwischen Zuständigkeiten, welche bislang den souveränen Mitgliedern vorbehalten waren, und nimmt infolgedessen in einzelnen Politikfeldern (quasi-)staatliche Handlungsbefugnisse wahr. Die Union verfügt zwar nicht über die allgemeine Zuständigkeit, jedoch über all jene Zuständigkeiten, welche ihr durch die Gemeinschaftsverträge ausdrücklich und implizit zugewiesen sind. Darüber hinausgehende Kompetenzen sind allerdings gemäß Art. 5 EGV (*Prinzip der begrenzten Einzelermäch-*

---

[23] Der funktionelle, institutionelle, personelle und operative Unabhängigkeitsstatus des ESZB ist als sehr hoch zu bewerten.

tigung) und Art. 48 EUV durch eine hinreichende vertragliche Vereinbarung zu ergänzen (vgl. *Müller-Graff* 2004b, S. 145). In diesem Zusammenhang ist eine Unterscheidung zwischen europäischem Primär- und Sekundärrecht von Relevanz:

Unter dem *Primärrecht* versteht man die europäischen Gründungs-, Fusions- und Erweiterungsverträge, in denen die beteiligten Staats- und Regierungschefs unter anderem jene Themenbereiche und Politikfelder festlegen, in denen (Gesetzgebungs-)Kompetenzen vom Nationalstaat auf die Union verlagert werden (vgl. *Oppermann* 1999, S. 181ff.). In diesem Bereich geht es also vornehmlich um die Entstehung und Änderung institutioneller Arrangements und Regelungen. Die aus dem gemeinschaftlichen Primärrecht abgeleiteten politischen, rechtlichen und ökonomischen Handlungen kennzeichnen hingegen das europäische *Sekundärrecht*. Unter diesem werden die in komplexen Verfahren unter Beteiligung der relevanten Akteure geschaffenen Rechtsakte der Europäischen Union zusammengefasst. Gemäß Art. 249 EGV werden in diesem Zusammenhang „nach Maßgabe dieses Vertrages“ Verordnungen, Richtlinien sowie Empfehlungen und Stellungnahmen erlassen. *Verordnungen* sind für die Mitgliedstaaten verbindlich und haben eine unmittelbare Geltung, wogegen *Richtlinien* für die Mitgliedstaaten zwar bezüglich des zu erreichenden Ziels einen verbindlichen Charakter haben, den Adressaten jedoch im Hinblick auf Mittel und Form zur Erreichung dieses Ziels einen Gestaltungsspielraum lassen. *Empfehlungen* und *Stellungnahmen* sind indessen nicht verbindlich. Die durch Verordnungen und Richtlinien in der EU geschaffenen Gesetze sowie die Summe aller europäischen Verträge werden als *acquis communautaire* bezeichnet. Zur Einhaltung und Beachtung dieses „gemeinsamen Besitzstandes“ sind nicht nur die Mitgliedstaaten, sondern auch potenzielle Beitrittskandidaten verpflichtet. Durch die fortwährende Entwicklung der Europäischen Union ist allerdings „diese abgeleitete Rechtsmasse […] in ungeheuerer und im Einzelnen nicht mehr überschaubarer, sich zudem täglich ändernder Art und Weise angeschwollen“ (*Oppermann* 1999, S. 196). Mit dieser Feststellung wird bereits auf die prozedurale Vielfalt und Komplexität europäischer Willensbildung und Entscheidungsfindung hingewiesen, welche im Folgenden detaillierter betrachtet wird. Dabei soll insbesondere gezeigt werden, dass die europäischen Organe nach unterschiedlichen Verfahren Entscheidungen über den Einsatz (quasi-)staatlicher Handlungsinstrumente treffen und es dabei zu einer – nicht immer kongruenten – Verbindung nationaler Einflussmöglichkeiten und supranationaler Kompetenzen kommt. Es wird an dieser Stelle jedoch (noch) nicht um die Kompetenzverteilung zwischen der EU und den Mitgliedstaaten gehen, sondern vielmehr um die Kompetenzverteilung und -zuständigkeit zwischen den Vertragsorganen der Union. Wie die einzelnen Organe und Einrichtungen der EU Beschlüsse fassen, ergibt sich dabei im Wesentlichen aus den relevanten europäischen Verträgen.

3.2.1 Supranationale Verfahren

Die Rechtsetzung in den Politikbereichen der ersten Säule findet in der Europäischen Union zumeist im Zusammenspiel zwischen Kommission, Rat und Parlament statt. Für das Zustandekommen europäischer Rechtsetzung gibt es jedoch kein einheitliches Verfahren. Vielmehr hängt es von dem jeweiligen Politikbereich ab, welcher Verfahrensweg beschritten wird. Das macht den Gang der europäischen Gesetzgebung entschieden langwierig und gelegentlich schwer nachvollzieh- und durchschaubar (vgl. *Baldwin/Widgren* 2003).

Tabelle 2: Abstimmungsverfahren nach Themen (Auswahl)

	Mehrheitsregel im Rat	
Beteiligung des Parlaments	*einstimmig*	*qualifizierte Mehrheit*
Anhörung (Art. 250 EGV)	Wahlen (Art. 190 EGV); Asyl (Art. 63 EGV); Steuerharmonisierung (Art. 90-93 EGV); Defizitkontrolle (Art. 104 EGV) ; Arbeitnehmerschutz (Art. 141 EGV)	Verstärkte Zusammenarbeit (Art. 43-45 EUV); Agrar (Art. 32-38 EGV); Dienstleistungen (Art. 49-55 EGV); Subventionen (Art. 87-89 EGV); Aufnahme in den € (Art. 122 EGV); Forschung (Art. 163-173 EGV)
Zusammenarbeit (Art. 252 EGV)		Wirtschaftspolitik
Mitendscheidung (Art. 251 EGV)	Unionsbürgerschaft (Art. 17-22 EGV); Kultur (Art. 151 EGV)	Diskriminierung (Art. 12 EGV); Freizügigkeit (Art. 39 EGV); Niederlassungsfreiheit (Art. 43 und 48 EGV); Anerkennung von Zeugnissen (Art. 149 EGV); Außengrenzen (Art. 62 EGV); Binnenmarkt (Art. 14 EGV); Beschäftigung (Art. 125-130 EGV); Sozialschutz (Art. 144 EGV); Durchführung Regionalförderung und Forschung (Art. 158 EGV); Umwelt (Art. 2 EGV)

Quelle: Eigene Darstellung auf der Basis von *Theurl/Meyer* (2001); Stand: Vertrag von Nizza

Die zur Anwendung kommenden Verfahren sind darüber hinaus auch Ausdruck des jeweiligen Grads der Beteiligungs- und Einflussmöglichkeit der betroffenen Organe. Im EG-Vertrag ist für jeden einzelnen Politikbereich festgelegt, welches Rechtsetzungsverfahren zur Anwendung kommt. Tabelle 2 stellt diesen Zusammenhang anhand einiger ausgewählter Politikfelder exemplarisch dar. Generell kann man sagen, dass das *Anhörungs-* sowie das *Zustimmungsverfahren* in den meisten sensiblen Politikfeldern der ersten Säule vorgesehen sind.

Dazu zählen insbesondere die Agrarpolitik, Wettbewerb sowie Richtlinien im Bereich der Arbeitsmarkt- und Industriepolitik. Das *Mitentscheidungsverfahren* ist hingegen in den übrigen Aufgabenbereichen der ersten Säule anzuwenden und deckt damit ca. 80 Prozent der legislativen Entscheidungen in der EU ab. Das *Verfahren der Zusammenarbeit* ist zwischen den bislang genannten Verfahren angesiedelt und kommt heute nur noch in bestimmten Bereichen der Wirtschafts- und Währungsunion zur Anwendung. Unabhängig von den jeweiligen Verfahren besitzt die Kommission das Initiativmonopol. Das bedeutet, dass nur sie dazu befugt ist, einen Vorschlag für ein neues Gesetz einzubringen. Gemäß Art. 208 EGV kann der Rat sowie gemäß Art. 192, 2 EGV das Parlament die Kommission auffordern, initiativ tätig zu werden und einen Vorschlag für ein neues Gesetz zu erarbeiten. Inhalt und genauer Wortlaut werden dabei jedoch ausschließlich von der Kommission bestimmt. Nach dieser Entwurfsphase tritt der Gesetzesvorschlag in die Entstehungsphase. Diese wiederum ist nach unterschiedlichen Verfahren zu differenzieren, welche sich durch Beteiligungsgrad und -intensität der Organe unterscheiden. Nach dem erfolgreichen Durchlaufen des jeweiligen Verfahrens wird das Gesetz vom Rat verabschiedet. Die Durchführung und Anwendung des Gesetzes obliegt den Mitgliedstaaten und der Kommission, während selbige sowie der Europäische Gerichtshof und der Europäische Rechnungshof formal für die Kontrolle zuständig sind.

3.2.1.1 Anhörungsverfahren

In diesem auf Art. 192 EGV basierenden „Verfahren der einfachen Stellungnahme“ muss der Rat zunächst das Europäische Parlament konsultieren, bevor er einen Gesetzesvorschlag der Kommission beschließen und verabschieden kann. Die Stellungnahme, die das Parlament und – sofern vorgesehen – der Wirtschafts- und Finanzausschuss sowie der Ausschuss der Regionen abgeben, sind jedoch für den Rat nicht bindend. Abhängig davon, ob das Parlament Änderungsvorschläge macht oder nicht, verabschiedet der Rat das Gesetz dann einstimmig oder mit der im Vertrag geforderten Mehrheit.

Damit sind die Mitglieder des Rates bei ihrer Entscheidung von möglichen Einwänden des Parlaments nahezu unabhängig, so dass das Parlament in diesem Verfahren nur einen sehr geringen Einfluss hat. Es besteht jedoch die Möglichkeit, dass die Kommission jederzeit von sich aus jene Vorschläge, die das Parlament stark modifiziert beziehungsweise ablehnt, zurückzieht und dementsprechend ändert (vgl. Art. 250, 2 EGV). Die Kommission ist demnach also nicht nur Initiatorin des Gesetzgebungsverfahrens, sondern kann zudem als „Herrin des Verfahrens“ bezeichnet werden, die die Möglichkeit hat, eine *Take-it-or-leave-it*-Politik (vgl. *Steunenberg* 1994, S. 661) zu betreiben. Ob die Kommission jedoch diese unverbindliche Möglichkeit wahrnimmt, den ursprünglichen Vorschlag zu ergänzen und Abänderungen des Parlaments in einem geänderten Gesetzesvorschlag zu berücksichtigen, liegt ebenfalls nicht im Einflussbereich des Parlaments. Insgesamt lassen sich demnach die Befugnisse des Parlaments in diesem Verfahren als sehr eingeschränkt bewerten.

Abbildung 3: Anhörungsverfahren

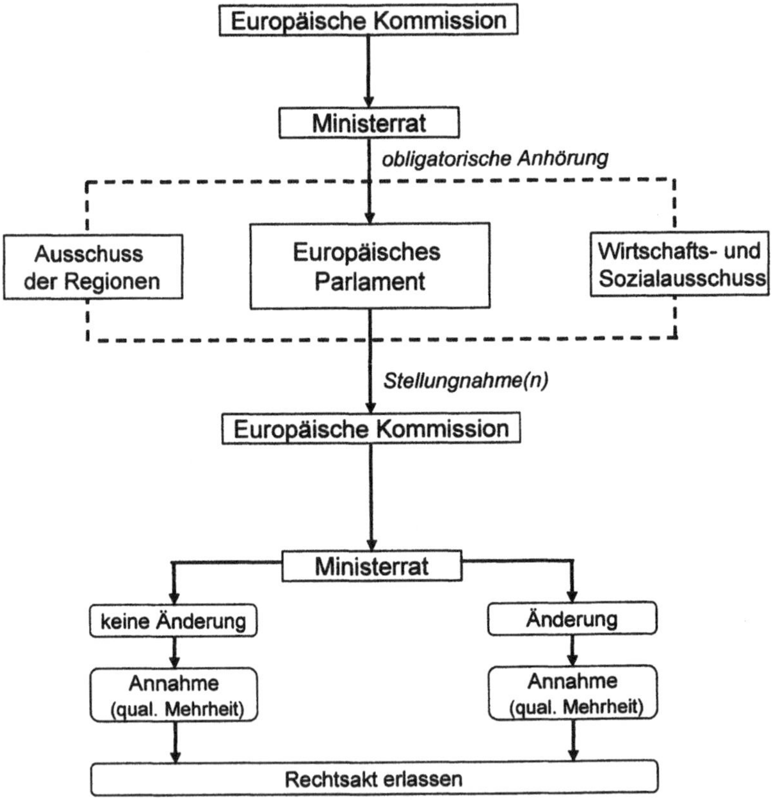

Quelle: Eigene Darstellung

3.2.1.2 Zustimmungsverfahren

In diesem, durch die EEA eingeführten Verfahren muss der Rat bei besonders wichtigen Beschlüssen die explizite Zustimmung des Europäischen Parlaments einholen. Ein Rechtsakt kommt nur dann zur Anwendung, wenn das Europäische Parlament diesem mit der vertraglich geforderten Mehrheit seiner Mitglieder zugestimmt hat.[24] Lehnt das Parlament den Vorschlag ab, so ist das Geset-

[24] Ist die Mehrheitserfordernis in der Vertragsgrundlage nicht hinreichend spezifiziert, so wird

zesvorhaben gescheitert. Änderungen kann das Parlament nicht vornehmen. Dieses Verfahren findet insbesondere bei (quasi-) konstitutionellen Entscheidungen der EU Anwendung. So ist es beispielsweise beim Beitritt neuer Mitgliedstaaten (Art. 49 EUV) ebenso vorgesehen wie bei Assoziierungs-, Partnerschafts- oder sonstigen Grundsatzabkommen (Art. 300, 3 EGV). Darüber hinaus ist das Verfahren unter anderem bei der Übertragung von bestimmten Aufgaben an die EZB (Art. 105 EGV) oder im Zusammenhang mit den Kohäsions- und Strukturfonds (Art. 161 EGV) erforderlich. Insgesamt kann der Beteiligungsgrad des Parlaments bei diesem Verfahren als hoch eingeschätzt werden, demgegenüber die Einflussnahme auf den konkreten Gesetzgebungsprozess als eher gering bewertet werden muss, da das Parlament nicht die Möglichkeit besitzt, Änderungsvorschläge zu formulieren.

3.2.1.3 Verfahren der Zusammenarbeit

In diesem, in Art. 252 EGV festgelegten Verfahren hat das Parlament – im Gegensatz zum Anhörungsverfahren – die Möglichkeit, über eine zweite Lesung den Gesetzesvorschlag der Kommission im Laufe des Verfahrens stärker zu beeinflussen. Konkret wird dabei der Vorschlag der Kommission zunächst an Rat und Parlament weitergeleitet. Im Rahmen einer ersten Lesung gibt das Parlament eine Stellungnahme ab. Diese fasst daraufhin der Rat, gemeinsam mit seiner eigenen Position, mit qualifizierter Mehrheit zu einem sogenannten *gemeinsamen Standpunkt* zusammen. Das Parlament überprüft diesen gemeinsamen Standpunkt sodann in zweiter Lesung und kann diesen annehmen, abändern oder ablehnen. In den beiden letzteren Fällen ist die absolute Mehrheit seiner Mitglieder erforderlich. Akzeptiert der Rat im Gegenzug die Änderungsvorschläge des Parlaments, kann er das Gesetz mit qualifizierter Mehrheit verabschieden. Lehnt das Parlament hingegen den Vorschlag ab, hat der Rat trotzdem die Möglichkeit, sich darüber hinwegzusetzen, indem er einstimmig das Gesetz beschließt.

Insgesamt betrachtet ist der Beteiligungsgrad des Parlaments im Gegensatz zum Konsultationsverfahren höher, dem Rat verbleibt jedoch die letzte Entscheidungsbefugnis. Entscheidungen gegen das Parlament werden zwar erschwert, da in diesem Falle das Verfahren eine einstimmige Entscheidung des Rates vorsieht. Damit erhält das Parlament aber lediglich „die Rolle eines beachtenswerten Mitspielers, nicht jedoch eines selbstverantwortlichen legislativen Organs“ (*Leipold* 1993, S. 56). Mit dem Vertrag von Maastricht wurde der Anwendungsbereich dieses Verfahrens zunächst in großem Umfang ausgedehnt.

---

gem. Art. 198 EGV mit der absoluten Mehrheit der abgegebenen Stimmen entschieden.

Abbildung 4: Verfahren der Zusammenarbeit

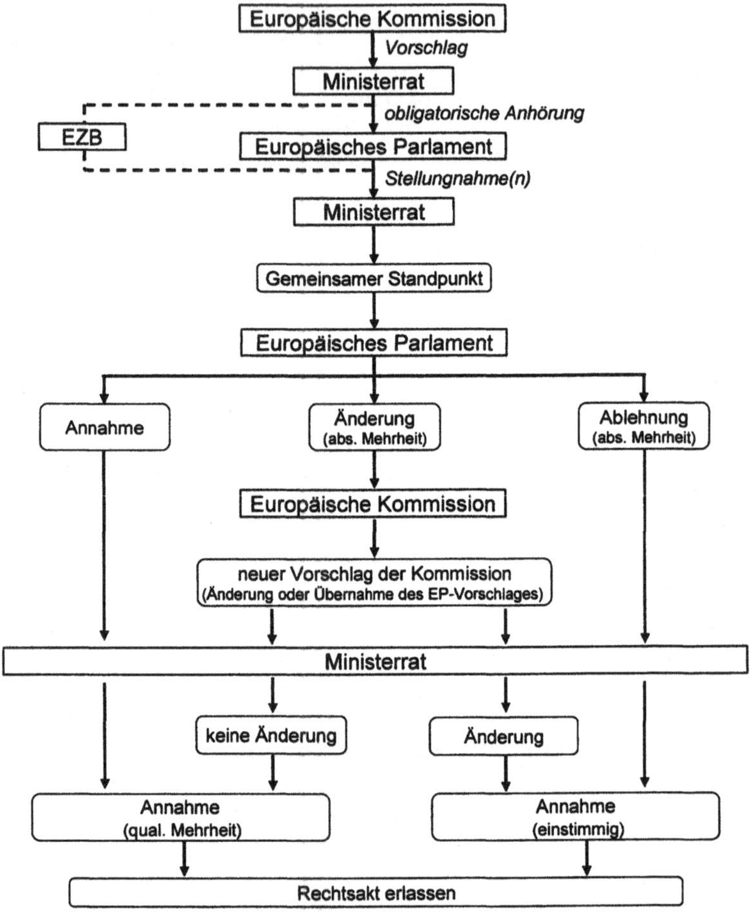

Quelle: Eigene Darstellung

Durch den Vertrag von Amsterdam jedoch hat sich diese Entwicklung zugunsten des Mitentscheidungsverfahrens umgekehrt; seither ist dieses Verfahren damit weitgehend bedeutungslos geworden. Momentan wird es nur noch in wenigen Bereichen der Wirtschafts- und Währungspolitik angewandt. Der Verfassungsvertrag sieht sogar die gänzliche Abschaffung dieses Verfahrens vor, indem es durch das Mitentscheidungsverfahren oder durch Rechtsakte des Rates ohne Gesetzescharakter ersetzt werden soll.

3.2.1.4 Mitentscheidungsverfahren

Das in Art. 251 EGV spezifizierte Mitentscheidungsverfahren kann als eine Modifikation des Verfahrens der Zusammenarbeit gesehen werden, in dessen Verlauf Rechtsakte gemeinsam von Rat und Parlament erlassen werden, wobei letzterem weiter reichende Einflussmöglichkeiten eingeräumt werden.

Abbildung 5: Mitentscheidungsverfahren

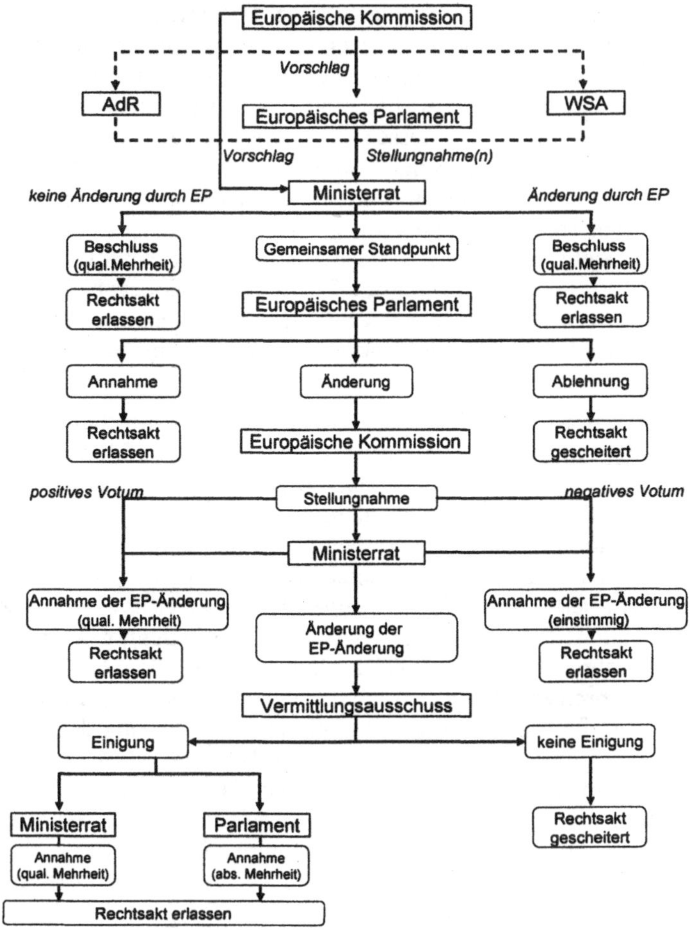

Quelle: Eigene Darstellung

Konkret wird zunächst ein Gesetzesvorschlag von der Kommission an Rat und Parlament weitergeleitet. Das Parlament nimmt in erster Lesung Stellung zu diesem Vorschlag. Diese Stellungnahme wird sodann dem Rat zugeleitet, welcher den Rechtsakt mit qualifizierter Mehrheit erlassen kann, wenn er entweder die Änderungsvorschläge des Parlaments billigt oder wenn das Parlament keine Änderungsvorschläge vorgenommen hat. In allen anderen Fällen formuliert der Rat einen gemeinsamen Standpunkt. Lehnt das Parlament diesen hingegen in zweiter Lesung mit seiner absoluten Mehrheit ab, so ist der Gesetzesentwurf gescheitert und der Rechtsakt kann nicht erlassen werden. An diesem Punkt wird dem Parlament in der europäischen Rechtsetzung erstmals ein Vetorecht konzediert. Mit der absoluten Mehrheit seiner Mitglieder kann das Parlament jedoch auch noch einmal Änderungen an dem gemeinsamen Standpunkt vorschlagen und die daraufhin abgeänderte Fassung wiederum Rat und Kommission zuleiten. Billigt der Rat daraufhin mit qualifizierter Mehrheit diese Abänderungen, so gilt der Rechtsakt in dieser Form als erlassen. Akzeptiert der Rat hingegen die Änderungsvorschläge des Parlaments nicht, so wird ein Vermittlungsausschuss gebildet. In diesem kann das Parlament mit dem Rat nach einer Kompromisslösung suchen. Wird eine solche nicht gefunden, ist das Gesetz endgültig gescheitert, so dass an dieser Stelle ebenfalls von einen Vetorecht des Parlaments gesprochen werden kann. Erzielen die beteiligten Institutionen hingegen eine Einigung, müssen Rat und Parlament diese mit qualifizierter beziehungsweise absoluter Mehrheit verabschieden. Werden diese Quoren nicht erreicht, ist das Gesetz ebenfalls gescheitert.

Insgesamt betrachtet ist die Stellung des Parlaments hinsichtlich Beteiligungsgrad und Einflussmöglichkeit in diesem Gesetzgebungsverfahren als hoch einzuschätzen. Das Mitentscheidungsverfahren ist das einzige Gesetzgebungsverfahren, in dessen Verlauf die Ablehnung eines Gesetzesvorhabens durch das Parlament möglich ist. Da dieses Verfahren in vielen Politikbereichen vertraglich erforderlich ist, haben sich dadurch die Gesetzgebungskompetenzen des Parlaments erweitert, indem die legislative Mitverantwortung aufgewertet wurde. In Tabelle 3 ist die Anzahl der jeweils zur Anwendung gekommenen Entscheidungsverfahren der Jahre 2000 bis 2004 dargestellt. Die Zahlen in den Klammern beschreiben dabei die Änderungen und Ablehnungen durch das Parlament. Beim Anhörungsverfahren und bei der ersten Lesung des Mitentscheidungsverfahrens gibt der Wert in der Klammer dabei die Anzahl der Fälle an, in denen das Parlament Abänderungen zum Kommissionsvorschlag gemacht hat, wohingegen der Wert in der Klammer bei der zweiten Lesung des Mitentscheidungsverfahrens die Anzahl derjenigen Fälle angibt, in denen das Parlament den gemeinsamen Standpunkt des Rates geändert hat. Aus dieser Darstellung wird zunächst deutlich, dass das Mitentscheidungsverfahren zunehmend an Bedeutung gewinnt. Während in den Jahren bis 1999 (vgl. dazu *Theurl/Meyer* 2001, S. 176) das Anhörungsverfahren noch das meist genutzte Entscheidungsverfahren war, hat sich das Gewicht zunehmend zugunsten des Mitentscheidungsverfahrens verlagert. Insgesamt gewinnt das Mitentscheidungsverfahren von Jahr zu Jahr an Bedeutung. Der „Einbruch“ dieser Entwicklung im Jahr 2004 ist mit der

Konstituierung einer neuen Kommission zu erklären. Darüber hinaus fällt auf, dass das Parlament durchaus häufig von seinem Recht zur Änderung von Gesetzesvorhaben Gebrauch macht.

Tabelle 3: Häufigkeit der Entscheidungsverfahren 2000–2004

	2000	*2001*	*2002*	*2003*	*2004*
Konsultationsverfahren	113 (69)	190 (113)	136 (74)	129 (76)	163 (66)
Zustimmung	14	16	4	16	11
Mitentscheidungsverfahren	131	158	166	172	111
Erste Lesung	60 (48)	85 (73)	90 (77)	94 (66)	69 (53)
Zweite Lesung	53 (33)	51 (34)	56 (33)	67 (49)	29 (17)
Dritte Lesung	18	22	20	11	13
Summe	**258**	**364**	**306**	**317**	**285**

Quelle: Gesamtbericht über die Tätigkeit der Europäischen Union, div. Jahrgänge (2000–2004)

Gleichwohl darf man nicht dem voreiligen Trugschluss erliegen und in den zunehmenden Beteiligungsmöglichkeiten des Parlaments eine gleichsam wachsende, institutionelle Aufwertung sehen. Faktisch hat das direkt gewählte Parlament zwar die größte Legitimation aller EU-Organe, doch nimmt es weiterhin mehr eine Neben- als eine Hauptrolle im europäischen Institutionengefüge ein. Es ist in vielen Fällen entscheidungsbeteiligt, aber selten ausschlaggebend. Zudem kommt vor allem eine wesentliche Funktion eines Parlaments zu kurz: Die Kontrolle der Regierung.

3.2.1.5 Haushaltsverfahren

Der Haushalt der EU wird nach einem in Art. 272 EGV festgelegten Verfahren beschlossen. Auch dieses Verfahren ist durch die institutionelle Kooperation von Rat, Parlament und Kommission gekennzeichnet. Den beiden erstgenannten Organen kommt dabei eine maßgebliche Funktion zu, da der Rat bei den obligatorischen Ausgaben, und das Parlament bei den nichtobligatorischen Ausgaben das abschließende Recht zur Festlegung der Haushaltsbeträge besitzt.[25] Konkret

[25] Die sogenannten obligatorischen Ausgaben sind jene Ausgaben, die sich direkt aus den eu-

läuft das Verfahren in mehreren Phasen ab. Zunächst übermitteln alle Organe der Kommission ihre Ausgabenvorschläge, auf deren Grundlage diese einen Haushaltsvorentwurf ausarbeitet und an den Rat weiterleitet. Jener ändert gegebenenfalls den Kommissionsentwurf und stellt den eigentlichen Haushaltsentwurf mit qualifizierter Mehrheit auf. Der Entwurf des Haushaltsplans wird darauf dem Parlament zugeleitet, welches in einer ersten Lesung den Plan annehmen, ablehnen oder mit Änderungsvorschlägen versehen kann. Im ersten Fall ist das Verfahren bis dahin erfolgreich abgeschlossen, im zweiten Fall muss durch den Rat ein neuer Entwurf vorgelegt werden. Im dritten Fall hingegen hängt das weitere Verfahren maßgeblich davon ab, um welche Ausgabenart es sich bei den Änderungsvorschlägen des Parlaments handelt. Bei den Änderungsvorschlägen bezüglich der obligatorischen Ausgaben gibt es zwei Möglichkeiten: Erhöhen sich in Folge der Änderungen die Ausgaben eines Organs nicht, so kann der Rat diesen Vorschlag mit qualifizierter Mehrheit ablehnen. Erfolgt kein Ablehnungsbeschluss, so ist der Vorschlag angenommen. Erhöhen sich hingegen in Folge der Änderungsvorschläge die Ausgaben, so kann der Rat diese Änderungen nur mit qualifizierter Mehrheit annehmen. Betreffen die vorgenommenen Änderungsvorschläge die nichtobligatorischen Ausgaben, so kann der Rat den Entwurf mit qualifizierter Mehrheit entsprechend ändern. Wurden also Änderungen des Parlamentsvorschlags durch den Rat vorgenommen, so wird dieser neue Entwurf nochmals dem Parlament zugestellt. Dieses kann wiederum mit der Mehrheit seiner Mitglieder und drei Fünftel der abgegebenen Stimmen die Änderungen des Rates an den Parlamentsvorschlägen der nichtobligatorischen Ausgaben ablehnen oder abermalig ändern. Über die obligatorischen Ausgaben wird indessen nicht mehr entschieden. Nach Abschluss dieses gesamten Verfahrens stellt der Präsident des Europäischen Parlaments den Haushaltsplan endgültig fest. Das Parlament kann jedoch noch einmal mit der Mehrheit der Stimmen seiner Mitglieder und zwei Dritteln der abgegebenen Stimmen aus „wichtigen Gründen" den Entwurf des Haushaltsplans ablehnen und die Ausarbeitung eines neuen Entwurfs verlangen. Das bedeutet also, dass das Parlament dem Gesamthaushalt – einschließlich der obligatorischen Ausgaben – zustimmen muss. Insgesamt betrachtet kommt dem Parlament demnach in diesem Verfahren eine durchaus gewichtige Rolle zu – insbesondere weil das Haushaltsverfahren mit der zunehmenden Höhe von Eigenmitteln in der EU in den vergangenen Jahren immer mehr an Gewicht gewonnen hat.

---

ropäischen Verträgen bzw. aufgrund von Vorgaben des Sekundärrechts ergeben. Die Zuordnung von Ausgaben in nichtobligatorische und obligatorische Aufgaben ist hingegen nicht immer einwandfrei bestimmbar. So zählt beispielsweise die Gemeinsame Agrarpolitik zu den obligatorischen, die Strukturpolitik zu den nichtobligatorischen Auf- und damit auch Ausgaben.

3.2.2 Intergouvernementale und konstitutionelle Verfahren

Neben den zuvor behandelten Verfahren arbeiten die Mitgliedstaaten in den beiden nicht vergemeinschafteten Säulen der EU auf zwischenstaatlicher Ebene ebenso zusammen wie bei grundsätzlichen, konstitutionellen Entscheidungen, die die EU als Ganze betreffen.

In der *Gemeinsamen Außen- und Sicherheitspolitik* sind gemäß dem EU-Vertrag eindeutige Verfahrensregeln festgelegt. Der Europäische Rat nimmt dabei eine zentrale Stellung ein. Nach Art. 13 EUV bestimmt dieser die Grundsätze und allgemeinen Leitlinien der GASP und fasst sie einstimmig zu einer Gemeinsamen Strategie zusammen. Diese wiederum bildet die Grundlage für die Festlegung und Durchführung der GASP durch den Rat, indem dieser Gemeinsame Aktionen (Art. 14 EUV) und Gemeinsame Standpunkte (Art. 15 EUV) einstimmig (Art. 23, 1 EUV) oder mit einer doppelt qualifizierten Mehrheit (Art. 23, 2 EUV) beschließt. Eine Stimmenthaltung beeinflusst die Entscheidung nicht, wohingegen keine Abstimmung erfolgt, wenn ein Mitglied des Rates einen Beschluss ablehnt, so dass in diesem Fall von einem Veto gesprochen werden kann.

Auch bei der intergouvernementalen *Zusammenarbeit in den Bereichen Justiz und Inneres* legt der EU-Vertrag verbindliche Verfahrensregeln fest. Hier spielt der Europäische Rat jedoch keine dominante Rolle wie im Rahmen der GASP, weil es eben nur um eine Zusammenarbeit und um keine gemeinsame Innen- und Justizpolitik geht. Demnach agiert in der dritten Säule ausschließlich der (Minister-)Rat als die entscheidende Institution. Als Rechtsinstrumente stehen diesem – ähnlich wie in der zweiten Säule – Gemeinsame Standpunkte, Gemeinsame Maßnahmen sowie Übereinkommen zur Verfügung (Art. 34 EUV), über deren Einsatz in der Regel einstimmig (Art. 34, 2 EUV), je nach entsprechendem Fall jedoch auch mit einer doppelt qualifizierten Mehrheit (Art. 34, 3 EUV) oder einer Zweidrittelmehrheit (Art. 34, 2d EUV) beschlossen wird.

Geht es um die grundsätzliche *Änderung oder Ergänzung der Verträge*, auf denen die EU basiert, also letztlich um eine konstitutionelle Entscheidung, ist das dafür vorgesehene Verfahren in Art. 48 EUV festgelegt. Nach Vorschlägen einzelner nationalstaatlicher Regierungen oder der Kommission und nach Anhörung des Europäischen Parlaments sowie Billigung der Kommission kann der Europäische Rat im Rahmen einer Regierungskonferenz konstitutionelle Änderungen beschließen. Ein neuer Vertrag tritt jedoch erst dann in Kraft, wenn der Rat in der Zusammensetzung der Staats- und Regierungschefs sowie die Mitgliedstaaten durch deren nationale Parlamente einen solchen ratifiziert haben.

Das mehrstufige Verfahren, welches beim *Beitritt neuer Mitglieder zur EU* Anwendung findet, ist durch Art. 49 EUV festgeschrieben. Der Europäische Rat beschließt demgemäß – nach Anhörung der Kommission und nach Zustimmung des Europäischen Parlaments – einstimmig, dass Verhandlungen aufgenommen werden. Die Aufnahmebedingungen, die gegebenenfalls notwendigen Übergangsfristen sowie die wegen des Beitritts erforderlichen Anpassungen der Verträge, auf denen die Union beruht, werden durch ein Abkommen zwischen den Mitgliedstaaten und dem beitrittswilligen Staat geregelt. Das Abkommen muss von allen EU-Mitgliedsstaaten auf Grundlage ihrer jeweiligen nationalen verfassungsrechtlichen Vorschriften ratifiziert werden.

Wollen einzelne Mitgliedstaaten der EU die Integration in einzelnen Politikfeldern über den institutionellen Rahmen der Verträge hinaus vorantreiben oder Tempo und Ziele der Integration selbst bestimmen, so haben sie seit dem Vertrag von Amsterdam – zumindest formal – durch die *Bestimmungen über eine der verstärkte Zusammenarbeit* (Art. 43 – 45 EUV) die Möglichkeit dazu. Demnach ist es einer begrenzten Anzahl von Mitgliedstaaten möglich, die Zusammenarbeit zu vertiefen und voranzutreiben und dabei den institutionellen Rahmen der Union zu wahren. Eine solche verstärkte Zusammenarbeit ist jedoch bestimmten Restriktionen unterworfen. So darf sich eine derartige Zusammenarbeit gemäß Art. 45 EUV lediglich auf Bereiche erstrecken, die zum einen nicht in die ausschließliche Zusammenarbeit der Union fallen, zum anderen aber der Förderung der Ziele der Union dienen und die Vertragsbestimmungen und den gemeinschaftlichen Besitzstand nicht infrage stellen. Darüber hinaus ist eine solche verstärkte Zusammenarbeit als letztes Mittel (Art. 43a EUV) definiert und darf nur angewandt werden, wenn das entsprechende Vorhaben nicht auf der EU-Ebene erreicht werden kann. Zudem muss diese Zusammenarbeit von einer Mindestzahl von acht Mitgliedstaaten getragen werden und jederzeit weiteren Mitgliedstaaten grundsätzlich offen stehen. An etwaigen Beratungen einer solchen Zusammenarbeit dürfen sämtliche Mitglieder des Rates teilnehmen, demgegenüber die eigentliche Beschlussfassung ausschließlich den teilnehmenden Mitgliedstaaten zukommt (Art. 44 EUV).

3.3 Das Brüsseler Labyrinth – zur Organisation eines Systems *sui generis*

Im Zuge ihrer institutionellen Weiterentwicklung hat sich die Gemeinschaft von einer mehr oder weniger funktionellen Bindung an das Binnenmarktziel sukzessive gelöst und weiter gehende Kompetenzen in der Rechtsetzung, Umverteilung und Bereitstellung von (öffentlichen) Gütern übernommen (vgl. *Witte* 1995, S. 96). Vor allem seit den späten Siebzigerjahren bestand daher die Notwendigkeit, die Verfahren der Gemeinschaft an die jeweils veränderte Situation anzupassen, indem das europäische Institutionensystem mitsamt den spezifischen Entscheidungsfindungs- und kollektiven Willensbildungsprozessen umstrukturiert und fortentwickelt wurde. Dabei wurden teils Formen der klassischen Regierungszusammenarbeit verfolgt, teils aber auch neue Wege einer Bündelung von nationalstaatlichen und gemeinschaftlichen Zuständigkeiten beschritten. Die vornehmlich deskriptiv angelegte Analyse der Organisationsstruktur und -verfahren der EU kann in diesem Zusammenhang die anfangs aufgestellte These bestätigen, dass es sich bei der EU um ein intermediäres System *sui generis* handelt, welches neben seiner Einzigartigkeit vor allem durch komplizierte, oftmals unzureichend geklärte Kompetenz- und Verfahrensfragen gekennzeichnet ist. Dem europäischen System *sui generis* haftet ein immanentes Spannungsverhältnis zwischen nationalstaatlichen und gemeinschaftlichen Interessen an, welches sich häufig in einem Konflikt zwischen Effizienz und Konsens manifestiert. Insbesondere die Darstellung der spezifischen Entscheidungsverfahren der EU hat deutlich gemacht, dass die Kompetenzen und Beteiligungsgrade zwischen den Institutionen hochgradig verzahnt sind. Das Zusammenspiel der Institutionen ist dabei von zwei Konfliktlinien durchzogen: Parlamentarische Fundierung *versus* intergouvernementale Abstimmung. Dabei ist der erste Aspekt eher schwach, der zweite hingegen eher stark ausgebildet. Daraus resultieren letztlich zwar Entscheidungen, die in ihrer Konsequenz verbindliche Relevanz für Unionsbürger und Mitgliedstaaten haben, in ihrem Zustandekommen jedoch komplex, langwierig und intransparent sind. Eine klare Zuordnung von Verantwortung ist auf diese Weise nur schwer möglich – und das nicht nur zwischen den EU-Organen. Auch werden hiermit die Probleme der Verbindung nationaler Einflussmöglichkeiten durch die Mitgliedstaaten beziehungsweise derer Regierungsvertreter und supranationaler Kompetenzen der europäischen Vertragsorgane deutlich. Das Gewaltenteilungsprinzip hat in der EU eine im Vergleich zu nationalstaatlichen Strukturen erweiterte Dimension, die sich nicht mit der Definition von Zuständigkeiten der einzelnen Institutionen und Ebenen und deren (gegenseitiger) Kontrolle ausreichend darstellen und erklären lässt. Vielmehr ist es sinnvoll, die bestehenden Strukturen zunächst als Fixum zu betrachten und vor diesem Hintergrund die zentralen Bereiche der Handlungseffizienz und der demokratischen Legitimation eines solchen Institutionensystems zu analysieren.

4. Problemfelder der EU

Spätestens seit der Prägung des Begriffs „Eurosklerose“ steht die europäische Integrationsgemeinschaft regelmäßig im Zentrum der Kritik. Dabei wird zumeist beklagt, dass die institutionelle Weiterentwicklung Europas mit einer mangelhaften Bürgernähe sowie intransparenten und ineffizienten Entscheidungsverfahren einhergeht. Ziel der folgenden Ausführungen wird es sein, diese Kritik im Rahmen einer theoretischen Auseinandersetzung vor dem Hintergrund der bisherigen Ausführungen zu fundieren. Nachdem gezeigt wurde, welche Institutionen es in der EU gibt und wie dort kollektive Entscheidungen getroffen werden, soll nun analysiert werden, welche Dysfunktionalitäten und Problemkonstellationen dabei zu Tage treten können. Neben der ohnehin schwierigen Konstellation eines Systems *sui generis* mit einem komplexen Mix aus intergouvernementalen und supranationalen Elementen werden ferner grundlegende Konstruktionsfehler der EU im Kern einer kritischen Auseinandersetzung stehen.

Mit den hier aufgezeigten Problemfeldern wird zugleich die Basis für den weiteren Gang der Untersuchung gebildet.

4.1 Institutionelle Verankerung der Integration

Möchte man sich den institutionellen und strukturellen Problemen der EU anhand geeigneter Analysekategorien annähern, steht man zunächst einmal vor einem Problem. Es ist schwierig, die besondere Konstellation der EU mit einer der gängigen Integrationstheorien – seien sie politikwissenschaftlicher oder ökonomischer Herkunft – in Einklang zu bringen (vgl. *Hauser/Müller* 1995, S. 24). Nichtsdestotrotz muss man zunächst einmal zur Kenntnis nehmen, dass sich die europäische Integration anfangs vorrangig im wirtschaftlichen Bereich vollzogen hat, so dass hier ein Anknüpfungspunkt gegeben ist. Die Zusammenarbeit von zwei oder mehreren Ländern auf dem Gebiet ihrer gemeinsamen Wirtschaftsbeziehungen mit dem Ziel, ökonomische Vorteile zu erreichen und die Wohlfahrt zu steigern, lässt sich als regionale ökonomische Integration bezeichnen (vgl. *Smeets* 1996). Im Rahmen einer solchen regionalen Integration kann nach *Ohr/Gruber* (2001) zwischen Formen der Marktintegration und Formen der institutionellen Integration unterschieden werden. In dem erst genannten Fall erfolgt die Integration über den freien Austausch von Gütern, Dienstleistungen und Produktionsfaktoren, während der zweite Fall durch die Abstimmung, Harmonisierung oder Vereinheitlichung (wirtschafts-)politischer Bestimmungen und Maßnahmen gekennzeichnet ist. Je nach Intensität und Geltungsbereich lassen sich demnach folgende Integrationsstufen klassifizieren (vgl. *Dieckheuer* 2001, S. 193 ff.):

- Abbau von Handelshemmnissen zwischen den Mitgliedsländern des Integrationsraums;
- Liberalisierung der Faktorbewegungen im Integrationsraum;
- Schaffung einheitlicher institutioneller und ordnungspolitischer Rahmenbedingungen für Wirtschaftsaktivitäten im Integrationsraum;
- Koordination oder Vereinheitlichung der Außenwirtschaftspolitiken der Mitgliedsländer;
- Koordinierung der binnenorientierten Wirtschaftspolitiken der Mitgliedsländer.

Diesen Stufen (wirtschafts-)politischer Integration können in der Praxis verschiedene institutionelle Integrationsformen zugeordnet werden, die hervorheben, dass der Raum zwischen nationaler und internationaler (Wirtschafts-) Politik durch zahlreiche Zwischenformen gekennzeichnet ist (vgl. dazu *Balassa* 1962, S. 2 f.). Vom theoretischen Zustand absoluter *Autonomie* ausgehend können Formen von Absprachen und Vereinbarungen ohne vertragliche Bindung im Rahmen einer *Präferenzzone* stattfinden. Die Liberalisierung des Handels in bestimmten Sektoren kann – eingebettet in internationale Verträge – im Rahmen einer *Gemeinsamen Marktordnung* beziehungsweise für den Fall, dass der gesamte Güterverkehr einbezogen ist, im Rahmen einer *Freihandelszone* stattfinden. Kommt es zu einer gemeinsamen Außenhandelspolitik gegenüber Drittländern, so spricht man von einer *Zollunion.* Eine solche Integrationsform geht erstmals mit einer partiellen Verlagerung (wirtschafts-)politischer Kompetenzen auf internationale Institutionen einher; meist jedoch unter weitgehender Beibehaltung nationaler Souveränität, welche durch Einstimmigkeit bei Entscheidungen auf der Ebene internationaler Institutionen gewährleistet wird. Umfasst eine regionale Liberalisierung sämtliche Faktoren (Waren, Dienstleistungen, Kapital, Arbeit), befindet man sich in einem *Gemeinsamen Markt.* Einem solchen folgt, durch die Angleichung und Harmonisierung der nationalen (Wirtschafts-) Politiken, eine *Wirtschaftsunion.* Hier werden (wirtschafts-)politische Kompetenzen unter Einschränkung nationaler Souveränität auf eine – nunmehr supranationale – Institution übertragen, was sich in einer Abkehr vom Prinzip der Einstimmigkeit zeigt. Mit einer Wirtschaftsunion wird damit im gesamten Gebiet der Mitgliedstaaten ein *einheitlicher Binnenmarkt* realisiert, welcher sich durch eine weitgehende Vereinheitlichung der ökonomischen Rahmenbedingungen auszeichnet. Auch die darauf folgende Integrationsstufe einer *Währungsunion*, welche nur für Länder sinnvoll scheint, die im güterwirtschaftlichen Bereich bereits eine hohe Integrationsstufe erreicht haben, geht mit der Einschränkung von politischen Kompetenzen souveräner Staaten einher, bevor als letzte Stufe eine *Politische Union* erreicht werden kann. Eine solche politische Union kann ihrerseits jedoch – und damit ist man wieder bei der Unzulänglichkeit traditioneller Integrationstheorien angelangt – verschiedene Ausprägungen annehmen. So kann sie entweder als reiner *Staatenbund* konzipiert sein, demnach es zu einer partiellen Verlagerung politischer Kompetenzen auf eine internationale Institution unter Wahrung der nationalen Souveränität kommt. Werden hingegen politische Kompetenzen und Aufgaben unter Verzicht nationaler Souveränität auf eine zentrale Ebene verlagert, spricht man von einer *Föderation* oder einem *Bundesstaat*, welcher – im Gegensatz zu einem *Zentralstaat* – die Beibehaltung der dezentralen Ebene vorsieht. Findet eine solche Verlagerung politischer Kompetenzen hingegen bloß unter teilweiser Einschränkung nationaler Souveränität zugunsten einer supranationalen Form statt, so kann man von einer Zwischenlösung, eben einem System *sui generis*, sprechen.

Überträgt man nun diese Integrationsformen auf die Entwicklung der europäischen Integration, so lassen sich viele Parallelen erkennen. Ausgehend von der EGKS (1951) sind die europäischen Staaten über eine Zollunion (1968), einen Gemeinsamen Binnenmarkt (1993) und eine Währungsunion (1999) bis auf die Stufe einer politischen Union hinaufgeklettert, wenngleich die Abfolge der einzelnen Stufen nicht immer exakt dem zuvor dargestellten Verlauf entspricht. Mit jeder höheren Integrationsstufe gehen jedoch zwangläufig strukturelle Probleme einher. Diese hängen vor allem damit zusammen, dass (nationale) Souveränitätsrechte aufgegeben und von den agierenden Regierungen zumeist durch strategisches Verhalten zu kompensieren versucht werden. Entweder wird somit der Integrationsprozess insgesamt verlangsamt und eine weiter gehende Integration verhindert oder es kommt zu einer höheren Integrationsstufe, die unter anderem Entscheidungen unterhalb der Einstimmigkeit vorsieht und damit demokratische Legitimationsprobleme verursacht. Apolte (2001, S. 219) stellt in diesem Zusammenhang fest, dass „nahezu jede internationale (wirtschafts-)politische Kooperation [...] unter diesem Spannungsverhältnis zwischen demokratischer Legitimation auf der einen und Entscheidungsschwäche auf der anderen Seite“ leidet. Gerade im Hinblick auf die mit *Stagnation und Fortschritt* charakterisierte europäische Integrationsgeschichte erweist sich diese Aussage für die EU in besonderem Maße als zutreffend.

4.2 Entscheidungsfindung und Handlungseffizienz

Der Bereich der spezifischen europäischen Entscheidungsverfahren ist unabdingbar mit der allgemeinen Regierbar- und Handlungsfähigkeit der Union, speziell mit der Frage, ob und wie die Ziele der Union mit den ihr zur Verfügung stehenden Möglichkeiten effizient erreicht werden können, verbunden. Die Schwerfälligkeit und Intransparenz von Entscheidungen auf europäischer Ebene angesichts der Vielzahl daran beteiligter Institutionen sowie der dabei zur Geltung kommenden komplizierten Verfahren wurde bereits erwähnt. Aber auch unabhängig von dem unzureichenden Zusammenspiel der europäischen Organe sind Entscheidungs- und Handlungsfähigkeitsdefizite zu verzeichnen, welche sich in erster Linie auf die Entscheidungen im Ministerrat beziehen (vgl. *Leipold* 2006). Dabei geht es zunächst um generelle Probleme kollektiver Entscheidungsfindung bei der Kooperation von Staaten, bevor im Anschluss daran spezielle Probleme spezifischer Entscheidungsverfahren und -regeln im Rat erörtert werden.

4.2.1 Abstimmen und blockieren – Entscheidungsregeln und gesellschaftliche Kosten

In der EU haben sich Staaten unterschiedlicher Größe, (Macht-)Interessen, Identitäten und (politischer) Wertvorstellungen zusammengeschlossen, um – ganz allgemein formuliert – gesellschaftliche Probleme gemeinschaftlich zu lösen. Die Heterogenität der beteiligten Ländern führt jedoch zwangsläufig zu großen Präferenzunterschieden bezüglich einer jeweiligen Lösung. Demnach werden tendenziell – ohne an dieser Stelle Stereotypen aufbauen zu wollen – die nordischen Länder aufgrund ihrer ausgeprägten sozialen Tradition Bereiche wie Gleichberechtigung oder Umweltschutz für sehr wichtig halten, während Großbritannien vornehmlich seinem liberalen Wirtschafts- und Gesellschaftsmodell folgt und Frankreich auf die Erhaltung und Bewahrung der eigenen Sprache und Kultur Wert legt. Mit diesen ungleichen Wertvorstellungen sind unterschiedliche Interessen verbunden. So ist beispielsweise Frankreich vor allem am Bereich Landwirtschaft interessiert, Deutschland hingegen an den Bereichen Handel und Export. Diesen unterschiedlichen Wertvorstellungen und Interessen müssen im Falle einer Kooperation von Staaten spezifische Willensbildungs- und Entscheidungsmechanismen entsprechen. Denn eine Integration ist nur dann möglich und erfolgreich, wenn die daran beteiligten Mitgliedstaaten in der Lage sind, gemeinsam eine (politische) Entscheidung zu fällen. Diese Entscheidung muss dabei von allen Beteiligten in voller Konsequenz akzeptiert sowie hinsichtlich der jeweiligen nationalen (Wert-)Vorstellungen grundsätzlich respektiert werden. Die einfachste und zugleich praktikabelste Art, diesen Anspruch zu erfüllen, ist die Einstimmigkeit bei Entscheidungen. Denn nur in diesem Fall ist gewährleistet, dass alle Beteiligten die Entscheidung tragen. Außerdem kann in einem solchen Rahmen jedes Mitglied allein eine Entscheidung verhindern (Veto-Position), und niemand kann demnach von den anderen überstimmt werden. Solange man davon ausgehen kann, dass die für eine solche einstimmige Abstimmung erforderlichen Informationsbeschaffungs- und Verhandlungsprozesse keine Kosten[26] verursachen, würden die teilnehmenden Mitglieder stets einstimmig entscheiden. Nimmt man – und jede noch so mäßig komplizierte Kollektiventscheidung gibt Anlass dazu – hingegen an, dass kollektive Entscheidungen mit teilweise erheblichen Kosten verbunden sind, ist es durchaus sinnvoll, die entsprechende Organisation des Entscheidungsprozesses derart zu gestalten, dass Entscheidungen auch unterhalb der Einstimmigkeit möglich sind. Der Preis für eine derart gewonnene Handlungsfähigkeit ist jedoch das Risiko jedes „Klubmitglieds", zu einer überstimmten Minderheit zu gehören. *Buchanan* und *Tullock* (1962, S. 63 ff.) unterscheiden diesbezüglich zwei Kostenarten voneinander, welche sie zusammengenommen als *Interdependenzkosten* bezeichnen:

- Externe Kosten oder Diskriminierungskosten entstehen aus der Sicht eines Individuums, wenn die Entscheidung einer Gruppe seinen Präferenzen nicht entspricht. Je höher das Zustimmungserfordernis, desto geringer ist für den Einzelnen die Gefahr, sich in der Minderheit zu befinden. Demnach nehmen die externen Kosten mit der Höhe der für eine Entscheidungsfindung notwendigen Mehrheit ab. Das Einstimmigkeitsprinzip minimiert die externen Kosten, weil jeder Vorschlag, der den eigenen Präferenzen zuwider läuft, durch ein Veto blockiert werden kann;
- Entscheidungsfindungskosten entstehen durch die Aufwendung von Ressourcen für den jeweiligen Entscheidungsprozess. Dazu zählen Kosten der Informationsbeschaffung, der Analyse verschiedener Alternativen samt Verhandlungen zwischen den Beteiligten sowie die Teilnahme am Abstimmungsprozess selbst. Je geringer das Zustimmungserfordernis ist,

[26] Der Kostenbegriff ist in diesem Zusammenhang extensiv aufzufassen und nicht auf eine monetäre Dimension beschränkt.

desto einfacher ist es, die für eine Entscheidungsfindung notwendige Zustimmung zu erreichen. Demnach nehmen die Entscheidungsfindungskosten – gegenläufig zu den externen Kosten – mit der Höhe der notwendigen Mehrheit zu.

Die erste dieser beiden Kostenarten spiegelt dabei vornehmlich den Bereich demokratischer Legitimation wider und soll daher zunächst nicht weiter erörtert, später aber nochmals aufgegriffen werden. Für den aktuellen Zusammenhang ist zunächst die zweite Kostenart von Bedeutung: Die Entscheidungsfindungskosten können nämlich als ein Indikator für die Bewertung der Effizienz der Gemeinschaftspolitik dienen (vgl. *Leipold* 1993, S. 42). Sie hängen maßgeblich von zwei Variablen ab:

- der Anzahl der entscheidungsberechtigten Akteure;
- der Anzahl der zu entscheidenden Themenbereiche.

Je mehr Akteure entscheidungsberechtigt sind, desto höher dürften die Verhandlungs- und damit auch die Entscheidungsfindungskosten sein. Das Erfordernis von Einstimmigkeit bei Abstimmungen begünstigt darüber hinaus strategisches Verhalten einzelner Akteure. Denn jedes Mitglied, das über ein Vetorecht verfügt, kann versuchen, auf Kosten anderer Mitglieder Vorteile für sich zu generieren. Wird nämlich ein stimmberechtigter Akteur für eine Entscheidungsfindung unabdingbar gebraucht, erschließt sich ihm die Möglichkeit, denjenigen, welcher durch eine bestimmte Entscheidung besonders begünstigt würde, „auszubeuten". Und bei Erfordernis von Einstimmigkeit befindet sich nun einmal jeder in dieser strategisch günstigen Situation, so dass die Entscheidungsfindungskosten dann generell hoch sind. Neben der Anzahl der entscheidungsberechtigten Akteure hat zusätzlich die Menge der zu entscheidenden Themen Einfluss auf die Entscheidungsfindung. Je umfassender nämlich die relevanten Themenbereiche sind, desto stärker werden *ceteris paribus* eventuell vorliegende (nationale) Präferenzunterschiede zum Tragen kommen.

Stellt man nun diese zunächst theoretisch dargestellten Annahmen der Realität der Europäischen Union gegenüber, dann lassen sich die diesbezüglichen Probleme in der Integrationsgemeinschaft erklären: Zunächst gab es mit nur sechs beteiligten Staaten eine geringe Anzahl entscheidungsberechtigter Akteure und zudem war die *Europäische Gemeinschaft für Kohle und Stahl* anfangs auf vornehmlich ein Themengebiet, nämlich die wirtschaftliche Integration im Montanbereich, beschränkt. Im weiteren Verlauf des europäischen Integrationsprozesses haben sich jedoch diese beiden Variablen verändert: Zum einen hat die Anzahl entscheidungsbefugter Mitglieder zugenommen (*Erweiterung* des „Klubs"), zum anderen ist ein Zuwachs der Tätigkeitsbereiche der EU zu verzeichnen (*Vertiefung* der Integration). Wenngleich in Art. 148,1 EWG vereinbart wurde, dass der Rat mit der Mehrheit seiner Mitglieder beschließt, entscheidet der Rat in zahlreichen Fällen immer noch einstimmig. Die insbesondere durch die Vetomöglichkeit bedingten Nachteile dieser Abstimmungsregel sind demnach nicht erst seit der vollzogenen Ost-Erweiterung, sondern bereits zu Zeiten der Sechser-Gemeinschaft von Relevanz für die Entscheidungs(un)fähigkeit europäischer Politik. Denn entweder kamen durch die Einstimmigkeitsregel Entscheidungen gar nicht erst zustande und verlangsamten somit den Integrationsfortschritt[27]; oder aber das konsequente Festhalten an der Einstimmigkeitsregel führte zu einer Verknüpfung verschiedener Angelegenheiten zu *package deals* (vgl. dazu *Weber* 1991). Dabei werden mehrere – teilweise sehr unterschiedliche – Angelegenheiten in einem Paket zusammengeschnürt und dann einstimmig verabschiedet. Voraussetzung einer solchen Lösung ist die Möglichkeit des Stimmentausches (*log rolling*), wie das folgende, in Tabelle 4 dargestellte, Beispiel verdeutlicht.

Tabelle 4: Paketlösungen bei Einstimmigkeit

	D	F	AUS	„EU der 3“
Agrar	– 5	15	3	13
Steinkohle	15	– 5	– 5	5
Transit	3	– 5	10	8
insgesamt	13	5	8	26

Quelle: Eigene Darstellung

Dabei sei angenommen, dass in den Ländern einer fiktiven europäischen Dreiergemeinschaft, Deutschland (D), Frankreich (F) und Österreich (AUS), unterschiedlich hohe Nutzenniveaus bezüglich verschiedener, gemeinschaftlich zu entscheidender politischer Maßnahmen vorliegen. Demnach ist für Frankreich eine Steuerbefreiung für den Agrarsektor besonders wichtig, während Deutschland vor allem für Steinkohlesubventionen eintritt und Österreich von einer Neuregelung des Transitverkehres besonders profitieren würde. Würde über jede der drei Maßnahmen einzeln abgestimmt, käme kein Beschluss zustande, da in jedem Fall jeweils ein Land von seinem Veto-Recht Gebrauch machen würde. Wenn es jedoch Deutschland gelingt, seine Nachbarn davon zu überzeugen, für die Steinkohlesubventionen zu stimmen, indem Deutschland seine Zustimmungsbereitschaft hinsichtlich einer steuerlichen Vorzugbehandlung des Agrarbereiches erklärt und es zudem Deutschland und Frankreich gemeinsam gelingt, Österreich zur Zustimmung für beide Projekte zu überreden, indem man seine

[27] Wie beispielsweise im Fall einer Europäischen Verteidigungsgemeinschaft.

Stimmen gegen ein für Österreich profitables politisches Vorhaben, die Regelung des Transitverkehrs, „tauscht", werden schließlich alle drei politischen Maßnahmen in einem Verhandlungspaket beschlossen. Ein solches Tauschgeschäft gelingt indessen nur dann, wenn in jedem der drei Länder ein Nettonutzenzuwachs zu verzeichnen ist, was sich in den positiven Spaltensummen der Tabelle zeigt.[28]

In dem hier vorgestellten Fall führt *log rolling* bei Einstimmigkeit zu einer wohlfahrtsverbessernden Wirkung, da im Gesamtergebnis ein *package deal* entsteht, dessen einzelne Bestandteile bei einer getrennten Abstimmung nicht zustande kommen würden. Die distributiven Wirkungen der jeweiligen politischen Maßnahmen, die bei einer getrennten Abstimmung eine gemeinschaftliche Regelung verhindern würden, heben sich nämlich in dem vorliegenden Paket gegenseitig auf. In diesem Fall führt *log rolling* zu einer Maximierung des Kollektivnutzens. Es ist aber keineswegs so, dass *log rolling* grundsätzlich ein solches wohlfahrtsverbesserndes Ergebnis impliziert; ebenfalls möglich sind Nettonutzeneinbußen für das Kollektiv. So führt *log rolling* meist zu intransparenten Entscheidungsstrukturen, die eine eindeutige Aussage über den Gesamtnettonutzens erschweren oder gar unmöglich machen. *Brasche* (2003, S. 30) verweist in diesem Zusammenhang auf ein konkretes Beispiel aus dem Jahr 2002: Dabei hat Deutschland im Rat für die – von der EU eigentlich als wettbewerbswidrig eingestufte – Steuerbefreiung für Spediteure gestimmt, weil im Gegenzug die von einer solchen Maßnahme profitierenden Mitgliedsländer Frankreich, Italien und die Niederlande der weiteren Subventionierung der deutschen Steinkohle zustimmten. Damit auch Österreichs Zustimmung gewährleistet werden konnte, packte man zusätzlich eine Regelung des Transitverkehrs, welcher Österreich in besonderer Weise betrifft, in das Verhandlungspaket hinein, so dass letztendlich folgender Kompromiss auf der Agenda stand: Die Zustimmung Deutschlands und Österreichs zu den Kraftstoffsubventionen für Spediteure in Italien, Frankreich und den Niederlanden konnte im Gegenzug mit einer Zustimmung eben dieser Länder zur Subventionierung der deutschen Kohle und mit einer Zustimmung zur Reduzierung des Transitverkehrs „getauscht" werden. Ob dieser „Kuhhandel" tatsächlich wohlfahrtsverbessernd für die europäischen Bürger ist, kann nur schwer beurteilt werden – insbesondere dann nicht, wenn man berücksichtigt, dass die stimmberechtigten Ratsmitglieder bei ihrer Entscheidung dem Einfluss organisierter (nationaler) Sonderinteressen in nicht unerheblichem Maße unterworfen sind. *Vaubel* (1986) weist in diesem Zusammenhang darauf hin, dass organisierte Sonderinteressen in supranationalen Institutionen wie die EU in größerem Umfang Berücksichtigung finden, als das auf ausschließlich natio-

---

[28] Wäre die Spaltensumme bei einem der drei Länder hingegen negativ, würde ein *package deal* bei Einstimmigkeit nicht zustande kommen, da das betreffende Mitglied dann nicht zustimmen würde.

nalstaatlicher Ebene möglich ist. Darüber hinaus merkt *Frey* (1983, S. 127) an, dass *log rolling* zu einem überhöhten Niveau der Kollektivausgaben führen kann. Dieses Argument wird damit begründet, dass bei den Entscheidungsträgern meist hohe Präferenzen für solche politischen Maßnahmen bestehen, die eigene nationale *pressure groups* begünstigen, während der Widerstand gegen Projekte anderer (nichtmitgliedstaatlicher) Interessengruppen wegen des geringen Anteils der Steuerlast, die man selbst beitragen muss, insgesamt relativ schwach ausgeprägt sein dürfte. Auf eine weitere mögliche Nettonutzeneinbuße infolge von *package deals* weisen *Faber* und *Breyer* (1980, S. 218 f.) hin. Werden nämlich inhaltlich und sachlich nicht zusammengehörige Vorhaben in einem Paket gebündelt und Kompensationsgeschäfte vereinbart, wird die gegebenenfalls erforderliche Revision einzelner politischer Maßnahmen dieses Pakets dadurch erschwert, dass damit „das ganze Paket infragegestellt würde“ (ebd.). Die Korrektur einmal getroffener Einzelentscheidungen eines *package deals* gestaltet sich infolgedessen extrem schwierig.

Berücksichtigt man diese Einwände, wird deutlich, dass auch die praktikable Wahrung des Konsensprinzips mittels Paketlösungen und *log rolling* in ihrer Reichweite begrenzt ist. Das konsequente Festhalten an der Einstimmigkeitsregel kann demnach Ineffizienzen mit sich bringen, die vermieden werden können, wenn man bei Entscheidungen vom Konsens abrückt.

4.2.2 Dominanz der Großen über die Kleinen – oder umgekehrt?

Wenn die Möglichkeiten für ein Veto zurückgedrängt werden, führt dies zunächst einmal zu einer Stärkung der Handlungsfähigkeit. Der Nachteil einer solchen Entscheidungsregel ist jedoch in steigenden *externen Kosten* zu sehen. Wenn Entschlüsse nicht mehr einstimmig, sondern mit einer Mehrheitsentscheidung gefasst werden, besteht für jeden Teilnehmer das Risiko, zur überstimmten und damit entscheidungsunterworfenen Minderheit zu gehören. Aus diesem Grund sind die Gewichtung der Stimmen und die damit zusammenhängende Sperrminorität bei Entscheidungen von ausschlaggebender Bedeutung. Bei der Stimmgewichtung sind grundsätzlich zwei Möglichkeiten gegeben:

- *One man, one vote*: Bei einem solchen Verfahren erhält jedes Mitglied eine Stimme. Vorausgesetzt, dass die Mitglieder unterschiedlicher (Bevölkerungs-)Größe sind, führt eine solche Lösung jedoch dazu, dass die Bürger kleinerer Staaten relativ überrepräsentiert, die Bürger größerer Staaten hingegen relativ unterrepräsentiert sind.
- *„demokratische“ Proporzlösung*: Bei diesem Verfahren werden die Stimmanteile gemäß der Bevölkerungsgröße des jeweiligen Landes gewichtet. Damit sind jedoch, insbesondere bei Vorliegen großer Unterschiede, die kleinen Staaten von nur marginalem Gewicht und können

von den großen Staaten in nahezu sämtlichen Abstimmungen dominiert werden.

Da es sich bei der EU um eine Gemeinschaft unterschiedlich großer, rechtlich jedoch gleichgestellter Staaten handelt, hat man sich bei der Operationalisierung qualifizierter Mehrheitsregeln eines Kompromisses bedient. Demnach richtet sich die Zahl der einem Mitgliedstaat zugewiesenen Stimmen zwar nach der Größe der Bevölkerung, doch bewirkt ein Korrekturmechanismus, dass Staaten mit einer geringeren Bevölkerungszahl relativ überrepräsentiert werden. Man hat sich vielmehr auf eine Stimmrechtsverteilung geeinigt, die bewirkt, dass das Gewicht des einzelnen Bürgers mit wachsender Bevölkerungsstärke des jeweiligen Mitgliedstaates abnimmt. Die Stimmenanzahl steht dadurch zwar weiterhin im Zusammenhang mit der Bevölkerungsgröße, bildet diese aber nicht präzise ab, so dass kleinere Länder zwar *absolut* gesehen weniger Stimmen als größere Länder haben, aber dennoch ein *relativ* größeres Gewicht gemessen an ihrem Bevölkerungsanteil, wie Tabelle 5 veranschaulicht. Eine solche Stimmgewichtung dient dem Zweck, die mit qualifizierter Mehrheit gefassten Beschlüsse auf ein größtmögliches Einvernehmen der Einwohner der beteiligten Staaten zu stützen. Dabei ist zu gewährleisten, dass bei Abstimmungen die kleinen Länder nicht von den großen majorisiert, beziehungsweise die großen nicht von den kleinen Ländern minorisiert werden. Gerade der letztgenannte Fall ist für die EU aber von besonderer Relevanz, da die Möglichkeit besteht, dass den großen Ländern bei Abstimmungen die Vorstellungen kleinerer Länder „aufgezwungen" werden. Wenn man die in der Tabelle aufgezeigte Stimmverteilung im Laufe der Zeit und Veränderung der Gemeinschaft betrachtet, dann zeigt sich, dass die kleineren Staaten seit jeher einen überproportional großen Stimmenanteil verbuchen konnten. Beispielsweise haben – bezogen auf die aktuell geltende Verteilung – die ganz kleinen europäischen Staaten wie Luxemburg, Lettland, Slowenien, Zypern, Estland und Malta einen Stimmanteil im Rat, der jeweils gut einem Prozent der Gesamtstimmen entspricht; die jeweilige Bevölkerungsgröße liegt hingegen jeweils unter einem Prozent der gesamten EU-Bevölkerung.

Demgegenüber hat Deutschland mit 29 Stimmen im Rat etwas über acht Prozent der Gesamtstimmanteile, repräsentiert jedoch gut 16 Prozent der Gesamtbevölkerung. Das bedeutet, dass die relative Abstimmungsstärke der Staaten im Rat untereinander bedeutend und teilweise zugunsten der kleineren Länder divergiert (vgl. *Faber/Breyer* 1980). Nichtsdestotrotz hat dieses System der Stimmverteilung bis zur Ost-Erweiterung der EU im Großen und Ganzen im Hinblick auf die Handlungsfähigkeit der Union funktioniert. Mit der Erweiterung hat sich diese Situation jedoch verändert, da ein Großteil der neuen Mitglieder kleine Staaten sind. Bei einer bloßen Fortschreibung der bisherigen Stimmenanzahl kann es nämlich nun vermehrt zu einer Koalitionsbildung kleinerer Staaten kommen, in denen nur ein geringer Anteil der Gesamtbevölkerung der Union lebt. Infolge dessen können den größeren Staaten und damit der überwiegenden

Mehrheit der EU-Bevölkerung politische Vorstellungen der „Kleinen" bei Abstimmungen aufgezwungen werden (vgl. *Felsenthal/Machover* 2001). Spätestens dann, wenn sich aus solchen Abstimmungen Ansprüche an das EU-Budget ergeben, welches größtenteils von den großen Staaten aufgebracht wird, treten Konflikte offenkundig auf.

Tabelle 5: Stimmengewichtung im Rat der EU

Stimmen im Rat der Europäischen Union											
	EG-6	EG-9	EG-10	EG-12	EU-15	EU-25	EU-25	EU-27	Stimmanteil EU 27	Bevölkerung	
	58-72	73-80	81-85	86-94	Ab 95	Nizza	1.11.04	1.1.07	%	*Mio.*	%
Deutschland	4	10	10	10	10	10	29	29	8,4	82,4	16,8
Frankreich	4	10	10	10	10	10	29	29	8,4	62,7	12,8
Italien	4	10	10	10	10	10	29	29	8,4	58,5	11,9
Niederlande	2	5	5	5	5	5	13	13	3,7	16,3	3,3
Belgien	2	5	5	5	5	5	12	12	3,4	10,4	2,1
Luxemburg	1	2	2	2	2	2	4	4	1,2	0,4	0,1
Großbritannien	–	10	10	10	10	10	29	29	8,4	60,1	12,2
Dänemark	–	3	3	3	3	3	7	7	2,1	5,4	1,1
Irland	–	3	3	3	3	3	7	7	2,1	4,1	0,8
Griechenland	–	–	5	5	5	5	12	12	3,4	11,2	2,3
Spanien	–	–	–	8	8	8	27	27	7,8	43,4	8,8
Portugal	–	–	–	5	5	5	12	12	3,4	10,5	2,1
Schweden	–	–	–	–	4	4	10	10	2,9	9,0	1,8
Österreich	–	–	–	–	4	4	10	10	2,9	8,2	1,7
Finnland	–	–	–	–	3	3	7	7	2,1	5,2	1,1
Polen	–	–	–	–	–	8	27	27	7,8	38,1	7,8
Tschechien	–	–	–	–	–	5	12	12	3,4	10,2	2,1
Ungarn	–	–	–	–	–	5	12	12	3,4	10,1	2,1
Slowakei	–	–	–	–	–	3	7	7	2,1	5,3	1,1
Litauen	–	–	–	–	–	3	7	7	2,1	3,4	0,7
Lettland	–	–	–	–	–	3	4	4	1,2	2,3	0,5
Slowenien	–	–	–	–	–	3	4	4	1,2	2,0	0,4
Estland	–	–	–	–	–	3	4	4	1,2	1,3	0,3
Zypern	–	–	–	–	–	2	4	4	1,2	0,7	0,1
Malta	–	–	–	–	–	2	3	3	0,9	0,4	0,1
Bulgarien	–	–	–	–	–	–	–	10	2,9	7,7	1,5
Rumänien	–	–	–	–	–	–	–	14	4,0	21,6	4,4
Insgesamt	**17**	**58**	**63**	**76**	**87**	**124**	**321**	**345**	**100**	**491,1**	**100**
QM absolut	**12**	**41**	**45**	**54**	**62**	**88**	**232**	**258**			
QM in %	**70,5**	**70,6**	**71,4**	**71,0**	**71,2**	**70,1**	**72,2**	**74,7**			

Quelle: Eigene Darstellung; Daten: Europäische Verträge; *SVR* 2006

Die Ost-Erweiterung hat nicht nur die Heterogenität der EU insgesamt gesteigert, sondern damit auch die Entscheidungsfindungskosten und externen Kosten erheblich erhöht. Aus diesem Grund gilt auch seit dem 1.11.2004 eine modifizierte Stimmgewichtung, die sich mit dem Beitritt Rumäniens und Bulgariens noch einmal verändert hat. Besonderes Kennzeichen dieser Neuregelung ist die doppelte Mehrheit. So sind aktuell bei Ratsbeschlüssen auf Vorschlag der Kommission mindestens 258 Stimmen *und* die Mehrheit der Mitgliedstaaten für eine Zustimmung verpflichtend. In den übrigen Fällen sind 258 Stimmen sowie eine Zwei-Drittel-Mehrheit der Mitglieder erforderlich. Zudem kann ein Mitgliedstaat überprüfen lassen, ob diese *qualifizierte Mehrheit* mindestens 62 Prozent der Gesamtbevölkerung der EU repräsentiert (vgl. Art. 205,4 EUV). Der Europäische Verfassungsvertrag sieht bei qualifizierten Mehrheitsbeschlüssen das Prinzip der doppelten Gewichtung vor (vgl. Art. I-25 VVE). Demnach ist bei Beschlüssen auf Vorschlag der Kommission eine Mehrheit von mindestens 55% der Mitglieder des Rates, also mindestens 15 Staaten, notwendig. Zudem muss diese Mehrheit mindestens 65% der Gesamtbevölkerung der Union repräsentieren. Bei allen übrigen Beschlüssen mit qualifizierter Mehrheit sind 72% der Mitglieder und 65% der Gesamtbevölkerung zur Zustimmung obligatorisch. Darüber hinaus wurde fixiert, dass sich für eine Sperrminorität mindestens vier Mitglieder zusammenschließen müssen (vgl. dazu *Baldwin/Widgren* 2003). Die Gewichtung der Stimmanteile hat im Vorfeld des Verfassungsvertrags zu großen, insbesondere von Spanien und Polen initiierten Diskussionen geführt, bei denen vor allem die potenzielle Vetomacht der Mitgliedstaaten im Fokus stand (vgl. *Wagener/Eger/Fritz* 2006, S. S. 178 ff.).

Insgesamt kann also festgehalten werden, dass die Handlungseffizienz der EU nach innen und außen aufgrund organisatorisch-struktureller Probleme der (kollektiven) Entscheidungsfindung eingeschränkt ist. Allgemein hat im Zuge des fortschreitenden Integrationsprozesses die Handlungsfähigkeit der einzelnen Mitgliedstaaten abgenommen, ohne dass ihre in der EU institutionalisierte Fähigkeit zu gemeinsamem Handeln in gleicher Weise gewachsen ist (vgl. *Kielmansegg* 2003, S. 51). Besonders wurde diese Tatsache dadurch verstärkt, dass sich einerseits die Anzahl entscheidungsberechtigter Akteure im „Klub" EU fortwährend erhöht hat und andererseits eine zunehmende Zentralisierung von Zuständigkeitsbereichen zu verzeichnen ist. Mit anderen Worten hat sich im Sinne von *Buchanan* und *Tullock* (1962) der europäische *„Calculus of Consent"* verändert, indem sowohl Entscheidungsfindungskosten als auch externe Kosten gestiegen sind. Eine dementsprechende Fortentwicklung des Entscheidungsfindungsprozesses, welche die zunehmende Heterogenität ausreichend berücksichtigt, ist indessen nur teilweise festzustellen. Die zunehmende Abkehr von der Einstimmigkeit hin zur Mehrheitsentscheidung ist bezüglich der Handlungsfähigkeit mit Sicherheit ein Fortschritt. Doch während die Beibehaltung der Einstimmigkeit vor allem wegen der dadurch bedingten Entscheidungsunfähigkeit Anlass zur Kritik gibt, stehen einer Mehrheitsentscheidung – neben den hier bereits aufgezeigten Problemen – ebenfalls Einwände gegenüber, welche sich im Bereich der demokratischen Legitimation manifestieren.

4.3 Demokratie- und Legitimationsdefizit

Der Bereich der demokratischen Legitimation ist wahrscheinlich einer der geläufigsten Kritik- und Diskussionspunkte des europäischen Integrationsprozesses, und doch handelt es sich bei diesem Bereich zunächst um ein mehr oder weniger „natürliches“ Problem. Denn immer wenn von Bürgern politische Handlungsbefugnisse abgetreten und durch Wahlen an politische Handlungsbefugte delegiert werden, treten *externe Kosten* auf. Wenn eine kleine Gruppe von Handlungsbefugten stellvertretend für ein größeres Kollektiv bindende Entscheidungen fällt, stellt sich zwangsläufig die Frage nach der demokratischen Legitimation, also der Anbindung jener politischen Entscheidungsträger an „ihre“ jeweilige Wählerschaft. Dieses Problem ergibt sich bereits im normalen Nationalstaat. Insbesondere Transaktionskosten sorgen aber dafür, dass eben nicht alle alles entscheiden können und dass durch die Delegation von Verfügungsgewalt Einschränkungen der individuellen Freiheit akzeptiert werden müssen. Letztlich besteht hierin eine Begründung des Staates. Denn so wie Verträge über den Tausch von Gütern ihre Legitimität aus der freiwilligen Einigung der beteiligten Parteien erzielen, kann auch der Staat als eine (Regel-)Institution interpretiert werden, auf den sich die Bürger zu ihrem allseitigen Vorteil verständigen. Wenn nun aber nationale Parlamente und Regierungen internationale Vertragsbindungen eingehen und dadurch Entscheidungsgewalt an Institutionen abgeben, welche ihrerseits nicht der direkten nationalen Kontrolle durch die Wähler unterliegen, sinkt der Grad der Legitimation gezwungenermaßen. Verschärft wird diese Problematik dann, wenn Entscheidungsgewalt von Nationalstaaten an supranationale Institutionen delegiert wird, welche über die Möglichkeit zur Entscheidungsfindung mit qualifizierter Mehrheit verfügen. Damit vergrößert sich nämlich die Diskrepanz zwischen den Entscheidungsberechtigten und den Entscheidungsunterworfenen und genau in dieser „Lücke“ ist die Ursache demokratischer Legitimationsprobleme zu sehen. Ein solcher Fall liegt mit der EU vor, denn hier sind Entscheidungen der europäischen Institutionen teilweise nur unzureichend mit den entscheidungsunterworfenen europäischen Bürgern rückgekoppelt: Die Bürger wählen nationale Parlamente, nationale Parlamente wählen nationale Regierungen, nationale Regierungen entscheiden im Rat über europäische Aufgaben und Politiken, welche wiederum von einer Kommission implementiert werden. Es kommt zu einer Kette von Prinzipal-Agent-Problemen (vgl. *Voigt* 2005, S. 198), welche zu Inakzeptanz bei den betroffenen Bürgern führen kann und sich insbesondere in den Bereichen Transparenz und Delegation von Entscheidungsbefugnissen offenbaren.

4.3.1 Fehlende Transparenz

Das Verständnis für europäische Abläufe ist wegen der hohen Komplexität der Entscheidungsverfahren und institutionellen Strukturen gemeinhin gering. So bleibt – und die regelmäßig veröffentlichten Ergebnisse des Eurobarometers zeugen davon – Europa für viele Bürger, zumindest in ihrer subjektiven Wahrnehmung, undurchschaubar, und viele Prozesse politischer Willensbildung und Entscheidungsfindung sind nicht nachtvollziehbar. Doch gerade weil die Bürger in den europäischen Staaten vielfach von Entscheidungen, die auf europäischer Ebene getroffen werden, unmittelbar betroffen sind, ist die Akzeptanz der EU durch die Bürger maßgeblich mit der Transparenz europäischer Entscheidungsprozesse verknüpft. Wenn Entscheidungen über diverse Lebensbereiche nicht mehr auf der ausschließlich nationalstaatlichen Ebene getroffen, sondern im Rahmen eines komplexen Verfahrens auf europäischer Ebene zwischen Kommission, Rat und Parlament beschlossen werden, verliert die Entscheidungsmacht des einzelnen Bürgers innerhalb eines solchen, vergrößerten europäischen Willensbildungsmechanismus an Gewicht. Da in eine Entscheidung auf europäischer Ebene insgesamt mehr Stimmen eingehen, zählt die Stimme des einzelnen Bürgers auch weniger. Aus diesem Grund ist die Transparenz europäischer Willensbildung und Entscheidungsfindung wichtig, weil ansonsten der – vielleicht nicht ganz so falsche – Eindruck entsteht, dass sich eine für den europäischen Integrationsprozess verantwortliche „EU-Elite" von den Interessen der Bürger in den europäischen Staaten abkoppelt. Die Kritik eines so bedingten europäischen Legitimationsdefizits fordert daher meist einhellig die Stärkung der Position des Europäischen Parlaments. Da sich das Europäische Parlament durch gewählte Abgeordnete zusammensetzt, hat dieses Organ innerhalb des europäischen Institutionengefüges sicherlich den größten Legitimationsgrad. Und darum wurden Beteiligung und Kompetenzen des Parlaments an europäischen Gesetzgebungsverfahren auch sukzessive ausgeweitet. Andererseits ist aber zu beachten, dass sich das Europäische Parlament aus national – teilweise in unterschiedlichen Verfahren – gewählten Abgeordneten zusammensetzt, die wiederum nicht ein europäisches Volk vertreten, sondern vielmehr die europäischen Bürger *in* den einzelnen Mitgliedstaaten. Es gibt nämlich keine kollektive Einheit eines europäischen Volks, die sich durch eine gemeinsame europäische Identität auszeichnet, was von *Abromeit* (1998, S. 32) auch als *„no-demos thesis"* bezeichnet wird. Diese These geht davon aus, dass es an einer EU-weiten Öffentlichkeit und damit ferner an jenem notwendigen materiellen Inhalt fehle, die eine demokratische Organisationsstruktur formal benötige. Im Rahmen einer solchen Argumentation kann damit auch die Ausweitung der Entscheidungskompetenzen des Europäischen Parlaments wegen des fehlenden *demos* zu keiner signifikanten Behebung des demokratischen Legitimationsdefizits führen. Selbst wenn man diese Argumentation nicht teilt und die Notwendigkeit einer europäischen Identität anzweifelt,[29] muss man feststellen, dass trotz der Erweiterung der Befugnisse des Europäischen Parlaments das hier skizzierte demokratische Legitimationsdefizit kaum behoben werden kann. Ein Grund dafür ist das Nebeneinander verschiedener, teilweise sehr komplizierter Prozeduren, die die Transparenz der Entscheidungsprozesse einschränken. Ein weiterer Grund ist in der spezifischen Zusammensetzung der anderen europäischen Entscheidungsgremien zu sehen.

4.3.2 Delegation von Entscheidungsbefugnissen

Das Europäische Parlament kann zwar Gesetzesvorhaben verändern oder verhindern, nicht jedoch selbstverantwortlich beschließen, und damit bleibt der Rat das eigentliche Entscheidungszentrum innerhalb der EU. Unter Legitimationsgesichtspunkten problematisch ist diese Tatsache vor allem deshalb, weil die Mitglieder des Rates Vertreter nationalstaatlicher Regierungen sind. Es stellt sich in diesem Zusammenhang also die Frage, ob aus der demokratischen Legitimität nationalstaatlicher Regierungen ohne Weiteres demokratische Legitimität der von diesen Regierungen maßgeblich bestimmten Institutionen der EU abgeleitet werden kann (vgl. *Kielmansegg* 2003, S. 53 ff.). Die Antwort darauf lautet zunächst nein, denn zum einen haben die nationalen Wahlen, aus denen letztlich diese Regierungen hervorgehen, nahezu keinen direkten europäischen Bezug. Zum anderen ändern sich die Bedingungen des Transfers demokratischer Legitimität von den Mitgliedstaaten auf die Gemeinschaft spätestens dann grundsätzlich, wenn das Einstimmigkeitsprinzip bei Entscheidungen zugunsten einer – wie auch immer definierten – Mehrheitsregel aufgegeben wird. Ist, wie in der EU, eine größere Gruppe von Staaten, welche durch Regierungen vertreten werden, aus Gründen der Handlungsfähigkeit in der Lage, eine kleinere Gruppe von Staaten zu überstimmen, dann kann sich ein derartig praktiziertes Mehrheitsprinzip nicht auf jene Logik stützen, die oben im Rahmen des Interdependenzkostenmodells von *Buchanan* und *Tullock* (1962) erläutert wurde. Die Regierungen, die legislativ im Ministerrat tätig werden, haben sich nämlich für *die dort getroffenen* Entscheidungen, nicht direkt mittels regelmäßiger Wahlen vor den Regierten zu verantworten. Selbst das Erfordernis von Einstimmigkeit bei der Entscheidungsfindung ändert an dieser Tatsache nichts, wie *Berg* und *Schmidt* (1996, S. 127) diesbezüglich resümieren: „Einigkeit im Ministerrat dokumentiert folglich keinen Konsens der Europäer, sondern belegt nur einen Interessenausgleich ihrer Regierungen." So gesehen bezieht eine europäische Rechtssetzungskompetenz ihre Legitimation nicht unmittelbar von denen, die letztlich auch davon betroffen sind, nämlich den Bürgern innerhalb der Union.

---

[29] Und es gibt Anlass zu einer solchen Annahme, denn die Vertreter einer solchen „*no-demos thesis*" haben bislang noch keine überzeugenden Argumente liefern können, welche Konsequenzen und konkreten Probleme sich aus einer fehlenden gemeinsamen europäischen Identität ergeben könnten (vgl. auch Apolte 2004, S. 278).

Zwar bezieht die kollektive Ebene der (dezentralen) nationalstaatlichen Regierungen ihre jeweilige Legitimation aus der individuellen Ebene der nationalstaatlichen Bevölkerung. Doch die (zentrale) kollektive Ebene europäischer Entscheidungen wird dagegen im Wesentlichen durch die (dezentrale) kollektive Ebene der Regierungen der Mitgliedstaaten legitimiert und kontrolliert. Dieser Kritikpunkt muss als die wesentliche Ursache der spezifischen europäischen Legitimationsproblematik betrachtet werden und wird deshalb im weiteren Verlauf der Argumentation nochmals aufgegriffen und ausführlich analysiert.

4.4 Reformdruck in der EU

In den bisherigen Ausführungen wurden zunächst die Geschichte sowie die institutionellen und verfahrensrechtlichen Grundlagen des europäischen Integrationsprozesses dargestellt. Hauptsächliches Ziel war es dabei, ein (Vor-) Verständnis für „typisch europäische" Abläufe zu entwickeln. Es konnte gezeigt werden, dass sich die wirtschaftliche und politische Integration Europas in einem von Bewegung und Stillstand geprägten Verlauf entwickelt hat. Herausgekommen ist in diesem weitgehend offen angelegten Integrationsprozess ein Gebilde *sui generis*, welches sich in kein herkömmliches Schema einordnen lässt. Ein solches Gebilde ist jedoch zunächst gekennzeichnet durch eine Reihe *grundsätzlicher* institutioneller und struktureller Probleme, die insbesondere in den Bereichen Entscheidungseffizienz und demokratische Legitimation evident werden. Darüber hinaus entspricht *insbesondere* die institutionelle Struktur der europäischen Integrationsgemeinschaft nicht mehr der Anzahl und Zusammensetzung der EU-Mitglieder, was im konkreten Fall dazu führt, dass die Entscheidungsfindung zunehmend komplizierter und schwieriger wird, infolgedessen die Transparenz und Kontrolle – und damit auch die Legitimität – der relevanten EU-Organe beeinträchtigt wird. Die Konsequenz einer solchen Entwicklung ist schließlich, dass die grundsätzliche Zustimmung zur europäischen Integration durch die Bürger sukzessive abnimmt. Diese Feststellung bekräftigt, vor dem Hintergrund der im letzten Abschnitt aufgezeigten und erläuterten Problembereiche der EU, vor allem eine Schlussfolgerung: Europa ist reformbedürftig – und zwar nicht nur hinsichtlich der bloßen Arbeitsweise, sondern vor allem bezüglich der grundlegenden Konstruktion. Diese Einsicht ist keineswegs neu, denn spätestens seit Mitte der Achtzigerjahre hat sich in der EU ein erheblicher Reformdruck entwickelt, um die genannten Defizite zu bewältigen und zu lösen. Seitdem befindet sich die europäische Integration in einem durch institutionelle Reformen gekennzeichneten Wandlungsprozess. Ob diese Entwicklung jedoch Kennzeichen einer erfolgreichen Neugestaltung der institutionellen Strukturen Europas ist oder aber ein im Wesentlichen ständig wiederkehrender Zyklus, ist im Folgenden zu untersuchen.

5. Fortschritt oder Dauerkrise? Zur Reform(un-)fähigkeit der EU

Die Notwendigkeit von Reformen und Änderungen der institutionellen und verfahrensspezifischen Grundlagen der europäischen Gemeinschaft zwecks Aufrechterhaltung und Gewährleistung effizienter, transparenter sowie demokratisch-legitimierter Strukturen begleiten den europäischen Integrationsprozess im Grunde nicht erst seit den Achtzigerjahren, sondern eigentlich von Beginn an permanent.[30] Denn gerade weil weder der Integrationsweg noch das Integrationsziel im Vorhinein festgelegt wurden, hat sich der europäische Integrationsprozess zwar stets mit einer gewissen Dynamik weiterentwickelt, dadurch aber auch einen von Bewegung und Stillstand geprägten Verlauf genommen und deshalb letztlich zu einer „lähmende[n] Dialektik zwischen unerfülltem Reformdruck und institutioneller Dauerkrise" (*Maurer/Schmalz* 2000, S. 258.) geführt. Als der Integrationsprozess zu Beginn der Achtzigerjahre zunächst in eine Phase der Stagnation geriet, hat der Reformdruck sich – verstärkt durch die Erweiterungsrunden – allerdings dermaßen erhöht, dass erstmals konkrete Reformschritte in Angriff genommen wurden, die über die bisherige Pragmatik bei der Lösung struktureller Probleme in der EU hinausgingen. Mit der *Einheitlichen Europäischen Akte* von 1986 wurde eine Phase institutioneller Reformen der Europäischen Gemeinschaft eingeleitet, welche bis zum heutigen Tag nicht abgeschlossen ist und – so die Arbeitshypothese – auch in absehbarer Zeit nicht abgeschlossen sein wird. Vielmehr scheint man in Europa im Augenblick in einem Zyklus von Reformen der Europäischen Verträge gefangen zu sein, der offenbar in immer kürzeren Abschnitten zu abermaligen Vertragsrevisionen zwingt – und das obwohl oder gerade weil dabei nicht nur institutionelle und verfahrensrechtliche Grundlagen geändert, sondern zudem Ziele und Aufgaben der Gemeinschaft ergänzt und ausgebaut werden. Die folgende kurze Skizzierung der bisherigen Ansätze institutioneller Reformen soll diese Behauptung bekräftigen.

5.1 Bisherige Ansätze institutioneller Reformen

Bei der institutionellen Reform der europäischen Integrationsgemeinschaft ist formalrechtlich nach Artikel 48 EUV eine Prozedur festgeschrieben, demnach die jeweilige EU-Präsidentschaft eine Regierungskonferenz einberuft, wenn der Rat auf Initiative der Kommission oder eines Mitgliedstaates nach Anhörung des Parlaments dies fordert. Folglich sind die bisherigen Revisionen der bestehenden europäischen Verträge, welche sich von der *Einheitlichen Europäischen Akte* bis zum *Vertrag von Nizza* erstrecken, im Wesentlichen Gegenstand intergouvernementaler, diplomatisch-technokratischer Verhandlungen, da die mitgliedstaatlichen Regierungen weiterhin als „Herren der Verträge" fungieren. Inwiefern diese bisherigen Reformen ihrem eigenen Anspruch gerecht werden konnten,

[30] Das Scheitern einer *Europäischen Verteidigungsgemeinschaft* sowie einer *Europäischen Politischen Gemeinschaft* (1954) sind in diesem Zusammenhang besonders erwähnenswert.

fasst ein Zwischenfazit zusammen, bevor daran anschließend der bislang letzte Reformversuch der EU ins Zentrum rückt: Die Ausarbeitung einer europäischen Verfassung.

5.1.1 Einheitliche Europäische Akte

Mit der *Einheitlichen Europäischen Akte* (1986) wurden erstmals die immer noch gültigen Römischen Verträge weitreichend revidiert und verändert, indem die Kompetenzen der Gemeinschaft in einigen Bereichen erweitert sowie Entscheidungsverfahren modifiziert wurden. Die bisher geltenden vertraglichen Bestimmungen hatten den Integrationsprozess derart gelähmt, dass eine Reform unabdingbar schien, wollte man dem europäischen Einigungsprozess neue Dynamik verleihen.

Ganz in diesem Sinne wurde mit der EEA die schrittweise Realisierung eines europäischen Binnenmarktes bis zum 31.12.1992 beschlossen. Ein solches Ziel ließ sich jedoch nur durch die Harmonisierung von diesbezüglich relevanten nationalen Rechtsvorschriften erfolgreich umsetzen. Gerade an diesem Punkt musste der Gemeinschaft allerdings mangelnde Handlungsfähigkeit bescheinigt werden, sahen doch die überwiegenden Entscheidungsverfahren im Rat Einstimmigkeit zwischen den beteiligten stimmberechtigten nationalen Regierungsvertretern vor. Aus diesem Grund ermöglichte die EEA mittels geänderter Entscheidungsverfahren eine Verbesserung der Handlungsfähigkeit des Rates. Denn es wurden diejenigen Fälle ausgeweitet, in denen im Rat mit qualifizierter Mehrheit entschieden werden konnte, wodurch die Beschlussfassung der damaligen 12er-Gemeinschaft erleichtert wurde – allerdings zu dem Preis, dass von nun an einzelne Regierungen von anderen überstimmt werden konnten. Gerade zur Verwirklichung des Binnenmarktziels hat man jedoch diese Kosten in Kauf genommen. Dennoch wurden zahlreiche Ausnahmen definiert, wie beispielsweise in den Bereichen Steuern oder Freizügigkeit von Arbeitnehmern, in denen weiterhin das Primat der Einstimmigkeit galt. Parallel zu diesen Bestimmungen wurden Verfahren zur verstärkten Einbeziehung des Europäischen Parlaments in den Gesetzgebungsprozess erarbeitet. Die Rolle der Kommission blieb hingegen im Rahmen der EEA weitgehend unverändert, doch erhielt sie größere Kompetenzen bei der Durchführung der Gemeinschaftspolitiken, welche zudem um Zuständigkeiten in der Umwelt-, Forschungs- und Technologiepolitik ausgeweitet wurden. Außerdem wurde, um die Auswirkungen der Verwirklichung eines Europäischen Binnenmarktes auf die weniger entwickelten Mitgliedstaaten auszugleichen, die Basis für einen Ausbau der – bereits in Ansätzen bestehenden – europäischen (Umverteilungs-) Regionalpolitik geschaffen.

5.1.2 Vertrag von Maastricht

Durch die geplante Verwirklichung eines europäischen Binnenmarktes und die nicht vorhersehbaren politischen Umwälzungen in Ost-Europa ergab sich die Notwendigkeit, die durch die EEA erreichten Fortschritte zu sichern und weiter auszubauen. Die Gemeinschaft stand zu diesem Zeitpunkt vor einer zweifachen Herausforderung: Auf der einen Seite machte die Vollendung des Binnenmarktes weitere Reformschritte unerlässlich. Bezeichnenderweise stand diesmal – im Gegensatz zum Vorfeld der EEA – weniger ein Mangel der Handlungsfähigkeit als ein Mangel an demokratischer Legitimation im Zentrum der Kritik (vgl. *A-polte* 1996, S. 17). Auf der anderen Seite musste die Gemeinschaft eine passende Antwort und Perspektive auf den Zusammenbruch des Kommunismus und die absehbare deutsche Wiedervereinigung finden. Aus diesem Grund ist der in Folge dieser Herausforderungen erarbeitete *Vertrag von Maastricht* (1992) von zwei großen Themen geprägt: Die Vollendung des Binnenmarktes durch eine Wirtschafts- und Währungsunion (WWU) sowie eine Stärkung der internationalen Position durch die Schaffung einer politischen europäischen Union. In Bezug auf das erste Thema sah der Vertrag die Einführung einer einheitlichen Währung in drei Phasen vor.[31] Zudem wurden die Tätigkeitsbereiche der Gemeinschaft ausgedehnt. Demzufolge erweiterte der Vertrag von Maastricht die Kompetenzzuständigkeiten in den Politikbereichen transeuropäische Netze (Infrastruktur), Industriepolitik, Verbraucherschutz, Jugend, Kultur sowie allgemeine und berufliche Bildung. Flankiert wurden diese Bestimmungen durch Maßnahmen zur Stärkung der demokratischen Legitimation europäischer Politik, indem das Europäische Parlament – durch die Einführung neuer Verfahren – weitere Mitspracherechte bei der europäischen Gesetzgebung erhielt. Auch wurde das Subsidiaritätsprinzip als allgemeiner Grundsatz verankert. Demnach darf die Gemeinschaft – zumindest *de jure* – nur in solchen Fällen, in denen sie keine ausschließliche Zuständigkeit hat, handeln, wenn die betreffenden Ziele auf Ebene der Gemeinschaft besser erreicht werden können als auf nationaler Ebene. Ob der Bereich der Sozialpolitik dazu gehört, ist zumindest äußerst fraglich, und doch wurde dem Vertrag von Maastricht ein Protokoll zugefügt, welches die Zuständigkeit der Gemeinschaft auf die Sozialpolitik ausweitet.

In Bezug auf das zweite Thema, die politischen Umwälzungen in Ost-Europa, sieht der Vertrag von Maastricht die Gründung einer Europäischen Union gemäß eines „Säulen-Modells" vor, demnach die Union in einem einheitlichen institutionellen Rahmen auf einer supranationalen und zwei intergouvernementalen Stützen basiert. Damit kam es zu einer bedeutenden qualitativen Veränderung des bisherigen Systems der weitgehend intergouvernementalen Zusammenar-

[31] *Phase I* (01.07.1990): Liberalisierung des Kapitalverkehrs; *Phase II* (01.01.1994): Konvergenz der Wirtschaftspolitiken der Mitgliedsländer; *Phase III* (01.01.1999): Einführung einer einheitlichen europäischen Währung und Errichtung einer Europäischen Zentralbank.

beit. Das Vertragswerk gab damit ein Ziel vor, „doch bleibt dies so unbestimmt, dass sich damit ganz gegensätzliche Vorstellungen von der Gestalt jener Einheit verbinden lassen, die am Ende des Integrationsprozesses stehen soll“, wie *Brunn* (2002, S. 278.) diesbezüglich festhält. Mit der Begründung einer Europäischen Union wurde zudem die Einführung einer europäischen Staatsbürgerschaft zusätzlich zur nationalen beschlossen. Insbesondere durch die Gründung einer Europäischen Union, aber auch durch die angestrebte Wirtschafts- und Währungsunion und vor allem durch die zu diesem Zeitpunkt bereits absehbare Erweiterung der Union nach Mittel- und Osteuropa ließ der *Vertrag von Maastricht* bereits bei seinem Abschluss zwar eine Weiterentwicklung des Integrationsprozesses, aber auch die damit zusammenhängende Notwendigkeit weiterer Reformen erwarten. Davon zeugt vor allem die erste „Ratifizierungskrise“ (*Brunn* 2002, S. 272) nach der Unterzeichnung eines Revisionsvertrags.[32]

5.1.3 Vertrag von Amsterdam

Bereits mit dem *Vertrag von Maastricht* war ein weiterer Reformbedarf der EU angelegt, so dass eine erneute Vertragsrevision gleich vertraglich fixiert wurde. Auf dieser Grundlage wurde 1996 eine weitere Regierungskonferenz einberufen, um einige Bestimmungen des *Vertrags von Maastricht* zu überarbeiten. Die diesbezüglichen Verhandlungen um eine solche weitere Vertragsrevision müssen dabei im Zusammenhang mit den bevorstehenden Erweiterungsrunden der EU gesehen werden. Es galt demnach vornehmlich, die erforderlichen politischen und institutionellen Voraussetzungen für eine Erweiterung der Union zu schaffen. Konkret standen damit Fragen im Zusammenhang mit der Arbeitsweise der Organe, der Zusammensetzung der Kommission sowie der Stimmgewichtung im Rat auf der Agenda. Der infolgedessen unterzeichnete *Vertrag von Amsterdam* (1997) stärkte zunächst den Präsidenten der Kommission, der von nun an über eine Art Richtlinienkompetenz gegenüber den anderen Kommissaren verfügt. Auch die Mitwirkungsrechte des Europäischen Parlaments wurden abermals ausgedehnt, indem die Fälle, in denen das Mitentscheidungsverfahren Anwendung findet, ausgeweitet wurden. Eine Reform der Entscheidungsprozesse selbst blieb jedoch weit hinter den im Vorfeld von Amsterdam geweckten Erwartungen zurück. Die angestrebte effizienzfördernde Neugewichtung der Stimmen im Rat wurde beispielsweise als ein *leftover* auf eine weitere Vertragsrevision verschoben. Ebenfalls vertagt wurden die strittige Frage über die zukünftige Größe und Zusammensetzung der Kommission sowie die Ausweitung von Mehrheitsentscheidungen im Rat. Insgesamt kann der *Vertrag von Amsterdam* daher nur als eine weitere Etappe auf dem Weg zu einer umfassenden insti-

[32] Die Ratifizierung des Vertrags in Dänemark, Frankreich und Großbritannien gestaltete sich unerwartet schwer. Ähnliches ist beim Vertrag von Amsterdam und – aktuell – beim Vertrag über eine Verfassung für Europa zu beobachten.

tutionellen Reform gesehen werden. Denn vor allem in Erwartung einer Erweiterung der EU um die Staaten Mittel- und Ost-Europas konnten offene Fragen der zukünftigen Handlungsfähigkeit und Legitimation der Institutionen mitsamt den relevanten Verfahren allenfalls unzureichend beantwortet werden.

5.1.4 Vertrag von Nizza

Da es mit dem *Vertrag von Amsterdam* nicht gelang, die für eine Erweiterung der EU wesentlichen institutionellen Änderungen vertraglich zu fixieren, standen die europäischen Verträge im Rahmen einer weiteren Regierungskonferenz erneut zur Revision. Vor dem Hintergrund der bereits beschlossenen Erweiterungsrunde um die Staaten Mittel- und Ost-Europas erforderten einige Schlüsselbereiche, die bereits in Amsterdam als *leftovers* vertagt wurden, eine dringende Klärung. Gegenstände der Verhandlungen waren demnach insbesondere

- die Zusammensetzung und Größe der Kommission;
- die Ausweitung der Entscheidungsverfahren mit qualifizierter Mehrheit;
- eine neue Stimmgewichtung im Rat;
- Fragen einer verstärkten Zusammenarbeit zwischen einzelnen Mitgliedstaaten.

Eine diesbezüglich abschließende Regierungskonferenz in Nizza entwickelte sich aufgrund der Strittigkeit der Themen zu einer wahren Marathonkonferenz, an deren Ende mit dem *Vertrag von Nizza* (2000) die vierte Vertragsrevision binnen 15 Jahren stand. Allerdings muss diese Revision als ein großer Kompromiss des kleinsten gemeinsamen Nenners bezeichnet werden: Es kam zwar zu einer neuen Stimmgewichtung im Rat, welche der veränderten Mitgliederstruktur nach der Erweiterung gerecht werden sollte. Zudem wurden die zukünftigen Größen von Kommission und Parlament festgelegt und die Möglichkeit einer „verstärkten Zusammenarbeit" zwischen einzelnen Mitgliedern erleichtert, falls mindestens acht Staaten dies wollen. Diese „Errungenschaften" sind jedoch in ihrer Reichweite nur sehr begrenzt zu sehen. Denn der Vertrag von Nizza hat in erster Linie nur solche graduellen Anpassungen der institutionellen Strukturen der EU vorgenommen, die nicht über den unmittelbaren Reformbedarf hinausgehen. In der Konsequenz können die relevanten Probleme nur kurz-, allenfalls mittelfristig gelöst werden und schaffen teilweise sogar weitere Folgeprobleme. Ganz in diesem Sinne kommt *Brunn* (2002, S. 305) zu dem Fazit: „Nizza brachte mit dem Fortschritt einen Rückschritt." Beispielsweise erleichtert es der Vertrag von Nizza den Mitgliedstaaten aufgrund der neuen Stimmgewichtung sogar, Entscheidungen zu blockieren (vgl. *Baldwin/Widgren* 2003, S. 7 ff.; *Felsenthal/Machover* 2001). Eine Mehrheitsfindung wird damit durch die Möglichkeit strategischen Verhaltens und die Zunahme von *package deals* derart komplex und intransparent, dass die Handlungsfähigkeit der Union nach innen und außen weiterhin eingeschränkt ist.

5.2 Zur Bilanz der bisherigen Reformschritte

Werden die bisherigen Ansätze zur Reform der europäischen Gemeinschaft durch die Änderung, Ergänzung und Fortschreibung der bestehenden Verträge seit Mitte der Achtzigerjahre noch einmal veranschaulicht (vgl. Tabelle 6), dann wird deutlich, dass jede Revision der geltenden europäischen Verträge eine weitere Revision nach sich gezogen hat – in immer kürzer werdenden Zeitabständen. Ganz in diesem Sinn kann bislang keine der Vertragsrevisionen als „großer Wurf" bezeichnet werden. Von der *Einheitlichen Europäischen Akte* bis zum *Vertrag von Nizza* hat es innerhalb von 15 Jahren vier grundlegende Revisionen der Römischen Verträge gegeben. Dabei hat sich das Wesen der europäischen Gemeinschaft qualitativ wesentlich verändert. Die Vollendung eines Gemeinsamen Marktes, die Einführung einer eigenen europäischen Währung sowie die Gründung und schrittweise Etablierung einer politischen Gemeinschaft weisen deutlich darauf hin. Somit ist den Vertragsrevisionen zunächst eine, für die Entwicklung der EU positive Intensivierung und Vertiefung der Integration zuzuschreiben.

Tabelle 6: Institutionelle Reformen

Verträge	Datum der Unterzeichnung	Inkrafttreten
Einheitliche Europäische Akte	28.02.1986	01.07.1987
Vertrag von Maastricht	07.02.1992	01.11.1993
Vertrag von Amsterdam	02.10.1997	01.05.1999
Vertrag von Nizza	26.02.2001	01.02.2003
Vertrag über eine Verfassung für Europa	29.10.2004	?

Quelle: Eigene Darstellung

Parallel dazu hat sich die Größe der EU, bezogen auf die Anzahl der Mitgliedstaaten, im nahezu gleichen Zeitraum mehr als verdoppelt. Ein solcher, durch hohes Tempo gekennzeichneter Parallelprozess von Vertiefung und Erweiterung kann indessen nur gelingen, wenn die bisherigen Strukturen in erforderlichem Maße angepasst und geändert werden. Ein skizzenhafter Überblick über die Reformvorhaben in der EU seit den Achtzigerjahren zeigt jedoch, dass es bislang anscheinend nicht gelungen ist, diese notwendigen Anpassungen und Änderungen derart vorzunehmen, dass strukturelle und institutionelle Defizite wirksam und vor allem nachhaltig gelöst oder von vorneherein vermieden werden konnten.

Die Tatsache, dass die erste konkrete Reform der Gemeinschaft mit der EEA erst Mitte der Achtzigerjahre realisiert wurde, ist möglicherweise ein Hinweis für die grundsätzliche Schwerfälligkeit solcher institutioneller Reformen. Doch auch wenn in der Folgezeit die Vertragsgrundlagen der Gemeinschaft mit der *Einheitlichen Europäischen Akte* (1986), dem *Vertrag von Maastricht* (1992), dem *Vertrag von Amsterdam* (1997) und dem *Vertrag von Nizza* (2000) teilweise wesentlich verändert, ergänzt und den jeweiligen Gegebenheiten angepasst wurden, müssen die Ziele und Mittel der europäischen Integration vor dem Hintergrund eines Demokratie-, Legitimations-, Transparenz- und Effizienzdefizits im Allgemeinen und den Ungewissheiten der zukünftigen Organisierbarkeit und Handlungsfähigkeit einer EU mit 27 oder mehr Mitgliedstaaten im Besonderen weiterhin grundsätzlich infrage gestellt werden. Es wurden zwar Kompetenzen ergänzt und Entscheidungsprozesse korrigiert, jedoch ohne ein übergreifendes, nachhaltiges Gesamtkonzept, weshalb die offenkundigen institutionellen Defizite der EU bislang nicht beseitigt werden konnten. Die meisten Reformschritte fanden allenfalls in dem begrenzten Ausmaß des durch die jeweiligen Umstände vorherrschenden unmittelbaren Reformdrucks statt. Reformen der EU sind bislang zumeist auf akute Krisen und Notwendigkeiten hin initiiert worden. Dass das Resultat von solchen, im Wesentlichen als *ad hoc*-Reaktion ausgerichteten, Reformschritten weder wirksam noch in der Konsequenz weitreichend ist, zeigt unter anderem die Tatsache, dass die zeitlichen Abstände zwischen den Vertragsrevisionen immer kürzer werden. Zudem wurde in fast allen Vertragsrevisionen gleich die nächste mit festgeschrieben. Ganz in dieser Tradition ist auch im *Vertrag von Nizza* eine weitere Vertragsrevision nach Ablauf von vier Jahren vorgesehen. Diese ist man jedoch auf eine in der Geschichte der bisherigen Reformvorhaben gänzlich neue Art angegangen, indem der Grundstein für das bislang jüngste und – zumindest von der symbolischen Bedeutung her – ambitionierteste Projekt zur Reform der europäischen Institutionen und Verfahren gelegt wurde: die Ausarbeitung und Verabschiedung einer eigenen *Europäischen Verfassung*.

5.3 Die Europäische Verfassung. *Deus ex machina*?

Das jüngste Vorhaben zur Reform des europäischen Systems gibt einerseits Anlass zu der Frage, ob eine europäische Verfassung nach mehreren Anläufen dem europäischen Integrationsprozess endlich jenen konstitutionellen Rahmen gibt, der eine neue Grundordnung der EU ermöglicht, auf deren Basis die strukturellen und institutionellen Defizite effizient und nachhaltig gelöst werden können. Andererseits kann aber auch gefragt werden, ob sich auch die Ausarbeitung einer europäischen Verfassung nicht wesentlich von der bisherigen Reformmethode abhebt und lediglich eine Fortführung und Weiterentwicklung des Bestehenden in einem neuen formalen Gewand darstellt? Weil die Ratifizierung des Verfassungsvertrags durch das *„non"* der Franzosen, das *„nee"* der Niederländer und das *„not yet"* der Engländer ins Stocken geraten ist, ist der augenblickliche Zustand des Verfassungsprozesses insgesamt ergebnisoffen, so dass unter den gegebenen Umständen eine umfassende und vor allem abschließende Analyse nicht möglich scheint. Dennoch kann eine erste kritische Bewertung sowie eine zielgerichtete Einordnung in die Gesamtthematik vorgenommen werden (*vgl.* dazu und im Folgenden *Kortenjann/Apolte* 2006).

5.3.1 Vom Himmel gefallen oder aus der Not geboren? Entstehung und Möglichkeiten einer Verfassung für Europa

Die Idee der europäischen Integration war ursprünglich keineswegs mit einem Verfassungsgedanken verbunden. Bis zum heutigen Tage besteht die EU immer noch aus einer Reihe zwischenstaatlicher Verträge, welche „die ‚europäischen Völker' vertreten durch ihre Regierungen" (*Blankart/Mueller* 2003, S. 9) geschlossen haben. Diese Verträge können durchaus als ein Normenkomplex identifiziert werden, „der die Einrichtung und Ausübung der Staatsgewalt sowie die Beziehungen zwischen Staat und Gesellschaft grundlegend regelt" (*Grimm* 1991, S. 11). Das Vertragswerk enthält damit also teilweise wesentliche Funktionen und Elemente einer Verfassung.[33] So sind darin beispielsweise ebenso das Verhältnis zwischen Bürger und europäischer Ebene geregelt wie kollektive Entscheidungsfindungsmechanismen oder Regeln für die Bereitstellung öffentlicher Güter. Zudem binden die geltenden europäischen Verträge nicht nur die Mitgliedstaaten, sondern berechtigen beziehungsweise verpflichten auch unmittelbar die Unionsbürger. Damit liegt es nahe, Europas konstitutionellen Zustand als „verfasst ohne Verfassung" (*Brunkhorst* 2004) zu umschreiben. Europa hat demnach – spätestens beginnend mit den Römischen Verträgen von 1957 – eine Art Verfassung, deren Entwicklungsrichtung und -dynamik durch Integrationsbekundungen wie jene von „einer immer engeren Union der Völker Europas", deren Entscheidungen „möglichst offen und möglichst bürgernah getroffen werden" (Art. 1, EUV), geprägt ist (vgl. *Voigt* 2005, S. 1999). Hingegen sind diese Europäischen Verträge bislang von keinem Bürger der EU oder einer dementsprechenden konstitutionellen Versammlung europaweit legitimiert worden. Aus diesem Grund wird vielfach davon abgesehen, die geltenden Europäischen Verträge mit einer Europäischen Verfassung gleichzusetzen (vgl. u. a. *Abromeit* 1998; *di Fabio* 2001; *Grimm* 2003). Auch das Bundesverfassungsgericht hat in seiner Entscheidung zum *Vertrag von Maastricht* diese Position vertreten (*BVerfGE* 89, 155 vom 12.10.1993; vgl. dazu *Kahl* 1994). Eine Diskussion darüber, ob die EU rechtstheoretisch betrachtet überhaupt verfassungsmöglich geschweige denn verfassungsfähig ist, soll an dieser Stelle nicht weitergeführt werden und den Rechtswissenschaften überlassen bleiben. Für den vorliegenden Zusammenhang allerdings kann festgehalten werden, dass die EU trotz ihres in-

---

[33] Eine für den vorliegenden Zusammenhang gute und kompakte Darstellung der verschiedenen Verfassungsfunktionen im juristischen Sinne bieten *Grimm* (1991, S. 11 ff.) und *Walter* (2000, S. 5).

stitutionellen Schwebezustands zwischen Intergouvernementalismus und Supranationalismus kein Staat ist – zumindest dann nicht, wenn man die drei Elemente *Staatsvolk, Staatsgebiet, Staatsgewalt* der klassischen Staatsrechtslehre von *Jellinek* (1900) zu Grunde legt. Denn wenngleich die Mitgliedstaaten auf Souveränität verzichtet und teilweise weitreichende Zuständigkeiten auf eine supranationale Organisation übertragen haben, fehlt der EU im Hinblick auf ihre Mitglieder weiterhin eine, für Nationalstaaten typische Allzuständigkeit. In diesem Kontext scheint der Schritt zu einer eigenen europäischen Konstitution angemessen, geben sich doch in der Regel frisch gegründete Staaten eine Verfassung. Vor dem Hintergrund des konstitutionellen *Status quo* der EU ist aber der Begriff *Verfassung* ist diesem Kontext zunächst aus dem Grund verwirrend, weil er suggeriert, die EU stehe kurz vor einer solchen Staatswerdung. Die EU ist jedoch kein Staat im klassisch-herkömmlichen Sinne und an diesem Zustand – soviel darf an dieser Stelle bereits vorweggenommen werden – kann und will der Verfassungsvertrag auch gar nichts ändern. Damit bleibt aber die Frage nach dem Ursprung und den grundsätzlichen Möglichkeiten sowie der Notwendigkeit eines europäischen Verfassungsprojekts.

5.3.1.1 Entstehungsprozess der Europäischen Verfassung

Der Ursprung der *aktuellen* Verfassungsdebatte[34] ist letztlich darin zu sehen, dass die bereits skizzierte Reformmethode der Änderung, Ergänzung und Fortschreibung der bestehenden Verträge endgültig an ihre Grenzen gestoßen zu sein scheint. Durch die Ergebnisse der Regierungskonferenz und des *Vertrags von Nizza* (2000) kam diese Tatsache besonders deutlich zum Vorschein. Dort gelang es nämlich abermals nicht, die EU zu reformieren und Europa für die Zeit nach der Aufnahme der neuen Mitglieder nachhaltig handlungs- und entscheidungsfähig zu machen. Als politisch-organisatorischer Rahmen für eine EU von 27 oder noch mehr Mitgliedern ist diese letzte Vertragsrevision nur bedingt geeignet. Vor diesem Hintergrund wurde „als glückliche[r] Zufall oder als Unfall einer Konferenz der europäischen Regierungschefs“ (*Müller* 2004, S. 75) in Laeken 2001 eine Erklärung zur Zukunft der Europäischen Union verabschiedet, in welcher formell nicht nur der Weg für eine grundlegende Neuorganisation der Organe, Verfahren und Kompetenzen der EU geebnet, sondern zudem explizit und erstmals offiziell eine europäische Verfassung erwähnt wurde:

> „Fünfzig Jahre nach ihrer Gründung befindet sich die Union allerdings an einem Scheideweg, einem entscheidenden Moment ihrer Geschichte. [...] In der Union müssen die europäischen Organe dem Bürger näher gebracht werden. Die Bürger stehen zweifellos hinter den großen Zielen der Union, sie sehen jedoch nicht immer einen Zusammenhang zwischen diesen Zielen und dem täglichen Erscheinungsbild der Union. Sie verlangen

[34] Die Idee einer europäischen Verfassung kann durchaus auf eine lange Tradition zurückblicken.

> von den europäischen Organen weniger Trägheit und Starrheit und fordern vor allem mehr Effizienz und Transparenz. [...] Die Bürger finden, dass alles viel zu sehr über ihren Kopf hinweg geregelt wird, und wünschen eine bessere demokratische Kontrolle. [...] Die Union muss demokratischer, transparenter und effizienter werden. Und sie muss eine Antwort auf drei grundlegende Herausforderungen finden: Wie können dem Bürger [...] das europäische Projekt und die europäischen Organe näher gebracht werden? Wie sind das politische Leben und der europäische politische Raum in einer erweiterten Union zu strukturieren? Wie kann die Union zu einem Stabilitätsfaktor und zu einem Vorbild in der neuen multipolaren Welt werden? [...] Für die Europäische Union gelten zurzeit vier Verträge. Die Ziele, Zuständigkeiten und Politikinstrumente der Union sind in diesen Verträgen verstreut. Im Interesse einer größeren Transparenz ist eine Vereinfachung unerlässlich. [...] Schließlich stellt sich die Frage, ob diese Vereinfachung und Neuordnung im Laufe der Zeit nicht dazu führen könnte, dass in der Union ein Verfassungstext angenommen wird. [...]“[35]

Im Wesentlichen sind darin jene weiter oben aufgezeigten und analysierten strukturellen und institutionellen Defizite der EU genannt, deren Lösung sich gemäß dieses *Auftrags von Laeken* ein nach bestimmten Kriterien zusammengesetzter Konvent annehmen soll. Das dadurch initiierte Verfassungsprojekt ist demnach sowohl das Ergebnis des Scheiterns der bisherigen Reform*schritte*, als auch gleichermaßen ein Eingeständnis, dass die bisherige Reform*methode* offenkundig an ihre Grenzen gestoßen ist.

Konkret erhielt der Konvent den Auftrag, eine Vertragsrevision zu konzipieren und Lösungen für eine institutionelle Gestalt einer Union von bis zu 27 Mitgliedern zu entwerfen, auf deren Basis die EU für die Zeit nach der Erweiterung handlungs- und entscheidungsfähig bleibt und zudem nicht in allzu viele Lebensbereiche der Bürger eingreift. Effizienz, Transparenz und Demokratie sollten verbessert sowie das Kompetenzverhältnis und der Zuständigkeitsbereich zwischen EU und Mitgliedstaaten neu geregelt und vereinfacht werden.

Durch diese *Erklärung von Laeken* wurde jedoch nicht – und das ist zu betonen – der Auftrag zur Zerschlagung der heutigen EU zugunsten eines völligen Neubeginns erteilt, sondern lediglich die Reformierung der bestehenden konstitutionellen Grundbasis angestrebt (vgl. *Müller* 2004, S. 74). Vor diesem Hintergrund erweist sich auch die zuvor erwähnte Befürchtung vor einer Staatswerdung Europas als unbegründet. Trotzdem oder gerade deshalb stellt sich weiterhin die Frage, welche Verbesserungen eine Verfassung zusätzlich zum *Status quo* unter diesen Umständen bewirkt.

---

[35] Quelle: Schlussfolgerungen des Europäischen Rates in Laeken v. 14./15.12.2001, Dok. SN 300/01 (DE), Anl. I.

5.3.1.2 Funktionen und Möglichkeiten einer Verfassung – eine normative Sicht

Eine Verfassung kann als ein zwischen Individuen geschlossener Gesellschaftsvertrag interpretiert werden. Diese vertragstheoretische Sichtweise geht auf *Hobbes*, *Locke*, *Rousseau* und *Kant* zurück und fand in den Siebzigerjahren des 20. Jahrhunderts durch Vertreter wie *Rawls*, *Nozick* und *Buchanan* eine Renaissance.[36] Insbesondere letztgenannter Vertreter, *James M. Buchanan*, hat mit seinem Werk „Die Grenzen der Freiheit" (*Buchanan* 1984) eine ökonomische Analyse der Begründung eines Systems individueller Rechte und des Staats als Garant dieser Rechte (Rechtsschutzstaat) sowie als Produzent öffentlicher Güter (Leistungsstaat) vorgelegt, die im weiteren Verlauf dieser Arbeit noch eine wichtige Rolle spielen wird. Alle Vertragstheoretiker vertreten die Ansicht, in einer Gesellschaft ohne Regeln herrsche – mit Bezug auf *Hobbes* (1970, S. 116) – „ein einsames, kümmerliches, rohes und kurz andauerndes Leben". Gerade um diesen vom „Kriege aller gegen alle" (ebd., S. 117) geprägten Zustand der Anarchie zu entschärfen, braucht es Regeln, die das Verhalten der Individuen kanalisieren, es damit für andere kalkulierbar machen und dadurch dem Einzelnen einen geschützten Bereich geben, innerhalb dessen er freie Entscheidungen treffen kann. Eine Verfassung kann in diesem allgemein-theoretischen Kontext zunächst als ein Basisdokument klassifiziert werden, welches

- fundamentale Grundrechte enthält, die dazu dienen, einen individuellen Freiheitsbereich vor dem Eingriff Dritter – im Übrigen auch des Staates selbst – zu schützen (Rechtsstaat);
- dafür Sorge trägt, dass die Macht des Staates beschränkt bleibt, damit eine Verfassung selbst nicht dazu missbraucht werden kann, Macht zuungunsten der Bürger anzuhäufen, nachträglich zu legitimieren und auszubauen (Gewaltenteilung; Föderalismus);
- Regeln für die Delegation und Kontrolle von Entscheidungsgewalt an Repräsentanten des Staates durch die Bürger beinhaltet (Kollektiventscheidungen) sowie eine Rückkopplung von Entscheidungen an die Präferenzen der Bürger ermöglicht (demokratische Legitimation);
- ein Regelset beinhaltet, das die optimale Bereitstellung und Finanzierung öffentlicher Güter organisiert sowie die entsprechenden (wirtschafts-) politischen Kompetenzen zwischen den beteiligten Institutionen zuordnet und abgrenzt;

---

[36] Es muss jedoch betont werden, dass die Vorstellungen, welche die hier aufgezählten Vertragstheoretiker mit der Konzeption eines Gesellschaftsvertrages verbinden, keinesfalls identisch sind. Einen diesbezüglich guten Überblick über die Geschichte und Entwicklung der Vertragstheorie bietet *Schubert* (1998).

- Bestimmungen für die Veränderung der Verfassung bereithält, die gewährleisten, dass eine Verfassung samt den darin enthaltenen Basisregeln auf Dauer angelegt und in ihrem fundamentalen Grundgehalt geschützt und erhalten bleibt sowie gegebenenfalls notwendigen Änderungen offen steht (Verfassungsstabilität; Verfassungsänderung).

Die EU befindet sich selbstverständlich nicht mehr in dem oben skizzierten *Hobbes*'schen Urzustand (vgl. *Feld* 2003, S. 293), doch kann im Hinblick auf den vorliegenden Untersuchungsgegenstand zweierlei festgehalten werden: Zum einen können die bestehenden Europäischen Verträge nicht als *ein* Basisdokument bezeichnet werden, wie *Oppermann* (2004, S. 192 f.) treffend festhält: „Die Problematik des heutigen europäischen Verfassungszustandes [...] liegt darin, dass die Gesamtheit des geltenden primären Gemeinschaftsrechts im Laufe der Zeit eine ganz fürchterliche Grundordnung der EG/EU geworden ist". Zum anderen – und dieser Aspekt mag noch schwerer wiegen – korrespondieren die bestehenden Europäischen Verträge, also der konstitutionelle *Status quo* der EU, nicht in vollem Umfang mit den hier angeführten Anforderungen an eine Verfassung. Dies gilt insbesondere dann, wenn die Verträge vom individualistischen Ausgangspunkt der Vertragstheoretiker anhand der Kriterien Rechtsstaat, Gewaltenteilung und Demokratie analysiert werden (vgl. *Feld* 2003, S. 293 ff.). Ganz in diesem Sinne fordert die *Erklärung von Laeken* auch eine Neuordnung der Kompetenzen und Handlungsinstrumente der EU – eben weil die Kompetenzen innerhalb der EU unzureichend zugeordnet und abgegrenzt sind, die Entscheidungsmechanismen zu schwerfällig und intransparent sind, nur eine unzureichende Rückkopplung an die Präferenzen der Bürger stattfindet und die Gewaltenteilung in der EU weder horizontal (zwischen den EU-Organen) noch vertikal (zwischen EU, Mitgliedstaaten und Bürgern innerhalb der Union) in ausreichendem Maße gewährleistet ist.

Vor dem Hintergrund dieser beiden Aspekte – so scheint es zumindest auf den ersten Blick – hätte eine Europäische Verfassung nicht nur den Charme, die bisherigen Verträge in einem Basisdokument zusammenfassen zu können, sondern sie böte überdies eine „golden opportunity" (*Mueller* 2005b, S. 249), um in einem konstitutionellen Akt die hier aufgezeigten Probleme zu lösen. Versteht man unter einer Verfassung ein deutlich strukturiertes und für jeden Bürger verständliches und nachvollziehbares Dokument, welches – bezogen auf den konkreten Fall – die EU in ihrem Wesen und Wirken legitimiert, dann kann die Frage, ob die EU einer Verfassung bedarf, eindeutig mit „ja" beantwortet werden. Ob jedoch eine solche Gelegenheit tatsächlich genutzt wurde, zeigt die folgende Analyse des Verfassungsvertrags.

5.3.2 Neue Systemreform oder altes Reformsystem? Analyse des Vertrags über eine Verfassung für Europa

2003 wurde das Mandat von Laeken formal erfüllt, indem der 2001 einberufene *Konvent zur Zukunft Europas* einen Entwurf für einen Verfassungstext vorgelegt hat. Dieser bildet in wesentlichen Teilen die Grundlage für jenes Dokument, welches auf einer Regierungskonferenz im Oktober 2004 in Rom als *Vertrag über eine Verfassung für Europa* von den Staats- und Regierungschefs verabschiedet wurde und nunmehr den Staaten zur Ratifizierung vorliegt.

Zunächst fällt auf, dass diese Europäische Verfassung überhaupt keine Verfassung im eigentlichen Sinne ist, sondern – so die exakte Bezeichnung – ein Verfassungsvertrag. Vor dem Hintergrund, dass die EU auch als ein Staaten*verbund* bezeichnet wird, mag das eine durchaus nachvollziehbare Lösung sein. Für den rechtlichen Status einer Verfassung hingegen bedeutet diese Tatsache, dass es sich bei dem vorliegenden Verfassungsvertrag vornehmlich um einen völkerrechtlichen Vertrag handelt, demnach die souveränen Mitgliedstaaten weiterhin die „Herren der Verträge" und damit auch in erster Linie die verfassungsgebende Gewalt der EU bleiben. Deswegen muss der Verfassungsvertrag von allen, mittlerweile 27 Mitgliedstaaten der EU ratifiziert werden, bevor er in Kraft treten kann. Ein EU-weites Referendum der Unionsbürger ist indessen nicht vorgesehen, womit eine direkte Legitimation der europäischen Institutionen durch das Volk der europäischen Union ausgeschlossen wird. Dass der Ratifizierungsprozess in seinem geplanten Verlauf aufgrund der negativen Referenden in Frankreich und den Niederlanden in eine von Politikern deklamierte „Phase des Dialogs und der Debatten" getreten und damit *de facto* zunächst so gut wie gescheitert ist (vgl. *Best* 2005), fand bereits Erwähnung. Häufig kommt im Zuge dieser Krise jedoch eine Debatte über die genauen Inhalte der Verfassung zu kurz. Das wiederum mag – und in diesem Punkte seien alle Kritiker bestätigt – an der Tatsache liegen, dass die Verfassung ein über 400 Seiten langes Dokument ist. Der Anspruch des Präsidenten des Verfassungskonvents *Valéry Giscard d'Estaing*, einen für jeden Gymnasiasten absolut lesbaren Text vorzulegen, konnte – bei allem Respekt vor den Gymnasiasten Europas – ganz sicher nicht eingelöst werden: Der Verfassungsvertrag ist ein insgesamt sehr komplexes Dokument, welches viele Detailregelungen beinhaltet und damit von einem einfachen Basisdokument weit entfernt ist.

In 448 Artikeln, die sich auf vier Teile erstrecken, stehen diejenigen grundlegenden Rechte für die Bürger der Union sowie die wesentlichen Regeln für das Funktionieren der Union, welche den Charakter dieser Europäischen Verfassung ausmachen und die EU insgesamt demokratischer, transparenter und effizienter machen sollen. Teil I beschreibt in 60 Artikeln die Grundlagen der Union, Teil II enthält mit 54 Artikeln jene Charta der Grundrechte, die bereits im Jahr 2000 auf einer Regierungskonferenz verabschiedet wurde. Der mit 321 Artikeln insgesamt umfangreichste Teil III befasst sich mit den Politikbereichen und der Arbeitsweise der Union, während Teil IV allgemeine Schlussbestimmungen enthält. Bis dahin erstreckt sich die Verfassung auf gut 200 Seiten. Allerdings folgen dann noch unzählige Protokolle und Erklärungen, die sich unter anderem mit „Blasen und Mägen von Tieren“, „Geflügelfett, ausgepresst oder ausgeschmolzen“, „Kakaobohnen“, „Traubenmost, teilweise vergoren, auch ohne Alkohol stummgemacht“[37] befassen und damit den gesamten Verfassungstext zu einem Dokument von über 400 Seiten anwachsen lassen.

Die wichtigsten institutionellen Neuerungen befinden sich im *Teil I* der Verfassung. Die seit dem Vertrag von Maastricht geltende Säulenstruktur der EU wird explizit aufgehoben und die EU mit einer eigenen Rechtspersönlichkeit ausgestattet (Art. I-7 VVE). Es werden die grundlegenden Werte der EU (Art. I-2 VVE: Achtung der Menschenwürde, Freiheit, Demokratie, Gleichheit, Rechtsstaatlichkeit, Wahrung der Menschenrechte) aufgeführt sowie die Ziele der Union (Art. I-3 VVE) benannt. Die Union soll demnach ein „Raum der Freiheit, der Sicherheit und des Rechts ohne Binnengrenzen“ sein und den Bürgern „einen Binnenmarkt mit freiem und unverfälschtem Wettbewerb“ bieten. Kritisch zu bemerken ist, dass die Ziele der Union damit nicht erschöpft sind, sondern in Art. I-3,3 VVE ergänzt werden (vgl. *Mueller* 2005b, S. 245 f.). So sind beispielsweise „Vollbeschäftigung“, „sozialer Fortschritt“ oder „Solidarität zwischen den Generationen“ durchaus ehrenwerte Ziele, die jeder europäische Bürger unterschreiben würde, doch ist zu befürchten, dass hier Erwartungen und Begehrlichkeiten geweckt werden, die die EU gar nicht erfüllen kann. Es gibt beispielsweise keine europäische Institution, welche in der Lage wäre, Maßnahmen zur Bekämpfung der Arbeitslosigkeit in den Mitgliedstaaten erfolgreich einzuleiten. In Art. I-6 VVE wird der Vorrang des Unionsrechts vor dem Recht der Mitgliedstaaten erstmalig explizit genannt.

Die Artikel I-12 bis I-17 VVE stellen eine Art Kompetenzenkatalog für die Zuständigkeiten der Union zusammen, welcher durch die in Art. I-11 VVE festgelegten Grundsätze der „begrenzten Einzelermächtigung“, „der Subsidiarität und der Verhältnismäßigkeit“ geprägt ist. Hier werden *ausschließliche Zuständigkeiten*, *geteilte Zuständigkeiten* und *Unterstützungs-, Koordinierungs- und Ergänzungsmaßnahmen* unterschieden sowie die *Koordinierung* der Wirtschafts- und Beschäftigungspolitik und eine Gemeinsame Außen- und Sicherheitspolitik angeführt. Aus ökonomischer Perspektive ist insbesondere dieser Teil der Verfassung problematisch einzuschätzen. Der Auftrag von Laeken sah explizit vor, Möglichkeiten der (Rück-)Verlagerung von Aufgaben und Kompetenzen auf die Ebene der Nationalstaaten zu prüfen. Eine Überprüfung und gegebenenfalls Neuordnung der Zuständigkeiten zwischen europäischer und mitgliedstaatlicher

[37] Vgl. Anhang I Liste zu Artikel III-226 der Verfassungsvertrags.

Ebene ist indessen nicht zu verzeichnen. Stattdessen wurde jedoch im Teil III des Verfassungsvertrags der Bereich *geteilter Zuständigkeiten* erheblich ausgeweitet.[38] Eng verbunden mit diesem Aspekt ist die Entscheidung, Beschlüsse im Rat zukünftig zunehmend durch Mehrheitsentscheidungen zu treffen, ebenfalls kritisch zu betrachten. Wenngleich durch die Einstimmigkeitsregel die Entscheidungsfindung im Rat bei zunehmender Größe der EU erschwert wird, gewährleistet sie, dass jeder Mitgliedstaat die Implementierung bestimmter Politiken verhindern kann. Zwar bleibt die Einstimmigkeit in einigen Bereichen, wie der Steuerpolitik, erhalten, doch wurde das einstimmige Erfordernis bei Entscheidungen im Rat von 84 auf 37 Bereiche reduziert (vgl. *Voigt* 2005, S. 197). Erwähnt werden muss allerdings auch, dass die dann zu treffenden Mehrheitsbeschlüsse durch die Einführung einer sogenannten *doppelten Mehrheit* spezifiziert wurden (Art. I-25 VVE). Diese liegt vor, wenn 55 Prozent der Staaten einer Vorlage zustimmen, die 65 Prozent der Bevölkerung repräsentieren. Für eine Veto-Blockade sind damit mindestens vier Staaten erforderlich. Politische sensible Themen verlangen eine Zustimmung von 72 Prozent der Staaten bei ebenfalls 65 Prozent Bevölkerungsrepräsentanz (vgl. *Baldwin/Widgren* 2003; *Wessels* 2004b)

Ferner werden in den Artikeln I-19 bis I-44 VVE neben den spezifischen Verfahren zur Ausübung der Zuständigkeiten die Institutionen der EU festgesetzt. Erwähnenswerte Neuerungen sind hier, dass der Europäische Rat einen hauptamtlichen Präsidenten erhält (Art. I-21 VVE), der die Arbeit der Staats- und Regierungschefs koordiniert und leitet, sowie die Einrichtung des Amtes eines EU-Außenministers (Art. I-28 VVE). Ferner stellt bis zum Jahr 2014 jeder Mitgliedstaat einen Kommissar für die EU-Kommission, danach nur noch – durch ein Rotationsverfahren geregelt – zwei Drittel der Staaten (Art. I-26 VVE). Im EU-Parlament steigt die Zahl der Abgeordneten 2009 auf 750, wohingegen die Höchstzahl der Parlamentarier pro Mitgliedstaat auf 96 limitiert wird (Art. I-20 VVE). Durch die Ausweitung von Mehrheitsbeschlüssen erhält das Parlament insgesamt ein größeres Mitentscheidungsrecht. Nach Art. I-33 VVE werden die Gesetzgebungsverfahren der Union – zumindest formal – vereinfacht. Hinzu kommt, dass nationale Parlamente einen Gesetzentwurf der Kommission stoppen können, wenn sie ihre Kompetenzen verletzt sehen. In den Artikeln I-53 bis I-56 VVE wird das System eines mehrjährigen Finanzrahmens für die Union festgeschrieben, welcher eine geordnete Entwicklung der Ausgaben gewährleisten soll. Eine weitere erwähnenswerte Neuerung ist die Möglichkeit eines Mitgliedstaates, freiwillig aus der Union auszutreten. Die genauen Bestimmungen dazu sind in Art. I-60 VVE festgehalten.

[38] Viele Politikfelder wie beispielsweise Kultur (Art. III-280) oder Tourismus (Art. III-281) fallen nunmehr mit in den Kompetenzbereich der Union.

Teil II der Verfassung enthält die *Charta der Grundrechte der Union*. Wenngleich hier einige fundamentale Postulate wie Menschenrechte, Frieden und Freiheit, welche im Übrigen bereits in Teil I der Verfassung genannt werden, aufgeführt sind, muss dieser Teil insgesamt kritisch betrachtet werden. Zunächst wird nicht ausreichend berücksichtigt, dass die EU nicht eine reine Bürgerunion, sondern gleichermaßen eine Staatenunion ist. Damit wird der Tatsache nicht genügend Rechnung getragen, dass die hier aufgelisteten Grundrechte für alle Bürger in der Union zwar *absolut* gelten sollen, in der Realität von den Betroffenen jedoch in Abhängigkeit von den Mitgliedstaaten *relativ* wahrgenommen werden. *Blankart* und *Mueller* (2003, S. 12) führen im Hinblick auf dieses Problem das Beispiel an, dass „Menschen, die von dauernden terroristischen Bedrohungen umgeben sind, [...] den Behörden ein umfassenderes Verhaftungsrecht und eine längere Verhaftungsdauer einräumen als solche, die in einer friedlichen Umgebung leben". Des Weiteren werden die in 54 Artikeln aufgelisteten Grundrechte teilweise inflationär gebraucht. Man darf sich beispielsweise fragen, ob ein „Recht auf Zugang zu einem Arbeitsvermittlungsdienst" (Art. II-89 VVE) als Grundrecht postuliert werden muss. Was ein Recht auf „soziale Sicherheit und soziale Unterstützung" (Art. II-94 VVE) bedeutet, was „Dienstleistungen von allgemeinem wirtschaftlichen Interesse" (Art. II-96 VVE) oder „eine gute Verwaltung" (Art. II-101 VVE) sind, bleibt vage. Gemäß Art. II-81,1 VVE werden zwar Diskriminierungen wegen des Geschlechts verboten und in Art. III-83 VVE durch die „Gleichheit von Mann und Frau in allen Bereichen" untermauert, doch steht – im gleichen Artikel übrigens – der „Einführung spezifischer Vergünstigungen für das unterrepräsentierte Geschlecht" nichts entgegen.

In *Teil III* der Verfassung werden sehr umfangreich „die Politikbereiche und die Arbeitsbereiche der Union" beschrieben. Die hier in 321 Artikeln aufgeführten Regelungen sind im Wesentlichen den bestehenden Europäischen Verträgen entnommen. Ob all jene dort aufgeführten Detailregelungen wie beispielsweise zu „Beförderungen im Eisenbahn-, Straßen- und Binnenschiffsverkehr" (Art. III-245 VVE) oder zur „europäischen Raumfahrtpolitik" (Art. III-254 VVE) tatsächlich in ein Dokument gehören, welches den Anspruch einer Verfassung erfüllen möchte, sei dahingestellt. *Teil IV* der Verfassung enthält mit den „Schlussbestimmungen" unter anderem Regelungen für Verfassungsänderungsverfahren sowie zur Ratifikation und zum Inkrafttreten der Verfassung.

Die Beantwortung der Ausgangsfrage, ob dieser Verfassungsvertrag im Sinn einer neuen Systemreform ein historisches Schlüsseldokument oder aber im Sinn des bisherigen Reformsystems lediglich alter Wein in neuen Schläuchen ist, fällt vor dem Hintergrund der Verfassungsvertragsanalyse recht deutlich aus: Zwar sind einerseits – insbesondere in Teil I – institutionelle Neuerungen enthalten, die die Handlungsfähigkeit der Union verbessern würden. Die Verkleinerung der Kommission, die Vereinfachung der Entscheidungsverfahren, die Aufhebung der Säulenstruktur, die Reduzierung der zur Anwendung kommenden

Gesetzgebungsverfahren oder die Institutionalisierung eines hauptamtlichen Präsidenten des Europäischen Rates sind nur einige ausgewählte positive Beispiele, die den Integrationsprozess der Union voranbringen mögen. Von einer tiefgreifenden Reform kann indessen keine Rede sein, da die – oftmals lähmende – Vermischung von europäischer und mitgliedstaatlicher Ebene in ihrer bisherigen Form wesentlich erhalten geblieben ist und damit die Chance für eine grundlegende institutionelle Neuordnung vertan wurde (vgl. dazu auch *Herzog/Gerken* 2007). Die wesentlichen institutionellen und strukturellen Probleme der EU werden auch mit diesem Dokument nicht nachhaltig gelöst werden können. Europa bleibt, was die Entscheidungsstrukturen und -effizienz betrifft, kompliziert. Das liegt insbesondere daran, dass Teil III der Verfassung im Wesentlichen den bisherigen Verträgen entspricht. Durch die schlichte Übertragung wurden zahlreiche Inhalte der bestehenden Verträge der Verfassung beigefügt. Dadurch wurde der Verfassungstext insgesamt zu umfangreich und die EU droht in der Wahrnehmung der Bürger weiterhin so bürgerfern und intransparent wahrgenommen zu werden wie bislang. Ein historisches Schlüsseldokument liegt damit sicherlich nicht vor. Alter Wein in neuen Schläuchen würde den Ergebnissen hingegen auch nicht vollends gerecht werden, so dass man korrekterweise von *neuem* Wein in – und das ist aber das eigentliche Problem – *alten* Schläuchen sprechen kann. Statt sich dieser alten Schläuche anzunehmen, hofft man, dass der neue Wein wirkt, muss aber trotzdem befürchten, dass man sich am nächsten Tag nicht *in guter Verfassung* befindet.

5.3.3 Ratifikationskrise und weiterer Verfassungsprozess

Aufgrund des negativen Ausgangs der Referenden in Frankreich und den Niederlanden im Frühsommer 2005 kann man behaupten, dass der Verfassungsprozess in dem ursprünglich geplanten Verlauf zunächst gescheitert ist, denn es muss bezweifelt werden, ob der Verfassungsvertrag in seiner jetzigen Form noch Aussichten hat, von allen Mitgliedstaaten verabschiedet zu werden. Immerhin hat man einen formalen „Notausgang“ in Form einer Regierungskonferenz eingerichtet,[39] doch wohin dieser „Notausgang“ führen soll, ist unbekannt. Wenngleich zum jetzigen Zeitpunkt noch nicht beurteilt werden kann, ob sich die EU dadurch in einer bloßen Verfassungskrise oder aber in einem fundamentalen Konflikt befindet (vgl. *Best* 2005, S. 180), darf vermutet werden, dass die EU daran nicht zerbrechen und – ähnlich wie in früheren Krisen des Integrationsprozesses – eine pragmatische (Kompromiss-)Lösung gefunden wird. Denn

[39] „Die Konferenz stellt fest, dass der Europäische Rat befasst wird, wenn nach Ablauf von zwei Jahren nach der Unterzeichnung des Vertrags über eine Verfassung für Europa vier Fünftel der Mitgliedstaaten den genannten Vertrag ratifiziert haben und in einem Mitgliedstaat oder mehreren Mitgliedstaaten Schwierigkeiten bei der Ratifikation aufgetreten sind.“ (30. Erklärung zur Ratifikation des Vertrags über eine Verfassung für Europa.)

die Symbolkraft des Scheiterns der Verfassung an sich hat wohl einen größeren Stellenwert als das *de facto* Nichteintreten. Es wurde zwar eine breite Debatte um die Ziele und Grundrechte der EU unter dem Deckmantel einer Verfassung geführt. Die Funktion einer Verfassung hat in diesem spezifischen Kontext aber vor allem einen hohen symbolischen Charakter, wie *Dahrendorf* (2004) diesbezüglich treffend feststellt: „In Ermangelung bedeutender politischer Projekte ist die Europäische Union offenbar in sich gegangen und hat ein Dokument hervorgebracht, das weit mehr sein will, als es tatsächlich ist." Das bedeutet in der Konsequenz aber nichts anderes, als dass die bisherige Reformmethode der partiellen Änderung und Fortschreibung des Bestehenden weiterhin Relevanz hat – bloß in einem anderen äußeren Gewand. Demnach bleibt jedoch ein bekanntes, aber wesentliches Problem bestehen: Der Verfassungsvertrag löst zwar das eine oder andere Teilproblem, ändert jedoch an den institutionellen Basisproblemen der EU kaum etwas. Der Ratifizierungsprozess der Verfassung ist auch aus diesem Grund ins Stocken geraten, denn es ist nicht gelungen, den *Auftrag von Laeken* zu erfüllen: Europa wird mit dem Verfassungsvertrag nämlich weder effizienter, noch transparenter, noch demokratischer – selbst dann nicht, wenn doch noch die Ratifizierung gelänge.

6. Irrweg statt Ausweg – der europäische Reformzyklus

Obwohl die europäische Verfassung als bislang jüngstes Projekt zur Reform der europäischen Institutionen und Verfahren geradezu „zum Erfolg verurteilt zu sein scheint" (*Beckmann* 2004, S. 136), muss im Hinblick auf die bisherigen Ausführungen die Ansicht vertreten werden, dass sich auch diese Verfassung in die Stetigkeit der bisherigen Reformversuche dahingehend einordnet, dass im Falle einer erfolgreichen Ratifizierung die Reformdebatte weitergehen wird, da nach bereits kurzer Dauer die – ungelösten – institutionellen Probleme wieder evident werden und auf diese Weise einen neuen Reformdruck erzeugen. Vor diesem Hintergrund reiht sich der Verfassungsvertrag in die Kontinuität des europäischen Reformzyklus nahtlos ein. Denn die Verfassung weicht „nicht aus der spezifischen konzeptionellen Spur, die seit der Gründung der Europäischen Gemeinschaft für Kohle und Stahl [...] sowie einer Reihe von Vertragsänderungen durch das Vektorenspiel europäisch-integrierender und einzelstaatlich-eigenständiger Kräfte verstetigt wurde und das [...] europäische Gemeinwesen herausgebildet hat: vertragsgegründet, zielgebunden, doppelnaturig, föderationsartig. Der Verfassungsvertrag führt dieses sich aus Vertragsverhandlungen und Vertragspraxis mehrerer politischer Generationen erwachsene Grundkonzept fort" (*Müller-Graff* 2004a, S. 188). Ganz in diesem Sinne ist davon auszugehen, dass die vorliegende Verfassung nicht zwei Jahrhunderte, ja wahrscheinlich noch nicht einmal zwei Jahrzehnte in der jetzigen Form bestehen würde.

Damit kann die Hypothese vertreten werden, dass sich die EU seit Mitte der Achtzigerjahre in einer konstitutionellen Dauerkrise befindet, welche sich in einem Zyklus von ständig zu revidierenden Reformvorhaben verstetigt. Akzeptiert man diese Ansicht – und die bisherigen Ausführungen geben Anlass dazu – stellt sich die Frage, warum das so ist und ob es grundsätzlich gelingen kann, die EU aus dieser essentiellen Problemlage herauszuführen. Nach Ansicht des Verfassers kann das gelingen. Um zu einem dementsprechenden Lösungsansatz zu gelangen, müssen allerdings zunächst die genauen Problemursachen in ihrem Kern erforscht werden. Grundvoraussetzung dafür ist ein allgemein-theoretisches Verständnis der Legitimationsbedingungen und -problematik einer europäischen kollektiven Handlungsebene.

C. Legitimation und Bedingungen europäischer Herrschaft

„Aber ist nicht die Notwendigkeit von Regierung schon an sich die stärkste Kritik an der menschlichen Natur?" (James Madison)

Die Frage nach der Legitimation der Europäischen Union wird vielfach vor dem Hintergrund des oftmals beklagten „Demokratiedefizits" der europäischen Institutionen diskutiert. Damit ist die allgemeine Legitimationsproblematik der EU jedoch nur unzureichend erfasst. Vielmehr gilt es, zwei Ebenen in diesem Kontext zu betrachten (vgl. *Beckmann* 2004, S. 118 f.): Zum einen die allgemeine Legitimation *hoheitlichen Handelns* in der EU und zum anderen die spezifische Legitimation einer *Entscheidung über Regeln.* Im ersten Fall geht es dabei um die grundsätzliche Rechtfertigung staatlichen Handelns, im zweiten Fall rücken die (konstitutionellen) Anreize für die Akteure auf der europäischen Ebene in den Mittelpunkt. Vor diesem Hintergrund wird im Folgenden der Versuch unternommen, die Rechtfertigung und Bedingungen europäischer Herrschaft aus individualistischer Perspektive Schritt für Schritt im Rahmen eines verfassungsökonomischen Ansatzes herauszuarbeiten. Dabei steht die Suche nach allgemeinen Regeln, die im gemeinsamen Interesse der betroffenen Individuen sind, im Vordergrund, um auf Basis dessen die Funktionseigenschaften unterschiedlicher Regeln analysieren und beurteilen zu können (vgl. *Märkt* 2002, S. 2).

1. *Ab initio*: Von den Spielzügen zu den Spielregeln – methodologische Vorbedingungen

Wenn man sich mit der Legitimation der EU aus (verfassungs-)ökonomischer Perspektive beschäftigt, stößt man häufig auf Unverständnis oder gar Ablehnung, denn schließlich sei dies doch ein vornehmliches Aufgabengebiet der Politik- und Rechtswissenschaft. Eine solche Einschätzung ist jedoch vorschnell und greift zu kurz, denn der Gegenstandsbereich einer ökonomischen Analyse ist weder ausschließlich auf die Wirtschaft und ihre Rahmenbedingungen beschränkt, noch liegt einer ökonomischen Analyse der theoretische Anspruch zu Grunde, den Menschen bestimmte Handlungen vorzuschreiben. Die ökonomische Theorie hebt vielmehr hervor, dass die allgemeine Knappheit der Ressourcen nicht nur das Handeln im originär wirtschaftlichen Bereich, sondern in nahezu sämtlichen Lebenssituationen vorstrukturiert.[40] Knappheit und daraus für den individuellen Entscheidungsspielraum resultierende Handlungsanreize und -restriktionen sind folglich die zentralen Probleme einer gesellschaftlichen Ordnung. Von diesem ganz allgemeinen Standpunkt ausgehend sind im Rahmen der

[40] So verwendet beispielsweise *Becker* (1982) konsequent diesen ökonomischen Ansatz zur Erklärung menschlichen Verhaltens.

ökonomischen Theorie institutionelle Arrangements herauszuarbeiten und auf ihre Effizienz hin zu analysieren. Um jedoch zu solchen institutionellen Arrangements zu gelangen, ist es zunächst notwendig, komplexe Sachverhalte, wie beispielsweise eine rechtliche Ordnung, auf handhabbare Modelle zu reduzieren. Ganz in diesem Sinne nutzt der hier verwandte Ansatz (mikro-)ökonomische Methoden zur Analyse konstitutioneller Regelwerke und damit im Zusammenhang stehenden politischen Phänomenen.

Im Rahmen der bisherigen Analyse der institutionellen und strukturellen Probleme der europäischen Integration wurden die Handlungsrestriktionen der relevanten europäischen Akteure im politischen Prozess vornehmlich als gegeben betrachtet. Im Folgenden wird diese postkonstitutionelle Ebene zugunsten einer vertragstheoretischen Sichtweise verlassen. Dahinter steht die Annahme, dass die Ergebnisse politischer Prozesse, so wie sie zuvor herausgearbeitet wurden, ganz entscheidend von den Rahmenregelungen beeinflusst werden, die das Handeln der beteiligten Akteure kanalisieren. Der Blickwinkel richtet sich also auf diejenigen Institutionen der konstitutionellen Ebene, die auf postkonstitutioneller Ebene für die Individuen jene Restriktionen darstellen, welche *Eucken* (1940/1959, S. 162) als „Datenkranz" bezeichnet.[41] Die Entscheidung innerhalb dieses Datenkranzes unterscheidet sich jedoch fundamental von der Entscheidung über die Beschaffenheit des Datenkranzes selbst. Dieser Unterschied wird nachfolgend zunächst im Zentrum stehen. Dabei wird unter anderem erläutert, warum *Verfahren*sregeln von Handlungs*ergebnissen* zu differenzieren sind. Zunächst sind jedoch die Argumente für das grundsätzliche Vorhandensein von Regeln zu begründen.

1.1 Bedeutung von Regeln

Die einfachste Begründung für Regeln ist in dem Wunsch des Menschen zu sehen, mit anderen Menschen in Harmonie und Frieden zusammen zu leben. Regeln stellen nämlich soziale Institutionen dar, in deren Rahmen Individuen handeln und miteinander in Beziehung treten, um auf diese Weise den *Hobbes*'schen Zustand der Anarchie zu überwinden. Ein wesentliches Kennzeichen von Regeln ist also die Schaffung einer gesellschaftlichen Ordnung. Die Frage, ob und inwieweit eine solche die Monopolisierung der Ausübung von Zwangs-

[41] *Eucken* hat in diesem Kontext jedoch auch gefordert, dass die theoretische Analyse an eben diesem Datenkranz zu enden habe, weil dieser selbst nur durch eine historische Analyse erfasst werden könne: „Ohne klare Ziehung einer Datengrenze und ohne Anhalten der theoretischen Analyse an dieser Grenze misslingt das Ineinandergreifen historischer Anschauung und theoretischen Denkens." (*Eucken* 1940/1959, S. 162) Nach *Vanberg* (1988) ergibt sich jedoch kein unmittelbarer Widerspruch zwischen dem ordoliberalen und dem konstitutionenökonomischen Ansatz; vielmehr wird sogar eine Verbindung zwischen ihnen gesehen.

gewalt begründet, ist Thema des zweiten Kapitels und sei in diesem Kontext zunächst zurückgestellt.

Eine wesentliche normative Grundannahme für die Bedeutung von Regeln, wie sie hier entfaltet wird, ist die Vorstellung, dass das Individuum die einzige und alleinige Quelle von Werten ist. Werte jenseits der Präferenzen von Individuen werden demnach strikt abgelehnt. Wenn jemand Regeln befolgt, dann unterwirft er sein Verhalten bestimmten Restriktionen. Welche Gründe aber gibt es für ein Befolgen solcher Regeln, die die individuelle Freiheit einzuschränken scheinen? Häufig werden in diesem Zusammenhang regelbegründete Handlungsbeschränkungen als erzwungen betrachtet. Doch gerade Ökonomen dürfte die Tatsache bekannt sein, dass solche Handlungseinschränkungen auch vollkommen freiwillig akzeptiert werden können. Zum Beispiel stellt der Markt eine Ordnung dar, innerhalb derer Individuen, die ihre eigenen Interessen verfolgen, gleichzeitig auch das Interesse anderer Individuen zu fördern vermögen. Wenngleich eine „unsichtbare Hand“ dafür sorgt, dass die Individuen das Funktionieren solcher Märkte gar nicht verstehen müssen, wird häufig übersehen, dass das einwandfreie Funktionieren eines Marktes nur *innerhalb* bestimmter Regeln gewährleistet ist. Dieses Beispiel hebt die allgemeine Bedeutung von Rahmenbedingungen individuellen Handelns, die durch Regeln entstehen, hervor: „Die institutionellen Restriktionen außer Betracht zu lassen, ist – analytisch betrachtet – ein genauso unzureichendes Verfahren, wie etwa die Grenzen der Leistungsfähigkeit der Wirtschaftsakteure wegzudefinieren oder die grundlegenden Knappheitsbedingungen, unter denen jedes Wirtschaften steht, zu vernachlässigen.“ (*Brennan/Buchanan* 1993, S. 22)

1.2 Notwendigkeit institutioneller Rahmenbedingungen

Menschen treffen Entscheidungen stets in einem gesellschaftlichen Umfeld. In diesem Kontext ist das eigene Verhalten für andere von gleicher Relevanz wie das Verhalten anderer für einen selbst. Regeln bestimmen die Handlungsmöglichkeiten der Individuen in einer Gesellschaft. Sie lenken Entscheidungen und kanalisieren damit das Verhalten, indem sie die Menge potenzieller Handlungsmöglichkeiten einschränken und damit die Unsicherheit für das eigene und das Handeln anderer reduzieren. Allgemein gültige und befolgte Regeln liefern Informationen darüber, „wie andere handeln werden, von deren Verhalten das eigene Wohlergehen abhängt. Man legt sich auf bestimmte Handlungen fest auf der Basis dessen, was man über das Handeln und Nichthandeln der anderen zu wissen meint“ (*Brennan/Buchanan* 1993, S. 131). Regeln koordinieren demnach das Verhalten von Menschen, indem sie es für andere vorhersehbar machen und damit jene Freiräume und Grenzen festlegen, innerhalb derer jeder seine eigenen Interessen gemäß seinen spezifischen Fähigkeiten möglichst frei und weitreichend verfolgen kann. Regeln haben folglich die Möglichkeit, Ergebnisse zu beeinflussen.[42] Gerade in einer von Knappheit geprägten Welt ist dieser Aspekt von maßgeblicher Bedeutung. Denn wenn die zur Befriedigung von Bedürfnissen vorhandenen Mittel knapp sind, führt das Verfolgen eigener Interessen zwangsläufig zu Konflikten. Verhaltenseinschränkende und -koordinierende Regeln, die beispielsweise Raub oder die Anwendung von Gewalt untersagen, sind demnach für das Zusammenleben von Individuen absolut notwendig. Existieren keine Regeln, befindet man sich in einem *regellosen* Zustand der Anarchie, wie ihn Hobbes beschrieben hat.[43] Das im Laufe der bisherigen Ausführungen bereits erwähnte Gefangenendilemma ist auch in diesem Kontext eine gute Art der Darstellung des Konfliktpotenzials zwischen Individuen (vgl. in diesem Zusammenhang *Tullock* 1974). Damit wird nämlich eine Situation beschrieben, in der das rationale Handeln der Beteiligten zu Ergebnissen führt, die für die unmittelbar betroffenen Akteure oder gar für die gesamte Gesellschaft negative Auswirkungen haben. Gleichwohl gibt es die Möglichkeit einer *Pareto*-Verbesserung der Beteiligten. Ohne Regeln, wie sie hier bislang charakterisiert wurden, ist hingegen zu befürchten, dass individuell rationales und nutzenmaximierendes Verhalten dazu führt, dass das ungünstigste Ergebnis gesellschaftlicher Kooperation, beziehungsweise in diesem Fall Defektion, herauskommt. Regeln haben demnach die Funktion, das Verhalten der Individuen so in Einklang zu bringen, dass gleichgewichtige Handlungsergebnisse in einer Gesellschaft von Individuen verschiedener Fähigkeiten und Interessen zustande kommen, die von allen Beteiligten grundsätzlich akzeptiert werden können.

1.3 Differenzierung von Entscheidungen *zwischen* Regeln und *innerhalb* von Regeln

Wenn man sich mit Regeln beschäftigt, ist es notwendig, zwischen zwei verschiedenen Ebenen zu differenzieren, welche sich am besten Rahmen einer Analogie erklären (vgl. dazu *Brennan/Buchanan* 1993, S. 7 ff.) lassen: Spielregeln (*rules of the game*) und Spielzüge (*play of the game within the rules*). Erstere stellen dabei jene Parameter dar, welche den Handlungsraum der Spieler abgrenzen und damit die erlaubten Spielzüge, die Ausstattung der Spieler, potenzielle Konfliktlösungsverfahren sowie den Modus, wie der Gewinner ermittelt

[42] Was in letzter Konsequenz bedeutet, dass vollkommen gleiche Individuen mit gleicher Motivation und gleichen Fähigkeiten unter jeweils anderen Regelsystemen theoretisch unterschiedliche Ergebnisse hervorbringen müssten.

[43] Nur ein sehr romantisch veranlagter Anarchist wird die Ansicht vertreten können, dass in einem regellosen Zustand so etwas wie eine natürliche Harmonie Konflikte unter den Menschen lösen kann. Auch wenn es auf den ersten Blick wenig überzeugend klingen mag: Im Rahmen der hier entworfenen Sicht von Regeln ist selbst ein despotisches Regime dem Zustand der Anarchie vorzuziehen (vgl. dazu u. a. *Mueller* 2003, S. 406 ff.; *Kirstein/Voigt* 2000; *McGuire/Olson* 1996).

wird, bestimmen. So ist beispielsweise durch die Spielregeln beim Fußball festgelegt, dass das Spiel auf einem abgegrenzten Feld zwischen zwei aus jeweils elf Akteuren bestehenden Mannschaften stattfindet, der Ball nicht – mit Ausnahme des Torhüters oder bei einem Einwurf – mit der Hand gespielt werden darf, die Spieler außer ihrer natürlichen Ausstattung und der zulässigen Sportkleidung keine anderen Hilfsmittel benutzen dürfen, ein Schiedsrichter für die Durchsetzung und gegebenenfalls Sanktionierung der Regeln zuständig ist und am Ende derjenige gewinnt, der die meisten Tore geschossen hat.[44] Welche *Spielzüge* und Resultate sich innerhalb eines so *geregelten* Spiels ergeben, kommt jedoch auf die Spieler und ihr (strategisches) Verhalten selbst an. Es handelt sich dabei also um (Spiel-)Strategien innerhalb des vorgegebenen (Spiel-)Regelsystems. Die Spielregeln als solche legen nämlich – um auf das Fußballbeispiel zurückzukommen – *nicht* fest, ob eine Mannschaft mit Libero oder mit einer Viererabwehrkette spielt, ob sie offensiv oder defensiv aufgestellt ist und ob ein Tor mit dem rechten oder dem linken Fuß oder gar mit dem Kopf erzielt wird. Das bedeutet, dass jedes einzelne Spiel *unter* den Regeln abläuft, jedoch selbst nicht Bestandteil der Regeln ist. Dabei ist von Bedeutung, dass einmal gewählte Spielregeln über einen längeren Zeitraum gelten müssen, also für eine Abfolge mehrerer Spiele relevant sind und nicht für jedes Spiel neu festgelegt werden. Es würde wenig effizient sein, die Regeln des Fußballspiels vor jeder Begegnung neu zu bestimmen. Gleichwohl ist damit nicht ausgeschlossen, dass Änderungen der Spielregeln grundsätzlich möglich sind.

Im Rahmen dieses Fußball-Exempels fällt es nicht schwer, Spielregeln von Spielzügen zu unterscheiden.[45] Verlässt man hingegen diese Ebene und betrachtet Spielregeln und -züge in einem größeren, gesellschaftspolitischen Kontext, dann ist diese Unterscheidung auf den ersten Blick nicht mehr so eindeutig. Im Gegensatz zu einem gewöhnlichen Spiel fehlen hier nämlich der Spielantrieb, das gemeinsame Anliegen aller potenziellen Spieler und die Annahme, dass die Spieler gemeinsame Handlungs- beziehungsweise Spielziele haben. So ließe sich beispielsweise im Rahmen eines „normalen" (Fußball-) Spiels die Situation eines sozialen Dilemmas nur schwerlich nachvollziehen.[46] Trotzdem gelten hier aber die gleichen Bedingungen: Die allgemeinen Regeln der gesellschaftlichen

---

[44] Diese letzte Regel gilt auch trotz der Aussage des früheren englischen Fußballspielers *Gary Lineker*, wonach Fußball ein Spiel sei, bei dem 22 Spieler hinter einem Ball herjagen würden und am Ende die Deutschen gewännen!

[45] Gleichwohl erscheint es etwas verwirrend, dass im gewöhnlichen Sprachgebrauch der Begriff „Spiel" zumeist beides meint, nämlich das Spiel an sich („Fußball ist ein *Spiel*") als auch das einzelne Spiel im Rahmen der Spielregeln („Im Sonntags*spiel* der Fußballbundesliga schlug Schalke 04 den HSV").

[46] Aus diesen Gründen beziehen sich *Brennen* und *Buchanan* (1993, S. 9–21.) in diesem Zusammenhang ausschließlich auf die Regeln des Straßenverkehrs, des Marktes und der politischen Ordnung.

Interaktion sind die Spielregeln und die innerhalb dieser Regeln ablaufenden Prozesse gesellschaftlicher Interaktion die Spielzüge. Häufig ist jedoch unklar, welche Prozesse durch allgemeine Regeln und welche durch bestimmte Handlungen innerhalb der Regeln zustande kommen, was vor allem daran liegt, dass zwischen dieser Art von Regeln und Spielzügen Interdependenzen bestehen: „Politische Mehrheiten können sich innerhalb der Spielregeln (der politischen Verfassung) bewegen, die ihr eigenes Verhalten begrenzen, wenn sie die Regeln ändern, die das Verhalten von Individuen als Privatpersonen betreffen." (*Brennan/Buchanan* 1993, S. 8). Konkret bedeutet diese Aussage, dass viele Spielregeln des politischen Prozesses wie beispielsweise die Wahlzyklen oder bestimmte Mehrheitsregeln bei Abstimmungen selbst aus dem politischen Prozess hervorgehen und deshalb die eindeutige Abgrenzung von Regeln und Resultaten verwässern. Nichtsdestotrotz ist es gerade in diesem Bereich von entscheidender Bedeutung, zwischen der Wahl der für die Entscheidungsträger relevanten Einschränkungen einerseits und der Festlegung konkreter Handlungsstrategien bei gegebenen Einschränkungen andererseits zu unterscheiden. Ohne den weiteren Verlauf der Arbeit vorwegzunehmen kann nämlich an dieser Stelle bereits eines behauptet werden: „Gute Spiele hängen mehr von guten Regeln als von guten Spielern ab" (*Brennan/Buchanan* 1993, S. 198).

1.4 Entstehung von Regeln: Differenzierung zwischen evolutionstheoretischer und vertragstheoretischer Perspektive

Die vorangegangene Behauptung beinhaltet auch eine wichtige Aussage über die normative Beurteilung von Regeln einerseits und Ergebnissen von Prozessen innerhalb dieser Regeln andererseits. Die Ergebnisse von Spielzügen lassen sich nämlich nur unzureichend einem normativen Urteil unterwerfen, wenn Angaben darüber fehlen, unter welchen Bedingungen dieses Resultat entstanden ist. So ist beispielsweise das Ergebnis eines jeden Fußballspiels – sieht man einmal von bestimmten Fanvorlieben ab – normativ betrachtet vollkommen bedeutungslos, so lange die Spielregeln fair sind und von den Spielern eingehalten werden. Wenn Bayern München gegen Werder Bremen mit 1:0 gewinnt, ist dieses Ergebnis für den Verlauf der deutschen Meisterschaft akzeptabel – selbst dann, wenn Bayern München subjektiv betrachtet die schlechtere Mannschaft war. Wenn jedoch Bayern München gegen den 1. FC Nürnberg aufgrund eines eindeutig *regelwidrigen* Tores ein Fußballspiel gewinnt,[47] ist das Ergebnis für die

[47] So „erzielte" Thomas Helmer 1994 für Bayern München im Spiel gegen den 1. FC Nürnberg ein sogenanntes Phantom-Tor, indem er im Strafraumgewühl den Ball Richtung Nürnberger Tor beförderte. Jedoch verfehlte der Ball selbst das Tor und rollte hinter die Torauslinie. Der Linienrichter hingegen hatte – zur Verwunderung aller – ein Tor gesehen und signalisierte dies dem Schiedsrichter, welcher sodann den Treffer anerkannte und Bayern München dadurch das Spiel 2:1 (inklusive Phantom-Tor) gewinnen konnte.

Meisterschaft normativ betrachtet inakzeptabel – selbst dann, wenn Bayern München subjektiv als die bessere Mannschaft empfunden wurde.

Es zeigt sich also, dass die allgemeine Akzeptanz bestimmter Spielregeln Informationen über den normativen Gehalt eines Resultats gibt. Das bedeutet für die Bewertung der Regeln einer gesellschaftlichen Ordnung, dass die Regeln und nicht die Ergebnisse als Bewertungsmaßstab fungieren. Endzustände können nur daran gemessen werden, dass man das spezifische Verfahren bewertet, durch welches sie zustande gekommen sind. An genau diesem Punkt unterscheiden sich die beiden wesentlichen theoretischen Ansätze, die sich mit der Entstehung und Bedeutung von (Ordnungs-)Regeln befassen: Der *vertragstheoretische* und der *evolutionstheoretische* Ansatz.[48] Der erstgenannte, maßgeblich von *James M. Buchanan* geprägte Ansatz bildet dabei den Schwerpunkt der weiteren Ausführungen. Warum dieses Vorgehen gewählt wird, soll anhand einer kurzen Abgrenzung zum evolutionstheoretischen Ansatz erläutert werden, welcher sich im Wesentlichen auf die Arbeiten *Friedrich August von Hayeks* (1969; 1980; 1981; 1991) stützt. Beide Ansätze basieren auf den Grundannahmen des ökonomischen Verhaltensmodells und differenzieren zwischen handlungsbeschränkenden (*Spiel-*)Regeln und Handlungen innerhalb solcher Beschränkungen (*Spielzügen*). Während der vertragstheoretische Ansatz jedoch die *Regeln* als entscheidende Analyseeinheit betrachtet, richtet der evolutionstheoretische Ansatz sein Hauptinteresse auf die *Ergebnisse* von Prozessen und gelangt damit zu anderen Resultaten über die Entstehung von Regeln.

Nach Ansicht der Evolutionstheoretiker ist das Ergebnis der gesellschaftlichen Interaktion von Individuen stets eine sogenannte *spontane Ordnung*. Dabei handelt es sich nicht um das Ergebnis eines bewussten menschlichen Entwurfs, sondern vielmehr um die nichtintendierte Folge menschlichen Handelns (vgl. *von Hayek* 1980, S. 36 f.). Eine solche spontane Ordnung sorgt für eine wirkungsvolle Koordination menschlichen Verhaltens. Als Beispiel führt *von Hayek* (1969c, S. 167 ff.) in diesem Zusammenhang den Markt an, welcher sich nicht aus bewusster Planung ergibt, sondern durch eine Vielzahl individueller Angebots- und Nachfrageentscheidungen zustande kommt. Insgesamt betrachtet bewirken solche individuellen Entscheidungen eine Evolution, in deren Verlauf effizientere Ordnungen weniger effiziente verdrängen und damit einen Selektionsprozess in Gang setzen. Der Wettbewerb, der diese Selektion bestimmt, wird dabei jedoch nicht als Ergebnis, sondern als Prozess[49] verstanden: „Die evolutionäre Auswahl verschiedener Regeln individuellen Verhaltens wirkt durch die Lebensfähigkeit der Ordnung, die durch sie hervorgebracht wird" (*von Hayek*

[48] Eine ausführliche Gegenüberstellung dieser beiden theoretischen Ansätze ist im Rahmen dieser Ausführungen nicht ansatzweise zu leisten. Für einen entsprechenden Überblick vgl. u. a. *Vanberg* (1981).

[49] *von Hayek* (1969d) spricht diesbezüglich von „Wettbewerb als Entdeckungsverfahren".

1969b, S. 146). Dennoch entsteht eine solche *spontane Ordnung* nicht in einem Vakuum, sondern ergibt sich nur innerhalb sogenannter *abstrakter Regeln*. Diese haben meist eine negative Intention, indem sie kein spezifisches zweckgerichtetes Verhalten erzwingen, sondern verbieten, jene Privatsphäre eines Individuums zu verletzten, die durch eben diese Regeln abgesteckt wird (vgl. *von Hayek* 1969c, S. 177 f.). So gibt es beispielsweise auf dem Markt bestimmte Wettbewerbsregeln, innerhalb derer sich die eigentliche marktliche Evolution entwickelt. Der entscheidende Punkt des evolutionstheoretischen Ansatzes – und darin liegt auch der im Rahmen dieser Ausführungen wesentliche Kritikpunkt – ist nun, dass sich nicht nur die *spontane Ordnung*, sondern auch die *abstrakten Regeln* aus einem Evolutions*prozess* ergeben. *Von Hayek* (1969a, S. 97) selbst spricht diesbezüglich von einem „Ergebnis menschlichen Handelns, aber nicht menschlichen Entwurfs". Abstrakte Regeln sind demnach viel zu komplex und können nur unter der Bedingung einer „Anmaßung von Wissen" (vgl. *von Hayek* 1974) das Ergebnis bewusster, konstruktivistischer Planung sein. Demzufolge ist die evolutorische Entwicklung von abstrakten Regeln vorzuziehen.

Weder kann im Rahmen dieses Kurzüberblicks die theoretische Ordnungskonzeption *von Hayeks* in ihrer Reichweite und Komplexität adäquat erfasst werden, noch sollen die Leistungen *von Hayeks* in Abrede gestellt oder *von Hayek* selbst gar als naiver Evolutionist bezeichnet werden.[50] Die hier geäußerten Kritikpunkte sind vielmehr analytischer Natur und im Zusammenhang mit der Gesamtthematik der vorliegenden Arbeit zu sehen. Zunächst einmal ist die Frage zu stellen, ob das evolutorische Anpassungsverhalten der Individuen im Wettbewerb der gesellschaftlichen Normen auch tatsächlich dazu führt, dass sich diejenigen (abstrakten) Regeln durchsetzen, die – von einem allgemeinen Standpunkt aus betrachtet – vorzugswürdig sind. Denn es gibt berechtigten Grund zu der Annahme, dass dieser „Evolutionsoptimismus" (*Vanberg* 1981, S. 24) spätestens dann nicht zutrifft, wenn soziale Zielkonflikte oder Dilemmata vorliegen. In diesen Fällen werden die sozialen und kulturellen Kräfte der Evolution nämlich gerade keine effizienten Regeln hervorbringen. Zudem ist kritisch anzumerken, dass der evolutionstheoretische Ansatz die Bedingungen rationalen Verhaltens nur unzureichend abzubilden vermag. Es besteht nämlich ein „fließender Übergang zwischen der evolutorischen Anpassung durch Imitation und Lernen einerseits und dem Planen und Konstruieren andererseits" (*Blankart* 2003, S. 50). Schon das bloße Abwägen von Vor- und Nachteilen einer Handlung, wie es grundlegend für jede Angebots- oder Nachfrageentscheidung auf dem Markt ist, hat letztlich einen planenden Charakter. Wenn jedoch davon ausgegangen wird,

[50] So hat *von Hayek* (1943) beispielsweise mit „Der Weg zur Knechtschaft" eine beachtenswerte und sehr fundierte Analyse des Ursprungs und Wesens totalitärer, sozialistischer Regime verfasst und die Gefahren und Auswirkungen anti-liberaler Tendenzen in den sozialistischen Gesellschaftssystemen vorausgesagt.

dass sich Regeln nur langsam im Laufe der Evolution einer Gesellschaft entwickeln und verändern, dann „ist eine ‚Reform' der grundlegenden Regeln (d.h. der Verfassung im weitesten Sinne) ein Widerspruch in sich" (*Brennan/Buchanan* 1993, S. 27). Für den Fall, dass die Funktion abstrakter Regeln gerade darauf basiert, dass diese keinem gesteuerten und steuerbaren Wandel unterliegen, „bleibt nicht viel mehr übrig, als sich dem Strom der Geschichte anzuvertrauen" (*Brennan/Buchanan* 1993, S. 27). Letztlich bedeutet dies, dass jene Institutionen, die die gesellschaftliche Ordnung ausmachen, gar nicht bewusst geändert werden können, was wiederum in letzter Konsequenz zur Untätigkeit führt – getragen von der Hoffnung auf Veränderung im Rahmen evolutorischer Prozesse. *Brennan* und *Buchanan* (1980, S. 207) stellen dem jedoch eine andere Sichtweise entgegen:

> „Modern man did change his socio-political rules; he did once emerge from the Dark Ages. In doing so, he was guided, not solely by science and not primarily by blind evolutionary change, but by the reasoned speculation of persons who dared to think in terms of rules other than those under which they lived."

Ganz in diesem Sinne sind die folgenden Ausführungen einzuordnen, wobei zu betonen ist, dass die vertragstheoretischen Betrachtungen primär im Zusammenhang mit der Frage nach der allgemeinen Legitimation gesellschaftlicher Ordnungen und nicht im Kontext konkreter historischer Vorgänge zu sehen sind.

2. *Cui bono*? Vertragstheoretische Begründung kollektiven Zwangs

In vielen ökonomischen, rechts- und politikwissenschaftlichen Analysen wird der Staat als gegeben betrachtet. Werden jedoch die Institutionen staatlicher Herrschaft selbst zum Untersuchungsgegenstand, dann liegt es nahe, sich mit den Ursachen der Existenz dieser Form kollektiven Zwangs zu beschäftigen.[51] „*Cui bono,* wem nützt es?" ist in diesem Zusammenhang die entscheidende Fragestellung. Bezogen auf den vorliegenden Kontext geht es konkret darum, „wie der Geltungsanspruch eines Systems von organisatorischen Regeln und damit die Ermächtigung zur Androhung und Anwendung von Macht- und Zwangsmitteln (Sanktionen) für den Fall der Nichtbefolgung fundamental begründet werden kann" (*Eschenburg* 1980, S. 24). Die theoretische Herleitung und Logik staatlicher Herrschaft bildet demnach den Schwerpunkt der nachfolgenden Ausführungen. In dieser Hinsicht ist die zu beantwortende (Leit-)Frage nach dem *cui bono* darin zu sehen, das Zustandekommen kollektiven Zwangs aus dem (zweck-)rationalen Handeln der Individuen heraus zu erklären. Im Mittelpunkt wird dabei in erster Linie der von *Buchanan* und *Tullock* (1962) sowie *Buchanan* (1984) geprägte vertragstheoretische Ansatz- stehen. Hauptgegenstand dieses Ansatzes sind die grundlegenden Regeln und Prinzipien, die für die Existenz

[51] Auch wenn die EU nicht als ein Staat im herkömmlichen Sinne bezeichnet werden kann, sind die folgenden Erläuterungen für den hier ausgebreiteten Problemkontext von Relevanz.

und Funktionsfähigkeit eines freiheitlichen Staates fundamental sind. Die Begründung und Herleitung eines solchen, aus individueller Perspektive *Pareto*-superioren gesellschaftlichen Institutionensystems basiert dabei zwingend auf normativer Theorie, weswegen der hier vorgestellte Ansatz auch als *normative Konstitutionenökonomik* bezeichnet werden kann. Auf Grundlage der Norm, dass man die individuellen Wünsche der Bürger als legitime Grundlage eines Gemeinwesens betrachtet, wird im Rahmen einer theoretischen Rekonstruktion begründet, warum und wie bestimmte (Zwangs-)Organisationen mit kollektiver Entscheidungsstruktur *konsensfähiger* sind und dadurch bessere Ergebnisse hervorbringen als andere. Das Kriterium zu einer solchen Bewertung alternativer gesellschaftlicher Arrangements hängt damit von der Frage nach derjenigen Ordnung ab, welche es, mit unterschiedlichen Bedürfnissen und Befähigungen ausgestatteten, Individuen erlaubt, soweit wie möglich ihre eigenen Ziele zu erreichen. Dabei geht es jedoch nicht – und das ist an dieser Stelle deutlich hervorzuheben – um eine historische Genese oder eine praktische Anleitung zur Organisation kollektiven Handelns. Demnach kann beispielsweise im Hinblick auf den europäischen Integrationsprozess im Rahmen eines solchen normativen Ansatzes nicht gezeigt und theoretisch nachvollzogen werden, wie die EU (historisch) konkret entstanden ist. Für diesen Bereich ist auf den Forschungszweig der *positiven Konstitutionenökonomik* hinzuweisen, welcher sich vornehmlich mit der Entstehung tatsächlich existierender Verfassungen und deren Wandel im Zeitablauf beschäftigt (vgl. *Voigt* 1997; 1998; 1999). Die *normative Konstitutionenökonomik* hat hingegen den Aspekt der Legitimation als übergreifenden Schwerpunkt und macht in dieser Hinsicht den Konsens der Betroffenen als hinreichende und notwendige Norm geltend. Sie ist damit fest verwurzelt in der Tradition des normativen Individualismus, demgemäß kollektives Handeln nur dann legitimierbar ist, wenn es auf der Zustimmung der davon Betroffenen basiert. Ferner kommt in der normativen Ausrichtung eines verfassungsökonomischen Ansatzes die allgemeine Auffassung subjektiver Werte in der Ökonomie zum Ausdruck, demnach über Interessen, Bedürfnisse und Nutzen sowie über Knappheiten und Kosten *einzig und allein* das Individuum selbst befinden und entscheiden kann (vgl. *Homann* 1985, S. 52). Diese Norm wird im Rahmen des hier verwendeten theoretischen Ansatzes unter der Restriktion betrachtet, dass der Mensch unter den nahezu unabdingbaren Bedingungen der Knappheit lebt und handelt.[52]

---

[52] Von genau diesen beiden Prämissen – *Konsens* als normativer Maßstab unter den Bedingungen der allgemeinen *Knappheit* – leiten *Buchanan/Tullock* (1962) jenen „*Calculus of Consent*" her, demzufolge die Anwendung der Einstimmigkeitsregel in vielen Fällen kontraproduktiv ist, weil sie zwar einerseits die (Diskriminierungs-)Kosten des Überstimmtwerdens wirksam vermeiden kann, andererseits jedoch mit prohibitiv hohen Kosten der Konsensfindung verbunden ist. In diesem Kontext liefern *Buchanan/Tullock* eine Begründung dafür, dass es für Individuen grundsätzlich vorteilhaft und damit auch konsensfähig (!) ist,

2.1 Die ökonomische Logik staatlicher Herrschaft als individuelles Kalkül

Gerade wenn man sich dem Thema staatlicher Herrschaft aus ökonomischer Perspektive nähert, stößt man zunächst auf einen scheinbaren Widerspruch. Es stellt sich nämlich die Frage, wie im Rahmen einer, vom methodologischen und normativen Individualismus geprägten Denkrichtung, überhaupt staatliche Herrschaft und die damit zwangsläufig einhergehende Einschränkung individueller Freiheit gerechtfertigt werden können. Stellt nicht gerade – um eine Gegenposition einzunehmen – der völlig voraussetzungsfreie und damit auch staatenlose Naturzustand der Anarchie das Ideal für einen freiheitlich denkenden und streng eigennutzorientierten Menschen dar? Mitnichten ist dem so, und das nicht nur aufgrund der Tatsache, dass es selbst dem größten Individualisten nicht gelingen dürfte, *kein* Mitglied eines – wie auch immer näher definierten – freiheitsbeschränkenden Kollektivs zu sein. Aus ökonomischer Perspektive ergeben sich nämlich zwei wesentliche Nachteile, die die Anarchie zu einem absolut inakzeptablen Zustand machen – und zwar vornehmlich unter Gesichtspunkten der individuellen Freiheit:

- Zwar gibt es in einer Anarchie keine Grenzen der Freiheit, dafür jedoch auch keine Institution, welche diesen „grenzenlosen" Zustand überwachen kann und den individuellen Freiheitsbereich vor Übergriffen anderer schützt. Damit jedoch ist die wirkliche Freiheit des Einzelnen nicht nur verschwindend gering, es kommt darüber hinaus in einer Welt knapper Ressourcen zu einem „Kriege aller gegen alle" (Hobbes 1651/1970, S. 116). Letztlich bedeutet dies, dass Freiheit für alle nur durch Freiheitsbeschränkungen für alle erreicht und garantiert werden kann, was Popper (1970, S. 173) als „Paradox der Freiheit" bezeichnet. Das Wesen der Freiheit bedingt demnach die Existenz eines entsprechenden, freiheitsbeschränkenden Regelsystems.
- Der zweite Anhaltspunkt, der aus individualistischer Sicht gegen Anarchie spricht, ist darin begründet, dass in einem regellosen gesellschaftlichen Zustand keine gemeinsamen Ziele und Anliegen verwirklicht werden können – und zwar unabhängig davon, ob eine solche Gesellschaft durch zwischenmenschliche Streitigkeiten gekennzeichnet ist oder nicht.

Diese beiden Gründe sind das argumentative Fundament dafür, dass kollektiver Zwang und damit auch staatliche Herrschaft nicht nur mit der Norm individueller Freiheit vereinbart, sondern überdies auch hinreichend begründet werden können.

---

unter den Bedingungen der Knappheit von der Einhaltung eines strikten Konsenses abzurücken.

2.2 Der Verfassungsvertrag

Um das zuvor erwähnte „Paradox der Freiheit" und den damit zusammenhängenden Zustand der Anarchie zu überwinden, bietet sich – in der *Hobbes*'schen Theorie – der Abschluss eines Gesellschaftsvertrags als ein Lösungsansatz an, mit welchem das Individuum seine Freiheit einschränkt:

> „[...]Jeder muss alle seine Macht oder Kraft einem oder mehreren Menschen übertragen, wodurch der Willen aller gleichsam auf einen Punkt vereinigt wird [...] Dies fasst aber noch etwas mehr in sich als Übereinstimmung und Eintracht; denn es ist eine wahre Vereinigung in einer Person und beruht auf dem Vertrage eines jeden mit einem jeden, wie wenn ein jeder zu einem jeden sagte: ‚*Ich übergebe mein Recht, mich selbst zu beherrschen, diesem Menschen oder dieser Gesellschaft unter der Bedingung, dass du ebenfalls dein Recht über dich ihm oder ihr abtrittst.*' Auf diese Weise werden alle einzelnen eine Person und heißen *Staat* oder *Gemeinwesen*. So entsteht der große *Leviathan* [...] Von dem Stellvertreter des Staates sagt man, er besitzt die höchste Gewalt. Die übrigen alle heißen *Untertanen* und *Bürger*."[53] (*Hobbes* 1651/1970, S. 155 f.)

Während *Hobbes* hiermit ein in erster Linie autoritäres Arrangement entwirft, in welchem die Individuen nahezu sämtliche Rechte an einen Leviathan-Staat abtreten, kann mit einem Gesellschaftsvertrag jedoch auch die „Entstehung oder Veränderung eines im Kreise der Vertragspartner geltenden Systems von Rechten, Spielregeln oder auch generellen Handlungsbeschränkungen vereinbart" (*Eschenburg* 1978, S. 222) und begründet werden, das nicht zu übermäßigen Einschränkungen der individuellen Freiheit führt. In diesem Gesellschaftsvertrag konstituieren die Individuen durch Verhandlungen selbst ihre Rechte. Und genau einen derart verstandenen Kontrakt nutzt *Buchanan* als Denkfigur für seinen vertragstheoretischen, streng individualistischen Ansatz (vgl. *Buchanan* 1984), indem er – in Anlehnung an *Knut Wicksell* (1896/1969, S. 72 ff.) – das Tauschparadigma des Marktes auf kollektive Entscheidungen überträgt. Demnach dürfen die Rechte von Individuen nur dann an ein Kollektiv delegiert werden, wenn jedes einzelne Individuum einer solchen Übertragung zustimmt. Staatliche Herrschaft und damit zusammenhängende Institutionen werden diesbezüglich als freiwillig zwischen den Individuen geschlossene Gesellschaftsverträge interpretiert, die darauf basieren, dass jeder einzelne freiwillig bestimmte Rechte und Kompetenzen an den Staat abtritt.[54]

Ausgangspunkt einer solchen hypothetischen (Re-)Konstruktion des Gesellschaftsvertrags ist bei *Buchanan* der *Hobbes*'sche Urzustand, in welchem es weder Rechte noch moralische Verpflichtungen des Einzelnen gegenüber seinen Mitmenschen gibt. Somit verwendet jedes Individuum seine Ressourcen nicht

[53] Hervorhebungen im Original.

[54] Dabei muss an dieser Stelle noch einmal betont werden, dass es *Buchanan* keineswegs um die historisch nachvollziehbare Entstehung und Entwicklung von Staaten geht, sondern um ein (normatives) Kriterium für die Bewertung bestehender politischer Systeme. *Buchanan* (1984, S. 77) spricht deshalb auch von „Als-ob-Modellen".

nur auf die Produktion von Gütern, sondern auch auf den Raub fremder und den Schutz eigener Güter. Ist eine optimale Verteilung zwischen diesen Verwendungen erreicht, ergibt sich so etwas wie eine „natürliche Verteilung" (*Buchanan* 1984, S. 33) in der Anarchie, welche die relativen Fähigkeiten des Einzelnen beschreibt, im Kampf aller gegen alle bestehen zu können. Hat in einer solchen Situation schließlich auch der letzte extreme Individualist erkannt, „dass der Achtung dem anderen gegenüber Grenzen gezogen sind und dass in der Anarchie persönliche Konflikte vorkommen, dann ist er gezwungen, die Notwendigkeit einer das Recht durchsetzenden Instanz anzuerkennen" (*Buchanan* 1984, S. 8). Durch den gemeinsamen Verzicht auf Raub können die zuvor in Raub und Verteidigung investierten Ressourcen nunmehr in die Produktion von Gütern fließen, wodurch insgesamt ein höheres Versorgungs- und Wohlfahrtsniveau entstehen kann. Mit der Konstitutionalisierung eines Gesellschaftsvertrags lassen sich demnach jene sozialen Zielkonflikte überwinden, welche bei der Schaffung und Durchsetzung allgemeiner (Rechts-)Regeln als Gefangenendilemma und bei Kollektivgütern als Trittbrettfahrerproblem auftreten. Präzisiert und gedanklich umgesetzt wird diese Hypothese durch die Institutionalisierung eines *Rechtsschutzstaates* und eines *Leistungsstaates*, welche im Rahmen eines „zweistufigen Vertrages" (vgl. *Buchanan* 1984, S. 39 ff.) konstituiert werden.

2.2.1 Der Rechtsschutzstaat

Im Rechtsschutzstaat werden die „Grenzen der Freiheit" festgelegt, indem die Freiheitsspielräume der einzelnen Individuen gegen- und voneinander abgegrenzt werden. Dazu ist es notwendig, dass die Individuen die zuvor skizzierte natürliche Verteilung als *Basis* für Vertragsverhandlungen anerkennen, um sich in einem ersten Schritt auf eine gegenseitige Beschränkung der persönlichen Handlungsfreiheit zu einigen und spezifische Verfügungs- und Eigentumsrechte festzulegen sowie die Kontrolle der Einhaltung dieser Rechte institutionell abzusichern. Die natürliche Verteilung selbst jedoch „kann im eigentlichen Sinne nicht als Rechtsordnung aufgefasst werden, da keinerlei förmliche Vereinbarung zustande kommt […]" (*Buchanan* 1984, S. 34).

2.2.1.1 Abrüstungsvertrag und Zuweisung von Eigentumsrechten

Im Rahmen eines Abrüstungsvertrags bildet der Verzicht auf kollektive Selbstschädigung in Form gegenseitigen Raubs die Grundlage für den entstehenden Rechtsschutzstaat: „Durch das Zustandekommen einer Übereinkunft über die Begrenzung von Verteidigungs- und Eroberungsanstrengungen wird […] in gewisser Weise ‚Recht' ins Leben gerufen. […] Der erste Schritt aus dem Dschungel der Anarchie ist geschafft" (*Buchanan* 1984, S. 85). Ein solcher Abrüstungsvertrag beruht jedoch auf einem Konsens über die gegenseitige Abrüstung, welcher nur durch die Zuweisung von Eigentumsrechten über knappe Güter und Ressourcen erreicht werden kann.[55] Denn erst auf der Grundlage eindeutig abgegrenzter Verfügungsrechte können die Individuen ihre Ressourcen einer produktiveren Verwendung zuführen als im Zustand der Anarchie. Diese Eigentumsrechte können nach *Buchanan* (1984, S. 84 ff.) sowohl ein Abbild der sogenannten „natürlichen Verteilung" sein, als auch durch einen Austausch von Ressourcen zustande kommen.[56] Sie beschreiben einerseits die uneingeschränkte Verfügungsgewalt eines Individuums über eine bestimmte Ressource, legen andererseits jedoch damit auch seine diesbezüglichen Verhaltensgrenzen gegenüber anderen Mitgliedern der Gesellschaft fest. Weil Eigentumsrechte das individuelle Handeln einschränken, geben sie den Individuen erst die Möglichkeit, Erwartungen über das Verhalten anderer Individuen bilden zu können. „[...] Man kann die Rechte eines Individuums als jene Menge von Erwartungen in Bezug auf das relevante Verhalten der anderen Gesellschaftsmitglieder bezeichnen, die auch von anderen geteilt wird" (*Buchanan* 1984, S. 125). Damit ist der Bezug zu der zuvor allgemein begründeten Bedeutung von Regeln hergestellt. In einem solchen System vereinbarter Eigentums- und Verfügungsrechte können schließlich die Individuen planen und investieren, indem sie untereinander Tauschhandel aufnehmen, sich spezialisieren und komparative Kostenvorteile abschöpfen. Ein derart entstehender freier Markt bietet damit nicht nur den „maximalen Spielraum für private oder persönliche Exzentrizitäten" (*Buchanan* 1984, S. 25), sondern garantiert gleichzeitig den Bestand individueller Freiheit.[57]

---

[55] Auf die Bedeutung solcher *property rights* zur wirksamen Internalisierung unerwünschter externer Effekte hat bereits *Demsetz* (1966, 1967) in früheren Arbeiten hingewiesen.

[56] Buchanan spielt auf den Fall an, dass das Nutzenniveau eines sehr erfolgreichen Räubers sinken würde, wenn er von nun an auf Raub verzichten müsste. Da der (Abrüstungs-)Vertrag jedoch der Zustimmung aller davon Betroffenen bedarf, wird dieser erfolgreiche Räuber wahrscheinlich nur dann einwilligen, wenn ihm sein Nachteil „kompensiert" wird. Nichtsdestotrotz bleibt die natürliche Verteilung der vorvertraglichen Situation der Ausgangspunkt für die Zuweisung der Eigentumsrechte, was *Buchanan* (1984, S. 86 f.) zufolge im Falle einer großen Ungleichverteilung an Gütern und Verfügungsfreiheit auch die Möglichkeit eines Sklavenvertrags einschließen würde. Diese Anmerkung hat große Kritik hervorgerufen (vgl. u. a. *Bund* 1984, S. 61 f. u. 65 f.), was jedoch insofern nicht gerechtfertigt ist, als dass es *Buchanan* bei diesem – mit Sicherheit nicht geschickt gewählten, aber darum nicht falschen – Beispiel einzig darum geht, die Entstehung einer Übereinkunft zwischen rationalen, nutzenmaximierenden Individuen zu erklären. Die Ausgestaltung von Gesellschaftsverträgen auf der Grundlage normativer Bewertungsmaßstäbe, wie in diesem Fall Gleichheit, ist hingegen nicht sein Thema. Ganz im Gegenteil lässt sich mit diesem Beispiel theoretisch sogar herleiten, „dass selbst unter ungleichen Menschen die Entstehung einer Rechtsordnung vorhergesagt werden kann, die mit den Vorstellungen des Individualismus kompatibel ist" (*Buchanan* 1984, S. 78).

[57] So entstehen letztlich Freiheitsrechte. Allerdings ist anzumerken, dass diese selbst unveräußerlich sein müssen.

2.2.1.2 Durchsetzung und Kontrolle des Rechts

Eine derartige (Abrüstungs-)Vereinbarung zwischen den Individuen ist jedoch nicht davor geschützt, dass einzelne Gesellschaftsmitglieder versuchen werden, Vorteile auf Kosten anderer zu erlangen, indem sie den Vertrag brechen. Die Situation eines sozialen Zielkonflikts liegt vor, bei welchem das individuell vorteilhaft erscheinende Verhalten der beteiligten Akteure zu einem Gesamtergebnis führt, das für *alle* Beteiligten *Pareto*-inferior ist. Der allseitige Verzicht auf Raub macht nämlich Verteidigungs- und Schutzmaßnahmen des Einzelnen gegen Raub zunächst einmal überflüssig. Doch gerade das Fehlen solcher Abwehrmaßnahmen führt dazu, dass Raub für den Einzelnen wieder attraktiv wird, kann er doch seinen Zustand durch räuberisches Handeln verbessern – wenn alle anderen weiterhin auf Raub verzichten.[58] Auf der Ebene der *Einzel*handlung ist damit die Einhaltung der Vereinbarung nicht gewinnversprechend. Auf der anderen Seite wäre es ebenfalls für keine Person oder Gruppe von Personen rational, vor diesem Hintergrund Ressourcen in die Vertragsüberwachung zu investieren. Von dem Nutzen einer solchen Regelkontrolle profitieren nämlich sämtliche Mitglieder der Gesellschaft, infolgedessen wiederum Trittbrettfahrer versuchen werden, an diesem öffentlichen Gut kostenlos zu partizipieren. Die Individuen können diesen sozialen Zielkonfilkt nur lösen, indem sie auf der Regelebene eine kontrollierende und Regelverstöße sanktionierende Ordnungsinstanz konstituieren (vgl. *Buchanan* 1984, S. 92 ff.). Während der zuvor in einem ersten Schritt geschlossene (Abrüstungs-) Vertrag die Eigentums- und Verfügungsrechte festlegt, hat die in einem zweiten Schritt institutionalisierende Ordnungsinstanz[59] die alleinige Kontrollbefugnis – jedoch nicht die alleinige Entscheidungsmacht – über diese Rechte und nimmt die Rolle eines Schiedsrichters ein. Im Idealfall wäre eine solche Instanz, die die Einhaltung der (Spiel-)Regeln überwacht sowie gegebenenfalls gewaltsam schützt, „ein vollkommen unpersönlicher Mechanismus, ein Roboter, der zu nichts anderem fähig wäre, als automatisierte Instruktionen zu befolgen" (*Buchanan* 1984, S. 135). Da jedoch die Institutionalisierung eines derart unbeteiligten, unparteiischen und neutralen Dritten nicht möglich ist, müssen die Umstände der Rechtsdurchsetzung sowie die Bedingungen der Ausübung von Zwangsgewalt genau definiert und im konstitutionellen Vertrag festgeschrieben werden.[60] „Solange die Zwangsinstanz ihre eige-

[58] In einem einfachen Zwei-Personen-Spiel würde die Vertragsverletzung einer Person die unmittelbare Aufkündigung des Vertrags durch die andere Person und damit einen Rückfall in die Anarchie zur Folge haben. In diesem Fall mag der Einzelne vor einem solchen Schritt zurückschrecken. Steigt jedoch die Zahl der Beteiligten, sinkt damit gleichzeitig die Möglichkeit der Überwachung der Einhaltung des Vertrags, wodurch wiederum die Attraktivität des Trittbrettfahrens wächst (vgl. *Buchanan* 1984, S. 187 ff.). Die soziale Kontrolle durch wechselseitige Überwachung ist demnach allenfalls in Kleingruppen gegeben.

[59] *Eschenburg* (1978) spricht in diesem Zusammenhang von einem „Unterwerfungsvertrag".

[60] Auf die genaue institutionelle Ausgestaltung wird an dieser Stelle nicht weiter eingegangen.

nen verfassungsmäßigen Grenzen nicht überschreitet, müssen sich die Bürger im Einzelnen keine Gedanken darüber machen, welche Mittel sie einsetzt.“ (*Buchanan* 1984, S. 140) Konkret zählen zu den Zwangsinstanzen eines derartig konstituierten Rechtsschutzstaates Institutionen wie Gerichte, Polizei und Streitkräfte.

2.2.2 Der Leistungsstaat

Der zuvor skizzierte Rechtsschutzstaat schafft die Bedingungen für die Produktion und den Tausch privater Güter. Der realisierte Nutzen der Individuen basiert dabei meist auf einem einfachen Zwei-Personen-Tausch. Darüber hinaus können die Individuen ihren Nutzen aber zusätzlich vergrößern, indem sie gemeinsame Anliegen, die ein einzelner alleine nicht ausreichend realisieren kann, in die Tat umsetzen. Auf dieses Weise wird – als zweiter Teil des Verfassungsvertrags[61] – der Leistungsstaat konstitutionalisiert, indem Bedingungen festgelegt werden, unter denen Individuen kollektive Entscheidungen treffen können und akzeptieren müssen (vgl. *Buchanan* 1984, S. 50 ff.).

2.2.2.1 Kollektivgüterproblematik

Individuen werden einer (leistungs-)staatlichen Bereitstellung von Gütern dann zustimmen, wenn es sich dabei um (reine) Kollektivgüter im Sinne *Samuelsons* (1954) handelt. Diese zeichnen sich zum einen durch die *Nichtrivalität* im Konsum aus, also dadurch, dass der Konsum eines weiteren Nutzers den Nutzen der übrigen nicht einschränkt, solange freie Kapazitäten zur Verfügung stehen. Zum anderen kann von der Nutzung eines solchen (reinen) Kollektivguts niemand ausgeschlossen werden (*Nichtexkludierbarkeit*) – selbst dann nicht, wenn derjenige Nutzer nichts zur (finanziellen) Bereitstellung des Guts beigetragen hat. Aufgrund dieser spezifischen Eigenschaften hat jeder einzelne einen systematischen Anreiz, bei freiwilliger Beitragsleistung seine wahre marginale Zahlungsbereitschaft zu verschleiern, demzufolge seine reale Grenzzahlungsbereitschaft unterhalb der notwendigen Finanzierungsanforderung liegen wird. Selbst wenn im Extremfall die Bereitstellung und damit verbundene Finanzierung eines Kol-

---

Zu den in diesem Kontext relevanten Problemen der Durchsetzung des Rechts, den Kosten der Bestrafung etc. vgl. *Buchanan* (1984, S. 200 ff.). Darüber hinaus ist in diesem Zusammenhang auf die ökonomische Theorie der optimalen Bestrafung von *Becker* (1968) hinzuweisen.

[61] Da im Fall reiner öffentlicher Güter alle Individuen in die Vertragsverhandlungen einbezogen sind – abstrahiert man einmal von Club-Kollektivgütern, von deren Nutzen Individuen ausgeschlossen werden können – handelt es sich auch in der postkonstitutionellen Phase der Bereitstellung dieser Güter um einen Gesellschaftsvertrag. Aus diesem Grund wird auch vom Verfasser die Unterscheidung in einen nichtpolitischen (Rechtsschutzstaat) und einen politischen Teil (Leistungsstaat) des Verfassungsvertrags wie bei *Bund* (1984, S. 22 ff. u. S. 29 ff.) abgelehnt.

lektivguts von allen gewünscht würde, hätte trotzdem niemand einen Anreiz, einen Beitrag dazu zu leisten. Kollektivgüter sind demnach nicht marktfähig, weil sie auf den üblichen wettbewerblichen Märkten entweder gar nicht oder nur in unzureichendem Maße angeboten und nachgefragt werden. Demnach müssen kollektive Güter – im Gegensatz zur Bereitstellung privater Güter über Märkte – durch eine kollektive Entscheidung bereitgestellt werden. Rationale Individuen würden sich daher im Rahmen einer konstitutionellen Entscheidung darüber einigen, diese Güter dem wettbewerblichen Prozess grundsätzlich zu entziehen und stattdessen die Bereitstellung an einen kollektiven Akteur wie den (Leistungs-)Staat delegieren. Denn wenn das Steuerinstrumentarium der relativen Preise über den Markt nicht funktioniert, kann der Staat im Rahmen seiner Allokationsfunktion als Bereitsteller öffentlicher Güter und Leistungen auftreten, indem er die hierfür notwendige Finanzierung über Steuern oder Zwangsabgaben garantiert (vgl. dazu u. a. *Grossekettler* 2003). Dabei ergibt sich ein Präferenzproblem, welches sich in der Frage manifestiert, was der Staat tun soll, sowie ein Effizienzproblem hinsichtlich der Frage, wie der Staat etwas tun soll. Zur Gewährleistung eines funktionierenden Systems für die Bereitstellung von Kollektivgütern sind daher institutionelle Arrangements über kollektive Entscheidungsmechanismen – in Ergänzung zum Rechtsschutzstaat – notwendig, die die Kostenverteilung und den Leistungsumfang festlegen.

2.2.2.2 Zweistufiges Legitimationsverfahren bei Kollektivgutentscheidungen

Bei Kollektiventscheidungen entspricht die einstimmige Entscheidung aller Betroffenen dem bilateralen Tausch von Gütern (vgl. *Wicksell* 1896/1969, S. 76 ff.). Sind sich Käufer und Verkäufer über die Bedingungen einig, kommt es zu einem Tausch. Was im bilateralen Stadium kaum zu Problemen führt, wird bei der Entscheidung über Kollektivgüter nahezu unmöglich, denn es müssten alle Individuen einer Vereinbarung über die Nutzen- und Kostenaufteilung zustimmen: „Wenn Effizienzkriterien erfüllt werden sollen, dann muss eine Art ‚Gesellschaftsvertrag‘ unter allen Beteiligten abgeschlossen werden – ein Vertrag, der voraussetzt, dass alle Mitglieder der Gemeinschaft an den Kollektiventscheidungen teilhaben und dass die Einstimmigkeitsregel gilt.“ (*Buchanan* 1984, S. 55) Nur in diesem Fall der einstimmigen Entscheidung kann kein Individuum überstimmt und gezwungen werden, gegen seinen Willen ein Gut für andere mitzufinanzieren. Eine solche Regelung würde jedoch zu außerordentlich hohen Verhandlungskosten führen. Darüber hinaus bestünde die Möglichkeit für jeden Einzelnen, durch strategisches Verhalten Vorteile zu erlangen, was ebenfalls eine einstimmige Entscheidung erschweren würde. Unter Effizienzgesichtspunkten ist jedoch damit zu rechnen, dass die Individuen vom Ideal des Konsenses bei Entscheidungen abrücken und sich auf eine Entscheidungsregel unterhalb der Einstimmigkeit einigen. Buchanan entwirft daher ein zweistufiges Legitimationsverfahren, welches im Wesentlichen dem Interdependenzkostenkalkül von *Buchanan/Tullock* (1962) entspricht. Demnach treffen die Individuen auf der konstitutionellen Ebene des Verfassungsvertrags einstimmig eine Entscheidung darüber, welche Regeln und Abstimmungsverfahren auf der postkonstitutionellen Ebene im Rahmen des konkreten politischen Prozesses zur Bereitstellung von Kollektivgütern gelten sollen. Im ersten Fall geht es – die Spielanalogie aufgreifend – um eine Entscheidung über Regeln, während im zweiten Fall Entscheidungen innerhalb bestehender Regeln getroffen werden. Demnach ist auf der postkonstitutionellen Ebene der Konsens aller nicht mehr die Voraussetzung für eine Entscheidungsfindung. Entsprechend sind Entscheidungsregeln unterhalb der Einstimmigkeit auf postkonstitutioneller Ebene auch nicht als suboptimal zu bewerten, denn „hier erfolgt die Legitimation indirekt durch den einstimmigen Verfassungskonsens über die angewendeten Entscheidungsregeln" (*Witte* 1995, S. 116).[62]

2.2.3 Verfassungsreform

Nachdem Rechtsschutz- und Leistungsstaat im Rahmen eines Verfassungsvertrags konstituiert wurden, müssen aus zwei Gründen die Bestimmungen einer Änderung einer solchen Vereinbarung Erwähnung finden. Zum einen ist davon auszugehen, dass sich die grundlegenden Rahmenbedingungen ändern, indem Gesellschaftsmitglieder ausscheiden oder neu hinzukommen, Umweltbedingungen einem Wandel unterliegen oder die Präferenzen und Fähigkeiten der Individuen variieren. Zum anderen sind langfristige Verträge ihrem Wesen nach aufgrund der begrenzten Rationalität der Individuen zwangsläufig unvollständig, denn diese können die Unsicherheit der Zukunft, Kosten von Regelungen sämtlicher Eventualitäten, mögliche Interpretationsspielräume, Lernprozesse sowie die Suche nach eventuell überlegenen Problemlösungen *ex ante* nicht vorwegnehmen.

2.2.3.1 Neuverhandlung und Interessenkonflikt

Buchanan (1984, S. 106 ff.) berücksichtigt daher Mechanismen zur Reformierung des Verfassungsvertrags, welche er mithilfe eines Gedankenkonstrukts der Neuverhandlung theoretisch herleitet, das „zwischen dem Status quo einerseits und der Gesamtheit der ‚Wiederverhandlungserwartungen' besteht" (*Buchanan* 1984, S. 110). Demnach unterliegt, parallel zu einem sich ändernden *Status quo*, auch die natürliche Verteilung einem Wandel, würde es zu einem Rückfall in die Anarchie kommen. Bei der Bewertung der bestehenden Verfassung ziehen die

---

[62] Wie die Mechanismen der kollektiven Entscheidungsfindung auf postkonstitutioneller Ebene beschaffen sein können, wird hier nicht weiter ausgeführt und auf die grundlegenden Forschungsergebnisse von *Buchanan/Tullock* (1962) verwiesen.

Individuen deshalb denjenigen Zustand als Vergleichsmaßstab heran, der sich aus ihrer jeweiligen Sicht bei einem Rückfall in die Anarchie und anschließenden Neuverhandlungen ergäbe (vgl. *Buchanan* 1984, S. 112). Diejenigen Individuen, die bei Neuverhandlungen eine bessere Position gegenüber dem *Status quo* erwarten können, werden denjenigen mit einem Rückfall in die Anarchie drohen, für die der *Status quo* mit einer besseren Position verbunden ist als eine mögliche Neuverhandlung. Da für die im *Status quo* Begünstigten ein Rückfall in die Anarchie jedoch ein weitaus größerer Schaden bedeuten würde, haben sie einen Anreiz, einer Reform des Verfassungsvertrags zuzustimmen.[63]

Bei dieser Art der Verfassungsreform zwei Restriktionen zu erwähnen, welche im Zusammenhang mit den Eigenschaften allgemeiner (Spiel-)Regeln stehen. Zum Ersten haben Regeln und das daraus abgeleitete direkte (Verfassungs-) Recht – neben seinem äußerst komplexen Charakter[64] – die Eigenschaft eines öffentlichen Guts (vgl. *Buchanan* 1984, S. 155). Das bedeutet, dass zwar viele Individuen im *Status quo* ein Interesse an der Veränderung bestehender beziehungsweise an der Implementierung neuer Regeln haben, jeder Einzelne jedoch darauf hoffen wird, dass der andere initiativ tätig wird und Ressourcen für eine Änderung der Regeln einsetzt. Zum Zweiten kann Regeln der Charakter eines Kapitalguts zugesprochen werden (vgl. *Buchanan* 1984, S. 176). Sie besitzen einen hohen Informationswert für die Individuen und tragen zur Reduktion von Unsicherheit und damit zur Planungssicherheit bei. Unterliegen Regeln hingegen einem ständigen Wandel, können sie diese Funktion nur noch unzureichend erfüllen, weil ihr „Kapitalwert" sinken würde. Betrachtet man nun diese beiden den Regeln zugeschriebenen Eigenschaften, lässt sich ein normativer Interessenkonflikt ausfindig machen: Während Regeln in ihrer Eigenschaft als öffentliches Gut einem ständigen, den individuellen Präferenzen angepassten Wandel unterliegen sollten, erfordert die Kapitalguteigenschaft von Regeln genau das Gegenteil, damit der „Kapitalwert" stabil bleibt.

2.2.3.2 Institutionalisierte Änderung von Regeln

Dieser eben beschriebene Interessenkonflikt erfordert daher zwei institutionelle Vorkehrungen. Damit – wie im Falle des öffentlichen Guts – ein zu veränderndes Regelsystem nicht aufgrund mangelnder Initiative und Akzeptanz erodiert, bedarf es einer Institution, die einen Prozess einer Regeländerung initiiert und koordiniert. Zum anderen – und dieser Aspekt ist noch viel grundlegender –

[63] Die Veränderungen des Gesellschaftsvertrags sind hier nur skizziert und daher unzureichend dargestellt. Für eine detaillierte Ausarbeitung vgl. *Buchanan* (1984, S. 111–128) sowie *Brennan/Buchanan* (1993, S. 177–198).

[64] Auf diesen Punkt weist insbesondere *von Hayek* (1969a) hin, indem er ein Rechtssystem als „Ergebnis menschlichen Handelns, aber nicht menschlichen Entwurfs" bezeichnet, demnach ein einzelner Mensch niemals in der Lage sei, ein Rechtssystem zu entwerfen.

muss der Prozess der Regeländerung selbst im Rahmen zuvor festgelegter Regeln stattfinden. Dabei ist vor allem die Frage zu stellen, welche Zustimmung eine Verfassungsreform benötigt. In keinem Fall sollte es dabei, im Hinblick auf die ursprüngliche Konstitution, asymmetrische Abstimmungsregeln geben, denn schließlich wäre es geradezu absurd, wenn Regeln zunächst auf konstitutioneller Ebene im Konsens festgelegt würden, um diese sodann auf der postkonstitutionellen Ebene im Rahmen eines Reformprozesses mit einer einfachen Mehrheit ändern zu können. Übertragen auf die Praxis steht dahinter die Frage nach der sogenannten *Kompetenzkompetenz*, also die Frage, wem die Kompetenz zur Veränderung von (Spiel-)Regeln obliegt. Aus streng individualistischer Sicht müsste diese Kompetenzkompetenz bei den Individuen verbleiben und dürfte nicht Prinzipalen (Regierung, Parlament) übertragen werden.

2.3 Wenn der Schleier fällt: Hypothetischer und empirischer Konsens

Die Norm für das Zustandekommen eines Gesellschaftsvertrags ist gemäß den bisherigen Ausführungen der Konsens aller Betroffenen. Ein solcher Konsens ist zudem auf der Ebene der Verfahren(-sregeln) und nicht auf der Ebene der Ergebnisse zu erzielen.[65] Aber auch auf dieser Ebene ist die Erzielung eines Konsenses mit erheblichen Problemen verbunden. Die Verwendung der Einstimmigkeitsregel als einzige Legitimationsnorm würde nämlich die Nichtexistenz von Konsensfindungs- und Informationskosten voraussetzen (vgl. *Müller* 2000, S. 17). Dem ist jedoch in der Realität nicht so. Vielmehr lassen sich ein Theorie- und ein Interessenkonflikt bei der Einigung auf der konstitutionellen Ebene ausmachen, welche zu relevanten (Entscheidungs-)Kosten werden. Ersterer besagt, dass Individuen unterschiedliche Theorien über die (Aus-)Wirkungen bestimmter Regeln haben, während der Zweitgenannte die Tatsache berücksichtigt, dass Individuen unterschiedliche Präferenzen und damit auch unterschiedliche

---

[65] Gemäß den Annahmen des methodologischen und normativen Individualismus sind die Individuen die alleinige Quelle von Werten. Damit können diese Individuen jedoch nicht über eine gemeinsame Bewertungsskala verfügen. Will man zudem keine wie auch immer definierten und zustande kommenden externen Bewertungsmaßstäbe zu Grunde legen, ergibt sich das Problem eines unendlichen Regresses (vgl. *Eschenburg* 1980, S. 29 f.): Demzufolge kann ein Regelsystem als solches keine Regeln über sein „eigenes" Zustandekommen enthalten. Notwendig wäre vielmehr ein Art Supraregel, die die Entstehung der Regeln festlegt. Aber auch eine solche Supraregel würde eine Supra-Supraregel benötigen usw. *Buchanan/Tullock* (1962) schlagen daher vor, das Konsenserfordernis nicht auf der Ebene der Ergebnisse, sondern auf der Ebene der Verfahren anzuwenden. Der Raum für potenziellen Konsens ist notwendigerweise größer, wenn allgemeine (Spiel-)Regeln zur Diskussion stehen, als wenn eine Übereinkunft über bestimmte Resultate innerhalb fester Regeln erzielt werden soll, da das spezifische Interesse der Individuen im erst genannten Fall nicht so leicht auszumachen ist. Bei Einstimmigkeit auf der Regelebene ist damit letztlich jeder gezwungen, diese Regeln auf der Ergebnisebene zu akzeptieren und zu befolgen – selbst wenn er gelegentlich zu den „Verlierern" dieser Regeln gehören könnte.

Interessen bezüglich der Ausgestaltung von Regelsystemen haben, welche sie zudem durch strategisches Verhalten durchzusetzen versuchen werden. Vor diesem Hintergrund ist ein Verfassungsvertrag in seiner bislang erläuterten Art eine Fiktion und ganz in diesem Sinne lassen sich derartige Gesellschaftsverträge historisch gar nicht oder höchstens annäherungsweise belegen (vgl. *Leipold* 1987, S. 177). Allerdings ist an dieser Stelle nochmals anzumerken, dass eine *normative* Ausrichtung des verfassungsökonomischen Ansatzes auch gar nicht einen solchen Anspruch zu erfüllen versucht. Vor diesem Hintergrund ist es im Rahmen einer vertragstheoretischen Argumentation notwendig, strikt zwischen zwei Ebenen zu differenzieren: Der Ebene der *theoretischen Rekonstruktion*, auf der der Konsens aller die notwendige und hinreichende Bedingung für die Legitimation kollektiven Handelns ist, und der Ebene der *Empirie*, auf der dieser fiktive Konsens (allenfalls) kostengünstig simuliert werden kann. Der auf der erstgenannten Ebene normativ maßgebliche Konsens ist damit nichts anderes als „ein theoretischer Ausgangspunkt, eine Idee zur Beurteilung der Realität, aber kein Ideal für die Realität" (*Homann* 1985, S. 61). Während der Konsens auf der ersten Ebene *per definitionem* immer eine Garantie für Legitimation ist, sind im selben Kontext empirisch nachprüfbare Abstimmungsergebnisse so gut wie nie legitim, da niemals alle Betroffen *zu*- beziehungsweise überhaupt *ab*stimmen werden. *Eschenburg* (1977, S. 156 ff.) weist in diesem Zusammenhang darauf hin, dass auf der empirisch nachvollziehbaren Ebene immer ein unabdingbares Legitimationsdefizit vorliegt.

Bleibt man hingegen auf der Ebene der theoretischen Rekonstruktion, kann dieses Konsens-Problem behoben werden, indem der Fokus auf die Frage gerichtet wird, auf welche Regeln des Zusammenlebens sich fiktive, rational entscheidende Individuen einigen *würden* und *könnten*. An die Stelle eines realen Konsenses durch faktische Zustimmung tritt demnach ein fiktiver Konsens durch potenzielle Zustimmungsfähigkeit, was *Müller* (2000, S. 17) als „(Quasi-)Legitimation durch einen *hypothetischen Gesellschaftsvertrag*" bezeichnet. In diesem Zusammenhang sind zwei theoretische Konzepte von Relevanz[66] (vgl. *Müller* 1997 für einen Überblick): Der auf *Rawls* (1975) zurückgehende „Schleier des Nichtwissens" („*veil of ignorance*") sowie der von *Buchanan* und *Tullock* (1962) angeführten „Schleier der Unsicherheit" („*veil of uncertainty*"). *Müller* (2000, S. 18) fasst diese beiden gedanklichen Konstrukte zur Erreichung eines hypothetischen Konsenses unter dem Oberbegriff „Schleier der Unkenntnis" zusammen,[67]

[66] Für die bisherige Argumentation zur Begründung und Entstehung des Staates ist dieses theoretische (Hilfs-)Konzept hingegen nicht von Relevanz. So kommt *Buchanan* (1984) in „Die Grenzen der Freiheit" gänzlich ohne einen „Schleier" aus. Der Vollständigkeit halber, soll dieses – im Übrigen nicht unumstrittene – Konzept hier jedoch Erwähnung finden.

[67] Zwar sind diese beiden theoretischen Konzepte nicht identisch, doch auf eine detaillierte Unterscheidung und Abgrenzung kann an dieser Stelle verzichtet werden.

da ihnen beiden gemeinsam ist, dass Individuen Entscheidungen auf konstitutioneller Ebene in Unkenntnis darüber treffen, in welcher Position sie sich selbst auf der postkonstitutionellen Ebene befinden werden: „Der Grad des Nichtwissens von Entscheidungsträgern über ihre individuellen Eigeninteressen – so die Grundidee – ist positiv korreliert mit der Unparteilichkeit und der Konsensfähigkeit der erzielten Abstimmungsergebnisse." (*Müller* 2000, S. 18). Hinter diesen theoretischen Konzepten steht also die Vermutung, dass Individuen bei der Entscheidung über Regeln nicht wissen, wie sie selbst von jenen Regeln betroffen sein werden, denn es ist ihnen unmöglich, *ex ante* Kosten und Nutzen alternativer Verfassungsregeln umfassend beurteilen zu können, wenn sie im Unklaren darüber sind, wie die Gesellschaft, in der sie zu einem späteren Zeitpunkt leben werden, aussehen wird. Dementsprechend werden sich die Individuen unter der Bedingung eines *vollkommen undurchsichtigen Schleiers* auf Regeln einigen, die von allen als gerecht empfunden werden. So ist es für ein Individuum nämlich nicht sinnvoll, sich auf ein ganz spezifisches Regelsystem festzulegen, welches in der Zukunft nur dann optimal *wäre*, wenn die Gesellschaft eine ganz bestimmte Struktur *hätte* (vgl. *Kirsch* 1997, S. 13).

Es ist allerdings kritisch zu hinterfragen, ob sich Individuen – auch auf rein theoretischer Ebene – überhaupt hinter einem solchen Schleier befinden können, ist doch die Annahme einer damit einhergehenden vollkommenen Undurchsichtigkeit des Schleiers sehr restriktiv. Vielmehr ist davon auszugehen, dass ein solcher Schleier mehr oder weniger durchlässig ist. Wenn man die Möglichkeit einer Verfassungsreform berücksichtigt, müsste zudem gewährleistet sein, dass der Schleier nicht nur einmal, sondern ständig gegeben ist, was wiederum dieses theoretische Konstrukt zu einem für die Praxis untauglichen Lösungsansatz macht. *Christian Müller* (2000) weist in diesem Zusammenhang darauf hin, dass die Umsetzung der *Wiksell*'schen Einstimmigkeitsregel unter der Annahme eines Schleiers der Unkenntnis nur eingeschränkt theoretische Gültigkeit besitzt. In einer umfassenden Analyse zeigt er auf, dass die theoretische Annahme eines solchen Schleiers hinsichtlich des Legitimationsergebnisses – mindestens – unbestimmt ist, weil „jene logische Adäquatheitsbedingung deduktiv-nomologischer Erklärungs- und Prognoseargumente, nach der die Explanandum-Aussage eines Arguments logisch aus den Annahmen im Explanans zu folgen hat" (*Müller* 2000, S. 186) verletzt wird. Folglich lassen sich aufgrund dieser Feststellung auch keine konkreten inhaltlichen Gestaltungsempfehlungen für eine praktische Politik ableiten (vgl. auch *Müller/Tietzel* 2000).

Vor diesem Hintergrund ist festzuhalten, dass der hier angeführte, maßgeblich von *Buchanan* geprägte, vertragstheoretische Ansatz dann problematisch betrachtet werden muss, wenn er auf den Schleier zurückgreift (vgl. *Bund* 1984; *Müller* 2000), denn es fällt schwer, aus einem Gedankenkonstrukt, welches auf einer – theoretisch und praktisch fragwürdigen – hypothetischen Übereinstimmung der Individuen basiert, eindeutige inhaltliche Bewertungsmaßstäbe für die

(Spiel-)Regeln kollektiver Entscheidungsstrukturen staatlicher Herrschaft abzuleiten. Doch trotz dieser Schwächen des *Buchanan*'schen Ansatzes,[68] beinhaltet er für den Zusammenhang dieser Arbeit dennoch zwei wichtige und – nach Meinung des Verfassers – auch unumstrittene Aspekte: In positiver Hinsicht kann der Ansatz die Entstehung staatlicher Herrschaft und kollektiven Zwangs mit der Norm individueller Freiheit erklären und begründen. So lassen sich nämlich Kooperationsgewinne für alle Individuen nur dann realisieren, wenn Regeln das individuelle Handeln so zu koordinieren vermögen, dass – in einer von Knappheit geprägten Welt zwangsläufig vorliegende – soziale Zielkonflikte überwunden werden können. In normativer Hinsicht hebt der Ansatz hervor, dass die Einstimmigkeitsregel ein theoretisches Ideal für die Gestaltung und Bewertung staatlicher Herrschaft darstellt – und zwar unabhängig davon, inwieweit diese in der Realität tatsächlich erreichbar ist: „Die Vertragstheorie hat allein den Aspekt der Legitimation im Auge, und in dieser Hinsicht erklärt sie, dass kollektives Handeln – gleichgültig wie es initiiert wird und wer dabei aktiv wird – legitim i. S. von verpflichtend nur dann ist, wenn die Betroffenen bzw. Verpflichteten zustimmen, zugestimmt haben oder Zustimmung vorausgesetzt werden kann." (*Homann* 1985, S. 52)

3. *Cui malo*? Bedrohung durch den Leviathan in der Demokratie

Die Fragestellung nach dem „*Cui bono*?" stand im vorherigen Kapitel im Rahmen der Analyse einer Lösung gesellschaftlicher (Knappheits-)Konflikte mittels staatlicher Herrschaft im Mittelpunkt. Die Notwendigkeit und Rechtfertigung kollektiven Zwangs wurden mithilfe eines vertragstheoretischen Ansatzes begründet sowie die Vorzüge der Existenz staatlicher Herrschaft aufgezeigt. Aufgrund der Annahmen und Abstraktionen dieses Ansatzes wurde jedoch bislang die Ausgangs(leit)frage in nur eine Richtung beantwortet. Im Folgenden ändert sich der Betrachtungswinkel, indem nun die Fragestellung „*Cui malo*, wem schadet es?" zur Leitfrage wird. Hinter diesem Schritt steht die Annahme, dass der faktische Rechtsschutz- und Leistungsstaat nicht zwangsläufig seiner vertragstheoretisch hergeleiteten Form und Funktion entspricht: „Es besteht ein Unterschied zwischen dem Staat, der theoretisch aus dem individuellen Kalkül ableitbar ist und jenem Staat, der aus dem Gesellschaftsvertrag selbst entsteht." (*Buchanan* 1984, S. 135) Weil die *Hobbes*'sche Annahme, der „Leviathan-Herrscher" könne nicht durch konstitutionelle Beschränkungen kontrolliert werden, hier nicht geteilt wird, ist die Frage zu beantworten, wie das Individuum vor übermäßigen Verhaltensbeschränkungen durch den Staate bewahrt werden kann – auch und gerade unter den Bedingungen einer Demokratie.

[68] Für einen Überblick zur Kritik vgl. unter anderen *Bund* 1984, S. 53 ff.; *Leschke* 1993, S. 84 ff.; *Schubert* 1998, S. 231 ff.

3.1 Organisationsformen kollektiven Zwangs

Ein herrschaftsfreier Zustand mag zwar auf den ersten Blick wie eine ideale Gesellschaftsform erscheinen, doch haben die bisherigen Ausführungen gezeigt, dass ein anarchisches Regime freier Menschen, in dem jeder die Rechte des anderen respektiert, eine Utopie ist. Trotz der Notwendigkeit von Regeln und einer diese Regeln durchsetzenden Institution, kann der Widerspruch zwischen dem menschlichen Streben nach Freiheit auf der einen und der Beschränkung eben jener Freiheit durch eine – wie auch immer ausgestaltete – Form von (staatlicher Zwangs-)Herrschaft auf der anderen Seite aber nicht vollends aufgelöst werden. Das „Paradoxon regiert zu werden" (vgl. *Buchanan* 1984, S. 129 ff.) bleibt bestehen. Worin dieses Paradoxon besteht, mag an der einfachsten Form des Regiert-Werdens, nämlich der individuellen Selbstbindung, verdeutlicht werden:

Das Verfassen der vorliegenden Arbeit kostet neben vielen anderen Mühen vor allem eines: Zeit! Da Zeit also ein für den Verfasser knappes Gut ist, wird dieser bestrebt sein, jenes knappe Gut möglichst effizient einzusetzen. Das kann unter anderem dadurch geschehen, dass er sich vornimmt, jeden Morgen zu einer bestimmten Uhrzeit am Schreibtisch zu sitzen. Allerdings ist auch der Verfasser der allmorgendlichen Versuchung des Ausschlafens erlegen. Weil ihm diese Unvollkommenheit jedoch bewusst ist, unterwirft er sein (Schlaf-)Verhalten *ex ante* Regeln, die verhindern, dass er den Verlockungen eines längeren Verbleibens im Bett widersteht. Er stellt sich folglich jeden Abend einen Wecker, damit er so rechtzeitig geweckt wird, dass er zu seiner angestrebten Uhrzeit am Schreibtisch sitzen kann. Sobald der Wecker jedoch allmorgendlich – und zumeist auf unsanfte Art – seinen Schlaf unterbindet, erlebt er das Regiert-Werden: Er fühlt sich durch die von außen auferlegte Einengung seiner Handlungsmöglichkeiten frustriert und ist in diesem Moment *de facto* in seiner persönlichen Freiheit eingeschränkt, weil sein Schlaf von einer externen „Institution" bestimmt wird. Wenn der Verfasser aus dem Schlaf gerissen wird, wird er sich jedoch auch darüber bewusst, dass er sich nicht darauf verlassen kann, die richtige Entscheidung zu treffen, wenn der passende Zeitpunkt dazu gekommen ist – denn schließlich würde er dann ja noch schlafen!

Verlässt man nun dieses – zugegebenermaßen stark vereinfachte – Ein-Personen-Beispiel zugunsten der Annahme eines Mehr-Personen-Falls, ändert sich von der Grundaussage her zunächst nichts. Die dort beteiligten Individuen werden zur Lösung gesellschaftlicher Konflikte eine ähnliche Durchsetzungsinstitution suchen wie einen Wecker, die für eine planbare, verlässliche und gegenseitige Bindung ihres Verhaltens sorgt. Dabei werden die Individuen es vorziehen, eine Institution einzurichten, die außerhalb ihrer selbst steht. Auf dieser Form idealistischer (Zwangs-)Herrschaft baut die Idee des sogenannten *wohlwollenden Despoten* oder Diktators auf, welche im nächsten Abschnitt zunächst Erwähnung finden wird. Allerdings ist dieser „Ideal-Form" eine realistischere

Ausprägung gegenüber zu stellen, welche insbesondere für Demokratien von Relevanz ist. Denn dort befinden sich die Individuen in einer Doppelrolle, zugleich Teilhaber *an* als auch Unterworfener *von* Regierungsgewalt zu sein (vgl. *Buchanan* 1984, S. 209). In einer solchen Konstellation kann es folglich zu Kontroll- und Sanktionsproblemen kommen, wenn eine Regierung nicht bereit ist, die Grenzen der ursprünglich an sie delegierten Autorität einzuhalten. Aus diesem Grund ist es notwendig, auch jene Form nichtidealistischer Herrschaft näher zu analysieren.

3.1.1 Formen idealistischer Herrschaft: Der wohlwollende Despot

Idealtypisch betrachtet ist der (Rechtsschutz-)Staat der Schiedsrichter des gesellschaftlichen „Spiels“, dessen Aufgabe darauf beschränkt ist, jene Regeln durchzusetzen und zu bewahren, auf die die Individuen sich geeinigt haben. Daneben tritt er in Funktion des Leistungsstaates als Organisator bei der Bereitstellung öffentlicher Güter in Erscheinung. In der klassisch-konventionellen ökonomischen Theorie ist jener Staat durch die Annahme professioneller, grundsätzlich benevolenter Entscheidungsträger geprägt.[69] Deren politisches Handeln lässt sich so beschreiben, als seien sie bei der Lösung der verschiedenen gesellschaftlichen Konflikte und Fragestellungen persönlich unbeteiligt und ausschließlich an der Verwirklichung des „Gemeinwohls“ orientiert. Die Regierung und auch die Bürokratie werden unter dieser Annahme als ausführende Organe betrachtet, die die Präferenzen der Bürger ohne Verzerrungen umsetzen und einzig dem Wohl „ihrer“ Bevölkerung dienen. Ein dergestalt wohlwollender Despot käme damit jener Idealforderung nach einem „vollkommen unpersönliche[n] Mechanismus, [...] der zu nichts anderem fähig wäre, als automatisierte Instruktionen zu befolgen“, wie sie *Buchanan* (1984, S. 135) in diesem Kontext formuliert hat, ziemlich nahe. Denn in dieser Vorstellung handeln die Politiker, die das „Gute“ zu verwirklichen suchen, stets in Übereinstimmung mit dem, was *für sie selbst* dieses „Gute“ ist. Neben des wenig realistischen Gehalts dieser Vorstellung, muss aber auf eine – im Zusammenhang mit dem zuvor dargestellten vertragstheoretischen Ansatz stehende – Unzulänglichkeit hingewiesen werden. So ist nämlich eine für das Modell des wohlwollenden Despoten zentrale Annahme, dass es so etwas wie ein eindeutig definiertes Gemeinwohl gibt, was keineswegs nachgewiesen werden kann.[70] Selbst wenn es ein solches Gemeinwohl gäbe, würde dies bedeuten, dass es sich dabei um eine mehr oder weniger unabhängige Größe handelt, welche außerhalb der Werte und Handlungen jener Individuen existiert, um deren Entscheidungen es hier geht. Die Grundannahme des methodologischen und normativen Individualismus besagt jedoch, dass das Wohl, und zwar

---

[69] Genau genommen gibt es im Staat in der klassischen Theorie keine handelnden Akteure. Der Staat ist vielmehr „menschenleer“!

[70] Vgl. dazu *Schumpeter* (1942/1993, insbes. S. 427–433).

sowohl das private als auch das öffentliche, stets „individuenintern" wahrgenommen wird und damit eine subjektive Kategorie darstellt. Ein unabhängig-objektives – vorausgesetzt überhaupt objektivierbares – Gemeinwohl würde indessen zur Folge haben, dass Individuen ihre Werte aus einer im Verhältnis zu ihnen selbst fremden Quelle beziehen (vgl. *Brennan/Buchanan* 1993, S. 49).[71] Die Existenz eines solchen, von individuellen Präferenzen und Bewertungen unabhängigen, Gemeinwohls hat somit nicht nur „autoritäre und antiindividualistische Implikationen" (*Brennan/Buchanan* 1993, S. 53), sondern kann letztlich zu antilibertären Konsequenzen für die Individuen führen. Die Form idealistischer Herrschaft durch einen *wohlwollenden Despoten* ist daher für den vorliegenden Zusammenhang aus methodologischen Gründen abzulehnen, weil dessen Existenz auf teilweise inkonsistenten Annahmen basiert.

3.1.2 Formen nichtidealistischer Herrschaft: Das Eigeninteresse der Regierenden

Nicht nur aufgrund der angeführten methodologischen Argumente gegen die Vorstellung eines wohlwollenden Despoten hat die Annahme idealistischer Herrschaft zu Widerspruch geführt. Insbesondere *Demsetz* (1969) hat mit seiner Kritik an der neoklassischen Wohlfahrtsökonomik darauf hingewiesen, dass die Gegenüberstellung der (Markt-) Probleme der Wirklichkeit mit einem idealtypisch funktionierenden Staat zu einem *nirvana approach* führt. Zugleich hat er damit die Begründung geliefert, das tatsächliche Handeln des Staates eingehender zu analysieren. Dabei sind vor allem zwei Aspekte von Relevanz:

- Politische Entscheidungsträger werden nicht mehr als gesonderte *homines politici* aufgefasst, sondern als „normale" *homines oeconomici*, deren Handlungsmotive vorrangig durch die Maximierung des eigenen, individuellen Nutzens bestimmt werden. Der Staat wird demnach nicht mehr als gegebene, statische Konstante betrachtet, sondern als Variable in den ökonomischen Theorieansatz einbezogen.
- Gibt man die Vorstellung des Staates in Form eines wohlwollenden Despoten auf, offenbart das nicht nur die „Leviathan-Problematik" kollektiver (Zwangs-) Herrschaft in allgemeiner Hinsicht, sondern auch in spezieller Weise, da politische Akteure dem Druck organisierter (Sonder-) Interessen in besonderem Maße unterliegen.[72]

[71] *Brennan* und *Buchanan* (1993, S. 51 u. 61) vergleichen in diesem Zusammenhang das Gemeinwohl mit dem „Gral" und sprechen von einem „Mythos des wohlwollenden Staates"!

[72] Diese Behauptung wird durch die Tatsache unterstützt, dass in der ökonomischen Theorie zwischen einem Stimmenmaximierungsmodell (*Downs* 1957) und einem Rentenmaximierungsmodell (*Wittman* 1973) bei der Erklärung des Verhaltens politischer Akteure unterschieden werden kann.

Das Problem der Kontrolle staatlicher Institutionen und Macht ist selbstverständlich eine weit zurückreichende politisch-philosophische Diskussion, welche bereits lange vor *Hobbes* „Leviathan" ihren Ursprung gefunden hat. Folgenreich relevant ist diese Thematik in der ökonomischen Theorie jedoch erst seit Mitte des vergangenen Jahrhunderts. Angestoßen durch *Schumpeters* (1942) Bruch mit der bis dahin gebräuchlichen Annahme des Vorhandenseins eines allgemeinen, gemeinwohlorientierten Volkswillens, der über Wahlen artikuliert und durch benevolente Politiker umgesetzt wird, und entscheidend vorangetrieben durch die von *Downs* (1957) modellierte Analogie zwischen Marktprozessen und politischen Prozessen, wird seitdem die Meinung vertreten, dass Personen, die als Regierende handeln, sich nicht grundlegend von anderen Individuen unterscheiden. Politiker werden demnach als ebenso eigeninteressierte Entscheidungssubjekte modelliert. Diese Tatsache an sich ist zunächst von nur geringer Relevanz, wenn die Interessen von Herrschenden und Beherrschten weitgehend identisch sind. Doch genau diese Identität muss angezweifelt werden, denn „wenn der Staat Zwangsgewalt hat, so werden diejenigen, die den Staat lenken, solche Zwangsgewalt in ihrem eigenen Interesse auf Kosten der übrigen Gesellschaft gebrauchen" (*North* 1992, S. 71). Jene Personen, die in Demokratien durch Wahlen als Treuhänder „ihrer" Wähler mit der Aufgabe betraut werden, eine zuvor durch Regeln determinierte Herrschaftsform organisatorisch auszufüllen, haben dadurch nicht nur einen Anreiz, sondern auch die nötigen Mittel[73], von diesen (Spiel-)Regeln abzuweichen – entweder um die eigene Macht (und das Einkommen) zu vergrößern oder um selbst gewählte historische und ethisch-moralische Zielvorstellungen zu verwirklichen (vgl. *Buchanan* 1984, S. 225).[74] Eine durch diese Annahme geprägte Beziehung zwischen Regierenden und Regierten lässt sich im Rahmen eines ökonomischen Ansatzes als ein mehrdimensionales Prinzipal-Agenenten-Problem modellieren.

Die (Wechsel-)Beziehung zwischen Interaktionspartnern, bei denen es aufgrund asymmetrisch verteilter Informationen zu Problemen kommt, ist Untersuchungsgegenstand der Prinzipal-Agenenten-Theorie (vgl. *Göbel* 2002, S. 98–128; *Richter/Furubotn* 2003, S. 218–313; *Pratt/Zeckhauser* 1985). Diese geht zunächst von der Grundannahme aus, dass ein Prinzipal (Auftraggeber) einen Agenten (Auftragnehmer) zur Erbringung einer bestimmten Leistung beauftragt. Diese Auftraggeber-Auftragnehmer-Beziehung ist dadurch gekennzeichnet, dass die Handlungen des Agenten nicht nur sein eigenes Wohlergehen, sondern auch

[73] „[...] a government strong enough to protect property rights is also strong enough to confiscate the wealth of ist citizens. " (*Weingast* 1993, S. 287)

[74] Selbstverständlich wird damit nicht die generelle Möglichkeit verworfen, dass politische Entscheidungsträger ausschließlich altruistisch und benevolent im Sinne ihrer Agenten handeln. Die Annahme eines solchen Verhaltens als Analyse- und Bewertungsgrundlage für die nachfolgenden Ausführungen wird jedoch ausgeschlossen.

das Nutzenniveau des Prinzipals betreffen. So betrachtet ist der Agent derjenige, „der seine Handlungen selbst bestimmen kann und mit seinen Entscheidungen die Situation des anderen beeinflusst“ (*Bonus/Weiland* 1995, S. 34.), während der Prinzipal sich in einer Situation befindet, welche vom Handeln des Agenten abhängig ist. Am Beispiel des Beziehungsgeflechts von Bürgern, politischen Entscheidungsträgern und Verwaltung lassen sich die aus einer solchen Konstellation resultierenden Probleme veranschaulichen.

Es ist zwar eine Hauptmaxime demokratischer Gemeinwesen, dass alle Staatsgewalt vom Volke ausgeht, doch ist es in der Praxis nicht möglich, dass jedes Mitglied eines Gemeinwesens diese ihm zugestandenen, politischen Handlungsrechte aktiv ausübt. Aus diesem Grund delegieren die Bürger mittels Wahlen ihre politischen Verfügungsrechte zeitlich befristet an Politiker. Anders formuliert können im Rahmen des oben skizzierten theoretischen Ansatzes die Bürger als Prinzipale bezeichnet werden, die die Politiker (Agenten) unter anderem damit beauftragen, für Sicherheit zu sorgen oder öffentliche Güter bereitzustellen. Die Politiker fällen daraufhin eine politische Entscheidung, welche sie, nun selbst in der Rolle des Prinzipals, mit dem Auftrag einer effizienten Umsetzung an die Bürokratie weiterdelegieren. Bürger, Politik und Verwaltung befinden sich demnach in einer Kette aufeinander folgender Prinzipal-Agenten-Beziehungen. Berücksichtigt man, dass Prinzipal und Agent versuchen werden, ihren jeweiligen Nutzen zu maximieren, realisieren sie dadurch unterschiedliche Nutzenfunktionen.[75] Erschwert wird diese Konstellation durch das Vorliegen von Informationsasymmetrien (vgl. *Spremann* 1990), die daraus resultieren, dass die in einer wechselseitigen Beziehung stehenden Akteure keine vollständigen Informationen über die Verhaltensweisen, Merkmale und Absichten des jeweils anderen haben. Die dadurch entstehenden, diskretionären Handlungsspielräume bedeuten eine Gefahr für den Prinzipal, da der Agent durch sein Verhalten nunmehr seinen persönlichen Nutzen maximieren kann und nicht mehr im Interesse des Prinzipals handelt. Das Forschungsinteresse der Prinzipal-Agenten-Theorie liegt somit vorrangig in den, aus Informationsasymmetrien resultierenden, interpersonellen Abhängigkeiten, welche vornehmlich in drei Fällen von Relevanz sind: Bleiben die Eigenschaften des Agenten mehr oder weniger verborgen, so besteht die Gefahr der Auswahl eines „schlechten“ Prinzipals, infolgedessen es zu einer *adversen selection* kommen kann. Die opportunistische Ausnutzung eines Informationsvorteils durch den Agenten birgt die Gefahr eines *moral hazard* in sich, während die Ausbeutung eines – insbesondere einseitigen – Abhängigkeitsverhältnisses als *hold up* bezeichnet wird.

Im Folgenden gilt es, die Auftraggeber-Auftragnehmer-Beziehung in einem Gemeinwesen näher zu spezifizieren, um darstellen zu können, warum staatliche

[75] Während in der Regel der Prinzipal vom Agenten eine Maximierung seiner Anstrengungen erwartet, wird der Agent versuchen, seine Anstrengungen möglichst zu minimieren.

Handlungsträger von der ihr eigentlich zugewiesenen Rolle abweichen. Dabei finden ausschließlich die direkten Beteiligten, also die Individuen eines Kollektivs als *Agenten* und die politischen Entscheidungsträger als deren *Prinzipale*, Eingang in die Analyse. Auf eine Ausdehnung der Untersuchung um weitere relevante intermediäre Akteure, wie Parteien (vgl. *Downs* 1957), die Bürokratie (vgl. *Niskanen* 1971) oder Interessenverbände (vgl. *Becker* 1996a, 1996b; *Olson* 1965, 1985)[76], wird aufgrund des Umfangs verzichtet und auf die relevante Literatur verwiesen[77].

3.2 Von der Macht verführt? Abweichen der Zwangsinstanz von der ihr zugewiesenen Rolle in der Demokratie

Im Rahmen der bisherigen Ausführungen wurde der Zusammenhang zwischen der Organisationsform der Zwangsinstanz und dem Abweichen dieser Institution von der ihr zugewiesenen Rolle nur ansatzweise angedeutet (vgl. dazu auch *Buchanan* 1984, S. 140 ff.). Aus diesem Grund ist an dieser Stelle zu betonen, dass sich die vorliegende Analyse ausschließlich auf demokratische Entscheidungssysteme beschränkt. Demokratie ist hier allgemein zu verstehen, als ein spezifisches Partizipations- und Legitimationskonzept zur Herausbildung kollektiver Entscheidungen auf der Basis individuellen Kalküls. Hinter dieser Einschränkung der Betrachtung steht die Überzeugung des Verfassers, dass es gute Gründe dafür gibt, den (Rechtsschutz-)Staat mithilfe demokratischer Verfahren und durch Repräsentanten zu organisieren, denn gerade in großen Gesellschaften sind Individuen aufgrund von Entscheidungskosten dazu gezwungen, vom erstrebenswerten Konsens aller abzuweichen. Die (parlamentarische) Demokratie stellt in diesem Zusammenhang ein gängiges Verfahren dar, durch welches eine kollektive Entscheidung kostengünstig simuliert und dadurch überhaupt erst möglich wird sowie eine wirksame Kontrolle derjenigen gewährleistet, denen das Monopol auf (physische Zwangs-)Gewalt und Rechtsdurchsetzung übertragen wird. Darüber hinaus wird die Meinung vertreten, dass sämtliche, auf die effiziente Bereitstellung öffentlicher Güter gerichteten Tätigkeiten des (Leistungs-)Staates letztlich auf demokratische Verfahren angewiesen sind (vgl. *Buchanan/Tullock* 1962). Ganz im Sinne dieser Argumente entwickelt der oben

---

[76] Es ist zu betonen, dass sich *Olsons* Theorie über die Auswirkungen des Einflusses von Interessengruppen auf das wirtschaftliche Wachstum von derjenigen *Beckers* unterscheidet. Während *Olson* die Gefahr eines „Niedergangs der Nationen“ als unintendiertes, negatives Resultat sieht, teilt *Becker* diese Auffassung aufgrund der Annahme eines funktionierenden Wettbewerbs zwischen den relevanten Interessengruppen um ein knappes Budget nicht.

[77] Einen umfassenden Gesamtüberblick bieten u.a. *Behrends* (2001) sowie *Mueller* (2003).

angeführte vertragstheoretische Ansatz zur Erklärung staatlichen Handelns ein autonomes demokratisches Selbstverständnis aus sich selbst heraus.[78]

Ein solches Selbstverständnis darf jedoch nicht als Erklärung für die Entstehung von Demokratie missverstanden werden, denn Demokratie kommt grundsätzlich nicht über einen bloßen Vertrag zustande. Außerdem bedeutet es keineswegs, dass Demokratie *per se* ein risikoloses Verfahren für die Freiheit des Einzelnen ist. Denn zunächst gibt es unter dem normativen Aspekt kollektiven Handelns keine Begründung dafür, warum ein einzelner von anderen, wie in demokratischen Systemen der Mehrheit, überstimmt werden soll. Aus diesem Grund ist es von Bedeutung, Demokratie in dem hier verwendeten Zusammenhang weniger als ausschließliches Mitbestimmungsverfahren, denn als grundsätzliches Legitimationskonzept im Sinne *Homanns* (1985, S. 51) aufzufassen: „Demokratie ist weder eine Staatsform noch eine Lebensform; Demokratie ist ein Konzept der Legitimation kollektiven Handelns." Voraussetzung einer solchen Legitimation ist die im methodologischen und normativen Individualismus begründete Annahme, dass Individuen die einzige und alleinige Quelle von Werten sind. Wird diese Annahme vernachlässigt, dann können demokratische Verfahren des Regierens allenfalls in einem rein instrumentellen Sinn beurteilt werden. Findet sie hingegen Beachtung, dann wird Demokratie als Legitimationskonzept für kollektive politische Entscheidungen relevant (vgl. *Buchanan* 1985). Vor diesem Hintergrund kann ein mehrheitsdemokratisch zustande gekommenes Abweichen vom Konsens aller als Verwirklichung der individuellen Freiheit und nicht als deren Gefährdung begründet werden. Dieser Aspekt beinhaltet allerdings, dass demokratische Entscheidungsregeln hinsichtlich ihres Anwendungsbereichs und Umfangs konstitutionell fundiert sein müssen, wenn sie eine unterhalb des Konsenses festgelegte Zustimmung beinhalten. Eine unbeschränkte (Mehrheits-) Demokratie kann ansonsten nämlich zu ihrem „eigenen Leviathan" werden – selbst dann, wenn sich die beteiligten Akteure individuell rational verhalten. Denn die Machtdelegations- und Kontrollmöglichkeiten der Prinzipale werden häufig in gleichem Maße überschätzt, wie die diskretionären Handlungsmöglichkeiten der Agenten unterschätzt werden, wie im Folgenden zu zeigen ist.

3.2.1 Irrationale Prinzipale? Unvollkommenheiten politischer Repräsentation

Das wesentliche Element einer Demokratie ist die Idee der Volkssouveränität. Dieses Prinzip beruht auf der *potenziellen* Identität von Regierenden und Regierten („Herrschaft des Volkes"). Allerdings ist diese Identität aufgrund von generellen Unvollkommenheiten der Transformation individueller Interessen in poli-

[78] Kennzeichnend für diese Behauptung ist der Untertitel von Buchanan/Tullock (1962) „Calculus of Consent": *Logical Foundations of Constitutional Democracy*. (Hervorhebung durch den Verfasser)

tische Entscheidungen nicht gegeben, so dass die Präferenzen der Wähler im politischen Prozess häufig nur unzureichend repräsentiert werden. Um in einer Demokratie staatliches Handeln zu ermöglichen, das den Willen (der Mehrheit) der Wähler ausdrückt, müssen (Abstimmungs- oder Wahl-)Verfahren verfügbar sein, die eine Aggregation der individuellen Präferenzen ermöglichen. Während bei *direkten Verfahren* jeder einzelne bei jeder kollektiven Entscheidung unmittelbar beteiligt ist, sind *indirekte Verfahren* dadurch gekennzeichnet, dass im Rahmen von Wahlen Entscheidungskompetenzen an Repräsentanten delegiert werden, welche sodann, stellvertretend als Prinzipale für „ihre" Agenten, Entscheidungen treffen.

Selbst wenn man zunächst davon ausgeht, dass keinerlei Transaktionskosten vorliegen und man somit auf die – ansonsten in der Realität notwendigerweise erforderlichen – Verfahren der indirekten Wahl und Repräsentation verzichten kann,[79] lassen sich die Präferenzen der Individuen nicht zu einer vollkommen widerspruchsfreien und stabilen Kollektiventscheidung aggregieren, wie das *Arrow*'sche Unmöglichkeitstheorem zeigt. *Arrow* (1951) formuliert vier grundlegende, von einem individualistischen Standpunkt hergeleitete Anforderungen an eine rationale, widerspruchsfreie (kollektive) Mehrheitsentscheidung:

- wenn alle Beteiligten eine zur Abstimmung stehende Alternative A einer anderen Alternative B vorziehen, sollte sich A durchsetzen (Eindeutigkeit);
- wenn Alternative A gegen Alternative B gewinnt und B gegen eine dritte Alternative C, dann sollte sich auch A gegenüber C durchsetzen (Transitivität);
- die Entscheidung sollte ausschließlich von den zur Abstimmung stehenden Alternativen abhängen (Unabhängigkeit von irrelevanten Alternativen);
- schließlich sollte niemand, ungeachtet der übrigen Präferenzen der beteiligten Individuen, eine Entscheidung alleine treffen können (Ausschluss von Diktatur).

Arrow weist nach, dass diese Bedingungen nicht gleichzeitig in einer vollständigen und transitiven Ordnung der Alternativen erfüllt werden können und dass somit kein Abstimmungsverfahren existiert, welches allen vier Anforderungen genügt. Die Konzeption einer gesamtgesellschaftlichen Wohlfahrt ist demnach

---

[79] Selbst in der Schweiz, welche im Hinblick auf direktdemokratische Entscheidungsprozesse sehr häufig als positives Vorbild und Beispiel genannt wird, lässt sich nicht vollkommen auf eine Delegation von Entscheidungsbefugnissen der Eidgenossen an Repräsentanten verzichten. Zudem ist zu bedenken, dass direktdemokratische Verfahren ihrerseits auf spezifische (Spiel-)Regeln angewiesen sind. So muss eindeutig festgelegt werden, *wer wie was* zur Abstimmung stellen darf.

entweder inkonsistent oder totalitär. Das bedeutet in letzter Konsequenz, dass sich die Präferenzen der Individuen aufgrund der Funktionsweise demokratischer (Mehrheits-)Entscheidungsverfahren nur unvollkommen aggregieren lassen. Damit wird das Konzept des methodologischen Individualismus bekräftigt, denn nur das Individuum selbst kennt demnach seine eigene Präferenzordnung und wird danach handeln. Kollektiven hingegen kann gar keine eigene Präferenzordnung zugeschrieben werden. Unter Berücksichtigung dieser Erkenntnisse ist Demokratie zwar eine wirksame Methode zur Schaffung einer Regierung zwecks *Be*herrschung eines Volks, aber eine nur unvollkommene Methode zur Herrschaft *des* Volks.

Hinzu kommt, dass sich in modernen Gesellschaften direkte (Abstimmungs-) Verfahren nur für (wenige) Einzelfragen anwenden lassen. Ab einer bestimmten Kollektivgröße wachsen nämlich die Kosten einer permanenten Entscheidungsfindung so stark, dass eine Delegation von Entscheidungsbefugnissen erforderlich wird. Dazu bedarf es Institutionen, über welche die individuellen Präferenzen aufgenommen, aggregiert und koordiniert werden. Im Idealfall übernehmen uneigennützige, gemeinwohlorientierte Entscheidungsträger diese Aufgabe. Die vorangegangenen Ausführungen haben aber darauf aufmerksam gemacht, dass diese Form idealistischer Herrschaft keine Gültigkeit in Anspruch nehmen kann. Somit bleibt festzuhalten, dass den Vorteilen indirekter Verfahren – durch Verringerung der Entscheidungsfindungskosten – Nachteile gegenüberstehen, welche sich als externe (Diskriminierungs-)Kosten offenbaren. Diese entstehen, wenn diejenigen, die in gesellschaftlichem Auftrag handeln, sich nicht an den Interessen der Agenten orientieren. Das ist vor allem dann relevant, wenn eine wirksame Kontrolle der Agenten durch die Wähler nicht garantiert werden kann. Und eine solche unzureichende Kontrolle ergibt sich im Rahmen demokratischer Entscheidungsverfahren. So setzt nämlich eine kompetente und „richtige“ (Wahl-)Entscheidung der Wähler über Parteien und Sachfragen ein bestimmtes Maß an Informationen voraus. Die Beschaffung von Informationen ist für den Wähler jedoch in aller Regel mit Kosten verbunden. Der rationale Wähler wird demnach diese Kosten mit dem erwarteten Nutzen vergleichen. Im Bewusstsein, dass der Einzelne nur einen sehr geringen Einfluss auf den faktischen Wahlausgang hat, ist die dominante Strategie für den Wähler, sich (allenfalls) oberflächlich zu informieren. Die Folge eines solchen, von *Downs* (1957) mit „rationaler Ignoranz“ umschriebenen Verhaltens ist eine unvollkommene Kontrolle der Agenten durch die Prinzipale.[80] Wenn jedoch eine wirksame Wählerkontrolle unterbleibt, muss darauf vertraut werden, dass sich die politischen A-

[80] Die in der Realität dennoch zu beobachtende Informationsbeschaffung im Vorfeld von Wahlen steht dieser Aussage dann nicht entgegen, wenn davon ausgegangen wird, dass sie einen eher konsumtiven, intrinsisch motivierten Charakter aufweist (vgl. *Brennan/Lomasky* 1985).

genten von sich aus an den Präferenzen der Bürger orientierten. Abstrahiert man von einem wohlmeinenden Despoten, werden politische Entscheidungsträger jedoch diesem Erfordernis nur unzureichend nachkommen.

3.2.2 Rationale Agenten? Politik(er)versagen als Verfassungsversagen

Ebenso wie im Sinne *Adam Smiths* die Produktion eine „Nebenerscheinung" beim Erzielen von Profiten ist, kann davon ausgegangen werden, dass die Orientierung der Politiker an den Interessen und Präferenzen „ihrer" Wähler ebenfalls nur eine solche „Nebenerscheinung" ist (vgl. *Schumpeter* 1942/1993, S. 448). Es ist nämlich anzunehmen, dass Politiker eigene und partikulare Sonderinteressen und Ziele verfolgen, welche von denjenigen ihrer gesamten Wähler abweichen können. Politiker werden in Demokratien – und das zeigen zahlreiche Arbeiten der *Public-choice*-Theorie – vor allem unter der Restriktion ihrer Wiederwahl handeln und sich stets am Medianwähler orientieren.[81] Vor diesem Hintergrund kann eine durch inadäquate Regeln bestimmte Konkurrenz zwischen politischen Handlungsträgern unterschiedlicher Parteien dazu führen, dass originäre Partikularinteressen auf Kosten der Allgemeinheit befriedigt werden (*rent seeking*). Formal ausgedrückt versetzt der (politische) Wettbewerb um Stimmen die politischen Entscheidungsträger in eine Dilemmasituation, in der sie – zulasten einer für die Gesamtgesellschaft positiven Langfristorientierung – kurzfristig zugunsten organisierter Sonderinteressen Entscheidungen treffen können.

Die in diesem Zusammenhang häufig gebrauchte Bezeichnung „Staatsversagen" ist etwas ungenau und mit Bezug auf den angelsächsischen Sprachgebrauch zu spezifizieren: Dort wird nämlich häufig zwischen *constitutional failure* (Verfassungsversagen) auf der einen und *government failure* (Regierungsversagen) auf der anderen Seite unterschieden. Erstes besagt, dass staatliches Handeln durch die (Verfassungs-)Regeln selbst nicht adäquat beschränkt ist, während Zweites darauf hinweist, dass trotz formaler (Regel-) Beschränkung staatlichen Handelns weiterhin Anreizstrukturen existieren, die eine hinreichende Orientierung an den Präferenzen der Wähler verhindern. Ein solches Regierungsversagen hängt vornehmlich mit den grundsätzlichen Mängeln des politischen Wählerstimmenwettbewerbs und damit auch mit jenem Problem der Delegation von Handlungsbefugnissen zusammen, die zuvor in Grundzügen skizziert wurden. Diese Thematik wird ausführlich im Rahmen der *Public-choice*-Theorie analysiert (vgl. u.a. *Mueller* 2003, S. 209 ff.) und soll im Weiteren nicht eingehender verfolgt werden. Von Interesse für den vorliegenden Kontext ist vielmehr der Aspekt des Verfassungsversagens. Sind nämlich die allgemeinen

[81] Damit kann zumindest die Befürchtung zurückgewiesen werden, dass sich Politiker in Demokratien *vollkommen* von den Präferenzen der Wähler entfernen.

Rahmenregeln nicht adäquat gesetzt, so die Annahme, wird ein Regierungsversagen – insbesondere im Bereich des Leistungsstaates – häufig durch ein Verfassungsversagen substituiert. Bei der Begründung von Regeln muss daher beachtet werden, dass „falsche" Regeln selbst zur Ursache von Staatsversagen werden können. Durch die potenzielle Gefahr eines Leviathan-Staates in der Demokratie, der auf postkonstitutioneller Ebene zulasten der Individuen handelt, entsteht somit bereits auf konstitutioneller Ebene Handlungsbedarf.

3.3 Begrenzung staatlicher Herrschaft durch institutionelle Schutzmechanismen

Während durch die Leitfrage nach dem „*Cui bono?*" die generelle Notwendigkeit staatlicher Herrschaft herausgearbeitet wurde, hebt die Frage nach dem „*Cui malo?*" die Legitimation eben dieser Herrschaft durch die davon Betroffenen in besonderem Maße hervor. Es wurde gezeigt, dass Individuen „produktiver" zusammenleben können, wenn sie einen Staat konstituieren und die (Herrschafts-) Gewalt zur Durchsetzung von (Rechts-)Normen auf diesen übertragen. Gleichzeitig entsteht dadurch aber die Gefahr, dass der Staat selbst zum Leviathan wird, der die Handlungsmöglichkeiten der Individuen übermäßig einschränkt. Es ergibt sich demnach das Problem, wie Individuen vor staatlicher Willkür im Allgemeinen und vor übermäßigen Verhaltensbeschränkungen in einer grundsätzlich liberalen Gesellschaft im Besonderen geschützt werden können, was *Popper* (1970, S. 170) zu der Frage veranlasste: „Wie können wir politische Institutionen so organisieren, dass es schlechten oder inkompetenten Herrschern unmöglich ist, allzu großen Schaden anzurichten?" Formaler Ansatzpunkt dieser Aufgabe ist die *ex ante*-Begrenzung und *ex post*-Kontrolle der Staatsgewalt(en). Im Rahmen eines ökonomischen Ansatzes lässt sich diese Aufgabe als ein Anwendungsfall der Prinzipal-Agenten-Theorie modellieren. Dabei steht die Beziehung zwischen (Bürger-)Prinzipalen und (Staats-)Agenten im Vordergrund, wobei die Erkenntnisse der *Public-choice*-Theorie verfassungstheoretisch systematisch verwertet werden. Ausgehend von der Annahme, dass für die, unter der Restriktion der Wiederwahl handelnden, politischen Entscheidungsträger aufgrund der allgemeinen rationalen Ignoranz ihrer Wähler monopolistische Spielräume existieren, gilt es, eben diese Spielräume einzuschränken, indem annähernde Vorhersagen über die Entscheidungsmuster der relevanten Akteure unter alternativen Regelsets getroffen werden. Im Rahmen einer solchen Analyse lassen sich sodann Restriktionen auf der konstitutionellen (Regel-)Ebene herausarbeiten, welche die postkonstitutionellen Pflichten und Rechte der Prinzipale und Agenten verbindlich festlegen und dadurch die Leviathan-Problematik entschärfen können. Auf den bisherigen Argumentationszusammenhang zurückgreifend kann dieses Erfordernis aus individueller Perspektive auch als institutionalisierte Senkung von Diskriminierungskosten bezeichnet werden, welche sich durch die Abkehr vom Konsensprinzip in Form von Nutzeneinbußen im

Falle eines individuell unerwünschten Abstimmungsergebnisses manifestieren können. Zu nennen sind in diesem Zusammenhang vor allem ...

- ... Grund- und Abwehrrechte der einzelnen Bürger, die die individuelle Freiheit garantieren;
- ... Möglichkeiten der individuellen Präferenzäußerung durch demokratische (Wahl-)Verfahren;
- ... das (Staats-)Ordnungs- und Verfahrensprinzip der Gewaltenteilung.

Staatliches Handeln hat immer und grundsätzlich eine für den Einzelnen freiheitsbeschränkende und präferenzverzerrende Dimension und damit muss der Ausgangspunkt der Begrenzung staatlicher Herrschaft die Sicherung vor übermäßigen freiheitsbeschränkenden Bestrebungen sein. Ganz in diesem Sinne ist – im Rahmen der bisherigen Argumentation – individuelle Freiheit selbst das entscheidende normative Kriterium zur Konstitution des Staates. *Grundrechte* sind diesbezüglich als solche Rechte zu verstehen, die dem Einzelnen garantieren, sein Leben entsprechend seinen individuellen Interessen, Fähigkeiten und Präferenzen unabhängig von äußeren Eingriffen gestalten zu können. Eine Beschränkung der individuellen Freiheit durch äußere Eingriffe ist aber dann gerechtfertigt, wenn das Verhalten des Einzelnen die persönlichen Rechte anderer beschränkt oder verletzt. Dermaßen definierte Grundrechte lassen nur begrenzte Rückschlüsse darüber zu, welche individuellen Verhaltensweisen im Hinblick auf die Rechte anderer unterbunden werden sollen und welche nicht. Was bei Mord, Totschlag und Raub noch eindeutig erscheint, kann bei vordergründig unwichtig erscheinenden Sachverhalten wie beispielsweise dem individuellen Kleidungsverhalten oder Musikgeschmack schnell zu Diskussionen führen.[82] Neben der Tatsache, dass bei der Formulierung persönlicher Grundrechte grundsätzlich sorgsam vorgegangen werden sollte,[83] ergibt sich daraus die Notwendigkeit einer zusätzlichen, angemessenen institutionellen Absicherung. *Demokratische (Wahl-)Verfahren* leisten dazu einen wichtigen Beitrag, doch reichen sie für eine Sicherung individueller Freiheit aufgrund struktureller Mängel des politischen Wählerstimmenwettbewerbs und der Delegation von Handlungsbefugnissen nicht aus, wie zuvor gezeigt wurde. Damit rückt, vor allem im Hinblick auf die EU, im Folgenden das *Prinzip der Gewaltenteilung* als ursprünglich wirksamste Beschränkung der Staatsmacht (*Leipold* 1988, S. 266) ins Zentrum der weiteren Untersuchung. In einem allgemeinen Kontext lassen sich diesem Ordnungs- und Verfahrensprinzip vornehmlich drei relevante Eigenschaften zuweisen:

[82] Man denke in diesem Zusammenhang an die Diskussion über die Verschleierung islamischer Frauen.

[83] Dieser Aspekt fand im Übrigen im Teil II des Vertrags über eine Verfassung für Europa („Charta der Grundrechte") nur unzureichend Berücksichtigung.

- Durch die Auf- und Verteilung der (staatlichen Zwangs-)Gewalt wird die Anhäufung politischer Macht in den Händen weniger verhindert und somit die individuelle Freiheit vor Übergriffen des (staatlichen) Kollektivs bewahrt. Die Wirksamkeit dieses Schutzmechanismus hängt dabei entscheidend davon ab, dass die staatliche Gewalt gleichmäßig zwischen verschiedenen, voneinander unabhängigen Institutionen aufgeteilt wird.
- Gewaltenteilung schafft eindeutige Verantwortlichkeiten und ermöglicht damit eine wirksame demokratische Kontrolle, verstanden als individuelle Legitimation von und Partizipation an kollektiver (Zwangs-) Herrschaft. Voraussetzung ist jedoch eine klare und eindeutige Abgrenzung der Kompetenzen verschiedener Institutionen voneinander.
- Schließlich bewirkt die Aufteilung politischer Entscheidungs- und Handlungskompetenzen nach sachlichen Aspekten eine effiziente Arbeitsteilung und Spezialisierung der kollektiven (Herrschafts-)Ebene.

Bei der Umsetzung dieser Allgemeinziele von Gewaltenteilung – Garantie individueller Freiheit, demokratische Kontrolle und Effizienz – lässt sich eine horizontale von einer vertikalen Dimension unterscheiden. Das Prinzip der horizontalen Gewaltenteilung beinhaltet die bekannte klassische Trennung der Staatsgewalt, so wie sie von *John Locke* und *Charles de Montesquieu* erstmals formuliert und ausgearbeitet wurde.[84] Im Hinblick auf die englische Verfassung des Jahres 1748 fordert *Montesquieu* die Aufteilung der Staatsgewalt in eine gesetzgebende, ausführende und richterliche Gewalt. Das Konzept beinhaltet nicht nur die funktionelle, sondern auch die institutionell-personelle Differenzierung der Staatsgewalt, also die Verteilung auf mehrere, voneinander unabhängige Gewalten (Legislative, Exekutive, Judikative). Die Trennung dieser Gewalten soll ein Machtmonopol im Staat verhindern und damit den Freiheitsspielraum der Individuen bewahren. Die drei Gewalten sollen sich zudem gegenseitig kontrollieren, was im angelsächsischen Sprachraum als System von *checks and balances* bezeichnet wird.

In der Realität ist eine derart ausgestaltete, strikte institutionelle horizontale Gewaltenteilung – mit einschränkender Ausnahme der spezifischen Stellung der Judikative in vielen politischen Systemen – nicht verwirklicht. Vielmehr ist häufig eine unzureichende Trennung der Gewalten voneinander zu verzeichnen, welche sich in modernen Demokratien insbesondere in einer zunehmenden Verschmelzung von Legislative und Exekutive manifestiert.[85] Die positiven Effekte der Gewaltenteilung werden jedoch selbst in diesem Fall nicht gänzlich aufge-

---

[84] Wobei zu betonen ist, dass *Locke* lediglich eine Unterscheidung in Exekutive und Legislative vorsah und erst *Montesquieu* beide Gewalten zusätzlich konzeptionell von der Judikative differenzierte.

[85] In diesem Zusammenhang sei auf die Verletzung des Prinzips der horizontalen Gewaltenteilung in der EU verwiesen.

hoben, solange gewährleistet ist, dass die Ausübung einer (Staats-) Gewalt auf dem Zusammenspiel der Institutionen beruht – unabhängig von dem jeweiligen Gewicht der miteinander verschränkten Gewalten. Nichtsdestotrotz kann die asymmetrische Verteilung und teilweise Verschmelzung der Macht zwischen den Gewalten die generelle Wirksamkeit der Gewaltenteilung im Hinblick auf die individuelle Freiheit gefährden, so dass neben und ergänzend zu dieser horizontalen die vertikale Teilung der staatlichen Gewalt von besonderer Relevanz ist. Mit der damit beschriebenen Aufteilung und Allokation von (staatlichen) Entscheidungskompetenzen auf verschiedene (Organisations-) Ebenen kollektiver Herrschaft ist schließlich der Bereich föderaler Strukturen angesprochen, der im Zentrum der folgenden Ausführungen stehen wird. Gerade auch vor dem Hintergrund der Frage nach der Legitimation und den Bedingungen europäischer Herrschaft spielen Aspekte des Föderalismus eine wichtige – wenn nicht sogar die entscheidende – Rolle.

4. *Quis custodiat ipsos custodes*? Die Logik föderaler Strukturen

Während sich die horizontale Gewaltenteilung auf die Gewalten*auf*teilung innerhalb einer Gebietskörperschaft bezieht, ist die funktionell-räumliche *Auf-* und *Ver*teilung der Gewalt auf verschiedene Jurisdiktionen Gegenstand der vertikalen Gewaltenteilung. Können Jurisdiktionen zudem geografisch abgegrenzt werden, spricht man in diesem Kontext von Gebietskörperschaften. In diesem Sinne kann der Föderalismus als eine spezielle Form der vertikalen Gewaltenteilung bezeichnet werden. Ein föderaler Staatsaufbau ist durch eine vertikale Aufteilung von (Zwangs-)Herrschaft und Entscheidungskompetenzen zwischen einer zentralen und – mindestens – einer dezentralen Ebene in einem politischen Gesamtsystem gekennzeichnet. Die Struktur der dezentralen Ebene ist dabei durch mehrere unabhängige Regierungen mit politischen Entscheidungskompetenzen geprägt, die ihrerseits für eine jeweils geografisch abgegrenzte Gebietskörperschaft zuständig sind. Ein reines föderales System liegt vor, wenn die entscheidenden Strukturelemente der horizontalen Gewaltenteilung – Exekutive, Legislative, Judikative – auf beiden Ebenen unabhängig voneinander vorliegen und jede (Regierungs-)Ebene in ihrer Existenz gesichert sowie vor Eingriffen der jeweils anderen (Regierungs-)Ebene geschützt ist (vgl. *Schultze* 2001, S. 128). Besonderes Kennzeichen einer föderalen Struktur ist zudem die gegenseitige Kontrolle von dezentraler und zentraler Ebene. Bevor – ausgehend von dieser Allgemeindefinition – Gedanken über die spezielle Konstitution und Ausgestaltung des föderalen Systems der EU entwickelt werden, erscheint es jedoch zunächst sinnvoll, die grundsätzliche Funktionsfähig- und Vorteilhaftigkeit föderaler Systeme genauer zu betrachten. Die Analyse föderaler Strukturen erfolgt dabei zunächst weitgehend getrennt nach politischen und ökonomischen Begründungsmustern (vgl. auch *Filippov/Ordeshook/Shvetsova* 2004, S. 1 f.), wenngleich betont werden muss, dass die dabei jeweils genannten Aspekte sich durchaus gegen- und wechselseitig bedingen können. Obwohl damit eine trennscharfe Analyse nicht möglich ist, soll mit diesem Vorgehen eine eindimensionale Betrachtung ausgeschlossen werden, um der – im Anschluss daran thematisierten – spezifischen föderalen Struktur der EU in besonderem Maße gerecht zu werden. Die Ansicht, wonach sich die Sozialwissenschaften bislang aus „zwei deutlich unterscheidbaren Perspektiven" (*Reissert* 1989, S. 239 f.) mit dem Föderalismus beschäftigt hätten – zum einen mit den Gründen für den Föderalismus als politischem Organisationsprinzip und zum anderen mit der Kompetenzallokation zwischen den verschiedenen Ebenen, wobei die politische Theorie vornehmlich für den ersten, die ökonomische vornehmlich für den zweiten Aspekt steht –, wird indessen nicht vertreten. Anknüpfend an das bislang zur Anwendung gekommene normative Begründungsmuster staatlichen Handelns, steht letztlich auch hier die Gewährleistung individueller Freiheit an vorderster Stelle und erfüllt damit eine, im Sinne der ursprünglichen Einheit der Sozialwissenschaften, integrierende Funktion.

4.1 Zur Begründung des Föderalismus in der politischen Theorie

Der Föderalismus als ein spezifisches Organisations- und Strukturprinzip, das verschiedene, nichtunitarische Formen politischer Organisation begründet, bei denen die Herrschaftsgewalt nicht an einer einzigen zentralen Stelle fixiert ist, leistet aus Sicht der politischen Theorie vornehmlich zwei Funktionen (vgl. *Schultze* 2001, S. 127): Als Instrument zur Begrenzung staatlicher Macht durch vertikale Gewaltenteilung in größeren politischen Systemen und als Mittel der politischen Vereinigung bei gleichzeitiger Bewahrung historisch gewachsener regionaler Strukturen und Eigenheiten.

4.1.1 Begrenzung und Kontrolle staatlicher Macht

Im bisherigen Argumentationsverlauf wurde gezeigt, dass die Beschränkung individueller Freiheit durch die Konstitution eines Rechtsschutz- und eines Leistungsstaates möglich und legitimierbar ist. Es existiert im Rahmen dieser Begründung allerdings zunächst keine Institution, die jene Freiheitsräume für die Individuen zurückgewinnen könnte. Sobald jedoch ein Staat kein unitäres, eindimensionales Gebilde mehr ist und stattdessen aus verschiedenen Institutionen besteht, auf welche die hoheitliche Herrschaft verteilt ist, ändern sich die Bedingungen, da nunmehr einzelne staatliche Institutionen Freiheiten der Individuen schützen oder für sie zurückgewinnen können, die von anderen staatlichen Institutionen beschränkt wurden oder zu werden drohen. Ganz in diesem Sinne soll die gezielte konstitutionelle Aufteilung der politischen Handlungskompetenzen zwischen einer zentralen und einer dezentralen Ebene als vertikales Element der Gewaltenteilung die Begrenzung und Kontrolle der Macht im Dienste der individuellen Freiheitssicherung institutionalisieren und gewährleisten – und zwar ohne eine Beschränkung interner Wanderungs- und Handelsbewegungen von natürlichen Personen, Produktionsfaktoren und Gütern innerhalb der Föderation. Durch die Ansiedelung der politischen Herrschaft auf unterschiedliche Ebenen *und* verschiedene Teileinheiten eines Gemeinwesens wird die Gewaltenteilung damit nicht nur horizontal, zwischen den Teileinheiten, sondern zusätzlich vertikal, zwischen dem Ganzen und den Teilen, verwirklicht (vgl. *Hrbek* 2004, S. 324). Eine solche zweifache Aufspaltung der politischen Kompetenzen ist demnach ein institutionelles Hemmnis gegen die übermäßige Konzentration von politischer Macht in den Händen einer (Zentral-)Regierung – selbst in dem Fall, dass diese demokratisch legitimiert ist. Überdies stellt diese spezielle Form vertikaler Gewaltenteilung und räumlich-funktioneller Gewaltenbalancierung sicher, dass es – zumindest theoretisch – auch dann unmöglich ist, die freiheitlich-individuellen Grundlagen eines Gemeinwesens zu sprengen, wenn es zu einer zu engen Verflechtung aller drei Gewalten auf einer (der beiden) Ebene(n) kommen sollte. In diesem Argumentationszusammenhang lässt sich demzufolge Föderalismus als ein Ordnungsinstrument zur Gewährleistung der Funktionsfähigkeit eines demokratischen Gemeinwesens im Hinblick auf die Freiheit des Einzelnen auffassen.

4.1.2 Verbindung von Einheit und Vielfalt

Im Rahmen eines zweiten, insbesondere aus der Aufklärung und dem 19. Jahrhundert stammenden Argumentationsstrangs (vgl. *Deuerlein* 1972) kann Föderalismus als ein institutioneller Kompromiss zur Herbeiführung und Sicherung einer notwendigen Integration durch ein bestimmtes Maß von *Einheit* auf der einen und Beibehaltung politischer Autonomie durch einen bestimmten Umfang an *Eigenständigkeit* auf der anderen Seite interpretiert werden. Ausgehend von ursprünglich unabhängigen politischen Einheiten, die sich in kultureller, wirtschaftlicher, gesellschaftlicher, sprachlicher, ethnischer oder anderer Hinsicht voneinander unterscheiden, erfordern spezifische Gründe den Zusammenschluss dieser Einheiten. Die Vorteile eines Zusammenschlusses im Rahmen föderaler Strukturen sind darin zu sehen, den ungehinderten wirtschaftlichen, gesellschaftlichen und kulturellen Austausch pflegen und interne Auseinandersetzungen friedlich beilegen sowie potenzielle äußere Feinde abschrecken oder (öffentliche) Leistungen bereitstellen zu können, ohne dabei die ursprüngliche Eigenständigkeit gänzlich aufgeben zu müssen. Föderalismus kann in diesem Zusammenhang als diejenige institutionelle Lösungsstruktur bezeichnet werden, bei der „ein Maximum an vorgegebener Verschiedenheit mit einem Optimum an Einheit verbunden wird“ (*Schneider* 2004, S. 46). Die – meist regionale – Dezentralisierung kollektiver Entscheidungen garantiert Freiheit nach innen, während die institutionelle Zentralisierung Stärke nach außen schafft:

> „The federal system was created with the intention of combining the different advantages which result from the magnitude and the littleness of nations; [...]“ (*de Tocqueville* 1838/1948, S. 163)

Föderalismus ist demnach ein Organisationsinstrument, das eine politische Einheit zwischen Präferenzdifferenzen und -konformität erzeugt, welche ihrerseits aus unterschiedlichen Teileinheiten besteht. Das dabei aufgrund von heterogenen, räumlich konzentrierten Präferenzen, Interessen, Identitäten und Besonderheiten notwendig zu Tage tretende Spannungsverhältnis zwischen Einheit und Vielfalt wird dadurch entschärft, dass in Form einer dezentralen Ebene die institutionelle Repräsentation eben jener Unterschiede beibehalten und ermöglicht wird. Durch die gezielte Verbindung von „Elemente[n] geteilter Herrschaft und regionaler Selbstbestimmung im Rahmen eines Mehrebenensystems" (*Hrbek* 2004, S. 325) gelingt es, die Größenvorteile einer Föderation zu nutzen, ohne gleichzeitig den Stabilitätsfaktor spezifischer Identitäten nach Innen zu gefährden, da die *relative* Autonomie der Einheiten der dezentralen Ebene durch eigene Zuständigkeiten sowie Mitwirkungs- und Vetorechte gewahrt bleibt.[86] Die bewusste Schaffung politischer Gegengewichte durch Aufteilung und Verlagerung von Entscheidungs- und Kontrollrechten führt damit zusätzlich zu einer Stärkung der individuellen Freiheit.

4.2 Zur Begründung des Föderalismus in der ökonomischen Theorie

Neben der in der politischen Wissenschaft beheimateten Begründung des Föderalismus hat sich auch in der Wirtschaftstheorie seit Mitte des vergangenen Jahrhunderts ein eigener Forschungszweig gebildet, welcher sich mit dieser Thematik auseinander setzt. Dabei lassen sich grob zwei Hauptrichtungen differenzieren, wobei zu betonen ist, dass eine strikte Trennung zwischen diesen Linien schon aus dem Grund nicht möglich ist, da die eine ihren Ursprung in der anderen hat. Die sich Mitte des vergangenen Jahrhunderts zunächst[87] entwickelnde *Theorie des traditionellen Fiskalföderalismus* liefert eine theoretische Begründung für die Existenz verschiedener Ebenen in einem politischen System, indem auf der Grundlage *Pareto*-optimaler Effizienzbedingungen und vor dem Hintergrund der räumlichen Reichweite öffentlicher Güter die Kriterien für eine optimale Struktur von Gebietskörperschaften hergeleitet werden. Unter der allgemeinen Tendenz einer keynesianisch begründeten, gesamtwirtschaftlichen Globalsteuerung zur Behebung konjunktureller Schwankungen hat dieser For-

[86] An dieser Stelle muss allerdings kritisch bemerkt werden, dass gerade die Mitwirkungsrechte der dezentralen Ebene zu – in der klassischen Form des Föderalismus so nicht vorgesehenen – Kooperationsbeziehungen geführt haben, welche mit starken Kompetenzverflechtungen und -überschneidungen sowie Mischverantwortlichkeiten einhergehen, was wiederum zu institutionellen Blockadesituationen führen kann. Als Beispiel mag in diesem Zusammenhang die praktische Ausgestaltung des deutschen Föderalismus dienen.

[87] Diese zeitliche Abfolge ist insofern nicht vollkommen korrekt, als dass die eigentlich später entwickelte Theorie des institutionellen Wettbewerbs maßgeblich auf einen Aufsatz von *Tiebout* (1956) zurückgeht, welcher seinerseits zeitlich vor der Theorie des traditionellen Fiskalföderalismus entstanden ist (vgl. auch *Apolte* 1999, S. 11 f.).

schungszweig innerhalb der ökonomischen Theorie in den Sechziger- und Siebzigerjahren anfangs eine nicht so stark beachtete Rolle gespielt, wurde jedoch in den Achtzigerjahren zunächst in den USA und etwas später – maßgeblich bedingt durch den durch die EEA beschleunigten europäischen Integrationsprozess – auch in (West-)Europa als Folge einer allgemein zu beobachtenden Zentralisierungstendenz in föderativen Staaten wieder aufgegriffen. Unter dem Begriff des *institutionellen Wettbewerbs* findet seitdem eine intensiv geführte theoretische Auseinandersetzung mit dem Föderalismus statt.

4.2.1 Traditioneller Fiskalföderalismus

Kann die Frage nach der Legitimation der kollektiven Bereitstellung öffentlicher Güter durch die Konstitution des Leistungsstaates prinzipiell positiv beantwortet werden, dann ist auf einer nachgelagerten Ebene das Problem der (In-) Kongruenz zwischen einem *Pareto*-optimalen Angebot öffentlicher Güter und der Größe und Struktur der jeweiligen Gebietskörperschaft zu lösen. Konkret verbirgt sich dahinter die Frage, welche Effizienz- und Verteilungswirkungen durch föderale Strukturen hervorgerufen werden. Mit dieser Thematik beschäftigt sich die ökonomische Theorie des fiskalischen Föderalismus,[88] welche man nach *Müller* (2002, S. 500) „als einen Spezialfall der Theorien des hypothetischen Gesellschaftsvertrags auffassen kann", der (ökonomische) Kriterien für die Zuordnung von Kompetenzen und optimale Aufgabenverteilung zwischen verschiedenen Ebenen in einem föderalen System liefert.

Die „traditionelle" wirtschaftswissenschaftliche Literatur zum (Fiskal-) Föderalismus richtet ihren Fokus vornehmlich auf das Innenverhältnis einer Föderation. Begründet durch die Tatsache, dass grundsätzlich föderationsweit anzubietende reine öffentliche Güter, die sich sowohl durch Nichtrivalität als auch durch Nichtexkludierbarkeit auszeichnen, in der Realität selten vorzufinden sind, beschäftigten sich *Breton* (1965) und *Olson* (1969) in ihren (Pionier-)Arbeiten, im Rahmen einer am Wohlfahrtskriterium orientierten Effizienzanalyse, zunächst hauptsächlich mit solchen Gütern, deren Reichweite hinsichtlich ihres Nutzens für die Begünstigten räumlich beschränkt ist. Diese – in Abgrenzung zu rein privaten und rein öffentlichen Gütern – nichtprivaten Güter sind demnach möglichst im Rahmen einer Gebietskörperschaft bereitzustellen, deren Größe und Struktur mit dem jeweils spezifischen Wirkungsbereich des Gutes kongruiert. Die Reichweite nichtprivater Güter wird jedoch gemäß einer solchen Definition in der Realität wohl nur äußerst selten mit vorfindbaren Gebietskörperschaften übereinstimmen können. Zum einen sind die Gebietskörperschaften im Rahmen einer historischen Entwicklung, und damit häufig ohne Berücksichtigung sol-

[88] Einen Gesamtüberblick bieten u.a. *Apolte* (1999, S. 12–18); *Feld/Kirchgässner* (1998); *Inman/Rubinfeld* (1996); *Oates* (1999).

cher ökonomischer Kriterien, entstanden und zum anderen würde eine solche theoretische Herleitung für beinahe jedes nichtprivate Gut eine eigene Gebietskörperschaft erforderlich machen. Aus diesem Grund wird von Gebietskörperschaften immer ein ganzes Bündel von Leistungen und Gütern angeboten, wobei eventuelle Externalitäten zur Wahrung der „fiskalischern Äquivalenz“[89] im Rahmen von Finanzausgleichs- und -zuweisungssystemen zu internalisieren sind.

Zusätzlich zu diesen räumlichen Aspekten bei der Bereitstellung öffentlicher Güter führt *Tullock* (1969) die Präferenzunterschiede der Mitglieder verschiedener Gebietskörperschaften in die theoretische Analyse ein. Dabei kommt auch er zu dem Ergebnis, dass es für jedes öffentliche Gut eine theoretisch herleitbare optimale Kollektivgröße gibt, wobei überdies jedes Individuum jeweils anderen Gebietskörperschaften zuzuordnen sei, wenn man von heterogenen Präferenzen ausgeht. Dass eine daraus sich ergebende große Anzahl verschiedener Regierungseinheiten weder erstrebenswert erscheint noch in die Praxis umgesetzt werden kann, liegt auf der Hand und daher hat *Tullock* (1969, S. 28 f.) selbst für eine Abwägung zwischen den Nutzen und Kosten, die aus einer Vielzahl von Gebietskörperschaften entstünden, plädiert.

Ohne die Leistungen der hier erwähnten „Pioniere“ des Fiskalföderalismus zu schmälern, kann behauptet werden, dass dieser Forschungsansatz erst mit der von *Oates* (1968; 1972) initiierten Anwendung auf die drei Hauptfelder wirtschaftspolitischer Tätigkeit des Staates (vgl. *Musgrave* 1959, S. 5–32) praktische Relevanz erhalten hat: Im Rahmen der *Allokationsfunktion* bei der Bereitstellung öffentlicher Güter, die nicht auf wettbewerblichen Märkten angeboten werden können, im Rahmen der *Distributionsfunktion* bei der Korrektur der Einkommens- und Vermögensverteilung sowie im Rahmen der *Stabilisierungsfunktion* bei der Reduzierung konjunktureller Schwankungen. Diese drei Funktionen staatlichen Handelns stellen nach *Oates* unterschiedliche Anforderungen an die Organisation kollektiven Entscheidens und Handelns, wobei er regionenübergreifende wirtschaftspolitische Effekte, regional unterschiedliche Präferenzen sowie die Verantwortlichkeit politischer Entscheidungsträger berücksichtigt. Insgesamt ergibt sich ein föderatives Design, das eine Verortung stabilisierungs- und distributionspolitischer Aktivitäten auf zentraler Ebene befürwortet, während allokationspolitische Maßnahmen auf dezentraler Ebene anzusiedeln sind:

Allokation

Weil die Nachfrage nach öffentlich bereitgestellten Gütern häufig regional differiert, wird eine dezentrale Bereitstellung als allokationseffizient angesehen, denn nur eine solche institutionelle Lösung erlaubt es, unterschiedliche Präferenzen

[89] Von fiskalischer Äquivalenz kann gesprochen werden, wenn die Kreise der Nutzer und der Zahler übereinstimmen (vgl. *Olson* 1969).

der Individuen zu berücksichtigen (*Oates* 1972, S. 12 ff.). Unter idealtypischen Annahmen kann im Rahmen einer dezentralisierten Ordnung nämlich gewährleistet werden, dass eine engere Bindung der politischen Entscheidungsträger an den individuellen Präferenzen der Begünstigten stattfindet und sich dadurch die Partizipation an sowie die Kontrolle von diesbezüglichen politischen Entscheidungen verbessert. Das *Oates*'sche „Dezentralisierungstheorem" (*Oates* 1972, S. 35; 1999, S. 1122) besagt in diesem Zusammenhang, dass die Bereitstellung eines öffentlichen Gutes auf der untersten (staatlichen) Ebene im Hinblick auf paretianische Effizienz mindestens so gut ist, wie eine Bereitstellung auf einer höheren Ebene:

> „For a public good [...] it will always be more efficient (or at least as efficient) for local governments to provide the *Pareto*-efficient levels of output for their respective jurisdictions than for the central government to provide *any* specified and uniform level of output across all jurisdictions" (*Oates* 1972, S. 35).[90]

Damit liegt die (staatliche) Zuständigkeit zunächst auf der lokalen Ebene, wobei einschränkend anzumerken ist, dass ein solcher Dezentralisierungsgrad keine hinreichende Bedingung für ein *Pareto*-Kriterium sein muss, da die mögliche Existenz von – positiven oder negativen – externen Effekte zwischen den Gebietskörperschaften ebenso wie von Skalenerträgen bei der Produktion bestimmter öffentlicher Güter[91] zu berücksichtigen ist. Unter wohlfahrtsoptimalen Gesichtspunkten empfiehlt sich daher für den Fall, dass die Reichweite nichtprivater Güter von den Präferenzen der Individuen abweicht, entweder ein zusätzliches Finanzausgleichssystem oder aber eine Bereitstellung des betreffenden Guts durch eine höhere staatliche Ebene. Nichtsdestotrotz ist festzuhalten, dass der traditionelle Fiskalföderalismus im allokativen Bereich tendenziell eine dezentrale Güterbereitstellung mitsamt kompetitiven Elementen befürwortet.

Distribution

Im Bereich der (Einkommens-)Umverteilung und Sozialpolitik ergibt sich hingegen kaum ein Spielraum für Aktivitäten auf dezentraler Ebene, was *Oates* (1968, S. 45 ff.; 1999, S. 1121 f.) vornehmlich auf das Problem der *adverse selection* bei hinreichender Mobilität der Individuen zurückführt. Demnach ist eine auf der dezentralen Ebene regional differenzierte Besteuerung zum Zwecke der (Einkommens-)Umverteilung nicht möglich, weil bei hinreichender Mobilität Bezieher höherer Einkommen in Gebietskörperschaften, die geringere oder gar keine Steuern zu Umverteilungszwecken erheben, abwandern werden, und es im Gegenzug die Bezieher niedrigerer Einkommen in solche Gebietskörperschaften zieht, die eine vergleichsweise ausgedehnte Umverteilungspolitik betreiben.[92]

---

[90] Hervorhebungen im Original.

[91] Wobei zu betonen ist, dass die Bereitstellung öffentlicher Güter nicht zwangsläufig auch deren Produktion einschließt (vgl. *Grossekettler* 2003, S. 593 ff.).

[92] Wenngleich diese Vorbehalte gegen eine dezentrale Umverteilung auch durch empirische

Der klassische Fiskalföderalismus tendiert daher zu einer Zentralisierung distributiver Aufgaben.

Stabilisierung

Eine wirkungsvolle makroökonomische Stabilisierung konjunktureller Schwankungen mithilfe der Fiskalpolitik, wie sie im Rahmen der keynesianisch begründeten Globalsteuerung in den Siebzigerjahren des vergangenen Jahrhundert vielfach Anwendung gefunden hat, heute jedoch kaum noch praktiziert und nur von wenigen ernsthaften wissenschaftlichen Vertretern überhaupt noch favorisiert wird, lässt sich gemäß *Oates* (1968, S. 37 ff.) nur auf zentraler Ebene durchführen. Denn wird – je nach spezifischer konjunktureller Ausgangslange – auf dezentraler Ebene eine expansive oder restriktive Fiskalpolitik betrieben, so verpufft ein großer Teil der durch Multiplikator- und Akzeleratoreffekte forcierten Wirkungen dieser Maßnahme in Form von *spill overs* ergebnislos in andere Gebietskörperschaften. Neben der Tatsache, dass Einheiten der dezentralen Ebene häufig gar nicht über die Mittel für eine solche Stabilisierungspolitik verfügen[93] und zudem mit einer relativ hohen Mobilität des Faktors Kapital zu rechnen ist, liegt die eigentliche Problematik dezentralen Zuständigkeit in diesem Fall vor allem darin begründet, dass die Stabilisierung konjunktureller Schwankungen ein öffentliches Gut darstellt. Demzufolge kann in einer Föderation eine Gebietskörperschaft der dezentralen Ebene jederzeit die Position eines Trittbrettfahrers einnehmen.

Der Kerngedanke der Theorie des fiskalischen Föderalismus liegt zusammenfassend darin, dass die Übertragung (ökonomischer) Kompetenzen von einer niedrigeren auf eine höhere Ebene einen unachtsameren Umgang mit den individuellen Präferenzen begünstigt und ein solcher Schritt deshalb nur bei Vorliegen ausgeprägter Externalitäten hinreichend legitimiert werden kann. Die von dieser normativen Basis des Wohlergehens der Individuen abgeleitete Bestimmung des optimalen Ausmaßes räumlicher Gliederung und die dementsprechende Kompetenzzuteilung ist zwar zu einem umfassenden theoretischen Gebilde weiterentwickelt worden (vgl. u. a. *Breton/Scott* 1978), wird jedoch zunehmend kritisch beurteilt, weil sie letztlich der Theorie öffentlicher Güter entstammt und damit vorwiegend wohlfahrtsökonomisch ausgerichtet ist (vgl. u. a. *Voigt* 1996). Aus diesem Grund steht seit Beginn der Achtzigerjahre ein bis dahin eher vernachlässigter Gesichtspunkt im Zentrum der wirtschaftswissenschaftlichen Föderalismusdiskussion: Der institutionelle Wettbewerb zwischen Jurisdiktionen.

Analysen unterstützt werden (vgl. u. a. *Feldstein/Vaillant* 1998), findet die konzeptionelle Idee einer dezentralen Umverteilungspolitik, insbesondere im Forschungsumfeld Schweizer Ökonomen (vgl. u. a. *Feld* 2000; *Feld/Kirchgässner* 2001 a,b), durchaus auch Unterstützung und Anwendung.

[93] Beispielsweise weil sie keinen Zugriff und Einfluss auf die Geldpolitik haben.

4.2.2 Institutioneller Wettbewerb

Anknüpfungspunkt der Kritik an der traditionellen Theorie des Fiskalföderalismus ist die Tatsache, dass die Argumentation für ein föderatives Design in einem weitgehend statischen Rahmen stattfindet (vgl. u. a. *Streit* 1996; *Vanberg/Kerber* 1994; *Wohlgemuth* 1995). Ein zentraler Vorwurf ist, dass zur Erreichung und Sicherstellung *Pareto*-optimaler Effizienz zentralstaatlicher Handlungsbedarf begründet wird, ohne dabei die spezifische Dynamik politischer Entscheidungsfindungs- und Willensbildungsprozesse ausreichend in die theoretische Analyse einzubeziehen, obwohl ein derartiges Verständnis ansonsten als eine wesentliche Voraussetzung für eine fundierte normative Analyse alternativer institutioneller Arrangements betrachtet wird. Vor dem Hintergrund einer tendenziell zunehmenden Aufblähung der zentralstaatlichen Ebene in föderalen Systemen im Allgemeinen (vgl. *Blankart* 2000) und der zu verzeichnenden, konkreten Verlagerung nationaler Handlungskompetenzen auf die europäische Ebene im Speziellen (vgl. *Vaubel* 1994), wird deshalb der Theoriekern des Fiskalföderalismus „in einer Art Renaissance *Tiebout*schen Denkens“[94] (*Apolte* 1999, S. 3) um den Wettbewerb zwischen (dezentralen) Gebietskörperschaften ergänzt. Dabei steht die Frage im Zentrum, unter welchen Bedingungen eine spezifische Kompetenzauf- und -verteilung bei einer hinreichend hohen Mobilität der Produktionsfaktoren in einen effizienzsteigernden Wettbewerb der politischen Entscheidungsträger münden kann. Demnach ist der theoretische Fokus nicht mehr hauptsächlich – wie beim traditionellen Fiskalföderalismus – auf statische Effizienz- und Wohlfahrtsprobleme gerichtet, sondern bezieht zudem die Korrektur der grundsätzlichen Mängel politisch-kollektiver Willensbildung über Wahlen in die Analyse ein.

Grundidee ist die Anwendung des Marktparadigmas auf die öffentlichen Leistungen von Gebietskörperschaften: Ein Monopol von Anbietern auf einem Markt dient oftmals weniger dem Vorteil der Nachfrager als der Maximierung von Anbieterrenten.[95] Demgegenüber ist Wettbewerb, also jene Form des Marktes, in der mehrere Anbieter um Nachfrager konkurrieren, die effizientere Alternative, denn durch die grundsätzliche Möglichkeit der Nachfrager, zwischen

---

[94] *Tiebout* (1956) hat in diesem Kontext gezeigt, dass unter bestimmten Voraussetzungen, wie beispielsweise bei vollkommener individueller Mobilität, eine dezentrale Bereitstellung öffentlicher Güter allokationseffizient ist. Denn wenn verschiedene Gebietskörperschaften unterschiedliche Güter-Leistungs-Bündel anbieten, werden die Individuen dorthin wandern, wo sie eine, ihren individuellen Präferenzen entsprechende Kombination von öffentlichen Gütern und Leistungen sowie dementsprechenden steuerlichen Belastungen erwarten. Das Gleichgewicht, welches sich in Folge dieser Wanderungsprozesse ergibt, kann nach *Tiebout* als *Pareto*-optimal bezeichnet werden. Allerdings sei betont, dass *Tiebout* (1956, S. 419) selbst auf die erheblichen Restriktionen seines Modells hinweist: „The implications of the preceding argument may be shown by postulationg an extreme model.“

[95] Der spezielle Fall sogenannter „natürlicher Monopole“ sei an dieser Stelle ausgeklammert.

verschiedenen Anbietern zu wechseln, werden diese in ihrem Verhalten diszipliniert, indem sie

- die Präferenzen der Nachfrager bei der Entscheidung über Menge und Qualität des/r von ihnen bereitgestellten Gutes/Leistung in stärkerem Maße einbeziehen müssen (Präferenzkriterium);
- gezwungen werden, bei der Produktion und Bereitstellung möglichst geringe Kosten zu verursachen (Effizienzkriterium).

Dieser Wettbewerbsgedanke kann im vorliegenden Kontext institutionell dadurch zum Tragen kommen, dass die Hoheitsgewalt auf unterschiedliche, voneinander weitgehend unabhängige Einheiten verteilt ist, wie das in einer Föderation der Fall ist. Dort kann – analog zur skizzierten Marktsituation – der Wettbewerb unter Jurisdiktionen (Anbieter) bewirken, dass die Wähler (Nachfrager) Alternativen bezüglich der politischen Entscheidungsträger haben. Die Politiker werden dadurch gezwungen, die Präferenzen ihrer „Kunden" stärker zu beachten. Demzufolge diszipliniere die Konkurrenzsituation die politischen Akteure bei der Verfolgung eigener Interessen und in ihrem Streben nach politischen Renten und könne dadurch die Funktion der konstitutionellen Zähmung des Leviathan übernehmen (vgl. *Brennan/Buchanan* 1980, S. 184). Allgemein sind vor diesem Hintergrund zwei Dimensionen, innerhalb derer diese Form des Wettbewerbs stattfinden kann, zu unterscheiden (vgl. *Erlei/Leschke/Sauerland* 1999, S. 375 ff.; S. 452 ff.):

- *Vertikale Wettbewerbsdimension*: Hierbei konkurrieren die Regierungen unterschiedlicher jurisdiktioneller Ebenen untereinander. Innerhalb eines räumlich begrenzten Gebiets ist der Hauptgegenstand jener Konkurrenzbeziehung die exekutive, legislative und finanzielle Kompetenz für unterschiedliche Politikbereiche, wobei allerdings die Existenz eigener Zuständigkeiten auf jeder Ebene grundlegende Voraussetzung für einen funktionierenden Wettbewerb ist.
- *Horizontale Wettbewerbssituation*: In diesem Fall stehen Regierungen der gleichen (Gebietskörperschafts-)Ebene untereinander in Konkurrenz. Hauptgegenstand der Konkurrenzbeziehung ist dabei ein von der Standortunabhängigkeit der Menschen und Produktionsfaktoren getriebener Wettbewerb um mobile Produktionsfaktoren.

Im Gegensatz zum klassischen Fiskalföderalismus fordert eine konsequente Umsetzung dieses Wettbewerbsgedankens eine möglichst breit angelegte Verortung von politischen Handlungskompetenzen auf dezentraler Ebene, damit die jeweiligen Handlungs- und Entscheidungsinstanzen überhaupt einer Wettbewerbssituation ausgesetzt werden. Demgegenüber wird nahezu jegliche Art von Zentralisierung mit der Begründung abgelehnt, dass jener Wettbewerb unterbunden wird und es zu einem kartellartigen Zusammenschluss politischer Entscheidungsträger kommen kann.

Die Grundannahme dieses Analogieschlusses mag zunächst richtig erscheinen, denn schließlich wird niemand den Einfluss (staatlicher) institutioneller Regelungen[96] auf die Verlagerung ökonomischer Aktivitäten grundsätzlich mobiler Menschen und Produktionsfaktoren bestreiten. Dass jedoch eine solche Aussage nicht ohne Weiteres zutreffend ist, hängt insbesondere mit der Tatsache zusammen, dass die oben angenommene Analogie von institutionellem Wettbewerb zwischen gebietskörperschaftlichen Organisationsformen kollektiven Handelns und dem eigentlichen ökonomischen Wettbewerb über den Markt ihre Grenzen hat. Dies trifft insbesondere dann zu, wenn von einer Reihe relevanter (Transaktions-)Kosten abstrahiert wird, die die Wanderung zwischen Gebietskörperschaften in der Praxis einschränken.[97] *Sinn* (u. a. 1997; 2000) weist darauf hin, dass von ökonomischer Seite die (leistungs-) staatliche Handlungsnotwendigkeit gerade durch solche Fälle begründet und legitimiert wird, in denen eine Bereitstellung auf privaten Märkten versagt. Öffentliche Güter werden gerade deshalb dem privaten Wettbewerb „entzogen", weil dieser aufgrund der Eigenschaften jener Güter versagt. Der (Leistungs-)Staat ist vielmehr die Institution, die die „Ausnahmen [...] wettbewerblicher Allokationsprozesse" (*Sinn* 2000, S. 399) verwaltet, indem er nicht funktionierende Märkte korrigiert oder gar nicht existierende Märkte installiert.[98] Bei Gültigkeit dieses „Selektionsprinzips" (*Sinn* 1997) lässt sich jedoch ein pauschaler Analogieschluss zwischen privatem und institutionellem Wettbewerb nicht aufrechterhalten, denn das Versagen von privatwirtschaftlichem Wettbewerb ist durch eine Verlagerung dieses Wettbewerbs auf eine staatliche Ebene nicht zu lindern. Aus diesem Grund muss bezweifelt werden, dass eine Wiedereinführung des Marktes durch institutionellen Wettbewerb dort, wo dieser eigentlich versagt, zu besseren Allokationsergebnissen führen kann. Ganz im Gegenteil müssen bei einem solchen Schritt sogar Dysfunktionalitäten und destruktive Tendenzen im Sinne ruinöser Konkurrenz und *Race-to-the-bottom*-Prozessen befürchtet werden, die wiederum zu einem Wettbewerbsversagen führen. Folglich kann institutioneller Wettbewerb im vorliegenden Kontext eigentlich nur dort funktionsfähig sein, wo er normativ *nicht* begründet werden kann.

---

[96] Hier wird in erster Linie an Rechtsordnungen, Regulierungen, Steuern und (Sozial-) Transfers gedacht.

[97] Man denke in diesem Zusammenhang nur einmal an die individuellen Kosten, die sich durch die Verlagerung von Arbeitsort und Lebensmittelpunkt in eine andere Gebietskörperschaft ergeben würden. Empirische Hinweise (vgl. u. a. *Apolte* 1999, S. 135–161) weisen diesbezüglich darauf hin, dass die allgemeine Mobilität der Produktionsfaktoren, insbesondere des Faktors Arbeit bei natürlichen Personen, begrenzt ist.

[98] Wobei natürlich betont werden muss, dass aus einem Marktversagen nicht automatisch ein Eingriff des Staates folgen muss, denn es besteht das Risiko, dass der Staat die Dinge noch schlechter regelt als der Markt. Dadurch besteht die Gefahr, dass ein *Markt*versagen bloß durch ein *Staats*versagen substituiert wird.

Eine solche Sichtweise, die die grundsätzliche Funktionsfähigkeit eines institutionellen Wettbewerbs infrage stellt, ist zumindest dann zutreffend, wenn es sich dabei um reine öffentliche Güter handelt. Bei Clubgütern und (teil-) rivalen Gütern ändern sich hingegen die Bedingungen, denn in diesen Fällen wäre institutioneller Wettbewerb grundsätzlich möglich. Allerdings schießt sich in diesen Fällen die Frage an, ob derartige Güter nicht auch von vornherein privatwirtschaftlich bereitgestellt werden könnten.[99] Die daraus resultierende wissenschaftliche Diskussion um das Für und Wider des institutionellen Wettbewerbs ist dabei, wie *Apolte* (1999, S. 93) feststellt, durch ein Missverständnis gekennzeichnet, demnach zwei unterschiedliche Aspekte – dezentrale staatliche Leistungserbringung auf der einen und Wettbewerb im Angebot öffentlicher Güter auf der anderen Seite – unzulässig miteinander vermischt werden.

Vor dem Hintergrund der mittlerweile recht umfangreichen Anzahl wissenschaftlicher Publikationen zum Thema des institutionellen Wettbewerbs ist damit zunächst einmal zu konstatieren, dass es bislang offensichtlich kein Einvernehmen in der Forschung darüber gibt, zu welchen – allokativen und distributiven – Ergebnissen diese spezielle Form des Wettbewerbs führt. Auf der einen Seite scheint die Macht der politischen Agenten „ihren" Prinzipalen gegenüber unter Bedingungen eines institutionellen Wettbewerbs tatsächlich eingeschränkt, auf der anderen Seite gibt es berechtigte Befürchtungen eines Wettbewerbsversagens an genau dieser Stelle. Diese Problematik kann letztlich wohl nur themenbezogen gelöst werden[100] und ist von einer differenzierten Betrachtung des institutionellen Wettbewerbs im Allgemeinen abhängig. Es ist diesbezüglich hervorzuheben, dass es bislang nicht gelungen ist, diese wettbewerbsföderalistischen Gedanken in ein konsistentes theoretisches Gesamtkonzept zu integrieren. Vielmehr wird die Thematik mit vielen unterschiedlichen, nicht immer untereinander widerspruchsfreien Ansätzen unter Bezeichnungen wie *Standortwettbewerb*, *Wettbewerb von Regierungen*, *Wettbewerb von Jurisdiktionen* oder *yardstick competition* besetzt. Hierbei sind insbesondere zwei Fälle im Grundsatz voneinander zu unterscheiden:

---

[99] So ist in diesem Fall zumindest eine Konkurrenzsituation zwischen institutionellem Wettbewerb und Privatisierung entsprechender Güter und Leistungen denkbar. Dabei ist zu befürchten – wie an der einen oder anderen Stelle beispielsweise mit dem FOCJ-Konzept von *Frey/Eichenberger* (1995) geschehen –, dass vor lauter Euphorie über die „Segnungen" des institutionellen Wettbewerbs die Vorzüge einer privatwirtschaftlichen Lösung gänzlich übersehen werden!

[100] In diesem Zusammenhang sei auf *Apolte* (1999) verwiesen, der im Rahmen einer formaltheoretischen Analyse anhand der drei Bereiche Leistungsstaat, Regulierungsstaat und Sozialstaat aufzeigt, inwiefern institutioneller Wettbewerb in einer Föderation wirksam werden kann und wo ein solcher versagt. Dabei kommt er zu dem Ergebnis, dass der Wirkungsumfang institutionellen Wettbewerbs für originär staatliche Aufgaben – gemessen an den damit verknüpften Erwartungen – insgesamt eher gering ist.

- Einerseits haben die Individuen die Möglichkeit, sich gemäß ihren Präferenzen dem begrenzten Einflussbereich der verantwortlichen Politiker zu entziehen und in ihrer Rolle als Konsument, Arbeitnehmer oder Kapitaleigner in eine andere Region abzuwandern (*Exit*-Option);
- andererseits erhalten die Bürger zusätzliche Vergleichmaßstäbe, um „ihre" politischen Entscheidungsträger und Handlungsdelegierten im Rahmen demokratischer Abstimmungsverfahren bestätigen oder ablehnen zu können (*Voice*-Option). Durch einen solchen Vergleich zwischen Jurisdiktionen können – im evolutionsoptimistischen Sinne von Hayeks – politische Maßnahmen und Verfahren imitiert und dadurch insgesamt kontinuierlich weiterentwickelt und verbessert werden. Ein solcher Politik(en)vergleich generiert laufend neues Wissen darüber, wie den Präferenzen der Bürger hinsichtlich öffentlicher Güter und Leistungen sowie deren Finanzierung besser nachgekommen werden kann.101

Der erste Fall beschreibt die „traditionelle" Form institutionellen Wettbewerbs, welcher auf der Mobilität von Produktionsfaktoren sowie von Gütern und Dienstleistungen beruht. In diesem Kontext entscheiden sich die mobilen Produktionsfaktoren bei der Standortwahl für diejenige Gebietskörperschaft, die ihnen den größtmöglichen Vorteil bietet. Der zweite Fall beschreibt hingegen jene „neue" Form des institutionellen Wettbewerbs, welche als *yardstick competition* Eingang in die wissenschaftliche Diskussion erhalten hat (vgl. *Shleifer* 1985; *Besley/Case* 1995). Hierbei geht es vornehmlich darum, dass die Bürger (Prinzipale) den diskretionären Handlungsspielraum der politischen Entscheidungsträger (Agenten) durch den Vergleich von Politiken unterschiedlicher, dezentraler Gebietskörperschaften besser kontrollieren können. Das entscheidende Kriterium ist in diesem Fall jedoch nicht die grundsätzliche Mobilität, sondern vielmehr die durch eine verbesserte Informationsmöglichkeit hervorgerufene Reaktion der (Wahl-)Bürger auf eine gute oder schlechte Politik. Der Unterschied dieser beiden Formen des institutionellen Wettbewerbs liegt also darin, wie *Salmon* (2005 , S. 2) unter Bezug auf die dementsprechenden Bezeichnungen *Hirschmans* (1970) zusammenfassend feststellt, dass der traditionelle institutionelle Wettbewerb vornehmlich auf der *Exit*-Option basiert, während bei *yardstick competition* die *Voice*-Option von grundlegender Relevanz ist.

Wenngleich sich diese Formen institutionellen Wettbewerbs gegenseitig ergänzen, indem beide beispielsweise ein gewisses Maß an Dezentralität verlangen, sind die Faktoren, Bedingungen und Voraussetzungen, unter denen sie jeweils funktionieren oder versagen, im Grundsatz unterschiedlich (vgl. *Apolte* 2007). Während für die Wirksamkeit der klassischen Form institutionellen Wettbewerbs die grundsätzliche Mobilität von Produktionsfaktoren sowie Gütern und

[101] Dieser letztgenannte Bereich kann in Anlehnung an *Oates* (1999, S. 1131 ff.) auch als *„laboratory federalism"* bezeichnet werden.

Dienstleistungen von Bedeutung ist, bedarf es bei *yardstick competition* keiner solchen Voraussetzung. In jenem Fall ist dagegen – neben einem generell freien Informationsfluss und hinreichender Vergleichbarkeit – in erster Linie die öffentliche Kontrolle politischer Entscheidungen und Maßnahmen mittels demokratischer Verfahren der Präferenzäußerung erforderlich, was wiederum bei der traditionellen Form keine entscheidende Rolle spielt. Damit wird deutlich, dass *yardstick competition* in einem – im Vergleich zur klassischen Variante – breiteren Anwendungsrahmen zur Geltung kommt, denn sobald etwas dezentral organisiert und mittels geeigneter Maßstäbe vergleichbar ist, kann sich diese Art des Wettbewerbs entfalten:[102]

> „As long as there are several governments (at any level, whether municipal, regional, national or supranational), yardstick competition between them will always take place, in a way especially visible when these governments are democratic" (*Salmon* 2003, S. 197).

Es muss an dieser Stelle aber betont werden, dass *yardstick competition* die klassischen demokratischen Kontrollmechanismen nicht ersetzt, sondern lediglich in ihren Anwendungsmöglichkeiten ergänzt und in ihrer Intensität verstärkt. Die Bedeutung dieser Option darf damit insgesamt nicht allzu hoch eingeschätzt werden. Demzufolge besitzt die in diesem Zusammenhang von *Brennan* und *Buchanan* (1980, S. 184) formulierte Möglichkeit der konstitutionellen Zähmung des Leviathan durch den Wettbewerb zwischen Regierungen verschiedener Gebietskörperschaften auch nur eingeschränkte Gültigkeit. Diese theoretische Diskussion soll an dieser Stelle jedoch nicht weiter verfolgt werden und mit dem für diesen Abschnitt zusammenfassenden Fazit beendet werden, dass zunächst zu klären ist, in welchen Fällen welche Form des institutionellen Wettbewerbs überhaupt funktionsfähig und damit grundsätzlich wirksam ist, bevor Aussagen darüber getroffen werden können, unter welchen spezifischen institutionellen Rahmenbedingungen und Voraussetzungen dies auf welcher Ebene einer Föderation auch gelingt.

4.3 Normative Grundlagen und spezifische Merkmale föderaler Strukturen

Die zuvor angeführten Begründungsmuster föderaler Strukturen können rückblickend auf einer allgemein-theoretischen Ebene auf zwei wesentliche normative Bewertungskriterien komprimiert werden: Auf die Sicherung individueller *Freiheit* und auf die Gewährleistung ökonomischer *Effizienz*. Wenngleich in dem einen Fall der Freiheits-, in dem anderen der Effizienzaspekt überwiegt, folgt die weitere Argumentation weder dieser einen noch der anderen Sichtweise, sondern

---

[102] Womit selbstverständlich keine Aussage darüber getroffen wird, dass die Wirksamkeit von *yardstick competition* durch spezifische konstitutionelle (Spiel-)Regeln noch verbessert werden kann. So könnte die Intensität der Päferenzäußerung beispielsweise über die Möglichkeit von Referenden erhöht werden.

berücksichtigt beide zu Grunde gelegten normativen Kriterien gemeinsam. Dazu ist es jedoch hinsichtlich der konkreten Konstitution eines föderalen Systems notwendig, zwei strukturell grundverschiedene Anwendungsbereiche explizit voneinander zu unterscheiden und zu trennen:

- das Verhältnis zwischen individueller und kollektiver Ebene sowie
- das Verhältnis zwischen dezentraler (kollektiver) und zentraler (kollektiver) Ebene.

Tabelle 7: Unterscheidungsebenen in einer Föderation

	Individuum ⇔ Kollektiv	**Dezentrale Ebene ⇔ zentrale Ebene**
Freiheitskriterium	*Rechtsschutzstaat; Leistungsstaat*	*Autonomie; Überlagerung; Partizipation*
Effizienzkriterium		

Quelle: Eigene Darstellung

Die in der linken Spalte in Tabelle 7 hervorgehobene Ebene befasst sich mit jenem Verhältnis zwischen dem Individuum auf der einen und dem Zusammenschluss mehrerer Individuen zu einem Kollektiv auf der anderen Seite, welches im Zentrum der Ausführungen über eine vertragstheoretische Begründung kollektiven Zwangs stand. Als zentrales Kriterium zur Legitimation (rechtsschutz- und leistungs-)staatlicher Aktivität wurden der Schutz und die Sicherung eines größtmöglichen Freiraums für individuelles Handeln und individuelle Verantwortung genannt. Demnach sind staatliche Eingriffe in den individuellen Handlungsspielraum nur legitimierbar, wenn ein kollektiver Handlungsbedarf besteht, wie beispielsweise bei der Bereitstellung eines Rechtssystems zur Überwindung der Anarchie oder beim Angebot öffentlicher Güter. Der Grad individueller Freiheit lässt sich daran messen, wie groß der Handlungsspielraum ist, welcher der individuellen Ebene in einem staatlichen Kollektiv dann noch verbleibt. Die theoretische Grundlage dieses Verhältnisses zwischen Individuum und Kollektiv entstammt dabei – im Übrigen auch im Rahmen der *Buchanan*'schen Argumentationslinie – den „Finanztheoretischen Untersuchungen" *Knut Wicksells* (1896/1969, S. 72 ff.). Demzufolge dürfen individuelle Rechte nur dann an ein Kollektiv übertragen werden, wenn alle davon betroffenen Individuen eine solche Übertragung einstimmig beschließen, wohingegen bei einer eventuellen Rückverlagerung dieser Rechte auf die individuelle Ebene eine einzige Stimme hinreichend ist. Diese Überlegungen basieren auf der zentralen Annahme des methodologischen Individualismus, demnach jedes – und *nur* jedes – Individuum selbst seine Präferenzordnung so kennt, dass es direkt und unverzerrt danach zu handeln im Stande ist. Kollektiven kann indessen grundsätzlich *keine* eigene Präferenzordnung zugeschrieben werden. Diese Tatsache gilt dabei sowohl für kleine als auch für große Kollektive. Deren Verhältnis zueinander beschreibt indessen die zweite hier zu betrachtende Ebene. Ist nämlich einmal die individuelle Ebene verlassen, dann – und *erst* dann – können Aussagen über das Verhältnis zwischen der dezentralen und der zentralen (Regierungs-) Ebenen getroffen werden. Dieses in der rechten Spalte der Tabelle 7 veranschaulichte Verhältnis zwischen verschiedenen kollektiven Handlungsebenen lässt sich im Hinblick auf drei grundlegende Prinzipien spezifizieren (vgl. *Auer* 2005, S. 421 f.):

- *Autonomie* meint in diesem Kontext, dass jede kollektive Ebene eigenständige Handlungsspielräume und Entscheidungskompetenzen mitsamt den dazugehörenden Institutionen besitzt, deren Ursprung keiner Delegation einer anderen Ebene entspringt. Diese eigenständige Herrschaft könnte als souverän bezeichnet werden, wenn diese Souveränität nicht durch das folgende Kriterium eingeschränkt würde.
- Das Prinzip der *Überlagerung* beschränkt nämlich eindeutig die Kompetenzen dezentraler kollektiver Ebenen zugunsten einer zentralen kollektiven Ebene. Entscheidungen der zentralen Ebene sind demnach für die dezentrale Ebene sowie für die diese dezentrale Ebene konstituierenden Individuen bindend.
- Da dezentrale und zentrale Ebene nicht isoliert nebeneinander stehen, sondern auf vielfältige Weise von- und untereinander abhängig und verflochten sind, beschreibt das Prinzip der *Partizipation* schließlich das Zusammenspiel der beiden kollektiven Handlungsebenen.

Die spezifische Kombination dieser drei Prinzipien macht dabei die jeweilige konkrete Form einer Föderation aus, wobei die beiden kollektiven Ebenen immer derart voneinander abhängig sind, dass die Existenz der einen von der Existenz der anderen abhängt. Gleichwohl ist aber hervorzuheben, dass dieses Verhältnis zwischen dezentraler und zentraler Ebene mit der individuellen Unterwerfung unter ein Kollektiv grundsätzlich *nichts* mehr zu tun hat. Vielmehr geht bei dem Verhältnis zwischen dezentraler und zentraler Ebene um diejenige vertikale Kompetenzaufteilung, die dem Freiheits- und dem Effizienzziel in größtmöglichem Umfang förderlich ist. Neben den rechtsschutz- und leistungsstaatlichen Aufgaben fällt es in einem föderal aufgebauten Gebilde der dezentralen *und* der zentralen kollektiven Ebene zu, durch die von gegenseitiger Konkurrenz geprägte Beziehung zueinander, die Individuen vor übermäßigen staatlichen Ein- und Übergriffen zu schützen. Dezentralisierung beschreibt in diesem Kontext *ausschließlich* die Verlagerung von Kompetenzen von einer zentralen auf eine dezentrale Ebene, demgegenüber Zentralisierung die Kompetenzdelegation von einer dezentralen auf eine zentrale kollektive Handlungsebene umfasst (vgl. *Oates* 1999, S. 1121). Dezentralisierung und Zentralisierung haben hingegen zunächst *nichts* mit der Übertragung individueller Rechte auf Kollektive zu tun. Daran ändert auch die Tatsache nichts, dass auf den verschiedenen Ebenen unterschiedliche Probleme der Repräsentanz auftreten. Dezentralisierung und Zentralisierung beschreiben einen Prozess, der einer Begründung der grundsätzlichen Existenz verschiedener (föderaler) Ebenen nachgelagert ist.

Vor diesem Hintergrund verbietet sich jegliches „Vermischen" der beiden Kollektivebenen, indem man „kleine" Kollektive fast wie Individuen behandelt und davon ausgehend das Verhältnis zwischen dezentraler und zentraler Ebene beleuchtet. *Apolte* (1999, S. 173 ff; 2004) kritisiert ein derartiges Vorgehen als inkonsistente „Individualismus-Dezentralismus-Analogie". Eine Gleichsetzung von – noch so kleinen – Kollektiven und Individuen führt nämlich zu gravierenden Fehlurteilen bei der Konstitution föderaler Systeme. Ausgehend von der Annahme einer generell guten Repräsentation individueller Präferenzen auf der dezentralen und einer generell schlechten auf der zentralen Ebene wird schnell die Forderung erhoben, jegliche Form der Zentralisierung von Kompetenzen abzulehnen und auf eine weitreichende Kompetenzdezentralisierung hinzuwirken. Solche Pauschalurteile, die auf eine mehr oder weniger bloße Abwehr von Zentralisierung gerichtet sind, greifen jedoch nicht nur im konkreten Fall vielfach zu kurz, sie widersprechen darüber hinaus häufig dem eigentlichen Wesen des Föderalismus selbst, denn dieser basiert gerade auf den jeweiligen spezifischen Vor- und Nachteilen der dezentralen *und* zentralen Ebene gleichermaßen. Eine unzureichende Abgrenzung des Verhältnisses zwischen Individuum und Kollektiv auf der einen sowie zwischen kleinem und großem Kollektiv auf der anderen Seite lenkt dabei von den eigentlichen Problemen und vor allem deren Ursachen ab. Die Akzeptanz dieser Erkenntnis ist eine entscheidende Voraussetzung dafür, die hier ausgebreitete Thematik praxisorientiert im Hinblick auf die EU zu fundieren, ohne dabei die theoretische Auseinandersetzung mit dem Föderalismus ausschließlich auf eine Frage von Zentralisierung und Dezentralisierung zu reduzieren.

5. *Cum hoc ergo propter hoc* – zur spezifischen föderalen Struktur der EU

In den bisherigen Ausführungen dieses Kapitels wurde ein weiter Bogen von der generellen Bedeutung von Regeln über die Rechtfertigung kollektiven Handelns bis hin zu den normativen Grundlagen föderaler Systeme gespannt. Dieser lange Weg erscheint aus Sicht des Verfassers deshalb notwendig, um Schritt für Schritt die Legitimation und Bedingungen europäischer Herrschaft herauszuarbeiten – und zwar mit dem Individuum als zentralem Ausgangs- und entscheidendem Orientierungspunkt der Argumentation. Dass der konkrete Bezug zur europäischen Integrationsgemeinschaft dabei bislang keine große Rolle gespielt hat, ist der Tatsache geschuldet, dass zunächst ein breites theoretisches Fundament gelegt wurde, auf dessen Basis die allgemeine Problematik eines institutionellen und konstitutionellen Reformstaus in Europa im weiteren Verlauf der Arbeit diskutiert werden kann. Vor diesem Hintergrund soll nämlich an dieser Stelle die Hypothese vertreten werden, dass der europäische Reformzyklus im

Rahmen eines föderalen Problemkontextes zu sehen ist. Bedingung einer derartigen Annahme ist allerdings, dass im Zuge des europäischen Integrationsprozesses eine kollektive Handlungsebene entstanden ist, welche man anhand geeigneter Kennzeichen als ein föderales (staatenübergreifendes) Gebilde bezeichnen kann. Die diesbezügliche Frage nach dem spezifischen Charakter der institutionellen Struktur der EU im Spektrum unterschiedlicher Integrationsstufen, wurde im Wesentlichen bereits in Kapitel B.4.1 untersucht, so dass an dieser Stelle eine kurze Zusammenfassung als Erinnerung genügen mag: Den vertraglichen Grundlagen – von Rom bis Nizza – gemäß ist die EU als eine internationale Organisation konstituiert, welche zunächst die teilnehmenden Mitgliedstaaten bindet. Jedoch geht die institutionelle Struktur der EU weit über den Charakter einer üblichen internationalen Organisation hinaus, da sie eigene (Rechtsetzungs-) Kompetenzen besitzt, demzufolge das daraus entspringende Recht nicht nur die Regierungen der Mitgliedstaaten, sondern teilweise auch die Bürger innerhalb der Gemeinschaft direkt bindet. Die Binnenmarktgesetzgebung, die sogenannte *Fauna-Flora-Habitat*-Umweltrichtlinie oder das Antidiskriminierungsrecht sind in diesem Zusammenhang einige Beispiele für europäische Rechtsakte, die die mitgliedstaatlichen Rechts- und Gesellschaftsordnungen grundlegend verändert haben und einen unmittelbaren Einfluss auf die Unionsbürger haben. Der EU wird deshalb der Status einer Integrationsform *sui generis* zugeschrieben, dessen Besonderheit und Einzigartigkeit in dem komplexen Verhältnis zwischen den Mitgliedsländern und den Gemeinschaftsinstitutionen liegt.

Aus dieser Tatsache ergibt sich das Problem, ob ein solches quasi-föderales Gebilde *sui generis* jenen Anforderungen überhaupt entsprechen kann, welche bislang im Rahmen einer theoretischen Auseinandersetzung mit den allgemeinen Grundlagen des Föderalismus erarbeitet wurden. Die Frage nach der genauen Einordnung der EU im Spektrum politischer Integration ist jedoch nach Ansicht des Verfassers an dieser Stelle nicht unbedingt entscheidend. Die allgemeine Grundvoraussetzung einer Föderation ist immer, dass es eine zentrale und eine dezentrale Ebene gibt. Ob die dezentralen Einheiten hingegen subnationalstaatlicher oder nationalstaatlicher Natur sind, spielt im Hinblick auf die bisherige Argumentation keine Rolle, solange es neben der dezentralen kollektiven Ebene eine zentrale gibt, welche direkt bindenden Einfluss auf die Individuen hat. Diese Anforderung trifft bei der EU offenkundig zu. Es kann von einem politischen System mit verschiedenen kollektiven Handlungsebenen gesprochen werden,[103] in welchem die Auf- und Verteilung der Kompetenzen auf unterschiedliche, rechtlich selbstständige Körperschaften – der EU auf der einen, den Mitgliedstaaten auf der anderen Seite – stattfindet.[104] Folglich kann behauptet

[103] Diese Tatsache wird von *Scharpf* (u. a. 2002) oftmals und gerne als „europäisches Mehrebenensystem" bezeichnet.

[104] Dass diese Auf- und Verteilung indessen teilweise unzureichend ist, ändert an der Grund-

werden, dass der „europäische Sonderweg" (*Weiler* 2001) eine Föderation hervorgebracht hat, obwohl die EU kein Staat im herkömmlichen Sinne ist und obwohl das Wort „Föderalismus" selbst weder in den geltenden Verträgen, noch im vorliegenden Verfassungsvertrag vorkommt. Auch ohne eine explizite Nennung des „F-Wortes" können föderale Strukturen jedoch durchaus existieren (vgl. *Auer* 2005, S. 423).

Der spezifische quasi-föderale Status der EU darf ganz im Gegenteil gerade nicht dazu verleiten, die grundeigenen Wesensmerkmale des Föderalismus nur deswegen „über Bord" zu werfen, weil der EU die „klassische Staatlichkeit" fehlt, wie dies häufig unter Hinweis auf eine mangelnde gesamteuropäische Identität beklagt wird (vgl. dazu u. a. *Grimm* 2002). Die EU ist wegen ihrer momentanen föderalen Struktur bereits durch zahlreiche strukturelle Probleme gekennzeichnet, deren Folge eine abnehmende qualitative und quantitative Entscheidungsfähigkeit ist, welche sich wiederum zulasten der Kontrolle und damit letztlich auch zuungunsten der Legitimität und Transparenz der Gemeinschaftsebene auswirkt. Wird die Kooperation enger beziehungsweise die Gemeinschaft größer, dann werden sich *ceteris paribus* auch diese Probleme intensivieren und im Falle mangelnder Lösungsmöglichkeiten oder -bereitschaft langfristig in einem konstitutionellen Stillstand münden.

Stimmt man darin überein, dass die EU als eine föderale Organisation strukturiert ist, dann lässt sich auch ein Großteil ihrer spezifischen Probleme im Rahmen eines dementsprechenden theoretischen Analyserahmens diskutieren und lösen. Selbstverständlich können nicht sämtliche Problemlagen der EU auf eine föderale Angelegenheit reduziert werden. Der europäische Reformkreislauf aber lässt sich im Zusammenhang eines föderalismusspezifischen Problemkomplexes hinreichend erörtern. Im Folgenden werden die konstitutionellen Anforderungen an eine föderale europäische Union erarbeitet sowie die Bedingungen, unter denen ein funktionsfähiger Föderalismus in der EU seine Wirksamkeit entfalten kann, erläutert und mit der europäischen Wirklichkeit praxisnah verglichen. Auf diese Weise ist zu zeigen, warum sich die EU einerseits in einem Reformstau befindet und wie sie andererseits da wieder herausgeführt werden kann. Als Arbeitshypothese gilt dabei die Annahme, dass in der spezifischen Ausgestaltung der föderalen Strukturen der EU nicht nur die Problemursache, sondern gleichzeitig die Lösung für den europäischen Reformzyklus zu sehen ist – eben *cum hoc ergo propter hoc*, mit diesem also wegen diesem.

---

aussage zunächst nichts. Schließlich gilt die Bundesrepublik Deutschland auch immer noch als ein föderales Gebilde, wenngleich ein Großteil der zwischen den Ebenen aufzuteilenden Kompetenzen vermischt wurde!

D. Konstitutionelle Rahmenbedingungen einer föderalen Union

„Nur wenn das, was ist, zu verändern ist, ist das, was ist, nicht alles." (Theodor W. Adorno)

Zuvor wurde die Hypothese aufgestellt, dass die Reformresistenz der EU im Rahmen eines föderalen Problemkontextes erörtert werden kann. Diese Aussage soll im Weiteren theoretisch fundiert und praxisnah konkretisiert werden, indem die Hypothese überprüft werden soll, dass die föderale Ordnung in ihrer momentanen Ausprägung nicht nur ein wesentliches Strukturproblem für die EU darstellt, sondern auch ein, wenn nicht sogar *das* Instrument zur Lösung des europäischen Reformzyklus sein kann. Dabei kommt es allerdings entscheidend auf die spezifische Konstitution und institutionelle Ausgestaltung eines solchen föderalen Systems an. Aus diesem Grund beschäftigen sich die folgenden Ausführungen mit den klassischen Begründungen für föderale Strukturen im Hinblick auf die EU im Rahmen der bisherigen Argumentationslinie. Die dementsprechende Analyse vollzieht sich dabei in drei Schritten: Zunächst wird die Frage nach den *Legitimationsbedingungen* der föderalen – in diesem Zusammenhang also der zentralen – Ebene erörtert, um sich darauf aufbauend mit den *Funktionen* der verschiedenen kollektiven Handlungsebenen in einer europäischen Föderation auseinander zu setzen und schließlich Aussagen über das *Verhältnis* der föderalen Ebenen zueinander treffen zu können. Auf Grundlage dessen soll abschließend deutlich werden, warum sich die EU in einem konstitutionellen Reformstau befindet.

Mit diesem Analyserahmen soll darüber hinaus der Tendenz entgegengewirkt werden, dass bereits die bloße Diskussion um Föderalismus in der EU das Schreckgespenst einer übermäßigen Zentralisierung geradezu heraufbeschwört. Es ist zwar richtig, dass die europapolitische Föderalismusdiskussion unter dem Aspekt des Wettbewerbsgedankens geführt wird und demzufolge mit einer Vorliebe für möglichst dezentrale Strukturen einhergeht, doch wird häufig übersehen, dass es sich dabei um nur eine Seite der Medaille handelt. Obwohl es gute Argumente für dezentrale Strukturen gibt, ist damit noch keine grundsätzliche Gültigkeit verbunden. Schließlich ist die Schaffung einer übergeordneten Zentralebene mit bestimmten Souveränitätsrechten, welche jedoch die Autonomie und Vielfalt der dezentralen Ebene in ihrer Existenz nicht gefährden, Voraussetzung und wesentliches Merkmal föderaler Strukturen. Die – im Übrigen auch vertraglich fixierte – Charakterisierung der europäischen Integrationsgemeinschaft als „Einheit in Vielfalt" ist geradezu symptomatisch für diese Aussage. Die tatsächliche europapolitische Föderalismusdiskussion ist jedoch zumeist dadurch gekennzeichnet, dass die „Einheit" häufig als Bedrohung der „Vielfalt" aufgefasst wird und deshalb die „Vielfalt" mittels inadäquater Mittel bewahrt werden soll. Eine solche Auffassung führt allerdings dazu, dass man häufig Probleme dort sucht, wo keine sind, und die vorhandenen Probleme, deren Ursache die grundsätzliche Reformfähigkeit der EU *in ihrem Kern* betrifft, falsch interpretiert und damit nur unzureichend lösen kann.

Teilweise unterstützt werden sollen diese und die vorigen Hypothesen im Verlauf der weiteren Ausführungen durch den Rückgriff auf die Entstehungsgeschichte und die damit verbundene Auseinandersetzung um die Ratifizierung der amerikanischen Verfassung. In deren Verlauf wurde nämlich mit den von *James Madison*, *Alexander Hamilton* und *John Jay* verfassten, sogenannten *federalist articels* (*Cooke* 1961, engl. Ausg.; *Adams/Adams* 1994, dt. Ausg.) ein Dokument der politischen Ideengeschichte geschaffen, welches nicht nur die amerikanische Verfassungswirklichkeit bis heute beeinflusst (vgl. u. a. *Beard* 1964; *Elazar* 1988), sondern darüber hinaus die theoretische Grundlage und systematisch-philosophische Begründung des Föderalismus schlechthin bildet (vgl. u. a. *Friedrich* 1967; *Laslovic* 1993; *Ostrom* 1987, 1991). Auf die amerikanische Verfassung und vor allem deren, maßgeblich durch die oben genannten *founding fathers* geprägte Interpretation in den *federalist articles* kann immer dann Bezug genommen werden, wenn die theoretische Begründung und praktische Gestaltung föderaler (Organisations-) Strukturen zu einem relevanten Thema wird. Das trifft im Fall der EU in besonderem Maße zu (vgl. *Apolte* 1999; *Bolick* 1994; *Fabbrini* 2004; *Fabbrini/Sicurelli* 2004; *Christie* 2005).

Zunächst einmal ist zu konstatieren, dass die Gründung und der Entwicklungsprozess einer europäischen Gemeinschaft das Thema Föderalismus überhaupt erst wieder für die politik-, wirtschafts- und rechtswissenschaftliche Forschung in Europa relevant gemacht hat – sowohl als normative Idee als auch als praktische Organisationsform (vgl. *Mueller* 2005a, S. 64). In diesem Zusammenhang kann man feststellen, dass infolge des europäischen Integrationsprozesses ein spezifisches Gemeinwesen entstanden ist, welches hinsichtlich der institutionell-organisatorischen Ausgestaltung sowie des Grades an vertikaler *und* horizontaler Gewaltenteilung vielfach Gemeinsamkeiten mit dem politischen System der USA teilt (vgl. *Fabbrini* 2004, S. 548). Zweifelsohne gibt es durchaus Einwände, die – mit Verweis auf den einzigartigen Charakter der EU – zunächst gegen einen Vergleich mit den USA sprechen (vgl. *Shell* 2004; *Vaubel* 2001, S. 44 ff.). Auch wenn teilweise behauptet wird, dass die EU heute in weiten Teilen einen höheren Umfang an politischer und ökonomischer Integration aufweist als die USA im Vorfeld der Ratifizierung ihrer Verfassung (vgl. *Christie* 2005), ist zu berücksichtigen, dass das Maß an Komplexität und Heterogenität in der EU eine andere Dimension aufweist als in den USA. Während 1787 in den USA 13 ehemalige Kolonien und im Rahmen einer *Konföderation* zusammenhängende Gebietskörperschaften über den Zusammenschluss zu einer *Föderation* diskutierten, waren es in Europa 1951 zunächst sechs und sind es heute 27 etablierte, international anerkannte, souveräne Staaten. Die USA zeichneten sich zudem durch eine gemeinsame Sprache, eine weitgehend gemeinsame Religion sowie vor allem eine – wenn auch zu dem Zeitpunkt erst kurze – gemeinsame Geschichte aus, in deren Verlauf sich, durch den im Unabhängigkeitskrieg geführten Kampf gegen einen gemeinsamen Feind, ein gewisses Gefühl an „nationaler" Identität herausgebildet hatte. Europa kann demgegenüber zwar auch auf eine gemeinsame Geschichte zurückblicken, die jedoch nicht vom gemeinsamen, sondern vor allem vom gegenseitigen Kampf gekennzeichnet war. Die starke Herausbildung und Differenzierung nationaler Identitäten in Europa ist bis zum heutigen Tage präsent und manifestiert sich nicht nur in einer – in diesem Kontext häufig erwähnten – großen Sprachenvielfalt.

Diese Differenzen mögen der Grund dafür sein, dass das Spektrum föderalismusspezifischer Vergleichsstudien zwischen den USA und der EU bislang sowohl im Rahmen politikwissenschaftlicher[105], als auch wirtschaftswissenschaftlicher[106] oder rechtswissenschaftlicher[107] Untersuchungen insgesamt relativ überschaubar ist. Und doch verwundert dies ein wenig, denn schließlich weist der Entstehungsprozess der amerikanischen Verfassung viele Parallelen zur momentanen Verfassungsdiskussion in der EU auf und zeigt Möglichkeiten, aber auch Restriktionen der Konstitution einer Föderation unter zumindest annähernd vergleichbaren Rahmenbedingungen (vgl. *Burghardt* 2004). Die USA befanden sich damals in einem ähnlichen konstitutionellen Reformstau wie die EU gegenwärtig. Es ging dabei schwerpunktmäßig um eine Richtungsentscheidung zwischen Konföderation und Föderation, welche sich im europäischen Kontext als eine Diskussion um Intergouvernementalismus versus Supranationalismus beziehungsweise Staatenbund gegen Bundesstaat manifestiert. Eine intensive Auseinandersetzung mit den *federalist articles* zeigt in diesem Zusammenhang, dass die 1787 in Philadelphia diskutierten, wichtigsten Themenfelder jenen nahezu identisch sind, die im Zentrum der momentan geführten europäischen Reform- und Verfassungsdebatte stehen: die grundsätzliche Legitimation einer föderalen (Zentral-) Ebene, die Kompetenzallokation und insbesondere das Verhältnis zwischen den föderalen Ebenen. Die im Rahmen der *federalist articles* entstandenen normativen Kriterien föderaler Strukturen sind dabei bis heute von Relevanz – auch für die EU, worauf die Übersicht der diskutierten Themen in Tabelle 8 hinweist.

Die konstitutionelle Rationalität der *federalist articles* für die europapolitische Diskussion kann indessen nur dann entfaltet werden, wenn man von einer rein statischen Vergleichsanalyse absieht. So dürfte es wenig ertragreich sein, ent-

---

[105] Vgl. u. a. *Bellamy* 1996; *Fabbrini* 2004; *Goldstein* 2001; *Hueglin* 2000; *McKay* 2001; *Moull* 2004; *Nicolaidis/Howse* 2001; *Ostrom* 1987; *Riker* 1996

[106] Vgl. u. a. *Apolte* 1999; *Buchanan* 1990, 1991; *Mueller* 1997

[107] Vgl. u. a. *Christie* 2005

weder das amerikanische Konföderationenmodell zum Paradigma für die EU zu erheben (vgl. *Backer* 2001) oder die momentane amerikanische Föderation als Blaupause für die EU zu nehmen (vgl. *Börzel/Risse* 2000).

Tabelle 8: Übersicht *federalist articles*

Thematik		**Artikel**	**Autor**
Hauptaufgaben einer föderalen Ebene		Art. **23** (24–28); Art. **41** (42–44)	*Hamilton* (23), *Madison* (41)
Faktionsproblematik; Homogenität/Heterogenität von Gruppen		Art. 9, **10**	*Hamilton* (9), *Madison* (10)
Größe der Föderation		Art. 9, 10, **14**, 51	*Madison* (14, 51)
föderale Regierungsgewalt und Bezug zu den Bürgern		Art. **15**, **16**, 17 (18–20)	*Hamilton* (15 – 17)
Steuern und Finanzen, Fiskalpolitik		Art. **30** (31–36)	*Hamilton*
Schwierigkeiten der Aufgaben des Konvents		Art. 37	*Madison*
Mögl. Bedrohung der Einzelstaaten durch Kompetenzen der Union		Art. 17, **45**, 46	*Madison*
Notwendigkeit einer Föd.	äußere Gefahren	Art. 2, 3, 4, 5	*Jay*
	innere Gefahren	Art. 6	*Hamilton*
	Wirtschaftlicher Nutzen	Art. 11, 12, 13	*Hamilton*
Horizontale Gewaltenteilung		Art. **47**, **48**, 49, 50, **51**	*Madison*
Referenden, direkte Volksabstimmungen		Art. 49	*Madison*
Institutionen	Repräsentantenhaus	Art. 52–58	*Madison*
	Senat	Art. 62–66	*Madison*
	Präsident	Art. 67–77	*Hamilton*
	Gerichtsbarkeit	Art. 78–83	*Hamilton*
Machtstreben von (dezentralen) Regierungen		Art. 48, 51	*Madison*

Quelle: Eigene Darstellung[108]

Das Ziel eines föderalismusspezifischen Vergleichs ist im Rahmen der vorliegenden Analyse nicht in der Imitation des amerikanischen Modells zu sehen, sondern in dessen Verständnis (*Fabbrini* 1999; *Fabbrini/Sicurelli* 2004). Es geht darum, die geistigen Grundlagen des amerikanischen Föderalismus zu *ka*pieren, nicht zu *ko*pieren:

> „The task, rather, is to use conceptions and the associated theoretical apparatus as intellectual tool to think through problems and make an independent assessment of appropriate ways for addressing the problem of contemporary Europe“ (*Ostrom* 1987, S. 9).

Darüber hinaus ist der bisherige Argumentationsverlauf dieser Arbeit stets von dem Gedanken getragen, das Individuum zum zentralen Bezugspunkt der Analyse zu machen. Der Fokus des hier verwendeten verfassungsökonomischen Ansatzes ist dabei nicht in erster Linie auf das Verhalten von Individuen innerhalb bestimmter Regeln (*choice within rules*) gerichtet, sondern auf die Wahl der Regeln selbst (*choice of rules*). Vor diesem Hintergrund können die *federalist ar-*

[108] Die fettgedruckten Artikel weisen auf eine besondere Relevanz für den europapolitischen Kontext hin.

ticles als ein Dokument betrachtet werden, in welchem diese „Wahl der Regeln" im Rahmen konkreter politischer Strukturen diskutiert werden.[109]

1. Legitimation der föderalen Ebenen – zur Gretchenfrage der EU

Das Verhältnis zwischen der europäischen Ebene, den Mitgliedstaaten und den europäischen Bürgern in den jeweiligen Mitgliedstaaten im Hinblick auf die Existenz und Begründung der EU ist der Hauptgegenstand dessen, was hier als *Gretchenfrage* Europas bezeichnet werden soll: *Nun sag, wie hast du's mit der Legitimation*? In dieser Frage drückt sich die Problematik aus, wer der eigentliche Souverän in Europa ist. Sind es die Staaten oder sind es die Bürger? Die bisherigen Ausführungen geben darauf die uneindeutige Antwort, dass es beide zusammen sind, aber keiner so richtig! Die EU soll eine Union der Staaten *und* der Bürger sein. Dieser Sachverhalt wird mit Blick auf den Art. I-1 des Verfassungsvertrags nicht nur besonders deutlich, sondern im wahrsten Sinne des Wortes festgeschrieben:

> „Geleitet von dem Willen der Bürgerinnen und Bürger und der Staaten Europas [...] begründet diese Verfassung die Europäische Union, der die Mitgliedstaaten Zuständigkeiten zur Verwirklichung ihrer gemeinsamen Ziele übertragen. [...]"

Zwar sind hiernach die Mitgliedstaaten diejenigen Einheiten, deren Verzicht auf Souveränität eine europäische zentrale Ebene schafft, doch steht dahinter insgesamt der Entwurf eines Gebildes „duale[r] Legitimität" (vgl. *Petersmann* 1995, S. 189). Auf diese Weise wird die Tatsache außer Acht gelassen, dass damit zwei grundverschiedene Föderalismuskonzeptionen vorliegen, deren Gegensatz schon einmal im Zentrum einer – auffallend ähnlich geführten – politischen Debatte stand: nämlich bei der Auseinandersetzung um die amerikanische Verfassung. Damals vertraten Befürworter (*Föderalisten*) und Gegner (*Anti-Föderalisten*) der zur Diskussion stehenden Verfassung jeweils unterschiedliche Entwürfe zur Konstitution und Legitimation einer Föderation, welche – in einem allgemeinen Kontext – als *Basiskonzept* und als *Pyramidenkonzept* bezeichnet werden können.[110] Die Unterscheidung dieser beiden Konzeptionen ist wichtig

---

[109] In diesem Zusammenhang ist auf *Prindle* (2004) zu verweisen, der *Madison* als einen Theoretiker betrachtet, der mit den *federalist articles* (insbesondere Nr. 10 und 51) die gedanklichen Konzeptionen *Adam Smiths* von der ökonomischen Theorie in konkrete politische Strukturen übertragen hat.

[110] Die Unterscheidung zwischen Basistheorie und Pyramidentheorie geht auf *Apolte* (1999, S. 187 ff.) zurück. *Mueller* (1996, S. 296 f.; 1997, S. 259 ff.) differenziert im gleichen Zusammenhang zwischen Föderation und Konföderation. Diese Begrifflichkeit soll jedoch hier aus dem Grund nicht übernommen werden, weil die Bezeichnungen Föderation und Konföderation fast ausschließlich historisch im Zusammenhang mit der Zeitspanne zwischen der Unabhängigkeitserklärung und der Ratifikation der Verfassung der USA Gebrauch finden und deshalb der spezifischen institutionellen Struktur der EU nur unzureichend genügen (vgl. auch *Vibert* 1995, S. 105–108). Gleiches gilt für eine Unterscheidung von Bundesstaat und

für das klare Leitbild einer vertikalen Gewaltenteilung und damit auch für die institutionelle Struktur und Entwicklung der EU in hohem Maße relevant.

1.1 Legitimation aus „einer Hand“ – zum Basiskonzept

Die Konstitution einer Föderation gemäß dem Basiskonzept[111] beruht auf genau derjenigen Begründung staatlichen Handels, wie sie im Verlauf der Arbeit bereits herausgearbeitet wurde. Demzufolge akzeptieren Individuen die Einschränkung ihrer Handlungsspielräume, weil der Staat die zentrale Institution zur Durchsetzung jener Regeln ist, die es braucht, um den „ineffizienten“ Zustand der Anarchie zu überwinden. Der Staat hat aus Sicht der Individuen eine friedensschaffende und -sichernde Funktion und wirkt deshalb „effizienzsteigernd“. Haben die Individuen allerdings einmal auf konstitutioneller Ebene den „Grenzen der Freiheit“ zugestimmt, so sind sie auf postkonstitutioneller Ebene potenziell ausbeutbar, denn die Entscheidungs- und Handlungsträger des Staates haben – so konnte ebenfalls gezeigt werden – die Möglichkeit, ihre Regierungsposition auszunutzen und die individuelle Freiheit übermäßig einzuschränken, wie auch *Madison* im 51. *federalist article* (vgl. *Adams/Adams* 1994, S. 314) feststellt:

> „Entwirft man [...] ein Regierungssystem von Menschen über Menschen, dann besteht die große Gefahr darin: man muss zuerst die Regierung befähigen, die Regierten zu beherrschen und sie dann zwingen, die Schranken der eigenen Macht zu beachten. Die Abhängigkeit vom Volk ist zweifellos das beste Mittel, die Regierung zu kontrollieren, aber die Menschheit hat aus Erfahrung gelernt, dass zusätzliche Vorkehrungen nötig sind.“

Genau an dieser Stelle knüpft die Idee einer föderalen Organisationsform des Rechtsschutz- und Leistungsstaates an, denn das Individuum hat einen Anreiz, durch den Abschluss eines *zusätzlichen* Gesellschaftsvertrags eine weitere Ebene staatlichen Handelns zu institutionalisieren, um sich vor Übergriffen der ursprünglich konstitutionalisierten Ebene zu schützen. Jedoch ist in diesem Fall der Einwand berechtigt, dass die Individuen durch die Konstitution einer „höheren“ kollektiven Handlungsebene nicht nur durch einen dezentralen Leviathan, sondern nun zusätzlich durch einen zentralen Leviathan ausgebeutet werden könnten.[112] Das ist auch zunächst richtig, doch die Lösung dieses Problems ist zugleich ein wesentliches Merkmal einer föderalen Ordnung, nämlich die Verzahnung der dezentralen und zentralen Ebene kollektiven Handelns mit dem Ziel

---

Staatenbund (vgl. *Blankart* 2005; *Blankart/Mueller* 2003, S. 9) sowie Staatenverbund und Föderation (vgl. *Fischer* 2000), da hier nach Ansicht des Verfassers der Begriff der klassischen „Staatlichkeit“ zu sehr im Vordergrund steht.

[111] Im Zusammenhang mit der europäischen Integration entspricht das Basiskonzept im Wesentlichen dem Prinzip des Supranationalismus.

[112] Ein Aspekt übrigens, welcher im Hinblick auf die angeblichen Zentralisierungswut Brüssels von Kritikern gerne angeführt wird.

gegenseitiger Kontrolle zum Schutz individueller Freiheit. Getragen ist die Umsetzung dieser Idee einer gegenseitigen Kontrolle – und das ist das entscheidende Kennzeichen des Basiskonzeptes – von einer grundsätzlichen Skepsis gegenüber der Repräsentation individueller Präferenzen auf einer kollektiven Handlungsebene. Infolgedessen bezieht in dem hier vorgestellten Basiskonzept sowohl die dezentrale als auch die zentrale Ebene ihre Legitimation aus „einer Hand", nämlich jener der Individuen, wie *Hamilton* im 16. Artikel der *federalist articles* (vgl. *Adams/Adams* 1994, S. 92) festhält:

> „Die Regierung der Union, wie die jedes einzelnen Staates, muss in der Lage sein, sich unmittelbar der Hoffnungen und Befürchtungen einzelner anzunehmen; sie muss zu ihrer Unterstützung die politischen Leidenschaften einzelner auf sich ziehen können, die die Menschen in ihrem Innersten am stärksten bewegen."

Wie Abbildung 6 veranschaulicht, baut eine dementsprechende Föderation direkt auf der Basis, der Ebene der Individuen, auf, indem – verfassungsökonomisch ausgedrückt – jedes Individuum einen Gesellschaftsvertrag zur Konstitution einer dezentralen Ebene und, unabhängig davon, einen weiteren Kontrakt zur Konstitution einer zentralen Ebene abschließt (vgl. *Apolte* 1999, S. 190). Konkret erfolgt demnach die Wahl von Repräsentanten jeder Ebene, mit den Worten *Madisons* (51. *federalist article*; vgl. *Adams/Adams* 1994, S. 313), „aus der gleichen Quelle von Autorität [...], dem Volk, und zwar auf völlig unabhängigen Wegen, zwischen denen keine Verbindung besteht".

Abbildung 6: Basiskonzept

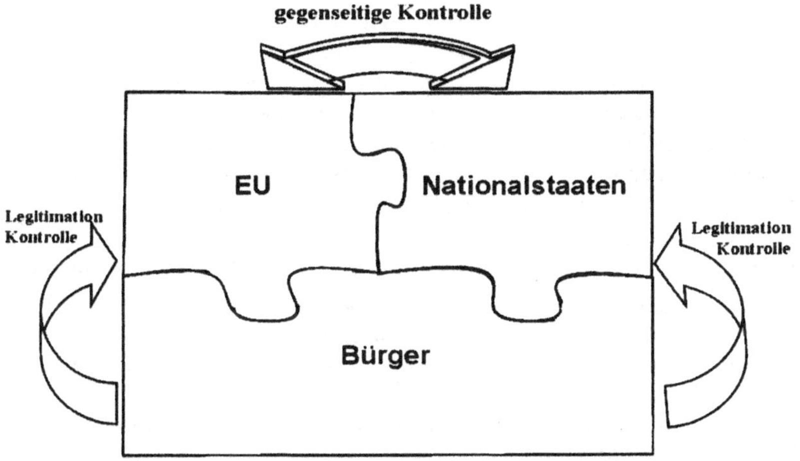

Quelle: Eigene Darstellung auf der Basis von *Apolte* (1999)

Das Basiskonzept ist die institutionell-organisatorische Umsetzung dafür, dass das Glück und Wohlergehen der Menschen, was von *Madison* im *federalist ar-*

ticle Nr. 45 (vgl. *Adams/Adams* 1994, S. 279) als „*public happiness*" bezeichnet wird, zur grundeigenen und letzten Legitimation kollektiven Handelns wird – und zwar sowohl auf dezentraler als auch auf zentraler Ebene. Dadurch erst wird die Grundlage geschaffen, um die horizontale durch eine vertikale Gewaltenteilung sinnvoll und wirksam im Sinne der individuellen Interessen ergänzen zu können. Damit die zentrale Ebene gegenüber der dezentralen Ebene ihre Kontrollfunktion vollständig wahrnehmen kann, ist die Institutionalisierung aller drei Gewalten auf dieser Ebene notwendig, denn sie muss, laut *Hamilton* (16. *federalist article*, vgl. *Adams/Adams* 1994, S. 92 f.), „alle Mittel besitzen und das Recht haben, alle Methoden einzusetzen, um die Kompetenzen auch durchzuführen, die ihr übertragen worden sind, so wie auch die Regierungen der Einzelstaaten diese besitzen und ausüben". So betrachtet wird „die vom Volk abgetretene Gewalt zunächst zwischen zwei getrennten Regierungssystemen aufgeteilt, und dann wird der jeweilige Anteil der Macht zwischen den unabhängigen und getrennten Gewalten unterteilt", wie *Madison* im 51. *federalist article* (vgl. *Adams/Adams* 1994, S. 316) festhält.

Übertragen auf die institutionelle Ausgestaltung der EU bräuchte es demnach auf der europäischen Föderationsebene neben einer Judikative (EuGH), ein europäisches Legislativ- (europäisches Parlament) und Exekutivorgan (Kommission). Vollkommen überflüssig, dem ursprünglichen Sinn des Basiskonzeptes sogar abträglich, wäre hingegen ein „intermediäres Gesetzgebungsorgan" (*Hamilton*, 16. *federalist article*, vgl. *Adams/Adams* 1994, S. 92), wie es in der EU mit dem Ministerrat sowie dem Europäischen Rat vorliegt. Ein solches intermediäres Organ institutionalisiert nämlich, so *Hamilton* (15. *federalist article*, vgl. *Adams/Adams* 1994, S. 83) ferner, „das Prinzip der *Gesetzgebung* für *Staaten* oder *politische Systeme* in ihrer *korporativen* oder *kollektiven Eigenschaft* und nicht für die *Individuen*, aus denen sie sich zusammensetzen"[113] und macht damit die einzelstaatliche Souveränität zuungunsten der Individuen zur entscheidenden Legitimationsgrundlage. Gerade diese Auffassung ist – im Gegensatz zum Basiskonzept – der tragende Leitgedanke des Pyramidenkonzeptes.

1.2 Der „verlängerte Arm" der Regierungen – zum Pyramidenkonzept

Die institutionelle Ausgestaltung eines föderalen Gebildes auf Grundlage des Pyramidenkonzeptes[114] zeichnet sich dadurch aus, dass die zentrale Ebene nicht aus einem Zusammenschluss der Individuen, sondern deren Repräsentanten hervorgeht. Zwar wird auch hier zunächst eine Ebene kollektiven Handelns durch einen Zusammenschluss der Individuen konstituiert, allerdings gilt dieser (fiktive) Gesellschaftsvertrag zur Einrichtung eines Rechtsschutz- und Leistungsstaa-

[113] Hervorhebungen im Original.

[114] Das Pyramidenkonzept entspricht dabei im Wesentlichen dem Prinzip des Intergouvernementalismus im Kontext der europäischen Integration.

tes ausschließlich für die dezentrale Ebene. Eine höhere zentrale Ebene baut hingegen – bildlich ausgedrückt – wie die Spitze einer Pyramide auf der unteren dezentral-staatlichen Ebene auf, welche sich ihrerseits schließlich auf die Ebene der Individuen stützt. Die zentrale Ebene wird in dieser Konzeption demnach nicht direkt mittels eines neuerlichen, separat geschlossenen Gesellschaftsvertrags durch die Bürger konstituiert, sondern indirekt durch einen Vertrag zwischen den Mitgliedstaaten, wobei betont werden muss, dass die zentrale Ebene in diesem Fall nicht nur die Regierungen – im Rahmen einer bloßen internationalen Vereinbarung – bindet, sondern die Machtbefugnisse auch auf die Ebene der Individuen ausgedehnt werden. Vertritt man keine organische Staatsauffassung, erfolgt demnach die Legitimation einer derart aufgebauten Föderation über den „verlängerten Arm“ der zuständigen nationalen politischen Organe, also über einen Zusammenschluss der Repräsentanten der Individuen, statt der Individuen selbst.

Abbildung 7: Pyramidenkonzept

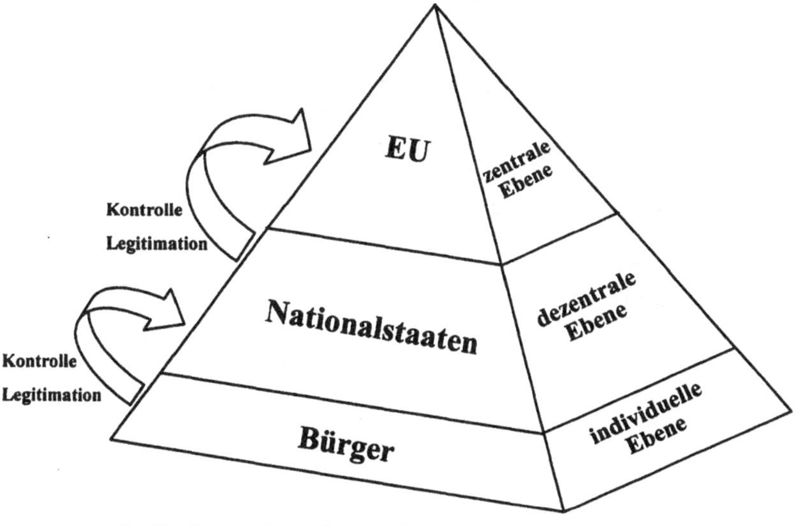

Quelle: Eigene Darstellung auf der Basis von *Apolte* (1999)

Dadurch entsteht schließlich eine zentrale Ebene, die „ihre Autorität auf die Mitgliedstaaten in deren kollektiver Eigenschaft bezieht, ohne sich auf die Individuen zu erstrecken, aus denen sich die Staaten zusammensetzen“, wie *Hamilton* (9. *federalist article*, vgl. *Adams/Adams* 1994, S. 48) mit Blick auf die amerikanische Konföderation konstatiert. Deren Befürworter wiederum waren zugleich jene Gegner der amerikanischen Verfassung, welche als *Anti-Föderalisten* gegen die Stärkung der föderalen, also der zentralen, Ebene opponierten.[115] Die grundsätzliche Notwendigkeit einer zentralen Ebene durchaus anerkennend traten die *Anti-Föderalisten* dafür ein, die zu diesem Zeitpunkt bestehende Konföderation zwar zu reformieren, in ihren grundsätzlichen Strukturen aber beizubehalten. Deren Wesensmerkmal bestand, ganz im Sinne des Pyramidenkonzeptes, aus einem Zusammenschluss der *Repräsentanten* der Bürger.[116]

Hinsichtlich der institutionell-organisatorischen Ausgestaltung ist im Rahmen des Pyramidenkonzepts eine gesonderte Repräsentation von Bürgern auf zentraler Ebene nicht vorgesehen. Die Gesetzgebungskompetenz auf dieser Ebene obliegt vielmehr den konstituierenden Einheiten, also den Staaten, und wird demnach einem Organ zugewiesen, welches sich explizit aus Regierungsvertretern der Einzelstaaten zusammensetzt, wie beispielsweise dem Rat in der EU. Damit wird aber jegliche Form einer wirksamen horizontalen Gewaltenteilung auf zentraler Ebene ausgeschlossen. Dieser Verzicht wird im Rahmen des Pyramidenkonzepts damit begründet, dass die Regierungsvertreter als Repräsentanten ihrer Bürger und damit im Einklang mit deren Präferenzen und Interessen handeln würden. Diese Annahme verstößt allerdings – und darin liegt der entscheidende Unterschied zum Basiskonzept – gegen eine strikte Unterscheidung zwischen individueller und kollektiver Ebene zum einen sowie zwischen dezentraler und zentraler Ebene zum anderen. Vielmehr werden beide Ebenen miteinander vermischt, indem individuelle Freiheiten und dezentrale Regierungssouveränität auf zentraler Ebene gleichgesetzt werden. Dadurch basiert das Pyramidenkonzept in seinen wesentlichen Grundzügen jedoch auf einer *„Individualismus-Dezentralismus-Analogie"* und steht, angesichts der grundsätzlichen Problematik einer Aggregation individueller Präferenzen auf kollektiver Ebene, somit auf einem wackeligen Legitimationsfundament. Den Bürgern ist sowohl eine direkte Kontrolle der zentralen Ebene mittels Wahlen als auch jegliche Form der Mitsprache verwehrt. Zudem kann im Fall des Pyramidenkonzeptes die doppelte Ausbeutungsgefahr für die Individuen durch einen dezentralen und einen zentralen Leviathan nicht – wie beim Basiskonzept – mit dem Verweis auf eine gegenseitige Kontrolle der föderalen Ebenen zurückgewiesen werden, denn schließlich wird hier die zentrale Ebene durch Akteure der dezentralen Ebene konstituiert und kontrolliert. Damit werden die Repräsentanten der dezentralen Ebene gleichzeitig zu obersten Richtern über die eigenen Entscheidungen und Handlungen. Dass der Aufbau einer Föderation gemäß des Pyramidenkonzepts nicht

---

[115] Die *Anti-Föderalisten* waren – im Gegensatz zu den *Föderalisten* – keine homogene Gruppe, sondern eher eine Ansammlung all jener, welche die zu ratifizierende amerikanische Verfassung aufgrund unterschiedlichster Motive ablehnten. Dennoch wäre es unangemessen, die *Anti-Föderalisten* als Vertreter einer Kleinstaaterei zu bezeichnen, denn über die grundsätzliche Notwendigkeit eines Zusammenschlusses aufgrund äußerer Bedrohungen bestand im Großen und Ganzen durchaus Konsens (vgl. *Storing* 1981).

[116] Ganz in diesem Sinne bestand auch der *Konföderationenkongress* aus Regierungsvertretern der 13 Einzelstaaten.

nur zu institutionellen Problemen führt, sondern zudem den eigentlichen Sinn einer föderalen Struktur geradezu *ad absurdum* führt, zeigt ein Blick auf den konstitutionellen *Status quo* der EU, welche als ein quasi-föderales Gebilde bezeichnet werden kann, das im Großen und Ganzen dem Pyramidenmodell folgt.

1.3 Staatenunion und Bürgerunion – zur EU-Praxis

Der Behauptung, dass der – zumindest im weiteren Sinne – föderale Charakter der EU im Wesentlichen dem Pyramidenkonzept entspricht, mag zunächst entgegengehalten werden, dass die europäische Ebene nicht nur aus dem Rat besteht, sondern mit Kommission, Parlament und Gerichtshof *de jure* sogar durch eine ausreichende horizontale Gewaltenteilung gekennzeichnet ist, welche in dieser Form nicht unmittelbar mit dem Pyramidenkonzept übereinstimmt. Insbesondere vor dem Hintergrund der Existenz eines europäischen Parlaments als direkt gewählte Repräsentationsinstitution der Individuen auf zentraler Ebene scheint die institutionelle Struktur der EU auch Elementen des Basiskonzepts zu genügen, so dass – ganz im Sinne eines Gebildes *sui generis* – vielmehr von einer gleichgewichtigen Kombination aus Pyramiden- und Basiskonzept ausgegangen werden könnte. Und doch soll folgend anhand von vier Themenfeldern die anfängliche Behauptung aufrechterhalten werden, dass die institutionelle Struktur der EU mehr dem Pyramiden- als dem Basiskonzept entspricht. Dabei ist herauszuarbeiten, dass die Ursache der bedeutendsten institutionellen und strukturellen Probleme der EU im Wesen des Pyramidenkonzeptes selbst – und nicht des Basiskonzeptes – angelegt sind.

1.3.1 Europäische Institutionen und historische Entwicklung

Die im Sinne des Pyramidenmodells elementare Stellung der dezentralen nationalstaatlichen Akteure auf zentraler europäischer Ebene lässt sich mit Verweis auf die historische Entwicklung der EU und ihrer Vorläuferinstitutionen erklären, welche anfangs vorwiegend als internationale Organisationen konzipiert waren. Die Integrationsgemeinschaft zeichnete sich zunächst durch eine Reihe von Verträgen zwischen den Vertretern der nationalstaatlichen Regierungen aus, wonach die nationalen politischen (Exekutiv-)Organe die dominanten Handlungsträger waren. Die Einrichtung eines Gremiums von Repräsentanten der beteiligten Regierungen ist damit – ähnlich der Vollversammlung der Vereinten Nationen – durchaus folgerichtig. Ganz in diesem Sinne hat der Entscheidungsprozess, durch welchen die Integration vorangetrieben wurde und auch heute noch im Wesentlichen wird, eine Form angenommen, welche letztlich dem Pyramidenmodell entsprechen muss, wie auch *Mueller* (1997, S. 273) in seiner Diktion[117] feststellt:

[117] *Mueller* (1997) differenziert zwischen einer Föderation und einer Konföderation statt zwi-

> „Given that the process of integration has been governed by a confederate structure, it is not surprising that the end product resembles much more closely the confederation model than it does the federalist one."

Obwohl sich die politische Integration in der EU dermaßen weiterentwickelt hat, dass inzwischen nicht mehr von einer bloßen internationalen Organisation, sondern einem – mindestens – quasi-föderalen Gebilde gesprochen werden kann, und obwohl diese fortschreitende Integration durch die Institutionalisierung und zunehmend verstärkte Einbindung weiterer Organe der zentralen europäischen Ebene flankiert wurde, bleiben die Vertreter der Mitgliedstaaten jedoch weiterhin die entscheidenden Akteure. Wichtigstes Gremium ist nach wie vor der Ministerrat, welcher bekanntlich aus Vertretern der dezentralen Regierungen besteht. Die Kommission, welche sich zwar *de jure* als Ganze vor dem Parlament zu legitimieren hat, wird *de facto* durch die nationalen Regierungen besetzt. Die Bestellung der Richter an den EuGH erfolgt im Einvernehmen der Mitgliedstaaten. Die Entwicklungsrichtung der europäischen Integration wird maßgeblich durch den Europäischen Rat der nationalen Staats- und Regierungschefs bestimmt. Einzige Ausnahme bildet in dieser Hinsicht das Europäische Parlament, welches nicht nur einer direkten Legitimation der Bürger unterliegt, sondern zudem auch an europäischen Entscheidungsverfahren beteiligt ist. Allerdings ist das Parlament unter den gegenwärtigen Bedingungen noch weit davon entfernt, die Rolle einer funktionsfähigen Legislative auf europäischer Ebene einzunehmen. Somit kann in diesem Zusammenhang von einem etwas anderen „Europa der zwei Geschwindigkeiten" gesprochen werden: Die vergleichsweise zügig voranschreitende Erweiterung der Union seit dem Vertrag von Maastricht und die damit einhergehenden Vertiefung der politischen Integration geht nicht mit einer dementsprechenden Gewichtsverlagerung bei den institutionellen Strukturen einher. Die Folge einer solchen ungleichen Entwicklung ist schließlich die Herausbildung eines (quasi-)föderalen Gebildes mit starkem Einfluss der dezentralen Ebene, welches dem Pyramidenmodell in weiten Teilen entspricht: „So long as the institutions of European government are designed by the ministers of its constituent governments, it will always retain a largely confederate structure" (*Mueller* 1997, S. 275). Ein solches Föderalismusmodell ist jedoch durch ein nachhaltiges institutionelles und strukturelles Problempotenzial gekennzeichnet, welches sich in der EU in den Bereichen Effizienz, Transparenz und demokratische Legitimation offenbart.

1.3.2 Vermittlung individueller Präferenzen durch Kollektive – zur Verkennung einer grundsätzlichen Problematik

Kennzeichen des Pyramidenkonzepts ist es, dass die zentrale Ebene ihre Legitimation nicht auf der Basis der individuellen Ebene der Bürger, sondern über den

---

schen einem Basis- und einem Pyramidenmodell.

Umweg der kollektiven Ebene der Repräsentanten der einzelnen Mitgliedstaaten bezieht. Damit wird jedoch jenes liberal-individualistische Prinzip verletzt, welches im Rahmen der bisherigen Argumentation zur Norm kollektiven Handelns schlechthin gemacht wurde. Diesem Prinzip nach sind die individuellen Präferenzen und Interessen der Bürger maßgeblich für jedwede Form kollektiven Handelns. Vor diesem Hintergrund stellt sich daher die Frage, warum es überhaupt eines Vertretergremiums, wie dem Rat in der EU, bedarf, welches zwischen die individuelle und die zentrale Ebene geschaltet wird. Die Vermittlung der individuellen Präferenzen auf der zentralen Ebene lässt sich schließlich direkter bewerkstelligen, beispielsweise über die direkte Wahl von Repräsentanten in ein dafür vorgesehenes (parlamentarisches) Gremium. Dennoch gibt es – sogar aus dem Kreise renommierter *Public-choice*-Theoretiker – Befürworter einer, zumindest teilweisen Zwischenschaltung einzelstaatlicher Organe in den europäischen Entscheidungsprozess (vgl. *Blankart* 2005, S. 46 ff.; *Mueller* 1996a, S. 296 f.; *Mueller* 1997, S. 260 f.; *Mueller* 2002). Nach deren Argumentation hängt die Entscheidung zwischen Basis- oder Pyramidenkonzept – in ihrer Darstellungsweise zwischen Föderation oder Konföderation (*Mueller* 1996a/b; 1997) beziehungsweise Bundesstaat oder Staatenbund (*Blankart* 2005) – fallweise von den Präferenzen der Bürger ab. Eine föderale Lösung gemäß dem Pyramidenmodell ist demnach dann das optimale Design für die kollektive Entscheidungsfindung in der EU, wenn die Präferenzen der Bürger *innerhalb* der Mitgliedstaaten relativ homogen und *zwischen* ihnen relativ inhomogen sind. In diesem Fall empfehle es sich, dass Vertreter der Mitgliedstaaten repräsentativ für „ihre" Bürger auf europäischer Ebene entscheiden, so wie dies auch in der Praxis durch den Ministerrat geschieht. Demgegenüber wird für den Fall relativ inhomogener Präferenzen *innerhalb* der EU-Staaten, bei einer – auf die gesamte EU bezogen – jedoch relativ gleichen Verteilung der Präferenzen *zwischen* den Staaten die Institutionalisierung einer föderalen Ordnung mittels des Basiskonzeptes favorisiert, welches seine institutionelle Umsetzung im Europäischen Parlament findet. *Mueller* (1997, S. 260) nennt als Beispiel für den ersten Fall die Vergrößerung des Ozonlochs, und für den zweiten Fall die Verschmutzung eines Flusses, welcher in Land A entspringt, durch Land B fließt und in Land C mündet. *Blankart* (2005, S. 47) zieht in diesem Zusammenhang ein Zahlenbeispiel heran, welches von der Grundaussage her folgender Tabelle entspricht:

Dabei sei angenommen, die EU bestünde nur aus vier Staaten, nämlich Frankreich, Portugal, Italien und Spanien und umfasse insgesamt 100 Millionen Bürger. In dem ersten Fall, dargestellt im linken Teil der Tabelle, sind die individuellen Präferenzen für europäische Politik *in* den betroffenen Staaten zwar relativ inhomogen, *zwischen* den Staaten jedoch relativ homogen, denn in allen vier Staaten überwiegen die Befürworter europäischer Politik. Würde in diesem Fall über ein bestimmtes Vorhaben, beispielsweise über die Freizügigkeit von Arbeitnehmern zwischen den Staaten, entschieden, ist es, der Argumentation *Blan-*

karts nach, unsinnig, zunächst in den einzelnen Staaten abzustimmen und dann auf europäischer Ebene eine Entscheidung zu fällen. Es könne vielmehr direkt auf EU-Ebene in einem dementsprechenden Gremium – in diesem Fall dem Parlament – abgestimmt werden.[118] Demnach würde sich ein Ergebnis von 60:40 für das Vorhaben ergeben. Die 40 Millionen Bürger, welche durch diese Entscheidung überstimmt werden, würden dies auch, wenn man zunächst auf Ebene der Einzelstaaten abstimmen würde.

Tabelle 9: Wählerverteilung im Bundesstaat und Staatenbund

	Bundesstaat			**Staatenbund**		
Bürger (in Mio.)	*EU-Befürworter*	*EU-Skeptiker*	*ges.*	*EU-Befürworter*	*EU-Skeptiker*	*ges.*
Frankreich	32	28	60	40	20	60
Portugal	11	7	18	4	14	18
Italien	10	2	12	8	4	12
Spanien	7	3	10	8	2	10
ges.	**60**	**40**	**100**	**60**	**40**	**100**

Quelle: Eigene Darstellung auf der Basis von Blankart (2005, S. 47)

Sind die individuellen Präferenzen hingegen so verteilt, wie im rechten Teil der Tabelle, dann ergibt sich eine andere Konstellation. Die Verteilung der Präferenzen für europäische Politik ist nämlich *innerhalb* der Staaten relativ homogen, *zwischen* den Staaten jedoch relativ inhomogen, da in Frankreich, Spanien und Italien zwar die Befürworter, in Portugal hingegen die Skeptiker überwiegen. In einem solchen Fall ist es nach *Blankart* (2005, S. 47) sinnvoll, zunächst auf Ebene der Einzelstaaten zu entscheiden und so herauszufinden, ob ein Konsens auf EU-Ebene überhaupt erreichbar ist. Der Unterschied zum ersten Beispiel ist dabei folgender: Würde bei der im zweiten Fall betrachteten Verteilung der Präferenzen in einem einstufigen Verfahren direkt auf zentraler Ebene entschieden und dementsprechend auf die teilweise unterschiedlichen Mehrheiten in den betroffenen Staaten keine Rücksicht genommen, so ergäbe sich zunächst auch ein Ergebnis von 60:40 für das Vorhaben. Allerdings würden in einem solchen Fall 40 Millionen Wähler überstimmt, statt – wie hier angenommen – nur 30 Millionen (Frankreich 20 + Portugal 4 + Italien 4 + Spanien 2). *Blankart* (2005, S. 47 f.) kommt diesbezüglich zu dem Schluss, dass „das Bundesstaatsverfahren nur angewandt werden [sollte], wenn [...] im großen und ganzen

[118] Natürlich vorausgesetzt, dass ein solches Parlament repräsentativ zusammengesetzt ist und dementsprechend die Interessen aller potenziellen Wähler zu vertreten in der Lage ist.

gleich gerichtete Meinungen vorliegen. Scheitert die Vorlage im Staatenbund, so ist in einer zweiten Runde zu versuchen, das Paket aufzuschnüren, um zu erkennen, ob sich über ein Teilpaket in der Union Konsens erzielen lässt".

Wenngleich diese Argumentation auf den ersten Blick überzeugend zu sein scheint,[119] ist diese Begründung für die Wahl einer föderalen Ordnung insgesamt inkonsistent. Der hier dargestellte zweite Fall einer stufenweisen Entscheidung, die zunächst auf mitgliedstaatlicher, dann auf europäischer Ebene stattfindet, funktioniert nämlich nur dann, wenn überhaupt keine gemeinschaftliche Entscheidung nötig ist, so dass jeder Staat für sich bestimmen kann, ob er an einem Projekt teilnimmt oder nicht. Vielmehr scheinen in dieser Argumentation zwei Aspekte unzulässig miteinander vermischt. Zum einen die *grundsätzliche* Frage nach der Zentralisierung beziehungsweise Dezentralisierung von politischen Kompetenzen und zum anderen die Frage nach dem Modus der Abstimmung über solche Politikfelder, die *bereits* zentralisiert sind. Und in diesem Fall – nimmt man, wie *Blankart* es auch tut, die Minimierung der Anzahl der überstimmten Bürger als relevantes Effizienzkriterium – ist eine Abstimmung ohne eine Zwischenschaltung einzelstaatlicher Organe immer vorteilhaft. Zwar würde bei Vorliegen *vollkommen* homogener Präferenzen innerhalb der Mitgliedstaaten der EU die Repräsentation individueller Interessen durch die jeweiligen Vertreter derer Staaten theoretisch ausreichen, da in diesem – allerdings sehr unwahrscheinlichen – Fall keine unterschiedlichen Präferenzen innerhalb der dezentralen Ebene zu berücksichtigen wären. Jedoch ist diese Form der Repräsentation einer direkten Repräsentation nicht überlegen, sondern höchstens gleichwertig, wie *Apolte* (1999, S. 193) diesbezüglich anmerkt. Denn schon bei kleinsten Präferenzunterschieden innerhalb der Mitgliedstaaten ist die Repräsentation über den Umweg einer Zwischenschaltung von Vertretern der dezentralen Ebene einer direkten Repräsentation der Individuen unterlegen.

Ganz abgesehen davon scheinen die Befürworter einer solchen föderalen Lösung, die dem Pyramidenkonzept weitgehend entspricht, recht hohes Vertrauen in die Regierungsvertreter der Mitgliedstaaten bezüglich der Delegation individueller Präferenzen zu haben. Dabei dürfte kein *Public-choice*-Ökonom bestreiten, dass die Einflechtung einer Instanz, welche zudem noch aus Vertretern der dezentralen kollektiven Ebene besteht, in den europäischen Entscheidungsprozess dazu führt, dass die Präferenzen der Bürger nicht nur über Umwege auf Kosten der Transparenz, sondern vor allem verfälscht auf Kosten der Legitima-

[119] Mal ganz abgesehen von der Tatsache, dass man dieser Argumentation zufolge bei Entscheidungen stets differenzieren müsste. Je nach Fragestellung und der damit verbundenen Strukturen der individuellen Präferenzen müsste mal nach dem Basis-, mal nach dem Pyramidenkonzept entschieden werden. Konkret würde dies jedoch bedeuten, dass man in der EU weiterhin alle Institutionen in ihrer jetzigen Form beibehalten müsste und damit den *Status quo* unumstößlich festschriebe.

tion und der Effizienz an die zentrale Ebene weiterdelegiert werden. So wurde bereits mehrfach betont, dass ein Kollektiv grundsätzlich über keine eigene Präferenzordnung verfügt, geschweige denn zu einer Aggregation der individuellen Präferenzen in der Lage ist. Diese Aussage gilt auch für die Mitgliedstaaten der EU, welche Kollektive von 400.000 (Malta) bis 82 Millionen (Deutschland) Individuen darstellen. Letztlich können jedoch ausschließlich individuelle Präferenzen weitergeleitet werden. Im Fall des Rates sind das diejenigen der Repräsentanten der dezentralen Ebene, also der politischen Entscheidungsträger der Mitgliedstaaten. Diese werden, ganz im Sinne des methodologischen Individualismus streng eigennutzorientiert handelnd, in erster Linie eigenen Interessen sowie – damit unmittelbar zusammenhängend – den Interessen der sie unterstützenden Lobbys auf zentraler europäischer Ebene Geltung verschaffen.[120] Es ist zu befürchten, dass „die nationalstaatlichen Organe genau jene Wünsche der individuellen EU-Bürger herausfiltern, die der Verfolgung ihrer eigenen Interessen oder jener bestimmter *pressure groups* im Wege stehen“ (*Apolte* 1999, S. 202). In diesem Zusammenhang mag sich dann manch einer wundern, wenn sich die Subventionierung der Steinkohle, die steuerliche Begünstigung von Spediteuren oder die Preisfixierung für bestimmte Agrarprodukte plötzlich zu „nationalen Interessen“ im Rahmen von Beschlüssen auf europäischer Ebene wandeln.[121]

1.3.3 Defizite vertikaler Gewaltenteilung

Durch die weitgehende Mitsprache der Mitgliedstaatsregierungen auf europäischer Ebene wird darüber hinaus der Zweck eines föderalen Aufbaus im Sinne einer vertikalen Gewaltenteilung geradezu konterkariert. Ziel der Konstitution einer zentralen Ebene ist es unter anderem, die individuelle Freiheit der Bürger vor Übergriffen der dezentralen Ebene zu sichern. Im Sinne dieser Überlegungen würde das bedeuten, dass die Regierungsvertreter der Mitgliedstaaten im Ministerrat genau diesen Zweck erfüllen müssten. Jedoch wird niemand „ernsthaft erwarten, dass diese Repräsentanten im Ministerrat mit dem Ziel zusammentreffen, uns Bürger vor dem Brüsseler Leviathan – also letztlich vor sich selbst – zu schützen“ (*Apolte* 2004, S. 279). Ganz im Gegenteil wird damit sogar eine Kartellbildung der beteiligten Regierungen zum Schaden ihrer Bürger begünstigt, indem Anreize geschaffen werden, die zum Schutz von Wählerinteres-

[120] Besonders deutlich heben *Vaubel* (2001, insbes. S. 102 ff.) und *von Arnim* (2006, insbes. S. 103 ff.) diese Defizite hervor.

[121] Fasst man Politik als einen komplexen institutionalisierten Prozess auf, den die Individuen durch ihre persönliche Bewertungen im Hinblick auf verschiedene, ihnen zur Wahl stehende Alternativen gestalten können, ist es ohnehin einigermaßen abwegig, von solchen „nationalen Interessen“ zu sprechen, wenngleich damit natürlich nicht die Tatsache infrage gestellt wird, dass es zwischen Individuen eines Gemeinwesens durchaus Übereinstimmungen hinsichtlich derer Interessen und Präferenzen geben kann (vgl. *Brennan/Buchanan* 1993, S. 60).

sen auf dezentraler Ebene institutionalisierten Absicherungsmechanismen systematisch zu umgehen. Denn durch die weitgehende Einbindung der dezentralen Exekutiven in den Entscheidungsprozess auf zentraler Ebene eröffnet sich diesen die Möglichkeit, die für sie jeweils günstigste politische Entscheidungsebene auszuwählen (vgl. *Apolte* 2004, S. 279 f.). Ein damit geschaffener, erheblich erweiterter diskretionärer Handlungsspielraum verhilft den Regierungen der Mitgliedstaaten, unpopuläre Entscheidungen auf die zentrale Ebene zu verlagern, um sie dort, mit Verweis auf die Zuständigkeit der EU, gegenüber ihrer Wählerschaft rechtfertigen zu können, sowie im Gegenzug Entscheidungen auf europäischer Ebene unter dem Vorwand nationaler Interessen dann zu blockieren, wenn damit der Ausbau ihrer Machtposition auf dezentraler Ebene gesichert wird. Da die Bürger praktisch keine Möglichkeit haben, die für politische Entscheidungen auf europäischer Ebene Verantwortlichen explizit auszumachen, geschweige denn zur Verantwortung zu ziehen oder gar abzuwählen, macht es die „organisierte Unverantwortlichkeit in der EU [...] gefahrlos möglich, sie immer wieder zum Sündenbock zu stempeln" (*von Arnim* 2006, S. 109). Ein in diesem Zusammenhang häufig erwähntes Beispiel (vgl. *Vaubel* 1992, S. 48; 2005, S. 128) ist die sogenannte Mehrwertsteuer-Richtlinie der EU von 1992, welche einen Mehrwertsteuermindestsatz von 15 Prozent in den Mitgliedstaaten festsetzte. Diese Richtlinie, welche dem Konsenserfordernis bei der Abstimmung im Ministerrat unterlag, ermöglichte der damaligen Bundesregierung erst, jene Mehrwertsteuererhöhung in Deutschland durchzusetzen, welche der Bundesrat zuvor abgelehnt hatte. In der Öffentlichkeit wurde diese systematische Umgehung nationaler Kontrollinstitutionen damit begründet, dass man die politische Verantwortung auf die europäische Ebene „verschob". Die Tatsache, dass Vertreter der Bundesregierung der Richtlinie zugestimmt hatten und damit über die europäischen Gremien erst ein auf nationaler Ebene nicht durchsetzbares Ziel durchgesetzt wurde, wurde indessen verschwiegen.

Durch eine solche Verfahrenspraxis wird jedoch – entgegen der ursprünglichen Logik eines föderalen Aufbaus – der Leviathan keineswegs gezähmt, sondern geradezu von solchen institutionellen (Basis-)Beschränkungen befreit, welche auch ohne eine vertikale Gewaltenteilung bestehen. Damit wird ein System von *checks and balances* zu einem System von *negligences and imbalances*, welches durch Kompetenzverschleierungen und Unverantwortlichkeiten gekennzeichnet ist und Anreize schafft, die gegenseitige Kontrollfunktion von zentraler und dezentraler Ebene systematisch zu unterbinden – zum Schaden der Individuen. Im Hinblick auf die Entstehung der amerikanischen Verfassung stand jedoch gerade die Idee der Föderalisten im Mittelpunkt, eine Reihe von (Spiel-)Regeln dafür zu schaffen, die die politische Macht der (dezentralen Einzel-)Staaten über die Freiheiten ihrer Bürger einschränken. Aus diesem Grund ist eine zentrale Regierung legitimierbar, welche zwar einen unmittelbaren Einfluss auf die Bürger hat, deren Rechtmäßigkeit aber von der Zustimmung der Bürger selbst abhängig ist.

1.3.4 Zentralisierung und Föderalismus in der EU – zur unzureichenden Verbindung zweier Begriffe

Ein grundsätzliches Problem der öffentlich geführten politischen, aber vielfach auch akademischen Diskussion um Föderalismus in der EU liegt darin, dass diese Debatte häufig ausschließlich auf den spezifischen Zentralisierungsgrad kollektiver Entscheidungsfindung in der EU reduziert wird. Das ist zunächst auch nicht negativ zu bewerten, solange dabei nicht das Phänomen der Zentralisierung mit der Idee des Föderalismus *an sich* gleichgesetzt wird. Doch genau diese Annahme ist weit verbreitet und eint im Übrigen nicht selten Gegner und Befürworter einer weiter reichenden föderalen Organisation der EU. Ein Mehr an Föderalismus wird dabei häufig als ein Mehr an Zentralisierung betrachtet (vgl. u. a. *Vaubel* 1994). Eine solche Annahme ist in dieser Pauschalität jedoch weder zutreffend noch – hinsichtlich der europäischen Föderalismusdiskussion – zielführend. Vielmehr verbirgt sich dahinter ein Wesensmerkmal und Problem des Pyramidenmodells.

Zunächst einmal ist zu konstatieren, dass der Idee eines föderalen Staatsaufbaus nicht zwangsläufig eine (Über-)Zentralisierung der föderalen Ebene innewohnt.[122] So weisen *Filippov*, *Ordeshook* und *Shvetsova* (2004) in einer umfassenden Studie nach, dass auch föderale Systeme weitreichend dezentralisiert sein können, wenn konstitutionelle Schutzmaßnahmen die institutionelle Trennung von dezentraler und zentraler Ebene gewährleisten. Des Weiteren – und dieser Aspekt ist von besonderer Relevanz für die europapolitische Diskussion – wird versucht, die Wahl zwischen Zentralisierung und Dezentralisierung mit einer Wahl zwischen verschiedenen Repräsentationsinstitutionen individueller Präferenzen in einer Föderation gleichzusetzen. Dies geschieht dadurch, dass fälschlicherweise angenommen wird, dass – soweit zunächst noch richtig – Zentralisierung als Schwächung des Einflusses dezentraler politischer Instanzen auf die zentrale Ebene angesehen wird und – hier liegt das Problem – demgegenüber Dezentralisierung eine Stärkung der Mitsprache von Vertretern der dezentralen Ebene auf zentraler Ebene bedeuten müsse. Was auf den ersten Blick zunächst einleuchtend erscheinen mag, erweist sich bei genauerer Betrachtung hingegen als eine schwere Fehleinschätzung. Denn zieht man gemäß *Oates* (1999, S. 1121 ff.) die ökonomische Theorie des Föderalismus hinzu, dann wird unter *Dezentralisierung* eine Verlagerung kollektiver Entscheidungs- und Handlungskompetenzen von einer zentralen auf mehrere, davon unabhängige dezentrale Ebenen verstanden. Demgegenüber würde *Zentralisierung* eine Verschiebung von politischen Kompetenzen und Verantwortlichkeiten in umgekehrter Richtung bedeuten, also von der dezentralen auf eine von dieser unabhängigen

[122] Damit wird selbstverständlich nicht die Meinung vertreten, dass eine schleichende oder offene Zentralisierung *kein* Problem föderaler Systeme ist. Es wird nur behauptet, dass das keine *grundsätzliche* Eigenschaft föderaler Systeme ist.

zentrale Ebene. Dass eine so verstandene Zentralisierung mit einem Kompetenzverlust auf dezentraler Ebene einhergeht, hat bereits *Hamilton* (15. *federalist article*, vgl. *Adams/Adams* 1994, S. 83) mit Blick auf die Gegner der damals diskutierten amerikanischen Verfassung betont:

> „Sie [die Anti-Föderalisten; der Verf.] versuchen immer noch, etwas zu erreichen, was widersprüchlich und unvereinbar ist: eine Verstärkung der Machtbefugnis des Bundes ohne eine Verringerung einzelstaatlicher Machtbefugnisse, Souveränität der Union bei gleichzeitig vollkommener Unabhängigkeit ihrer Mitglieder.“

Wird davon ausgehend jedoch Dezentralisierung als eine Begrenzung der Entscheidungskompetenz der zentralen Ebene zugunsten (der Vertreter) der dezentralen Ebene aufgefasst, dann wandelt sich die ursprüngliche Bedeutung eines Phänomens der Kompetenz*verlagerung* zur bloßen Kompetenz*vermischung*. So wäre es beispielsweise einigermaßen abwegig, in der Bundesrepublik Deutschland die *Mit*sprache des Bundesrates bei der Gesetzgebung des Bundes als eine Form der Dezentralisierung zu bezeichnen. Eine solche läge nämlich gemäß oben angeführter Definition erst dann vor, wenn Kompetenzen vom Bund auf die Länder (zurück-)verlagert werden würden. Von daher verwundert es auch nicht, dass in den *federalist articles* (vor allem Nr. 15–17; 45) vor dieser Interpretation von Dezentralisierung ausdrücklich mit dem Hinweis darauf gewarnt wird, dass geteilte Souveränität keine unklare Aufgabenverteilung zwischen zentraler Ebene und Einzelstaaten bedeute. Doch ungeachtet dieser Feststellung wird – gerade auch unter Ökonomen des deutschen Sprachraums – an diesem Verständnis von Dezentralisierung festgehalten, worauf *Apolte* (2004, S. 277) mit Verweis auf die *European Constitutional Group* (1993) und *Schneider* (1998) aufmerksam macht. Dort nämlich wird die wichtige Stellung des Rates gegenüber den anderen Institutionen in der EU betont, um über dieses intergouvernementale Organ den dezentralen Einfluss auf zentraler Ebene zu gewährleisten. Dass die dabei zur Geltung kommenden Argumente im Wesentlichen auf einer Föderalismusauffassung beruhen, die dem Pyramidenkonzept folgt, dürfte nicht verwundern. Denn dieses Modell zeichnet sich gerade durch den weitreichenden Einfluss von Vertretern der dezentralen Ebene auf zentraler Ebene aus. Dahinter jedoch ein probates institutionelles Mittel zu sehen, um eine schleichende Verlagerung von Entscheidungskompetenzen auf die zentral-europäische Ebene zu verhindern und dadurch die Individuen vor der „Zentralisierungswut“ des Brüsseler Leviathan zu schützen, ist nicht nur unangemessen, sondern vor dem Hintergrund der bisherigen Ausführungen geradezu kontraproduktiv. Denn durch die Mitsprache dezentraler Akteure auf zentraler Ebene wird Zentralisierung nicht verhindert – ganz im Gegenteil.[123] Zentralisierung findet nämlich bereits dann statt, sobald

[123] Eine Ablehnung der Mitsprache dezentraler Akteure auf zentraler Ebene beinhaltet keineswegs, dass die Kontrolle der zentralen durch die dezentrale Ebene abzulehnen ist. Dabei gilt es jedoch Mitsprache und Kontrolle präzise zu definieren und ggf. zu differenzieren.

Kompetenzen von dezentralen Einheiten auf eine zentrale Ebene übertragen werden. Und dass es dafür, auch aus liberal-individualistischer Perspektive, gute Gründe gibt, zeigen die folgenden Ausführungen. Das Problem einer übermäßigen Zentralisierung indessen lässt sich – so ist ebenfalls zu zeigen – einfacher und vor allem wirksamer verhindern als durch die Mitsprache von Vertretern der dezentralen Ebene auf der zentralen Ebene.

2. Zentralität und Dezentralität kollektiven Handelns in einer Föderation – zur Frage der Kompetenzallokation und Machtverteilung in der EU

Die Frage nach der Aufteilung von politischen Entscheidungskompetenzen zwischen den unterschiedlichen kollektiven Handlungseinheiten in einer Föderation wird in der EU nicht nur sehr kontrovers diskutiert, sondern auch häufig sehr eindimensional beantwortet. Demzufolge wird, begründet mit der Verhinderung eines europäischen Leviathans und moralisch vermeintlich gestützt durch den Verweis auf das Subsidiaritätsprinzip, eine möglichst breit angelegte Dezentralisierung politischer Kompetenzen in der EU befürwortet. Selbstverständlich stellt dabei, insbesondere mit Verweis auf die Gewährleistung dauerhaften Friedens innerhalb der EU, niemand mehr ernsthaft – von den exaltierten Rändern abgesehen – die zentrale europäische Ebene grundsätzlich infrage. Doch auch wenn die europäische Ebene in dieser Hinsicht eine Selbstverständlichkeit geworden ist, gibt es viele EU-Skeptiker, die Europa grundsätzlich befürworten, einen unnötiger Eingriff in die persönliche Privatsphäre der EU-Bürger aber entschieden ablehnen. Dem ist zunächst einmal auch nichts entgegenzusetzen, solange es sich tatsächlich um einen *unnötigen* Eingriff handelt. Eine funktionsfähige Föderation zeichnet sich jedoch nicht durch eine solche pauschale Bevorzugung dezentraler Kompetenzverantwortung aus, sondern verlangt eine sehr viel differenziertere Betrachtung. Denn schließlich ist das wesentliche Kennzeichen einer Föderation, dass zwar viele Kompetenzen auf der dezentralen Ebene verbleiben, manche Kompetenzen jedoch auf zentraler Ebene anzusiedeln sind. Die Konstitution einer zentralen Ebene ist vielmehr das erforderliche Kriterium für die Entstehung und den Bestand einer Föderation überhaupt. Ganz in diesem Sinne befassen sich auch die *founding fathers* in den *federalist articles* mit der Begründung eben dieser Zentralebene. In diesem Kontext weist *Madison* (45. *federalist article*, vgl. *Adams/Adams* 1994, S. 279) darauf hin, dass die Machtverteilung zwischen zentraler und dezentraler Ebene in einer Föderation kein Wert an sich ist, sondern dem übergeordneten Zweck der „*public happiness*" zu folgen habe, indem er betont, „dass das Gemeinwohl, das tatsächliche Wohl der großen Masse des Volkes, das höchste zu verfolgende Ziel ist, und dass jede Regierungsform nur so viel Wert ist, wie sie zur Erlangung dieses Ziels beiträgt". Vor diesem Hintergrund und wegen der Tatsache, dass die wirtschaftswissenschaftliche Diskussion in diesem Bereich meist sehr auf den Aspekt des institutionellen Wettbewerbs konzentriert ist, ist es geboten, sich noch einmal die „klassischen" Argumente für dezentrale und vor allem zentrale Strukturen in einer Föderation zu vergegenwärtigen. Eine solche Betrachtung umfasst nicht nur ein auf die Bereitstellung öffentlicher Güter gerichtetes, leistungsstaatlich begründbares ökonomisches *Effizienz*kriterium, sondern auch ein rechtsschutzstaatlich begründbares individuelles *Freiheits*kriterium.

2.1 Das Freiheitskriterium föderaler Strukturen

Staatliches Handeln hat für das Individuum immer eine freiheitsbeschränkende und präferenzverzerrende Wirkung. Aus dieser Tatsache leitet sich der Grundsatz ab, dass ein Eingriff des Staates in den individuellen Handlungs- und Verantwortungsraum nur dort erfolgen sollte, wo kollektiver Handlungsbedarf begründet und von den davon Betroffenen akzeptiert werden kann. Ein solcher liegt – so konnte gezeigt werden – bei der Überwindung des Zustands der Anarchie durch die Konstitutionalisierung eines Rechtsschutzstaates hinreichend vor. Dennoch besteht die Gefahr, dass ein derart begründeter Staat zum Leviathan wird, der die Handlungsmöglichkeiten der Individuen übermäßig einschränkt. Dass die Institutionalisierung föderaler Strukturen ein wirksames Mittel ist, diese Gefahr verringern, ja sogar verhindern zu können, fand bereits Erwähnung. In diesem Zusammenhang wurde insbesondere auf die Funktion der zentralen Ebene als institutionalisierte Sicherung gegen Übergriffe der dezentralen Ebene auf die individuelle Freiheit sowie die notwendige gegenseitige Kontrolle der – dezentralen und zentralen – kollektiven Handlungsebenen hingewiesen. Im Folgenden richtet sich der Fokus auf das Verhältnis der Individuen zu den kollektiven Handelungsebenen in einer Föderation. Es ist zu begründen, unter welchen Bedingungen das Prinzipal-Agenten-Verhältnis zwischen Bürgern und politischen Handlungsträgern in einer Föderation den größtmöglichen Freiraum für individuelles Handeln zu gewährleisten vermag. In diesem Zusammenhang wird sich zeigen, dass dabei gerade der zentralen Ebene eine wichtige Funktion zukommt – und zwar unabhängig von der „bloßen" Kontrolle der dezentralen Ebene. Eine dafür wichtige Voraussetzung ist, dass man nicht der argumentativen Versuchung einer „Individualismus-Dezentralismus-Analogie" (vgl. *Apolte* 1999, S. 173 ff; *Apolte* 2004) verfällt, sondern präzise das Verhältnis von Individuum zum Kollektiv von jenem zwischen dezentraler und zentraler kollektiver Ebene unterscheidet.

2.1.1 Die Funktion der dezentralen Ebene

Je kleiner kollektive Handlungseinheiten sind, desto größer ist der Homogenitätsgrad der Präferenzen der Individuen. Es kann ohne eine spezifische empirische Erhebung zweifellos behauptet werden, dass die Interessen und Präferenzen der Individuen in der gesamten EU viel mehr voneinander abweichen als innerhalb der einzelnen Mitgliedstaaten oder gar – noch weiter herunter gebrochen – innerhalb regionaler oder lokaler Gebietskörperschaften wie Bundesländern oder

Kommunen. Bezogen auf das Verhältnis von Bürgern (Prinzipalen) zu Politikern (Agenten) lässt sich vor diesem Hintergrund zunächst festhalten, dass auf dezentraler Ebene der Einfluss der Individuen auf „ihre“ politischen Handlungsdelegierten direkter und damit größer scheint und letztere damit bei ihren Entscheidungen enger an die Präferenzen der Wähler gebunden sind. Kleinere Kollektive, welche sich *per definitionem* auf dezentraler und nicht auf zentraler Ebene befinden, zeichnen sich zunächst also durch eine größere Nähe zu den individuellen Präferenzen aus. Demnach können mögliche Eingriffe dieser kollektiven Handlungsebene in den individuellen Entscheidungsspielraum genauer mit den davon Betroffenen abgestimmt werden, was zur Folge hat, dass die anfangs erwähnte, zwangsläufig freiheitsbeschränkende und präferenzverzerrende Wirkung staatlichen Handelns grundsätzlich geringer ausfällt. So ergäbe beispielsweise eine EU-weit gültige Vorschrift über den rechtmäßigen Betrieb von Seilbahnen wenig Sinn, da in einem Skigebiet in den französischen Alpen andere Anforderungen vorliegen als in einem Freizeitpark auf der mecklenburgischen Seenplatte.

Trotz dieser Tatsache, dass kleinere kollektive Einheiten oftmals vor- und nachsichtiger in den individuellen Handlungsspielraum eingreifen, lässt sich damit keine grundsätzliche Bevorzugung dezentraler Strukturen zur Sicherung eines größtmöglichen Freiraums für individuelles Handeln begründen (vgl. *Apolte* 1997, S. 63 ff.; *Apolte* 1999, S. 175 ff.). So ist infrage zu stellen, ob auf dezentraler Ebene tatsächlich eine messbar größere Anbindung der politischen Entscheidungsträger an die Wähler vorliegt.[124] Selbstverständlich ist es ein Unterschied, wenn – bezogen auf das Europäische Parlament – Irland mit einem an der gesamten EU gemessenen Bevölkerungsanteil von gut einem Prozent über 13 Delegierte verfügt, wohingegen der Bundesrepublik Deutschland mit einem Bevölkerungsanteil von 18 Prozent lediglich 99 Sitze im Parlament zustehen. Der Einfluss der Stimme des einzelnen Wählers in Irland oder in Deutschland auf das Gesamtergebnis bezogen bleibt aber, wenngleich nicht unbedingt „verschwindend gering“ (*Apolte* 1999, S. 176), so doch zumindest sehr begrenzt. Das liegt in erster Linie daran, dass die Unvollkommenheiten politischer Repräsentation durch Wahlen mitsamt den damit zusammenhängenden Kontrollproblemen auf dezentraler Ebene wegen der bloßen geringeren Größe nicht vollends verschwinden.[125] Auch wenn jede Stimme „mehr“ zählen mag, unterliegen die

[124] Was beispielsweise den Informationsgrad der Wähler bei Wahlen in der Bundesrepublik Deutschland anbelangt, verhält es sich sogar umgekehrt. Im Zentrum der Aufmerksamkeit steht zumeist die Bundesebene, was zur Folge hat, dass Kommunal- oder Landtagswahlen, aber auch Wahlen zum Europäischen Parlament, meist zu einem „Stellvertreter-Urnengang“ werden.

[125] Damit ist selbstverständlich keine Aussage darüber getroffen, dass politischer Widerspruch der Individuen mittels institutioneller Regelungen wie Bürgerinitiativen oder Referenden auf dezentraler Ebene im Allgemeinen besser organisierbar und damit Erfolg versprechender

politischen Entscheidungsträger hier ebenso dem Anreiz, nicht gemäß den individuellen Präferenzen der Wähler zu handeln und dafür aufgrund unvollkommener Kontrollmöglichkeiten nur unzureichend sanktioniert zu werden. Der Grund dafür ist darin zu sehen, dass diese Probleme bereits beim Übergang von der individuellen zur kollektiven Ebene entstehen und nicht erst beim Übergang von der dezentralen zur zentralen Ebene. Der einzige, und im Hinblick auf eine Föderation auch entscheidende Unterschied, liegt indessen darin, dass die Zusammensetzung von Mehrheiten auf dezentraler und auf zentraler Ebene unterschiedlichen Bedingungen folgt. Und genau mit dieser Feststellung lässt sich begründen, warum unter bestimmten Umständen politische Entscheidungsträger auf zentraler Ebene – entgegen der hier zunächst angeführten Aussage – den Freiraum für individuelles Handeln und Verantwortung besser zu gewährleisten vermögen als auf dezentraler Ebene.

2.1.2 Die Funktion der zentralen Ebene

Ausgangspunkte der folgenden Ausführungen sind zum einen der von *Madison* verfasste und als eine „frühe Konzeptionalisierung des Interessengruppenpluralismus" (*Adams/Adams* 1994, Einleitung, S. liv) interpretierbare 10. *federalist article* sowie zum anderen die gruppentheoretischen Überlegungen, welche sich aus der *Olson*'schen „Logik des kollektiven Handelns" (1965) ergeben. *Madison* (10. *federalist article*, vgl. *Adams/Adams* 1994, S. 50) stellt in seinem publizistischen Plädoyer die Schutzfunktion der territorialen Größe der vorgeschlagenen Union für den persönlichen Entfaltungsspielraum der Bürger ins Zentrum seiner Argumentation:

> „Unter den zahlreichen Vorteilen, die eine gut aufgebaute Union verspricht, verdient keine genauer dargelegt zu werden, als die mögliche Fähigkeit, die Gewalttätigkeit von Faktionen zu beenden und auf Dauer zu kontrollieren."

Ausgangspunkt seiner Begründung ist die Annahme, dass organisierte Interessengruppen – in seiner Diktion „Faktionen" – ein natürlicher Bestandteil liberaler Gesellschaften sind.[126] Faktionen sind demnach, objektiv betrachtet, zunächst einmal ein Kennzeichen einer freiheitlichen pluralistischen Gesellschaft, in welcher die Menschen ein Leben gemäß ihren individuellen Interessen und Präferenzen führen können. Dabei liegen die „Grenzen der Freiheit" dort, wo das Verhalten des Einzelnen die persönlichen Rechte anderer beschränkt oder ver-

---

sind als auf zentraler Ebene, worauf zahlreiche Arbeiten, beispielsweise aus dem Umfeld des Schweizer Ökonomen *Bruno S. Frey*, hinweisen (vgl. u. a. *Frey* 1992, 1994; *Feld/Savioz* 1998).

[126] Konkret versteht *Madison* unter Faktionen „eine Gruppe von Bürgern, […] die durch den gemeinsamen Impuls einer Leidenschaft oder eines Interesses vereint und zum Handeln motiviert ist, welcher im Widerspruch zu den Rechten anderer Bürger oder dem permanenten und gemeinsamen Interesse der Gemeinschaft steht" (10. *federalist article*, vgl. *Adams/Adams* 1994, S. 51).

letzt. Auch wenn es nicht einfach ist, jene Kriterien zu bestimmen, auf Grundlage derer individuelle Verhaltensweisen im Hinblick auf die Rechte anderer unterbunden werden sollten, zeichnen sich pluralistische Gesellschaften durch gewisse, nicht unbedingt ausschließlich gesetzlich fixierte, sondern durchaus auch kulturell tradierte Leitlinien aus, welche den liberalen Charakter bewahren sollen. Da aber eine liberale Gesellschaft der Definition nach eine sukzessive Veränderung der individuellen Lebensweisen der Menschen nicht nur nicht unterbinden kann (vgl. *Apolte* 1999, S. 179), sondern in gewissem Umfang sogar fördert, unterliegt eine solche Gesellschaft zwangsläufig einem permanenten Wandel. Einen solchen (Fortschritts-)Wandel werden jedoch einzelne Gruppen (Faktionen) der Gesellschaft stets zu unterbinden versuchen. Im Zusammenhang mit der Frage „[…] wie das öffentliche Wohl und individuelle Rechte vor der Gefahr einer solchen Faktion geschützt und gleichzeitig Geist und Form eines demokratischen [*popular*] Regierungssystems gewahrt werden können" (10. *federalist article*, vgl. *Adams/Adams* 1994, S. 54) verweist *Madison* auf die Konstitutionalisierung einer zentralen Ebene als diesbezügliche institutionelle Schutzmaßnahme. *Madison* hat nämlich vor bereits über 200 Jahren festgestellt, dass die Anfälligkeit und Gefahr vor solchen, tendenziell anti-liberalen Bestrebungen umso höher ist, je mehr sich die betroffenen Kollektive durch relativ homogene Präferenzen auszeichnen. In einer homogenen Gesellschaft lassen sich nämlich eher Mehrheiten zur Beschränkung bestimmter Verhaltensweisen, und damit auch zulasten irgendwelcher Minderheiten, finden, als dass das in einer heterogenen Gesellschaft der Fall ist. Der Grad der Homogenität korreliert dabei *ceteris paribus* mit der (territorialen) Größe eines Kollektivs:

> „Je kleiner ein Gemeinwesen ist, desto weniger Parteien und Sonderinteressen werden darin existieren. Je weniger Parteien und Sonderinteressen bestehen, desto häufiger kann sich eine Mehrheit aus derselben Partei bilden. Je weniger Personen eine Mehrheit bilden können, und je enger sie beieinander leben, desto leichter fällt es ihnen, ihre Pläne zur Unterdrückung anderer zu koordinieren und ins Werk zu setzen."(10. federalist article, vgl. Adams/Adams 1994, S. 57).

Die Gefahr einer solchen „Tyrannei der Mehrheit" kann indessen verhindert werden, so *Madison* (10. *federalist article*, vgl. *Adams/Adams* 1994, S. 57) weiter, je größer und damit je heterogener die Bevölkerung ist:

> „Vergrößert man das Gebiet, so umfasst es eine größere Vielfalt von Parteien und Interessen, damit aber wird es weniger wahrscheinlich, dass eine Mehrheit des Ganzen ein gemeinsames Motiv hat und die Rechte anderer Bürger verletzt. […] Der Einfluss von Faktionsführern mag in einem einzelnen Staat zum Aufruhr führen, er wird aber nicht wie ein Flächenbrand auf die übrigen Staaten übergreifen können. Eine religiöse Sekte kann in einem Teil des Staatenbundes gelegentlich zur politischen Faktion degenerieren, aber die Vielzahl der über die ganze Konföderation verstreuten Sekten sichert die überregionalen Gremien vor möglichen Gefahren aus dieser Richtung."

Theoretisch fundieren lassen sich diese Hypothesen *Madisons* durch die wissenschaftlichen Erkenntnisse *Olsons* (1965) zum Verhalten von gesellschaftlichen

Gruppen. Er hat festgestellt, dass kleinere Kollektive ihre Interessen besser organisieren können als es ihrem relativen Gewicht im Vergleich zu größeren Kollektiven entspricht. Gruppen, beziehungsweise die Organisation verschiedener Interessen in Gruppen, sind nämlich dem Problem des Trittbrettfahrens ausgesetzt. Demnach kommt ein entscheidungs- und handlungsfähiges Kollektiv dann nicht zustande, wenn jedes potenziell interessierte Individuum darauf spekuliert, am Nutzen des Kollektivs zu partizipieren, ohne sich entsprechend an den dabei entstehenden Kosten zu beteiligen. Dieses Dilemma lässt sich nach Meinung *Olsons* nur durch die wechselseitige Kontrolle in kleinen Gruppen, durch ein starkes, zahlungskräftiges Mitglied oder durch – positive oder negative – selektive Anreize lösen. Gruppen, die über keine dieser Eigenschaften verfügen, werden hingegen als latente Gruppen bezeichnet. Die Tatsache, dass bestimmte Gruppen eher in der Lage sind, Interessen zu organisieren und zu formieren, während andere sich dabei tendenziell schwer tun, hängt dabei insbesondere von der Größe der Gruppe ab.

Diesen Ausführungen nach kann in einem allgemeinen Kontext zunächst festgehalten werden, dass die Konstitutionalisierung einer Zentralebene unter bestimmten Umständen keine Gefahr für den individuellen Freiheitsraum bedeutet, sondern – ganz im Gegenteil – diesen sogar vor dem zerstörerischen Einfluss organisierter Faktionen auf dezentraler Ebene zu schützen vermag. Selbst wenn man davon ausgehen kann, dass Politiker auf dezentraler Ebene bei ihren Entscheidungen enger an die Präferenzen der Individuen gebunden sind, geht damit kein selbstverständlicher Schutz persönlicher Freiheitsrechte einher. Vorstellbar ist nämlich, dass auf dezentraler – hinreichend homogene Faktionen vorausgesetzt – Mehrheiten erreicht werden, die zu einer Bedrohung oder Einschränkung persönlicher (Freiheits-)Rechte führen. Die Institutionalisierung einer zentralen Ebene kann der Gefahr einer solchen „Tyrannei der Mehrheit" entgegenwirken. Für die EU hat diese Thematik in zweierlei Hinsicht eine besondere Relevanz: Bei der Stabilität nach Innen und dem Freihandel.

2.1.2.1 Friedenssicherung innerhalb der EU – zum Schutz individueller Freiheiten in einer pluralistisch-liberalen Gesellschaft

Ohne Zweifel lässt sich der Einwand vorbringen, dass *Madison*, hinsichtlich der von Faktionen in einer grundsätzlich liberalen Gesellschaft ausgehenden Gefahr, konkrete Problemkonstellationen im Hinterkopf hatte, die für aktuelle europäische Zusammenhänge kaum noch von Bedeutung sind. Insbesondere vor dem Hintergrund des Aufstiegs faschistischer Regimes in – mit Deutschland und Italien – gerade großen Staaten in Europa zu Beginn des 20. Jahrhunderts, kann der Zusammenhang zwischen der territorialen Größe eines Landes und der Kontrolle sowie Zähmung potenziell anti-liberaler Kräfte durch Interessenvielfalt durchaus sogar skeptisch betrachtet werden. Setzt man analytisch jedoch in der Zeit nach dem Zweiten Weltkrieg an und richtet den Blick auf die Entstehungsgeschichte der europäischen Gemeinschaft, erhalten die Hypothesen *Madisons* neue Relevanz. So lässt sich die Integration (West-)Deutschlands in die wichtigsten wirtschaftlichen und politischen Organisationen der westlichen Welt, vornehmlich die NATO und die Europäischen Gemeinschaften, vor allem aus zwei Gründen erklären. Zum einen hatten die Siegermächte und unmittelbaren europäischen Nachbarstaaten ein starkes Interesse an einem freiheitlich-demokratischen Deutschland, von dem nie wieder die Gefahr totalitärer Gewaltherrschaft ausgehen sollte. Zum anderen wurde die Anbindung Deutschlands an die wirtschaftlichen und sicherheitspolitischen Strukturen Westeuropas vor allem deshalb vorangetrieben, weil darin die einzige Garantie für den Aufbau und den Erhalt der noch jungen Nachkriegsdemokratie gesehen wurde. Das Ergebnis dieser – aus heutiger Sicht – erfolgreichen Westintegration hat nicht nur Stabilität und Frieden für die Staaten (West-)Europas gebracht, sondern auch für die Bürger Deutschlands (vgl. *Apolte* 1999, S. 180). Ähnliche Entwicklungen sind bei der Erweiterung der Europäischen Gemeinschaft um die – zu dem damaligen Zeitpunkt – noch jungen Demokratien Griechenlands, Spaniens und Portugals zu verzeichnen. Die kürzlich vollzogene Erweiterung der EU um die Staaten des ehemaligen Ostblocks wurde vornehmlich mit dem „Stabilitätsexport" durch die institutionalisierte Einbindung in die europäische Wertegemeinschaft begründet. Und auch der aktuell diskutierte mögliche EU-Beitritt der Türkei wird unter anderem in diesem Zusammenhang debattiert.

Wenngleich bezüglich der osteuropäischen EU-Mitglieder noch keine abschließende Bewertung vorgenommen werden kann, lässt sich dennoch festhalten, dass sich die Größe der EU als positiv für junge Demokratien und liberale Gesellschaftsformen erwiesen hat. Beim Übergang vom Totalitarismus zur Demokratie in Deutschland und Italien, von der Militärdiktatur zur Demokratie in Griechenland, Spanien und Portugal oder von der kommunistischen Zentralverwaltungs- zur freien Marktwirtschaft in den ehemaligen Staaten des Ostblocks gab es jeweils Gruppen (Faktionen), welche diese Veränderung gerne unterbunden hätten und damit einen Rückfall in alte Strukturen anstrebten. Durch die Integration in eine größere (Werte-)Gemeinschaft verloren diese Gruppen jedoch allesamt den notwendigen Einfluss, um diese Ziele durchsetzen zu können. Damit finden die ursprünglichen Hypothesen *Madisons* zur positiven Korrelation zwischen der Größe einer Föderation und dem Schutz der individuellen Freiheit im europäischen Kontext Bestätigung.[127] Nun mag der Einwand geäußert werden, dass in den nach dem Zweiten Weltkrieg entstandenen sozialistischen Staaten, vornehmlich der UdSSR und Jugoslawien, durch die territoriale Größe gerade nicht der Freiheitsraum der Individuen bewahrt, sondern – ganz im Gegenteil – in vielerlei Hinsicht übermäßig eingeschränkt wurde. Der große Unter-

[127] Selbstverständlich lassen sich vor diesem Hintergrund keine Aussagen darüber treffen, wie es sich im Falle einer Nichtintegration zugetragen hätte.

schied zum Beispiel der West- und europäischen Integration liegt jedoch darin begründet, dass in den sozialistischen Vielvölkerstaaten den negativen Auswirkungen von Faktionen nicht durch die Beherrschung der Konsequenzen, sondern durch die Beseitigung der Ursachen begegnet wurde, indem die Freiheit der Individuen selbst beschränkt wurde. Bezüglich einer solchen Methode stellt *Madison* jedoch fest, „das Heilmittel sei schlimmer als die Krankheit" (10. *federalist article*, vgl. *Adams/Adams* 1994, S. 51), und tatsächlich haben sich diese Staaten damit auf einen „Weg zur Knechtschaft" (vgl. *von Hayek* 1943) begeben, in welchem letztlich eine wesentliche Ursache für das Scheitern des sozialistischen Experiments gesehen werden kann.

2.1.2.2 Der europäische Markt zwischen Freihandel und Protektionismus – zum Schutz wirtschaftlicher Freiheitsrechte

Genauso wie politische Entscheidungsträger auf zentraler Ebene unter bestimmten Umständen einen größeren Anreiz haben als auf dezentraler Ebene, die Freiheitsrechte der Individuen zu sichern, haben sie ebenfalls ein Interesse, den wirtschaftlichen Austausch innerhalb einer Föderation vor (Frei-) Handelsbeschränkungen aufgrund protektionistischer Maßnahmen zu bewahren (vgl. dazu und im Folgenden *Apolte* 1997, S. 61 ff.; *Apolte* 1999, S. 181 ff.). Argumentativ lässt sich diese Behauptung ähnlich wie zuvor begründen.[128]

Interesse an protektionistischen Maßnahmen haben in den seltensten Fällen die Politiker aus eigenem Antrieb, sondern meist Faktionen auf dezentraler Ebene, die ein gemeinsames ökonomisches Interesse eint, wie das folgende, zugegebenermaßen stark vereinfachte, Beispiel zeigt: So mag die deutschen Produzenten von Glühbirnen das gemeinsame Anliegen verbinden, die Einfuhr preisgünstigerer Lampen aus Polen zu verhindern. Wenngleich ein solcher Warentransfer nicht nur für die polnischen Produzenten, sondern auch – aufgrund des günstigeren Preises – für die deutschen Konsumenten von Vorteil wäre, gelingt es den deutschen Glühbirnenproduzenten in der Regel, ihr gemeinsames Interesse in politischen Einfluss umzuwandeln und die zuständigen Politiker dazu zu drängen, den deutschen Markt vor Glühbirnen aus Polen abzuschotten. Die Tatsache, dass es der relativ kleinen Gruppe der Produzenten gelingt, ihr Interesse gegenüber der relativ großen Gruppe der inländischen Konsumenten durchzusetzen und – nicht selten – sogar als ein gesamtwirtschaftliches Interesse zu artikulieren, lässt sich mit der besseren Organisierbarkeit einer kleinen, homogenen Interessengruppe begründen. Die deutschen Politiker haben ebenfalls einen starken Anreiz, protektionistische Maßnahmen, sei es durch einen bestimmten Zollsatz auf jede eingeführte Glühlampe oder durch eine Subvention für jede in Deutschland produzierte Lampe, zu beschließen, denn sie lassen sich in erster Linie von

[128] Was insofern nicht verwundert, als dass es sich hier um wirtschaftliche und nicht um persönliche Freiheitsrechte handelt.

dem gut organisierten Interesse der inländischen Glühbirnenproduzenten leiten, da sie auf deren politische Unterstützung spekulieren. Die polnischen Glühlampenproduzenten sowie die inländischen Konsumenten hingegen, deren Interesse aufgrund der großen Zahl nur unzureichend organisierbar ist, haben *ceteris paribus* auf die politische Entscheidungsfindung keinen beziehungsweise allenfalls einen marginalen Einfluss.

Die Bedingungen für diesen „Nährboden" protektionistischer Maßnahmen ändern sich jedoch dann grundlegend, wenn der gleiche Sachverhalt aus dem Blickwinkel einer auf zentraler Ebene zuständigen Regierung betrachtet wird. Bezogen auf das vorangegangene Beispiel bedeutet das, dass Deutschland und Polen nun Mitgliedstaaten in einer Europäischen Union sind, deren Zentralregierung für den Austausch von Waren zwischen diesen Ländern zuständig ist. Die Ausgangssituation ist die gleiche wie zuvor, denn die deutschen Produzenten von Glühbirnen werden weiterhin versuchen, ihr gemeinsames Interesse einer Abschottung des deutschen Marktes vor günstiger produzierten Lampen von der polnischen Konkurrenz bei der zuständigen Regierung geltend zu machen. Auch wenn es ihnen gelingen wird, ihr Interesse zu artikulieren, werden sie kaum die zentrale Regierung von protektionistischen Maßnahmen überzeugen können. Diese wird nämlich – und das ist der entscheidende Unterschied zur dezentralen Ebene – bei ihrer Entscheidung nicht nur die deutschen, sondern auch die polnischen sowie gegebenenfalls die Interessen aller anderen Glühlampenproduzenten der Föderationsmitglieder berücksichtigen. Die Entscheidungsträger auf der zentralen Ebene sind nämlich auf die politische Unterstützung sämtlicher Glühbirnenproduzenten und Glühbirnenkonsumenten einer Föderation angewiesen. Wenn sie sich einseitig die Unterstützung der deutschen Glühlampenproduzenten sichern würde, indem sie zu deren Gunsten handelsverzerrende Maßnahmen beschließt, verliert sie gleichzeitig die politische Unterstützung aller anderen Produzenten.[129] Aus diesem Grund hat eine zentrale Regierung stets einen Anreiz, sich für offene Märkte und freien Handel *innerhalb* der Föderation einzusetzen. Da ein solcher Freihandel nicht unbedingt allerorts für Wohlfahrtsverbesserungen sorgt und es somit auch „Verlierer" geben mag – im obigen Beispiel die deutschen Glühbirnenproduzenten – hat eine Zentralregierung zudem die Möglichkeit, einen kurz- oder mittelfristigen (finanziellen) Kompensationsausgleich zu schaffen, denn es ist ein Kennzeichen des Freihandels, dass in der Regel die Gewinner in der Summe mehr gewinnen, als die Verlierer verlieren.

Diese hier vorgetragenen vorwiegend theoretischen Gedanken finden in der Verwirklichung des Europäischen Binnenmarktes ihr praktisches Pendant. So

[129] Dieses Beispiel lässt sich auch ohne Weiteres auf bundesdeutsche Verhältnisse übertragen. Es wäre nämlich in höchstem Grade abwegig, dass sich die Bundesregierung durch binnenprotektionistische Maßnahmen die politische Unterstützung beispielsweise Bayerns, des Saarlandes oder Brandenburgs sichern würde.

sorgt die Europäische Kommission als – zumindest *de jure* – unabhängige Regierung auf zentraler europäischer Ebene für einen freien Austausch von Waren, Kapital, Personen und Dienstleistungen zwischen den – dezentralen – Mitgliedstaaten der EU. Sie ist in diesem Kontext dafür zuständig, den Tausch auf diesen Märkten vor offenen protektionistischen Maßnahmen, wie Zöllen oder Importkontingenten, sowie verdeckten protektionistischen Maßnahmen, wie Subventionen für die Produktion von Exportgütern und importkonkurrierenden Gütern, zu schützen. Dem Bereich der verdeckten Subventionen, welcher in der EU durch die sogenannte Beihilfenkontrolle institutionalisiert ist, haftet allerdings eine gewisse Problematik an, da diese Form der Handelsbeschränkung nicht leicht feststellbar und damit auch nicht sanktionierfähig nachweisbar ist. Nichtsdestotrotz kann der Europäische Binnenmarkt als ein großer Erfolg bewertet werden, weil es gelungen ist, nahezu sämtliche binnenprotektionistische Maßnahmen *innerhalb* der EU abzubauen. An diesem Erfolg und damit der Bestätigung der anfänglichen Hypothese ändert auch die Tatsache nichts, dass sich die EU nach *außen* hin protektionistisch verhält. Dieser Sachverhalt ist nämlich damit zu erklären, dass die zentrale Regierung einer regionalen Föderation im globalen Außenverhältnis den gleichen Anreizen unterliegt, wie die dezentralen Regierungen innerhalb der Föderation. Und damit lässt sich der anfangs formulierten Hypothese, demnach politische Entscheidungsträger auf zentraler Ebene einen Anreiz haben, freien Handel zu gewährleisten, nicht widerlegen. Auch das in diesem Zusammenhang häufig genannte Exempel der gemeinsamen europäischen Agrarpolitik (vgl. *Koester* 2001), welche ein nahezu lehrbuchmäßiges Beispiel protektionistischer Maßnahmen darstellt, mag an der vorherigen Aussage nichts ändern. Denn es ist, und darauf weist *Apolte* (1999, S. 185 f.) ausdrücklich hin, geradezu abwegig, anzunehmen, dass beispielsweise Frankreich im Falle der Abschaffung der zentral-europäischen Ebene plötzlich mit Brasilien oder Tunesien Freihandel betreiben würde.

Allerdings – und das sei abschließend betont – hängt die Schutzfunktion einer Zentralregierung, sowohl persönliche Freiheitsrechte zu wahren als auch Protektionismus nach Innen zu verhindern, entscheidend von ihrer Unabhängigkeit gegenüber der dezentralen Ebene ab. Denn im ersten Fall soll die zentrale Ebene ja gerade die Individuen der gesamten Föderation vor möglichen Übergriffen einer dezentralen Ebene, auf welcher anti-liberale Faktionen in der Mehrheit sind, schützen. Und auch im zweiten Fall ist es für die Schaffung freien Handels unerlässlich, dass Vertreter der dezentralen Ebene gerade keine Sonderregelungen für „ihre" Produzenten auf zentraler Ebene durchsetzen können. Im Falle der Konstitution eines föderalen Systems gemäß dem Pyramidenmodell – um auf den ursprünglichen Ausgangspunkt zurück zu kommen – ist jedoch diese notwendige Unabhängigkeit der zentralen Ebene nur unzureichend gewährleistet, eben weil diese sich aus Vertretern der dezentralen Ebene zusammensetzt oder gar wie in der EU von diesen selbst konstituiert wird. Darin findet die oftmals kritisierte Tatsache ihre Begründung, dass die EU übermäßig in den Freiheitsraum der Individuen eingreift, indem mit Verweis auf den Binnenmarkt Kompetenzen unangemessen zentralisiert werden.[130] Mit dem Wesen einer Föderation *an sich* hat das hingegen zunächst einmal nichts zu tun. Unter den gegebenen Umständen einer mangelhaften Unabhängigkeit der zentralen von der dezentralen Ebene ist es deshalb nicht verwunderlich, dass selbst der ansonsten sehr erfolgreiche gemeinsame europäische Binnenmarkt durch Unzulänglichkeiten gekennzeichnet ist. So werden viele Maßnahmen, die Protektionismus bekämpfen und verhindern sollen, in ihrer Wirkung verzerrt, indem – institutionalisiert durch die sogenannten europäischen Strukturfonds – eine latente Subventionspolitik betrieben wird, welche wiederum maßgeblich durch den Einfluss der mitgliedstaatlichen Vertreter geprägt ist. Auch erklären lässt sich in diesem Zusammenhang, warum in Brüssel so viele Interessengruppen Lobbyismus betreiben. Diese Tatsache hat nämlich „weniger mit der Zuordnung von Kompetenzen zu einer zentralen oder dezentralen Ebene zu tun, als damit, dass die Kompetenzen in der EU einer Ebene zugeordnet werden, die durch eine schwer durchschaubare institutionelle und personelle Verflechtung einzelner Organe gekennzeichnet ist" (*Apolte* 1999, S. 202).

2.2 Das Effizienzkriterium föderaler Strukturen

Während zuvor vornehmlich der *rechtsschutzstaatliche* Aspekt der Zentralität und Dezentralität kollektiven Handelns betrachtet wurde, richtet sich im Folgenden der Blick auf den *leistungsstaatlichen* Aspekt. Konkret geht es dabei um die ökonomischen Wirkungsmechanismen einer Optimierung der Allokation von Ressourcen in einer Föderation. Dabei steht meist die Frage im Vordergrund, nach welchen Anhaltspunkten Kompetenzen im Rahmen einer kooperativ-zentralisierten Politik auf – im hier betrachteten Kontext – europäischer Ebene angesiedelt werden und welche im Rahmen wettbewerblich-dezentralisierter Koordination besser auf nationalstaatlicher Ebene verbleiben. Wie kontrovers diese Frage debattiert wird, fand bereits im Zusammenhang mit der wissenschaftlichen Diskussion um den *fiskalischen Föderalismus* und den *institutionellen Wettbewerb* Erwähnung.

Im Gegensatz zum vorherigen Kapitel wird im Folgenden zunächst die Funktion der zentralen und erst dann die Funktion der dezentralen Ebene betrachtet. Dieses Vorgehen ist darin begründet, dass sich für einen einzelnen EU-Mitgliedstaat bei Vorliegen allokationsspezifischer Ineffizienzen auf den ersten Blick relativ klare Gründe für die Kooperation mit anderen Staaten durch die Vergemeinschaftung institutioneller Regelungen und Politiken auf zentral-europäischer Ebene theoretisch herleiten lassen. Aber „aus der Existenz eines grenzüberschreitenden Problems oder eines Anliegens folgt [...] keineswegs eine grundsätzliche

[130] Beispielsweise durch die sogenannte „Generalermächtigung" gemäß Art. 308 EGV.

Notwendigkeit einer grenzüberschreitenden Kooperation“ (*Apolte* 2001, S. 209). Kooperation durch Zentralisierung bedeutet nämlich immer auch die Einschränkung von Wettbewerb und kann – in einem allgemeinen Kontext – zu einem Rückgang des Angebots, zu geringerem Leistungsdruck für die Produzenten mit Verschlechterungen bezüglich Produktinnovationen und im Extremfall zur der Ausbeutung der Konsumenten führen. Diesbezüglich stehen Ökonomen jeglicher Art von Zentralisierung zunächst einmal skeptisch gegenüber. Gleichwohl muss aber auch berücksichtigt werden, dass neben dem Wettbewerb jegliches Funktionieren eines Marktes grundsätzlich einer gewissen gesellschaftlichen Kooperation bedarf – jedoch auf einer anderen Ebene: So könnten beispielsweise weder die Eigentumsrechte der Marktteilnehmer gesichert, noch der Wettbewerb als solcher vor Kartellen geschützt werden, wenn es keine gesellschaftliche Kooperation gäbe. Denn sowohl Eigentumsrechte als auch der Wettbewerbsschutz stellen in diesem Fall öffentliche Güter dar, deren Bereitstellung notwendigerweise eine gesellschaftliche Kooperation erfordert. Vor dem Hintergrund einer solchen grundsätzlichen Abwägung zwischen Zentralität und Dezentralität ist demnach die Frage, ob politische Kompetenzen unabhängig von anderen Staaten oder internationalen Kooperationsformen besser auf der nationalstaatlichen Ebene verbleiben, oder aber zwischen den Staaten abgestimmt oder gar komplett auf eine inter- bzw. supranationale Ebene verlagert werden sollten, zu beantworten.

2.2.1 Die Funktion der zentralen Ebene

Betrachtet man zunächst einmal nicht allgemeinpolitisch motivierte und historisch bedingte Bestrebungen einer internationalen Kooperation bei der Analyse einer angemessenen Form von Zentralität und Dezentralität in der EU, [131] dann lassen sich brauchbare Kriterien für eine angebrachte Verteilung politischer Kompetenzen zwischen den einzelnen Jurisdiktionsebenen, also EU, Mitgliedstaaten sowie gegebenenfalls regionalen Einheiten und Kommunen, herleiten. Auf Basis der theoretischen Grundlagen des traditionellen Fiskalföderalismus können Aussagen darüber getroffen werden, wie Kompetenzen, Aufgaben und die entsprechende Finanzierung auf die verschiedenen Ebenen von Gebietskörperschaften in einer Föderation verteilt sein müssen, um einen optimalen Zentralisierungsgrad für die Versorgung der Bevölkerung mit öffentlichen Gütern und Dienstleistungen zu gewährleisten. Theoretischer Ausgangspunkt ist dabei die Theorie öffentlicher Güter (für einen Kurzüberblick vgl. *Hausner* 2006). Allgemein sind demnach Gebietskörperschaften für die Versorgung „ihrer“ Bevölkerung mit öffentlichen Gütern aus zwei Gründen verantwortlich: Zum einen stehen sie dem unmittelbaren Konsum durch „ihre“ Einwohner zur Verfügung und

[131] Wenngleich betont werden muss, dass im Fall des europäischen Integrationsprozesses gerade solche Motive durchaus von Relevanz sind.

zum anderen erhöhen sie in Form öffentlicher Infrastruktur die Produktivität der Faktoren Arbeit und Kapital. Für das Angebot und die Bereitstellung solcher öffentlicher Güter kommt dabei der zentralen Ebene eine wichtige Funktion zu, weil sie über die breiteste Steuerbasis verfügt und das entsprechende öffentliche Gut zum günstigsten Durchschnittskostenpreis und damit am effizientesten anbieten kann. Folgende Kriterien sind demgemäß für eine optimale Allokation von Kompetenzen von Relevanz:

- die räumliche Reichweite und Begrenztheit des Nutzens öffentlicher Güter (*spill overs*);
- steigende Skalenerträge bei der Produktion und Bereitstellung (*economies of scale*) aufgrund abnehmender Durchschnittskosten sowie mögliche Unteilbarkeiten;
- Internalisierung grenzüberschreitender Externalitäten;
- räumliche Heterogenität von Präferenzen für öffentliche Güter.

Folgt man diesen Kriterien, dann scheint überall dort, wo steigende Skalenerträge bei der Bereitstellung und grenzüberschreitende Externalitäten vorliegen sowie die Präferenzunterschiede zwischen den Betroffenen relativ gering sind, eine Verlagerung von Kompetenzen auf die zentrale Ebene der EU erstrebenswert.[132] Hingegen sollten jene Politikbereiche, in denen die Präferenzunterschiede zwischen den Betroffenen im Vergleich zu den Externalitäten relativ hoch sind, auf dezentraler Ebene der Mitgliedstaaten verbleiben (vgl. *Alesina/Angeloni/Schuknecht* 2005, S. 277 f.). Da bei der Bereitstellung öffentlicher Güter jedoch fast immer – positive oder negative – Externalitäten entstehen und damit so gut wie nie die nationalstaatlichen Grenzen mit der räumlichen Begrenzung des Nutzens dieser öffentlichen Güter übereinstimmen, scheint nicht nur viel *für* sondern vor allem relativ wenig *gegen* eine Zentralisierung von Kompetenzen auf EU-Ebene zu sprechen. Allerdings ist an dieser Stelle Skepsis angebracht, denn im Rahmen einer solchen Argumentation könnte die Internalisierung sämtlicher Externalitäten schnell Gebietskörperschaften geradezu kontinentalen Ausmaßes annehmen (vgl. *Tullock* 1969, S. 19). Und unterscheidet man vor diesem Hintergrund reine öffentliche Güter von jenen teilrivalen Clubgütern, wie sie in der Realität deutlich häufiger vorkommen, dann verbleibt im Hinblick auf die EU nur eine begrenzte Anzahl europaweiter öffentlicher Güter, wie beispielsweise der Bereich äußerer Sicherheit, die dementsprechend eines zentralisierten Angebots bedürfen würden (vgl. *Sinn* 1994; *Rübbelke* 2005).

[132] Allerdings ist die differenzierte Anwendung von skalenökonomischen Überlegungen zu beachten, denn Skalenerträge sind nur bei der *Bereitstellung* relevant, wohingegen die *Produktion* nicht relevant ist, da diese auf wettbewerblichen Märkten auch von privaten Anbietern geleistet werden kann (vgl. *Apolte* 2001, S. 214).

2.2.2 Die Funktion der dezentralen Ebene

Wenn man bei der Allokation von Kompetenzen in einer Föderation Informationsprobleme sowie die Tatsache, dass politische Entscheidungsträger nicht immer zum Wohle „ihrer" Bevölkerung handeln, berücksichtigt, dann rücken andere Aspekte in den Fokus der Betrachtung. Zunächst sind die politischen Handlungsträger auf dezentraler Ebene aufgrund der räumlichen Nähe besser über die Interessen ihrer Bürger informiert, so dass regional unterschiedliche Präferenzen beim Angebot öffentlicher Güter hinsichtlich einer Gewährleistung fiskalischer Äquivalenz stärker berücksichtigt werden können. Des Weiteren hat die mit abnehmender Größe der Gebietskörperschaft wachsende Homogenität der Bevölkerung nicht nur jene zuvor diskutierten negativen Konsequenzen der Faktionsproblematik, sondern auch positive Aspekte, welche insbesondere für die Akzeptanz von sozialen Sicherungs- und Umverteilungssystemen von nicht zu unterschätzender Bedeutung sind.[133] Darüber hinaus, und darauf weisen die Befürworter eines institutionellen Wettbewerbs immer wieder hin, kann sich ein Wettbewerb unter konkurrierenden Gebietskörperschaften ausschließlich auf dezentraler Ebene entwickeln und etablieren. Ganz in diesem Sinne sprechen folgende Aspekte für eine Befürwortung dezentral angesiedelter Kompetenzen:

- Dezentralität ermöglicht in einem Raum mit Präferenzunterschieden ein differenziertes Angebot öffentlicher Güter und Leistungen, da auf einheitliche harmonisierte Lösungen verzichtet werden kann;
- Kompetenzallokation zugunsten dezentraler Einheiten schafft die Bedingungen eines Wettbewerbs, wodurch Regierungen zu einer effizienteren und innovativeren, besser an den Präferenzen der Bürger ausgerichteten Bereitstellung und Produktion öffentlicher Leistungen gezwungen werden;134
- die Informationsbasis der Bürger selbst wird vergrößert;
- *Rent-seeking*-Aktivitäten und die Macht von Regierungen über „ihre" Bürger können vermindert werden.

Gleichwohl müssen jedoch auch Aspekte berücksichtigt werden, welche diesen zunächst offensichtlich erscheinenden Vorteilen einer dezentralen Kompetenzallokation entgegenzusetzen sind. So kann beispielsweise der Wettbewerb von Regierungen um mobile Faktoren wie Kapital oder Arbeit zu Ineffizienzen führen mit der Folge einer an den Präferenzen der Bürger gemessenen Untervorsorgung mit öffentlichen Gütern.

---

[133] Man bedenke in diesem Zusammenhang die Diskussion um eine harmonisierte oder gar vergemeinschaftete europäische Sozialpolitik.

[134] Dieser Aspekt besitzt allerdings nur eine eingeschränkte Gültigkeit, wie bereits im Rahmen der Auseinandersetzung mit dem institutionellen Wettbewerb gezeigt wurde.

2.3 Kompetenz(un)ordnung zwischen Anforderungen und europäischer Wirklichkeit

Im Rückblick auf die bisherigen Ausführungen stehen sich die Argumente für und gegen die Zuweisung von politischen Kompetenzen zugunsten einer zentralen Ebene in vielerlei Hinsicht gegenüber: Bezogen auf den rechtsschutzstaatlichen Aspekt konnte gezeigt werden, dass zentrale Regierungen bestimmten Anreizen unterliegen, die persönliche und wirtschaftliche Freiheit der Individuen gegenüber gegenläufigen Bestrebungen der dezentralen Ebene zu verteidigen. Im Hinblick auf den leistungsstaatlichen Aspekt können die Bereitstellung grenzüberschreitender öffentlicher Güter sowie die Internalisierung grenzüberschreitender Externalitäten eine allokationseffiziente Kompetenzanordnung auf zentraler Ebene begründen. Indessen lassen sich für beide Fälle auch offenkundige Vorteile dezentraler Regierungsverantwortung herausarbeiten, welche vor allem im Zusammenhang mit der Inhomogenität individueller Präferenzen stehen. Somit kann von einem *trade off* zwischen dem Nutzen einer Kooperation durch eine Kompetenzverlagerung auf eine zentrale Ebene und den Kosten eines solchen Schrittes gesprochen werden (vgl. *Alesina/Angeloni/Schuknecht* 2005, S. 276). Es gibt demnach keine allgemeinverbindliche Antwort auf die Frage nach der adäquaten Entscheidungsebene, vielmehr gilt es – je nachdem, welcher Fall im Einzelnen vorliegt – danach zu differenzieren, ob die Kosten oder der Nutzen einer Kompetenzverlagerung zugunsten einer zentralen kollektiven Handlungsebene dominieren. Überwiegt der Nutzen, empfiehlt sich eine Zentralisierung, entstehen vornehmlich Kosten, ist ein Verbleib politischer Kompetenzen auf dezentraler Ebene angemessen.[135]

2.3.1 Was die EU machen sollte

Trotz der Schwierigkeiten einer Zuteilung und Abgrenzung politischer Verantwortlichkeit zwischen dezentraler und zentraler Ebene in einer Föderation lassen sich im Rahmen eines normativen Ansatzes theoretische Kriterien für eine ökonomisch begründete Aufteilung konkreter politischer Kompetenzen zwischen europäischer und mitgliedstaatlicher Ebene entwickeln (vgl. unter anderen *Alesina/Angeloni/Etro* 2001a,b; *Alesina/Angeloni/Schuknecht* 2005; *Stehn* 2002; *Tabellini* 2003 sowie für einen Überblick *Breuss/Eller* 2004). Die Kernaussage ist dabei, dass bei Vorliegen homogener Präferenzen, bedeutender externer Effekte und nichtsteigender Skalenerträge diesbezüglich relevante Politikfelder zu zentralisieren sind, wohingegen heterogene Präferenzen, schwach ausgeprägte externe Effekte sowie steigende Skalenerträge einen solchen Schritt nicht hinreichend legitimieren können und damit für einen Kompetenzverbleib auf de-

[135] An dieser Stelle wird bewusst nicht von Dezentralisierung gesprochen, denn eine solche läge erst im Falle einer *Rückverlagerung* von Kompetenzen von einer zentralen zugunsten dezentraler Ebenen vor.

zentraler Ebene sprechen. Bezogen auf eine ökonomisch begründete und gewünschte Zuständigkeit der europäischen Ebene ist nach *Wagener*, *Eger* und *Fritz* (2006, S. 152) eine Zentralisierung nur dann zulässig, wenn

- die individuellen Präferenzen der Bürger in den europäischen Mitgliedstaaten bezüglich eines zentralisierten Politikfelds weitgehend homogen sind;
- entsprechende politische Maßnahmen eine geografische Reichweite haben, die alle Mitgliedstaaten umfasst, so dass ein Kompetenzverbleib auf dezentraler Ebene mit erheblichen externen Effekten verbunden wäre oder Skalenerträge bei der Bereitstellung der entsprechenden öffentlichen Leistung vorliegen;
- politische Entscheidungsträger auf zentraler Ebene sowohl über ein hinreichendes Maß an Information verfügen als auch infolge der institutionellen Ausgestaltung kollektiver Entscheidungsprozesse hinreichend starken Anreizen unterliegen, eine effiziente Politik im Sinne der davon Betroffenen zu betreiben.

Da viele Politikfelder nicht einer Menükarte gleichen, auf welcher man zwischen hohen und niedrigen Externalitäten, steigenden und nichtsteigenden Skalenerträgen sowie heterogenen oder homogenen Präferenzen auswählen kann, ist nur selten eine eindeutige Aussage in die eine oder andere Richtung möglich. Zu den öffentlichen Gütern, welche aufgrund ihres Wirkungsbereichs auf EU-Ebene angeboten werden müssten, zählen vor diesem Hintergrund neben der allgemeinen Wirtschaftsordnung wohl lediglich die Bereiche äußere Sicherheit und Außenpolitik. In den meisten übrigen Fällen ist eine Entscheidung zugunsten einer Regelung auf zentraler Ebene hingegen nur dann zulässig, wenn der Verbleib der dementsprechenden politischen Kompetenzen auf dezentraler Ebene – möglicherweise im Zusammenhang mit einem allokations*in*effizienten institutionellen Wettbewerb – zu Problemen führt, welche die bei einer Zentralisierung zu erwartenden Probleme noch übersteigen.

Alesina, *Angeloni* und *Schuknecht* (2005, S. 280 ff.) haben im Rahmen einer theoretischen Studie den Versuch unternommen, solche EU-relevanten und irrelevanten Politikfelder im Hinblick auf die normativ-theoretischen Kriterien der gängigen (fiskal-) föderalistischen Literatur zu identifizieren. Herausgekommen ist dabei eine – in Tabelle 10 veranschaulichte – Einteilung in neun politische Entscheidungs- und Kompetenzbereiche. Es ist vorweg zu erwähnen, dass derartig klassifizierte Politikfelder nicht so eindeutig sind, wie das auf den ersten Blick scheinen mag. Diese Behauptung ist vor allem der Tatsache geschuldet, dass einzelne Politikfelder gleichzeitig unterschiedlichen Zielen dienen. So können beispielsweise sektorenbezogene (wirtschafts-)politische Maßnahmen, welche der Kategorie *branchenspezifische Unternehmensbeziehungen* (6) zugeordnet sind, gleichzeitig der Etablierung und Aufrechterhaltung des *Binnenmarktes*

(2) dienen. Das kann jedoch in der gewählten Darstellungsform nicht ausreichend berücksichtigt werden. Ebenfalls nicht unproblematisch ist die Aggregation verschiedener Maßnahmen in den einzelnen herausgearbeiteten Politikfeldern. So umfasst beispielsweise die Kategorie *allgemeine Unternehmensbeziehungen* (7) teilweise sehr unterschiedliche Bereiche, unter anderem nämlich Vereinheitlichungsmaßnahmen von nationalen Gesetzen, Subventionen oder wettbewerbspolitischen Regelungen. Diesen kritischen Anmerkungen zum Trotz kann der Untersuchung, insbesondere vor dem Hintergrund ihres Zwecks, dennoch eine weitgehend hohe Aussagekraft bestätigt werden.

Tabelle 10: Kompetenzzuordnung nach normativen Kriterien

	Policy domains	Externalities	Pref. asymmetry	Devolution
1	International trade	High	Low	EU/Global
2	Common market	High	Low	EU/Global
3	Money and fiscal	Med./High	?	National/EU
4	Education. research and culture	Low	High	Local/National
5	Environment	Med./High	High	National/EU/Global
6	Business relations (Sectoral)	Low	High	National
7	Business relations (Non-sectoral)	High	?	EU/Global
8	International relations	Med./High	Low	National/EU
9	Citizen and social protection	Mixed	High	Local/National

Quelle: *Alesina/Angeloni/Schuknecht* (2005, S. 284)

Zunächst genannt sind die beiden ursprünglichen Schlüsselfunktionen der Europäischen Integrationsgemeinschaft, *internationaler Handel* (1) und der *Binnenmarkt* (2). Beide Bereiche zeichnen sich durch das Vorliegen hoher Externalitäten bei vergleichsweise geringen Präferenzunterschieden aus, so dass hier unter normativen Gesichtspunkten die EU die richtige Ebene zur Ansiedlung der entsprechenden politischen Zuständigkeitskompetenzen darstellt. Gerade im Bereich des *internationalen Handels* (1) sind beträchtliche Wohlfahrtsgewinne durch den Abbau von handelsverzerrenden Maßnahmen zu erwarten, was einen möglichst hohen Harmonisierungsgrad diesbezüglicher politischer Entscheidungen und Maßnahmen impliziert. Da eine allokationsoptimale Zentralisierung zugunsten einer globalen Ebene unwahrscheinlich erscheint, kann die legislative Zuständigkeit der EU-Ebene im Bereich des Handels als eine „*second-best* solution" (*Alesina/Angeloni/Schuknecht* 2005, S. 280) bezeichnet werden. Ähnlich verhält es sich im Bereich des *Binnenmarktes* (2), welcher sich durch den freien Verkehr von Waren, Kapital, Personen und Dienstleistungen auszeichnet. Um diese „Freiheiten" institutionell zu gewährleisten, ist eine Angleichung und Harmonisierung nationalstaatlicher politischer Maßnahmen notwendig. Somit ist auch in diesem Fall ein EU-Engagement erstrebenswert, wenngleich anzumerken ist, dass das genaue Ausmaß einer Angleichung politischer Zuständigkeit zwischen den jeweiligen Vorteilen von Harmonisierung und Wettbewerb fallweise abzuwägen ist. Der Bereich *Geld und Finanzen* (3) fällt im Ergebnis der Autoren zwiespältig aus, was vor allem an der grundsätzlichen Komplexität dieses Bereichs[136] und daran liegen mag, dass das Engagement der EU im Bereich der gemeinsamen Währungspolitik im Vergleich zum Bereich der Fiskalpolitik hoch ist. Aus diesem Grund wird zwischen den Gebieten der *Geld-* (3a) und *Fiskalpolitik* (3b) differenziert. Diese Aufteilung ist nach Ansicht des Verfassers deshalb sehr sinnvoll, weil die EU in diesem Bereich einen bislang unkonventionellen Weg beschritten hat. Entgegen der Annahme, dass eine gemeinschaftliche Geldpolitik nur im Zusammenhang mit einer einheitlichen Fiskal- und Stabilitätspolitik funktionieren könne,[137] wurden diese Bereiche im Zuge der Währungsunion weitgehend voneinander getrennt. Während die Geldpolitik – innerhalb bestimmter Zielvorgaben – diskretionär durch ein von den europäischen Institutionen unabhängiges Organ (EZB) ausgeführt wird, ist der Bereich der Fiskalpolitik weitgehend den Mitgliedstaaten überlassen geblieben und nur durch den Stabilitäts- und Wachstumspakt eingeschränkt. Da es nachvollziehbare theoretische Argumente für oder gegen ein solches Vorgehen gibt (vgl. *Tabellini* 2003, S. 79 ff.), wird im Rahmen der zitierten Untersuchung keine erstrebenswerte Kompetenzallokation angegeben. Im Politikfeld *(Aus-)Bildung, FuE und Kultur* (4) ist aus ökonomischen Gründen bestenfalls ein unbestimmter Nutzen einer internationalen Koordinierung zu erwarten. So kann beispielsweise die grenzüberschreitende Verbreitung und Vermittlung von Wissen von einem allgemeinen, auch EU-weiten Interesse sein. Doch lässt sich dies auch durch die bloße Mobilität von Individuen und den freien Austausch von Ideen erreichen, so dass letztlich eine Zentralisierung politischer Kompetenzen auf EU-Ebene in diesem Bereich als unangemessen erscheint (vgl. *Alesina/Angeloni/Schuknecht* 2005, S. 282). Differenziert werden muss hingegen auf dem Gebiet der *Umwelt* (5). Zwar sind bestimmte Umweltprobleme wie die Verschmutzung der Weltmeere oder die allgemeine Klimaerwärmung durch internationale oder gar globale Externalitäten gekennzeichnet und verlangen folglich eine Zentralisierung von Kompetenzen auf entsprechender Ebene. Doch gibt es daneben zahlreiche Umweltprobleme wie Flussverschmutzungen oder Müllentsorgung, die einen starken regionalen oder lokalen Bezug haben. Eine übermäßige Zentralisierung

[136] So gibt es in den Wirtschaftswissenschaften eine breite, maßgeblich durch *Mundell* (1961) geprägte Diskussion um die optimale Größe von Währungsräumen. Diese hängt von dem Homogenitätsgrad der Wirtschaftsentwicklung innerhalb eines bestimmten Raums ebenso ab wie von der Tatsache, ob bei Vorliegen asymmetrischer Schocks Ausgleichsmechanismen außerhalb der Geld- und Währungspolitik zur Verfügung stehen.

[137] Diese Ansicht wurde im Vorfeld der europäischen Währungsunion von einem Gros der Ökonomen des deutschsprachigen Raums vertreten. So zum Beispiel in einer in der *Frankfurter Allgemeinen Zeitung* am 9.2.1998 unter dem Titel „Der Euro kommt zu früh" von 155 Professoren der Wirtschaftswissenschaften veröffentlichen Erklärung.

von Kompetenzen in diesem Fall wäre hingegen nicht angemessen, so dass in Abhängigkeit von den Externalitäten der jeweiligen Probleme über eine optimale Kompetenzallokation zu entscheiden ist. Zudem darf nicht übersehen werden, dass im Bereich Umwelt zwischen nord- und südeuropäischen Ländern teilweise erhebliche Präferenzasymmetrien vorliegen. Aus diesem Grund wundert es nicht, dass es Befürworter eines grundsätzlichen Kompetenzverbleibs auf dezentral-nationalstaatlicher Ebene gibt (vgl. u. a. *Feld* 2003, S. 308; *van den Bergh* 2000, S. 451 ff.). Der Bereich *branchenspezifischer Unternehmensbeziehungen* (6) umfasst sämtliche politische Maßnahmen, welche das Verhalten und die Leistungsfähigkeit des produzierenden Sektors beeinflussen. In einer näheren Analyse unterscheiden die Autoren dabei die Gebiete *Agrar und Fischerei* (6a), *Industrie und Energie* (6b) sowie *Transport* (6c) voneinander. Wenngleich in diesen Bereichen politische Entscheidungen getroffen werden können, die die Bereitstellung öffentlicher Güter von einem allgemeinen Interesse begünstigen mögen, so gewährleisten sie dieses nicht grundsätzlich. Vor dem Hintergrund der Annahme relativ großer individueller Präferenzunterschiede bei insgesamt eher geringen Externalitäten wird der Bedarf einer EU-Zuständigkeit daher insgesamt als gering erachtet. Anders hingegen sieht es auf dem Gebiet *allgemeiner Unternehmensbeziehungen* (7) aus, welches in einem engen Zusammenhang mit dem Binnenmarkt steht. Hierbei ist insbesondere der Bereich des Wettbewerbsschutzes von Relevanz. Wenngleich die individuellen Präferenzen in diesem Fall aufgrund nationalstaatlich divergierender Unterschiede der wirtschaftlichen Struktur schwer zu bestimmen sind, können dennoch positive Externalitäten vorliegen, die ein Engagement der EU erlauben würden. Eine ebenfalls relativ klare Aussage ist für das Politikfeld der *internationalen Beziehungen* (8) möglich, welches die Außen- und Verteidigungs-, aber auch die Entwicklungspolitik umfasst. Zumindest im Bereich der Außen- und Verteidigungspolitik liegen eindeutig Skalenerträge und Externalitäten vor, die eine Angleichung entsprechender politischer Kompetenzen der Nationalstaaten begründen, sofern einigermaßen identische geopolitische Interessen vorliegen, was wiederum in der EU – mit gewissen Abstrichen – der Fall sein dürfte.[138] Grundsätzlich scheint damit eine Kompetenzansiedelung auf europäischer Ebene erstrebenswert. Über den Bereich der Entwicklungspolitik machen *Alesina et al.* keine näheren Angaben.[139] Die Beurteilung im Bereich *Bürgerrechte* und *sozialer Schutz* (9) fällt insgesamt zwiespältig aus. Da dieses Gebiet neben der Innen- und Justizpolitik auch Verbraucherschutz, Bürgerrechte, soziale Sicherungssysteme und viele mehr umfasst, nehmen die Autoren eine weitere Spezifizierung vor. Demnach werden

[138] Es ist anzumerken, dass die Europäische Gemeinschaft zur Zeit des Ost-West-Konflikts aufgrund der starken, ideologisch motivierten Westintegration außen- und verteidigungspolitisch durch homogenere Interessen geprägt war als heute. Als Beispiel mag der Irak-Krieg im Jahr 2003 gelten.

[139] Zur grundsätzlichen Problematik dieses Bereichs vgl. *Kaltefleiter* (1995).

Justiz und Migration (9a), *Gesundheit, Arbeit und Soziales* (9b) sowie *(regionale) Strukturföderung* (9c) voneinander unterschieden. Im ersten Fall liegen, beispielsweise hinsichtlich einer gemeinsamen Einwanderungsregelung gegenüber Drittstaaten oder der Bekämpfung internationaler Kriminalität, durchaus Skalenerträge und Externalitäten vor, die die Kompetenzzuständigkeit einer zentralen europäischen Ebene rechtfertigen würden. Aufgrund unterschiedlicher Rechtstraditionen sieht es hingegen auf dem Gebiet der Justizpolitik schon weniger klar aus. Der zweite, die sozialen Sicherungssysteme umfassende Bereich ist durch große individuelle Präferenzunterschiede gekennzeichnet, so dass eine zentral-europäische Zuständigkeit höchst fragwürdig erscheint. Da regionale Strukturförderung ihrem Wesen nach eine Umverteilungsaufgabe darstellt, ist die EU eigentlich eine angemessene Entscheidungsebene, doch werden gerade mit den Struktur- und Kohäsionsfonds teilweise sehr unterschiedliche Ziele verfolgt, so dass für diese Kategorie hinsichtlich der Kompetenzzuweisung keine eindeutige Aussage möglich erscheint.

Zusammenfassend kann der hier vorgestellten Kompetenzzuordnung vor dem Hintergrund bereits erwähnter kritischer Punkte insgesamt zugestimmt werden. Da diese Überlegungen jedoch zunächst auf rein normativ-theoretischen Gesichtspunkten beruhen haben die Autoren der Studie diese Ergebnisse mit den tatsächlichen Präferenzen der betroffenen europäischen Bürger auf Basis des *Eurobarometers* verglichen (vgl. *Alesina/Angeloni/Schuknecht* 2005, S. 284 ff.). Hierzu wurden Personen nach ihrer Meinung darüber befragt, ob Entscheidungen für jedes von insgesamt 25 ausgewählten Politikfeldern von der eigenen nationalstaatlichen Regierung oder gemeinschaftlich in der EU gefällt werden sollten. Wenngleich die empirische Relevanz dieser Methode nicht allzu hoch eingeschätzt werden darf, können die Autoren insgesamt das Ergebnis verzeichnen, dass die mithilfe des *Eurobarometers* ausgedrückten Präferenzen der Individuen bezüglich der Kompetenzallokation zwischen EU und Mitgliedstaaten und die vorherige, ausschließlich auf theoretisch hergeleiteten Kriterien beruhende, normative Beurteilung in weiten Bereichen übereinstimmen.[140]

2.3.2 Was die EU tatsächlich macht

Vor dem Hintergrund, dass die Kompetenzen der europäischen Ebene in den vergangenen 30 Jahren, insbesondere jedoch seit Mitte der Achtzigerjahre in erheblichem Umfang gewachsen sind (vgl. u. a. *Vaubel* 1994), haben sich die oben angeführten Autoren nicht mit der Herleitung normativer Kriterien begnügt, sondern in einem zweiten Schritt im Rahmen einer quantitativen Analyse untersucht, ob und inwiefern die tatsächliche Allokation politischer Verantwor-

[140] Eine von diesem Trend abweichende Ausnahme bildet der Bereich der regionalen Strukturförderung (9c).

tung zwischen der EU und den Mitgliedstaaten den zuvor hergeleiteten normativen Kriterien entspricht (vgl. *Alesina / Angeloni / Schuknecht* 2005, S. 294 ff.). Zu diesem Zweck wurde ein Set unterschiedlicher Indikatoren „politischer Einmischung" der europäischen Ebene zusammengestellt. Dazu zählen unter anderen eine Auswertung der

- sich aus dem Primärrecht unmittelbar ergebenen Zuständigkeit der europäischen Ebene;
- Anzahl der auf dem Sekundärrecht beruhenden bindenden europäischen Rechtsakte (Verordnungen, Richtlinien);
- Anzahl der durch Weiß- und Grünbücher veranlassten europäischen Initiativen;
- durch den EuGH „erzwungenen" Zuständigkeit der europäischen Ebene;
- Größe relevanter europäischer Institutionen und des EU-Budgets.

Da europäische Politik vornehmlich durch das Instrument der Regelsetzung stattfindet, beruht ein Großteil der Ergebnisse der zitierten Untersuchung auf einer Aufzählung und Zusammenstellung der spezifischen legislativen Akte der europäischen Gemeinschaft beziehungsweise Union zwischen 1971 und 2000 (vgl. *Alesina/Angeloni/Schuknecht* 2005, S. 289 ff). Selbstverständlich ist in diesem Zusammenhang einzuwenden, dass das bloße Zählen der legislativen Aktivitäten der EU die wirkliche Bedeutung der jeweiligen Politikfelder nur mittelbar wiedergeben kann. Dennoch soll eine solche methodische Kritik, welche insbesondere im Zusammenhang mit den Datenquellen und der spezifischen empirischen Analyse erhoben werden könnte, im weiteren Verlauf unbeachtet bleiben. Zieht man ähnliche Untersuchungen als Bewertungsmaßstab heran,[141] dann spiegeln die quantitativen Ergebnisse der vorliegenden Studie die tatsächlichen Begebenheiten grundsätzlich wider. Insgesamt kann dabei verzeichnet werden, dass die Kompetenzzuordnung und -abgrenzung zwischen der zentral-europäischen Ebene und der dezentral-mitgliedstaatlichen Ebene nur teilweise konsistent im Hinblick auf die in der theoretischen Literatur zu Grunde gelegten normativen Kriterien ist (vgl. *Alesina/Angeloni/Schuknecht* 2005, S. 308 ff.). Diese Feststellung wird in Tabelle 11 veranschaulicht. Im Bereich des *internationalen Handels* (1) und des *Binnenmarktes* (2) entspricht die feststellbare Kompetenzallokation zugunsten der europäischen Ebene den normativen Kriterien. Im Zusammenhang mit dem Gebiet *Währung und Finanzen* (3) können hingegen keine eindeutigen Aussagen gemacht werden. Das Vorhandensein einer einheitlichen europäischen Währung impliziert eine dementsprechende Zentralisierung der *Geldpolitik* und der damit zusammenhängenden spezifischen Infrastruktur auf europäischer Ebene (3a). Für den Bereich der *Fiskalpolitik* (3b) lie-

[141] Eine diesbezüglich relevante Übersicht unterschiedlicher Untersuchungen bieten *Breuss* und *Eller* 2004, S. 54 ff.

ße es sich zwar rechtfertigen, doch besitzt die Union hier nur wenige Kompetenzen, so dass das Gesamturteil nicht eindeutig ausfällt. Insgesamt sehen die Autoren jedoch keine übermäßige Abweichung der EU von den Soll-Kriterien.

Tabelle 11: Tatsächliche und erstrebenswerte Kompetenzzuordnung im Vergleich

	Policy domains	Externalities	Preferred asymmetry	Devolution	EU role[a]
1	International trade	High	Low	EU/Global	Large
2	Common market	High	Low	EU/Global	Large
3	Money and fiscal	Med./High	?	National/EU	
3a	Money and macro policy				Medium
3b	Taxation				Medium
4	Education, research and culture	Low	High	Local/National	Small
5	Environment	Medium /High	High	National/EU /Global	Small
6	Business relations (sectoral)	Low	High	National	
6a	Agriculture				Large
6b	Industry				Small
6c	Transport				Small
7	Business relations (non-sectoral)	High	?	EU/Global	Large
8	International relations	Medium/High	Low	National/EU	Small
9	Citizen and social protection	Mixed	High	Local/National	
9a	Justice and migration				Small
9b	Health, employment and social protection				Large
9c	Regional aid				Mixed

[a]According to the findings of our preceding numerical analysis.

Quelle: *Alesina/Angeloni/Schuknecht* (2005, S. 309)

Die Zuständigkeit einer zentral-europäischen Ebene auf dem Gebiet *(Aus-) Bildung, FuE und Kultur* (4) wurde als weitgehend unbegründet zurückgewiesen und tatsächlich ist das EU-Engagement, obgleich es nicht an Initiativen, Empfehlungen und Stellungnahmen mangelt, hinsichtlich verbindlicher Rechtsakte in diesem Bereich relativ begrenzt, so dass auch in diesem Punkt eine Übereinstimmung zwischen normativen Kriterien und tatsächlicher Umsetzung zu verzeichnen ist. Ein ähnliches Fazit lässt sich für den Bereich *allgemeiner Unternehmensbeziehungen* (7) ziehen. Insbesondere durch die Vollendung des europäischen Binnenmarktes hat die Zentralisierung von Kompetenzen dieses Bereichs nicht nur unter normativen Gesichtspunkten an Bedeutung gewonnen, sondern lässt sich auch konkret an einem Kompetenzzuwachs der europäischen Ebene beobachten. Das politische Entscheidungs- und Handlungsfeld *branchenspezifischer Unternehmensbeziehungen* (6) ist hingegen der erste und zudem offensichtlichste Bereich, in welchem normative Kriterien in einen Konflikt mit der tatsächlichen Kompetenzallokation geraten. Während *Alesina et al.* zwar für die Bereiche *Industrie* (6b) und *Transport* (6c) ein den normativen Kriterien entsprechendes, insgesamt also eher geringes EU-Engagement verzeichnen, gilt diese Beobachtung keineswegs für den *Agrarbereich* (6a).

Dort nämlich ist für die europäische Ebene der höchste Grad politischer Einmischung und Zuständigkeit zu verzeichnen, nimmt man die Anzahl der durch europäisches Sekundärrecht begründeten Legislativakte als Bewertungsmaßstab (vgl. *Alesina/Angeloni/Schuknecht* 2005, S. 310). Ebenfalls auffällige Inkonsistenzen weist der Bereich *Bürgerrechte und sozialer Schutz* (9) auf. Das trifft nach Ansicht der Autoren insbesondere auf die Unterkategorie *Gesundheit, Arbeit und Soziales* (9b) zu, in welcher – trotz sehr heterogener Präferenzen zwischen den Individuen der einzelnen Mitgliedstaaten – die EU-Kompetenzen weit über das den normativen Kriterien gemäß erforderliche Maß hinausgehen. Diesem Ergebnis ist jedoch nur eingeschränkt zuzustimmen, wie weiter unten erläutert wird. Für den Bereich *Umwelt* (5) können aufgrund der Abhängigkeit von den jeweils vorliegenden, konkreten Problemen keine eindeutigen Aussagen über das EU-Engagement festgestellt werden. Die Zuständigkeit der europäischen Ebene auf diesem Gebiet ist seitens der relevanten vertraglichen Grundlagen eher allgemein gehalten, so dass häufig nicht deutlich wird, dass die Regierungen der Mitgliedstaaten bei der Gesetzgebung und Implementation diesbezüglicher Maßnahmen auch dann die entscheidende Stellung einnehmen, wenn es sich um ein maßgeblich von der europäischen Ebene initiiertes Projekt handelt.[142] Insgesamt wird daher der EU bei der Allokation politischer Verantwortung auf diesem Gebiet eine nur geringe Rolle bescheinigt. Gleiches lässt sich auf dem Gebiet der *internationalen Beziehungen* (8) feststellen, wenngleich hier anzumerken ist, dass gerade bei der Außen- und Verteidigungspolitik Größenvorteile und Externalitäten vorliegen, die ein Engagement der europäischen Ebene rechtfertigen würden. So betrachtet ist in diesem Fall auch eine Abweichung von den zuvor hergeleiteten normativen Kriterien zu konstatieren.

---

[142] Als Beispiel mag in diesem Zusammenhang der Klimaschutz dienen. Die EU hat sich im Rahmen des sogenannten Kyoto-Protokolls verpflichtet, im Zeitraum zwischen 2008 und 2012 den Anteil klimaschädlicher Treibhausgase um insgesamt 8 % gegenüber dem Basisjahr 1990 zu reduzieren. Innerhalb der EU soll dieses Ziel jedoch durch ein sogenanntes *„burden sharing"* erreicht werden, was – aufgrund der unterschiedlichen Ausgangslagen – dazu führt, dass beispielsweise Deutschland im relevanten Zeitraum seine Treibhausgase um 21 % verringern muss, während Länder wie Griechenland oder Portugal ihre Emissionen sogar um bis zu 20 % ausweiten dürfen.

Im Ganzen kommt die hier vorgestellte Untersuchung damit zu dem Ergebnis, dass die EU in bestimmten Bereichen, in denen die Skalenerträge gering und die individuellen Präferenzunterschiede hoch sind, zu viele Zuständigkeiten besitzt, in Bereichen hingegen, welche gegenteilige Eigenschaften haben, über zu geringe Kompetenzen verfügt (vgl. *Alesina/Angeloni/Schuknecht* 2005, S. 311 f.). Akzeptiert man die Richtigkeit dieses Ergebnisses, dann ergibt sich die Frage, wie zu erklären ist, warum sich in politischen Verhandlungsprozessen eine Kompetenzallokation ergeben hat, welche für den europäischen Bürger gemäß normativ-theoretischen Kriterien in einigen Bereichen anscheinend nicht optimal ist. Stimmt man mit der Ansicht überein, dass die EU ein (quasi-)föderales Gebilde darstellt, welches weitgehend dem Pyramidenmodell folgt und damit eine vorherrschende Stellung der mitgliedstaatlichen Exekutiven auf zentraler Ebene begründet, dann können im Rahmen eines solchen Ansatzes die vorliegenden Soll-Ist-Diskrepanzen erläutert werden, welche sich vornehmlich auf die Bereiche *Agrarpolitik*, *Soziales* sowie *Außen- und Verteidigungspolitik* erstrecken[143]:

Agrarpolitik

Die gemeinsame Agrarpolitik ist, gemessen am EU-Budget, nicht nur der größte Politikbereich der europäischen Integrationsgemeinschaft, sondern zugleich, neben der gemeinsamen Handelspolitik, der älteste. Dies kann zunächst einmal in einem historischen Kontext erklärt werden. Neben der Tatsache, dass Agrarpolitik ein nahezu ureigenes – wenn auch aus ökonomischen Gründen zweifelhaftes – staatliches Handlungsfeld ist[144] und bekräftigt durch die jahrhundertelange Erfahrung häufig wiederkehrender Hungersnöte vornehmlich in Kriegszeiten, wundert es nicht, dass bei Gründung der EWG Ende der Fünfzigerjahre Aspekte wie Selbstversorgung und Versorgungssicherheit eine wichtige Rolle spielten. Aus diesem Grund wurde eine gemeinsame Agrarpolitik mit den Zielen angestrebt und verwirklicht, einen Gemeinsamen Markt zu bilden, um komparative Kostenvorteile zu nutzen,[145] den Agrarsektor durch Maßnahmen zu stabilisieren

---

[143] Der in der Untersuchung von *Alesina/Angeloni/Schuknecht* (2005) ebenfalls „abfällige" Bereich der Umwelt wird hier aus dem Grund nicht gesondert analysiert, weil sich eine (Nicht-)Zuständigkeit der europäischen Ebene unter normativ-theoretischen Gesichtspunkten nicht eindeutig herleiten lässt.

[144] In diesem Zusammenhang ist auf diesbezüglich relevante OECD-Studien (vgl. *OECD* 2003, 2004) über die staatliche Unterstützung der Landwirtschaft zu verweisen, welche in regelmäßigen Abständen publiziert werden. Demnach steht die EU, ähnlich wie Kanada und die USA, im Mittelfeld. An den äußeren Enden befinden sich Australien, mit einer sehr niedrigen Unterstützungsquote der Landwirtschaft, sowie, gekennzeichnet durch besonders umfangreiche Unterstützungsmaßnahmen, Japan und die Schweiz.

[145] Wobei zu erwähnen ist, dass ein gemeinsamer Agrarmarkt auch durch eine vollkommene Liberalisierung und damit einen bewussten Verzicht auf jegliche politische Eingriffe hätte realisiert werden können. Gleichwohl hat man diese Option von vorneherein durch eine ent-

und zu schützen sowie einen zusätzlichen Umverteilungsmechanismus zum Ausgleich der Vorteile aus dem Binnenmarkt zu schaffen (vgl. *Wagener/Eger/Fritz* 2006, S. 437). Angesichts der heute zu beobachtenden großen Diskrepanz zwischen dem finanziellen Gewicht der gemeinsamen Agrarpolitik und der gesamtwirtschaftlich nur noch geringen Bedeutung des landwirtschaftlichen Sektors sowie offensichtlicher Fehlallokationen, welche sich in Milchseen ergießen oder als Butterberge erheben, muss die Notwendigkeit einer gemeinsamen europäischen Agrarpolitik in vielerlei Hinsicht infrage gestellt werden. Dabei stehen insbesondere jene zur Stützung und Stabilisierung des Agrarsektors bestimmten politischen Maßnahmen wie Preis- und Quotenregelungen sowie Abnahmegarantien und Exportsubventionen in der Kritik, welche offenkundig Eigenschaften solcher planwirtschaftlichen Systeme aufweisen, die man nach 1989 in Europa zu überwunden haben glaubte (vgl. *Wagener/Eger/Fritz* 2006, S. 457 f.). Begreift man zudem den Agrarsektor als einen Teil des gesamten Binnenmarktes, finden sich kaum Argumente, die begründen, warum hier nicht die gleichen Regeln gelten sollen wie auf anderen Teilmärkten. Dennoch zeichnet sich der Bereich der Agrarpolitik durch eine relative Resistenz gegen inneren und äußeren Reformdruck aus,[146] was vornehmlich durch zwei teilweise miteinander zusammenhängende, Gründe erklärt werden kann. Zum einen bilden die Landwirte in der EU einen Interessenverband, dessen Einfluss – ganz im *Olson*'schen Sinne – die relative Größe der Gruppe, den er repräsentiert, bei weitem übersteigt. Zum anderem stellt die Agrarpolitik auch ein Umverteilungsinstrumentarium dar[147] und in diesem Kontext werden jene Vertreter von EU-Mitgliedstaaten, die – wie etwa Frankreich – wegen der Größe ihrer jeweiligen landwirtschaftlichen Sektoren stark von der Gemeinschaftsfinanzierung und -unterstützung profitieren, eine Änderung des *Status quo* zu verhindern versuchen – bislang mit Erfolg.[148]

---

sprechende vertragliche Fixierung ausgeschlossen: „Mit dem Funktionieren und der Entwicklung des Gemeinsamen Marktes für landwirtschaftliche Erzeugnisse muss die Gestaltung einer gemeinsamen Agrarpolitik Hand in Hand gehen." (Art. 32, 4 EGV in der Fassung vom 25.3.1957)

[146] Innerer Druck wird vor allem von den sogenannten Nettozahlern innerhalb der Union entfacht, während äußerer Druck aufgrund der Tatsache entsteht, dass die EU-Politik Rückwirkungen auf den Weltmarkt im Hinblick auf Preise und Mengen landwirtschaftlicher Produkte hat.

[147] *Vaubel* (2001, S. 56) benutzt in diesem Zusammenhang den zwar umgangssprachlichen, aber nicht minder treffenden Ausdruck „Agrarsozialpolitik" und spielt damit auf die Tatsache an, dass die Existenz der europäischen Agrar- und Strukturpolitik als Kompensation potenzieller Verlierer in einzelnen Mitgliedstaaten in Folge einer zunehmenden Integration betrachtet werden kann (vgl. dazu auch *Folkers* 1995).

[148] An dieser Einschätzung ändert auch die Tatsache nichts, dass in den vergangenen Jahren, insbesondere im Vorfeld der Ost-Erweiterung, kleinere Reformen, wie beispielsweise die sogenannten *Phasing-in*-Regeln bei direkten Einkommensbeihilfen von Neumitgliedern, er-

Soziales

Das sozialpolitische Handlungsfeld in der EU ist aufgrund seiner Struktur dermaßen komplex, dass bereits eine überblicksartige Skizzierung, wie zuvor bei der Agrarpolitik, den Rahmen sprengen würde.[149] Der Bereich der Sozialpolitik ist durch zahlreiche Werturteile geprägt und daher stets von einem hohen normativen Gehalt, was eine verallgemeinerungsfähige Interpretation oder gar eine Operationalisierung in komplexen Gesellschaften, als welche man die EU zweifelsohne charakterisieren kann, erschwert (vgl. *Feldmann* 2000). In diesem Sinne muss die vorschnelle Aussage von einem „europäischen Sozialmodell" (vgl. *Kaelble/Schmid* 2004) auch mit besonderer Skepsis betrachtet werden. Dennoch ist zu beobachten, dass die EU, insbesondere seit der EEA von 1986, *de jure* zunehmend über sozialpolitische Zuständigkeiten verfügt – trotz teilweise erheblicher Präferenzunterschiede zwischen den Bürgern der Mitgliedstaaten, die eine Harmonisierung oder gar Vereinheitlichung der Sozialpolitik unter ökonomischen Gesichtspunkten eigentlich verbieten. Auffällig ist, dass besonders viele sozialpolitische Maßnahmen der EU im Bereich Arbeit und Beschäftigung auszumachen sind. Diese Beobachtung lässt zwei Rückschlüsse zu, welche dieses verstärkte europäische Engagement begründen können. Zum einen erfordert die Freizügigkeit der Arbeitskräfte – als ein grundlegendes Kennzeichen des Gemeinsamen Marktes – eine Regelung auf zentraler Ebene darüber, ob überhaupt und gegebenenfalls in welchem Umfang sozialrechtliche Ansprüche über die nationalstaatlichen Grenzen hinaus mitgenommen werden dürfen. Zum anderen – und dieser Aspekt ist vor dem Hintergrund des Pyramidenkonzepts von Bedeutung – sind sozialpolitische Entscheidungen in der EU für die Vertreter der Mitgliedstaaten relativ „günstig". Sozialpolitische Entscheidungen konnten nämlich bis zum Vertrag von Amsterdam vom Rat der europäischen Sozial- und Arbeitsminister ohne Zustimmung des Europäischen Parlaments, seither mit Zustimmung einer einfachen Mehrheit der Europa-Parlamentarier, gefällt werden. Da sich dieser Bereich, mit Ausnahme der Strukturfonds, nicht durch direkte Finanzzuweisungen auszeichnet, sind solche Entscheidungen zudem aus „europäischer" Perspektive zunächst mit wenigen Kosten verbunden. Damit können die Vertreter der nationalen Exekutiven „ihren" Bürgern gegenüber Tätigkeit im Bereich Arbeit und Beschäftigung signalisieren, was vor dem Hintergrund einer allgemeinen Arbeitslosigkeitsproblematik in den Mitgliedstaaten der EU hinsichtlich des Wählerverhaltens durchaus von Bedeutung ist. Häufig wird dabei jedoch übersehen – was auch auf die oben zitierte Untersuchung von *Alesina*,

folgreich verwirklicht wurden. Insgesamt genießt durch die Agrarpolitik der EU nämlich immer noch ein zunehmend an Bedeutung verlierender wirtschaftlicher Sektor eine Vorzugsbehandlung mit weitreichenden Ausnahmen von den ansonsten anerkannten Spielregeln eines Gemeinsamen Marktes.

[149] Für einen solchen Überblick über die Europäische Sozialpolitik vgl. u. a. *Sundmacher/Müller* (2006).

Angeloni und *Schuknecht* (2005) zuzutreffen scheint –, dass die europäische E-bene in diesem Bereich aufgrund normativ-theoretischer Überlegungen eigentlich nur in zweiter Instanz von Bedeutung sein kann. Arbeitsmarkt- und beschäftigungspolitische Maßnahmen sind nämlich wegen der unterschiedlichen Produktivitätsbedingungen primäre Aufgaben der nationalen Regierungen, während der EU lediglich eine koordinierende Aufgabe zukommt. Und tatsächlich lässt sich für die Sozial- und Beschäftigungspolitik zwar insgesamt ein steigender Einfluss der EU ausmachen, doch fällt dieser Politikbereich *de facto* weiterhin in die vorrangige Zuständigkeit der Mitgliedstaaten. In diesem Kontext ist auch die sogenannte *Lissabon-Strategie* zu betrachten. Dass der starke Einfluss der mitgliedstaatlichen Exekutive auf europäischer Ebene jedoch dazu führen kann, eigene Untätigkeit auf dezentraler Ebene mit der scheinbaren Tätigkeit auf zentraler Ebene systematisch zu umgehen, ist allerdings auch nicht von der Hand zu weisen. Häufig findet dies mithilfe einer unangemessenen Rhetorik statt, mittels derer eine solche Politik der Öffentlichkeit verkauft wird, wie *Alesina* und *Perotti* (2004, S. 7) in einem „*politically incorrect view*" feststellen:

> „An empty rhetoric can mislead the public debate, generating unreasonable expectations in the public, thus creating obstacles for well-intentioned policymakers facing tough choices."

Außen- und Verteidigungspolitik

Obwohl die Außen- und Verteidigungspolitik ein Handlungsfeld darstellt, welches hinsichtlich des öffentlichen Guts *äußere Sicherheit* ein zentralisiertes Gewaltmonopol auf europäischer Ebene rechtfertigen würde,[150] ist zu konstatieren, dass die Mitgliedstaaten anscheinend bislang nicht bereit sind, ihr Monopol der physischen Gewalt zugunsten eines gemeinsamen Vorgehens in der EU zu teilen geschweige denn gänzlich abzutreten. Diese Beobachtung kann in dreifacher Hinsicht erklärt werden. Zum Ersten scheint es den EU-Mitgliedstaaten in diesem Bereich offenkundig besonders schwer zu fallen, Souveränität abzugeben. Denn trotz GASP mitsamt „Hohem Vertreter" findet eine europäische Sicherheitspolitik bislang auf europäischer Ebene so gut wie nicht statt, sondern eher im Rahmen der NATO. Zweitens kann die Möglichkeit nicht ausgeschlossen werden, dass die Präferenzasymmetrien zwischen den EU-Staaten im Bereich der Außen- und Sicherheitspolitik nicht so gering sind, wie *Alesina*, *Angeloni* und *Schuknecht* (2005, S. 238) das in der zuvor erwähnten Untersuchung annehmen. Trotz der in diesem Zusammenhang zu erwähnenden Unstimmigkeiten im Vorfeld und während des Irak-Kriegs wird diese Annahme einer grundsätzlichen Unmöglichkeit einer gemeinsamen europäischen Außenpolitik aufgrund

---

[150] In diesem Zusammenhang sei ebenfalls die Entstehung der amerikanischen Verfassung erwähnt, in dessen Verlauf sich der maßgeblich von *Jay* (2.–5. *federalist article*, vgl. *Adams*/*Adams* 1994, S. 5–24) diskutierte Aspekt der Außen- und Sicherheitspolitik als relativ unstrittig erwies.

von Präferenzasymmetrien hier aber nicht geteilt, denn schließlich funktioniert auch eine dementsprechende Koordinierung in der NATO. Drittens bestünde die – allerdings eher hypothetische – Möglichkeit, dass die Entscheidungs*un*fähigkeit der EU auf dem Gebiet der Außen- und Sicherheitspolitik aus Gründen der Legitimation bewusst aufrecht erhalten wird. Gemeinsame EU-Entscheidungen im Bereich der Außen- und Sicherheitspolitik werden zwar einstimmig, jedoch ansonsten weitgehend ohne das Europäische Parlament und ohne die Möglichkeit, rechtlich strittige Fragen durch den EuGH klären zu lassen,[151] getroffen. Gerade bei Entscheidungen über Krieg und Frieden ist dies eine nur unzureichende Legitimationsbasis. Allerdings muss betont werden, dass eine derart begründete Entscheidungsunfähigkeit auf anderem Wege sinnvoller geregelt werden könnte – beispielsweise auf verfassungsrechtlicher Ebene.

Im Rückblick auf die zunächst vorgenommene ökonomische Begründung für die spezifische Allokation von politischen Kompetenzen in der EU und den sich daran anschließenden Vergleich mit der tatsächlichen Kompetenzzuordnung kann – ganz gleich, inwieweit man die dabei präsentierten Ergebnisse im Einzelnen bewertet – unter allen Umständen zumindest eines festgehalten werden: Die Begründung für eine Zentralisierung politischer Kompetenzen ist im konkreten Fall stets mit Schwierigkeiten verbunden – auch wenn es offenkundige Fälle gibt, in denen ein solcher Schritt theoretisch zweifelsfrei legitimiert werden kann und allokationseffiziente Ergebnisse impliziert. Sollen Kompetenzen zugunsten einer zentralen Ebene verlagert werden oder sind Kompetenzen bereits dort angesiedelt, wird es stets zu Konflikten zwischen der dezentralen und der zentralen Ebene kommen, was für die EU angesichts der Ost-Erweiterung und der bevorstehenden Aufnahme weiterer Mitglieder von besonderer Relevanz ist. Denn schließlich ist zu erwarten, „dass die Zahl der externen Effekte, die den gesamten Wirtschaftsraum erfassen, und die Zahl der öffentlichen Güter, die über den gesamten Raum wirksam sein sollten, abnehmen wird [und] [...] die Inhomogenität der Präferenzen zunehmen wird“ (*Wagener*, *Eger* und *Fritz* (2006, S. 163).

3. Kompetenzstreitigkeiten und Zentralisierungsproblematik – zur Stabilität föderaler Strukturen

Kompetenzstreitigkeiten zwischen dezentraler und zentraler Ebene sind ein nahezu unvermeidbarer Bestandteil föderaler Strukturen, die in der EU von besonders deutlich zum Vorschein kommen, weil hier die dezentrale Ebene durch historisch gewachsene, voneinander unabhängige, souveräne Nationalstaaten besetzt ist. Unter diesen Voraussetzungen sind Unstimmigkeiten zwischen den Mitgliedstaaten und den Organen der europäischen Ebene nicht nur theoretisch

---

[151] Eine Praxis, welche zumindest in der Bundesrepublik Deutschland bei außen- und vor allem sicherheitspolitischen Entscheidungen von zunehmender Relevanz ist.

möglich, sondern auch praktisch in mehrerer Hinsicht relevant (vgl. *Wagener/Eger/Fritz* 2006, S. 123):

- Die europäische Ebene tritt für eine Stärkung von Marktprozessen in bestimmten Bereichen ein, während die davon betroffenen Mitgliedstaaten eine Regulierung auf nationaler Ebene befürworten. Als prägnantes Beispiel kann in diesem Zusammenhang die Schaffung eines Gemeinsamen Marktes in Europa herangezogen werden.
- Die europäische Ebene tritt in bestimmten Bereichen für eine europaweite Regulierung ein, während die Mitgliedstaaten eine weitgehende Deregulierung bevorzugen und ihrerseits für eine Stärkung von Marktprozessen plädieren. Dieser Aspekt mag zunächst ungewöhnlich erscheinen, da doch gerade auf Initiative der EU hin eine tiefgreifende Deregulierung in vielen Lebensbereichen der europäischen Bürger (z. B. Telekommunikation, Luftfahrt, Energieversorgung) stattgefunden hat. Hier ist jedoch vorwiegend der Komplex der Sozial- und Beschäftigungspolitik gemeint. Für die zu erläuternde Ausgangskonstellation wäre in diesem Bereich das zögernde und ablehnende Verhalten Großbritanniens bezüglich europaweit gültiger Regulierungsmaßnahmen kennzeichnend.
- Die entsprechenden Entscheidungsorgane der EU bevorzugen eine Regulierung auf zentraler Ebene, während die Mitgliedstaaten für eine Regulierung auf dezentraler Ebene eintreten. Diesbezügliche Konflikte treten häufig auf den Gebieten der Wettbewerbs- sowie Umweltpolitik auf.
- Ein oder mehrere Mitgliedstaaten sind bestrebt, einen bestimmten Politikbereich auf zentraler Ebene zu regulieren, da einem solchen Schritt auf dezentraler Ebene institutionelle Schranken gesetzt sind.

In der EU werden solche Konflikte häufig zugunsten der zentralen Ebene entschieden, weswegen die EU in diesem Zusammenhang auch als eine „Zentralisierungswalze" bezeichnet wird.[152] Fasst man argumentativ – wie zuvor in dieser Arbeit – Zentralisierung im *Oates*'schen (1999) Sinne als eine Verlagerung von Entscheidungskompetenzen und Verantwortlichkeiten von einer dezentralen Ebene auf eine zentrale Ebene auf, stellt sich die Frage, welche institutionellen Schranken in einer Föderation gegen eine unangemessene Kompetenzverlagerung errichtet werden können. Auf die EU bezogen wird in diesem Zusammenhang häufig auf das europäische Gemeinschaftsrecht verwiesen. Das ist für den konkreten Fall auch soweit zutreffend, denn schließlich verpflichtet das europäische *Primärrecht* nicht nur die Mitgliedstaaten dazu, bestimmte Dinge zu tun oder zu unterlassen, sondern berechtigt außerdem die Organe der zentralen Ebe-

[152] Wobei zu betonen ist, dass eine schleichenden Zentralisierung im Sinne der *Popitz*'schen „Anziehungskraft des größten Etats" (*Popitz* 1927, S. 348) keineswegs ein empirisch nachgewiesenes „Naturgesetz" darstellt (vgl. *Meyer* 1998).

ne, verbindliche Rechtsnormen mit unmittelbarer Wirkung für die Mitgliedstaaten und die Bürger in den Mitgliedstaaten zu erlassen, womit der Bereich des europäischen *Sekundärrechtes* angesprochen ist. Dabei hat stets das sogenannte „Prinzip der begrenzten Einzelermächtigung" (vgl. Art. 5, Art. 249 EGV; Art. 5 EUV) Gültigkeit, welches besagt, dass die Organe der zentralen Ebene nur dann tätig werden dürfen, wenn sie dazu ausdrücklich durch die relevanten Verträge ermächtigt sind. Für die Konstitution eines föderalen Systems hingegen sind diese post-konstitutionellen Regeln erst in zweiter Linie von Bedeutung. Von entscheidender Relevanz für den vorliegenden Kontext sind indessen die grundsätzlichen institutionellen Möglichkeiten, Kompetenzstreitigkeiten in einer Föderation auf konstitutioneller Ebene zu lösen.

3.1 Konstitutionelle Lösungsmöglichkeiten

Folgend werden drei Möglichkeiten vorgestellt, mittels derer auf konstitutioneller Ebene potenzielle Kompetenzstreitigkeiten zwischen dezentraler und zentraler Ebene in einer Föderation *ex ante* vermieden oder *ex post* gelöst werden können. Dabei wird mit dem Subsidiaritätsprinzip eine *normative*, mit dem Kompetenzenkatalog eine *pragmatische* sowie mit dem Sezessionsrecht eine *unwiderrufliche* Lösung aufgezeigt, wobei betont werden muss, dass es an der einen oder anderen Stelle durchaus Wechselbeziehungen geben kann.

3.1.1 Subsidiaritätsprinzip

Weiter oben wurden föderale Strukturen als Gebilde definiert, welche aus mehreren Regierungsebenen bestehen, von denen im Idealfall jede Jurisdiktion für solche öffentlichen Güter verantwortlich ist, deren geografische Reichweite ihrer Größe am ehesten entspricht. Zu diesem Zweck können Kosten und Nutzen der Zuweisung von öffentlichen Aufgaben an unterschiedliche Regierungsebenen untersucht werden, um sodann eine Entscheidung nach ökonomischen Prinzipien der Wohlstandsmaximierung zu treffen. Jedoch gibt es Bereiche, in denen keine eindeutige Aussage über Kosten und Nutzen möglich ist und dementsprechend konkurrierende Zuständigkeiten entstehen können. In diesen Fällen kann das Subsidiaritätsprinzip Anwendung finden und eine den Präferenzen der Individuen konforme und effiziente Politik gewährleisten (vgl. u. a. *Ronge* 1998). Dieses normative Prinzip beinhaltet die Grundvermutung einer Vorteilhaftigkeit der Leistungserbringung auf möglichst niedriger kollektiver Handlungsebene und begründet damit *im Zweifelsfall* die Kompetenzallokation zugunsten dezentraler Ebenen.[153] Mehr sagt das Subsidiaritätsprinzip zunächst einmal nicht aus –

[153] Das Subsidiaritätsprinzip wird vielfach in Verbindung mit der katholischen Soziallehre zu Beginn des 20. Jahrhunderts und der in diesem Zusammenhang entstandenen Enzyklika *Quadragesimo anno* gebracht, in welcher es heißt: „[Wie] dasjenige, was der Einzelmensch aus eigener Initiative leisten kann, ihm nicht entzogen und der Gesellschaftstätigkeit zuge-

und wird trotzdem teilweise fehlinterpretiert, wenn es im Zusammenhang mit der Diskussion um Zentralisierung in der EU gebraucht wird. Das Subsidiaritätsprinzip ist zwar, worauf unter anderen *Vanberg* (1994) hinweist, ein konstitutionelles Prinzip und – eine hinreichende Operationalisierung desselben vorausgesetzt[154] – ein effektives Kriterium, mithilfe dessen die Kompetenzallokation in einem föderalen System bewertet werden kann. Demzufolge sind Aufgaben stets auf der möglichst niedrigsten Ebene kollektiven Handelns wahrzunehmen, da kleine Jurisdiktionen solche Aufgaben meist effizienter bewältigen können und sorgsamer mit den individuellen Freiheiten umgehen als größere Jurisdiktionen. Die in dieser Soll-Formel ausgedrückte allgemeine Norm darf hingegen nicht das grundsätzliche *Können* verdecken. Denn der vermutete Vorrang dezentraler Strukturen bezieht sich auf den Zweifelsfall und kann in den Bereichen keine Anwendung finden, in denen die Argumente für eine Kompetenzallokation zugunsten zentraler Einheiten zweifelsfrei überwiegen. Um welche Bereiche es sich dabei handelt, haben die vorherigen Ausführungen gezeigt. Dieser Aspekt ist demnach zu beachten, wenn das Subsidiaritätsprinzip im Fall der EU zur Begründung herangezogen wird, ob (strittige) Kompetenzen, die der zentralen Ebene zugewiesen sind, gar nicht dorthin gehören und, im Gegenzug, ob solche Zuständigkeiten, die der Verantwortung der Mitgliedstaaten Eigen sind, besser auf europäischer Ebene aufgehoben wären (vgl. *Henke* 2006; *Schäfer* 2006). Darüber hinaus ist die grundsätzliche Frage zu beachten, wie das Subsidiaritätsprinzip konkret Anwendung finden soll beziehungsweise kann (vgl. *Cooper* 2006; *Pelkmans* 2006). *Schneider* (1998, S. 18 f.) weist in diesem Zusammenhang treffend darauf hin, dass „dieses Prinzip, solange es nicht konkret sowohl inhaltlich als auch institutionell auf den verschiedenen Regierungsebenen verankert wird, eine Leerformel bleibt". Diese inhaltliche und vor allem institutionelle Verankerung ist jedoch keine einfache Angelegenheit, da das Subsidiaritätsprinzip in den verschiedenen Mitgliedstaaten der EU nicht nur ungleich interpretiert, sondern vor allem unterschiedlich angewendet wird, worauf *Schneider* (ebd.) mit Bezug auf *Feld* und *Kirchgässner* (1996) aufmerksam macht. Die *European Constitutional Group* (1993, 2003) und *Vaubel* (1996, 2001) befürworten in diesem Zusammenhang ein eigenes europäisches Subsidiaritätsgericht, worauf an späterer Stelle noch einmal zurückzukommen sein wird. Andere Vertreter be-

---

wiesen werden darf, so verstößt es gegen die Gerechtigkeit, das, was die kleineren und untergeordneten Gemeinwesen leisten können, für die weitere und übergeordnete Gemeinschaft in Anspruch zu nehmen." Dabei gerät häufig in Vergessenheit, dass der Deutsche *Johannes Althusius* (1557–1638) bereits Anfang des 17. Jahrhunderts einen entsprechenden Grundgedanken formuliert hatte, welcher das Verhältnis zwischen unterschiedlichen Vergesellschaftungsformen und Herrschaftsebenen beschreibt.

[154] Konkret geht es hierbei darum, dass die Grundvermutung zugunsten dezentraler Entscheidungsstrukturen die Beweislast dahingehend regelt, dass derjenige, der für Zentralisierung plädiert, dies zu begründen hat.

fürworten eine Operationalisierung des Subsidiaritätsprinzips mithilfe direktdemokratischer Elemente (vgl. u. a. *Schneider* 1992; *Frey* 1996).

3.1.2 Kompetenzenkatalog

Was zuvor bereits anklang, verdeutlichen *Leschke* und *Möstl* (2007), indem sie infrage stellen, inwieweit das Subsidiaritätsprinzip überhaupt justiziabel ist:

> „Einerseits hängt das Subsidiaritätsprinzip in einem Maße von politischen Wertungen sowie ökonomischen Kosten-Nutzen-Analysen ab, dass es für eine einigermaßen verlässliche juristische Subsumtion kaum geeignet erscheint. Andererseits ist die Justiziabilität des Subsidiaritätsprinzips ein verfassungspolitisches Desiderat, weil jegliches föderative Gebilde – auch die EU – davon lebt, dass die Kompetenzmaßstäbe seiner Verfassung auch wirklich verlässlich eingehalten werden. Entsprechend weit gestreut sind die Ansichten der Literatur, die von der Einstufung des Subsidiaritätsprinzips als bloßer politischer Absichtserklärung bis hin zur Postulierung recht detaillierter Abwägungsregeln reichen."

Aufgrund dieser institutionell-organisatorischen Schwierigkeiten wird der normative Grundgedanke des Subsidiaritätsprinzips zwar nicht hinfällig, doch gibt es diesbezüglich Vertreter, die eine praktikablere Lösung von Kompetenzstreitigkeiten darin sehen, einen klaren Kompetenzenkatalog aufzustellen (vgl. *Boeck* 2000, *Bungenbach* 2000; *Kirchner* 1997; *Swenden* 2004). Ein solcher würde, beispielsweise durch eine verfassungsrechtliche Festschreibung, *ex ante*, d. h. vor beziehungsweise während der Umsetzung einer konkreten politischen Maßnahme, beachtet werden und wäre zudem *ex post* grundsätzlich justiziabel, das heißt einer richterlichen Kontrolle und Überprüfung zugänglich. Da eine Anpassung eines solches Kompetenzenkatalogs durch veränderte Rahmenbedingungen im Laufe der Zeit durchaus notwendig sein kann, bedarf es entsprechender Verfahren einer Änderung, wobei zu beachten ist, dass Kompetenzverlagerungen in einer Föderation – zumindest wenn diese den Anforderungen der Basistheorie genügt – aus individueller Sicht stets eine konstitutionelle Entscheidung darstellen. Tatsächlich gibt es in den relevanten europäischen Verträgen unter der Bezeichnung „Die Politiken der Gemeinschaft" so etwas wie einen Kompetenzenkatalog, welcher zwar durchaus relevant, jedoch aufgrund der spezifischen institutionellen Ausgestaltung mal mehr und mal weniger verbindlich ist. Diese Feststellung jedoch erweist sich als eine unzureichende Lösung für Kompetenzstreitigkeiten, wie im weiteren Verlauf noch zu zeigen ist.

3.1.3 Sezessionsrecht

Eine weitere, allerdings sehr strikte und damit unwiderrufliche Lösung zur Beilegung von Kompetenzstreitigkeiten besteht darin, dass der dezentralen Ebene die Möglichkeit eines Austrittsrechts aus der Föderation konstitutionell zugesichert wird. Dahinter steht die Idee, dass unangemessenen Zentralisierungstendenzen durch die Drohung mit dem Austritt beziehungsweise den Vollzug desselben entgegengewirkt wird. Vor dem Hintergrund, dass derartige Kompetenzstreitigkeiten heutzutage – zumindest in und zwischen demokratisch organisierten Gemeinwesen – nicht mehr auf kriegerischem Wege ausgetragen werden, wird damit in einem Sezessionsrecht nicht selten ein wirksames konstitutionelles Instrument zur Zähmung des Leviathan und zur Eindämmung von Zentralisierung im Allgemeinen gesehen (vgl. u. a. *Vaubel* 1994). Was auf den ersten Blick logisch und nachvollziehbar erscheint, wirft bei einer genaueren Betrachtung jedoch einige Probleme auf, die von einem vorschnellen Gebrauch dieses Instruments abraten lassen. Es gerät nämlich häufig in Vergessenheit, dass die Möglichkeit eines Austritts in einer Föderation eine konstitutionelle Entscheidung darstellt und deshalb auch als eine solche zu behandeln ist. Besonders deutlich wird diese Tatsache am Beispiel eines Sezessionsrechts in der EU, welches von manchem Vertreter vehement gefordert wird (vgl. u. a. *Doering* 2000). In die europapolitische Diskussion eingebracht wurde diese Idee durch *Buchanan* (1990, 1991), als dieser darauf hinwies, dass die amerikanischen Einzelstaaten ihre souveräne Eigenständigkeit und Unabhängigkeit von der zentralen Ebene in Washington verloren hätten, als mit dem Ausbruch des amerikanischen Bürgerkriegs 1861 deutlich wurde, dass die zentrale Ebene keine Sezession einzelner Staaten hinnehmen würde. Mit diesem Freiheitsverlust der Einzelstaaten, so *Buchanan* weiter, verloren schließlich auch die Bürger in den Einzelstaaten die Möglichkeit, dem steigenden Einfluss der Zentralebene gegenüber den Einzelstaaten sowie gegenüber den Bürgern der gesamten Föderation Stand zu halten. „Nach dem Wegfall der Drohung mit der Sezession fehlte eine effektive Begrenzung der Machtexpansion der Zentralregierung [...]“ (*Buchanan* 1991, S. 128). *Vaubel* (2001, S. 46) kommt diesbezüglich zu dem Schluss, „Europa sollte versuchen aus den Fehlern der USA zu lernen, anstatt sie blind zu wiederholen“, denn „ [...] der Sieg des Bundes hatte einen enormen Zentralisierungsschub zur Folge. Auf die Wünsche der Südstaaten wurde kaum noch Rücksicht genommen“. Aus diesem Grund plädieren *Vaubel* (1994, S. 179; 1995, S. 68 f.; 2001, S. 45, S. 122 ff.) und die *European Constitutional Group* (1993, S. 5) für die Verankerung eines Sezessionsrechts in der EU für alle Mitgliedstaaten. Demzufolge soll eine Kompetenzübertragung von der dezentralen auf die zentrale europäische Ebene einstimmig, eine Rückverlagerung dieser Zuständigkeiten hingegen mit einfacher Mehrheit möglich sein. Mit dieser Regelung werde ferner die Freiheit der Mitgliedstaaten und die individuelle Freiheit der Bürger in den Mitgliedstaaten gegenüber der EU bewahrt und vor unsachgemäßen Eingriffen geschützt. *Vaubel* (1995) begründet diese Überlegung explizit mit Verweis auf die bereits erwähnten Überlegungen *Wicksells*, demzufolge individuelle Rechte nur dann an ein Kollektiv übertragen werden dürfen, wenn jedes Individuum einem solchen Schritt zustimmt und umgekehrt eine Rückverlagerung eines Rechtes bereits dann erfolgen müsste, wenn nur ein einziges Individuum dies verlangt.

> „The transfer of powers to a government can be legitimised only by consent. But what about the withdrawal of such powers? As Wicksell pointed out, by the logic of this argument, the withdrawal of powers does not require (quasi-)unanimity. On the contrary, even if only a significant minority withdraws its approval, the government has lost its legitimation to use these powers." (*Vaubel* 1995, S. 67 f.).

Diese Interpretation des *Wicksell*'schen Grundsatzes ist zwar für das Verhältnis zwischen individueller und kollektiver Ebene relevant, nicht jedoch für das Verhältnis zwischen dezentraler und zentraler kollektiver Ebene, worum es aber gerade im hier relevanten Kontext geht. Es liegt demnach, worauf *Apolte* (1997; 1999, S. 173 ff.; 2004, S. 274) mehrfach aufmerksam macht, jene „Individualismus-Dezentralismus-Analogie" vor, welche zu gravierenden Fehlschlüssen verleitet – so auch in dem vorliegenden Fall. Denn fasst man die kollektive Ebene der Mitgliedstaaten als ein Individuum auf, wird leicht übersehen, dass das Sezessionsrecht ein Gruppenrecht ist. Ganz in diesem Sinne ist es somit nicht nur ein Mittel, um die individuelle Freiheit gegenüber einer Zentralregierung zu verteidigen, sondern es kann auch von einer Mehrheit dazu missbraucht werden, die Rechte einer Minderheit zu unterdrücken. Betrachtet man in diesem Zusammenhang beispielsweise den amerikanischen Bürgerkrieg, so kann argumentiert werden, dass es bei den Sezessionsbestrebungen der Südstaaten nicht nur um die Erlangung von mehr Unabhängigkeit von der Bundesebene ging, sondern ebenfalls darum, einer großen Minderheit innerhalb der Südstaaten, nämlich den Sklaven, explizite Freiheitsrechte weiterhin vorzuenthalten. Dieses (Un-)Recht hätte nämlich nur mit einem erfolgreichen Austritt aus der Union aufrechterhalten werden können – wohlgemerkt zulasten und damit auch gegen den Willen einer Minderheit. Auch im Fall der EU ergäbe sich ein ähnliches Bild. Dort könnten nämlich mit einfacher Mehrheit im Rat theoretisch 14 von 27 Regierungen eine Zuständigkeit, welche auf europäischer Ebene angesiedelt ist, auf die Ebene der Mitgliedstaaten zurückverlagern, obwohl damit selbst dann ein Teil der gesamten EU-Bevölkerung diskriminiert würde, wenn 100 Prozent der jeweiligen Bevölkerung dieser 14 Mitgliedstaaten diese Sezessionsentscheidung ihrer Regierung unterstützen würden (vgl. *Apolte* 2004, S. 274). Man stelle sich einen solchen Fall nur einmal im Bereich des Gemeinsamen Marktes vor, wenngleich zu betonen ist, dass die *European Constitutional Group* (1993, 2003) zwischen einem Kernbereich (Gemeinsamer Markt) und ergänzenden Gemeinschaftspolitiken (u. a. Außen- und Verteidigungspolitik, Währungspolitik) unterscheidet und es den einzelnen Mitgliedstaaten freistellen möchte, inwieweit sie sich am letztgenannten Bereich beteiligen möchten. Doch auch damit werden die zuvor genannten Einwände nicht hinfällig. Das Sezessionsrecht bleibt ein Gruppenrecht und stellt demnach stets auch eine konstitutionelle Grundentscheidung dar. Der Austritt aus einer Föderation zerstört das System einer gegenseitigen Kontrolle zwischen dezentraler und zentraler Ebene zum Schutz individueller Freiheiten – im Übrigen vor Übergriffen von beiden Ebenen – und stellt damit diese Föderation als solche grundsätzlich infrage. Denn wenn die

Regierung eines Mitgliedstaates das Recht hat, eine Föderation zu verlassen, können die föderalen Verpflichtungen nicht mehr wahrgenommen werden, da in einer Föderation dezentrale und zentrale Ebene voneinander verfassungsmäßig abhängig sind. Aus diesem Grund scheint ein Sezessionsrecht als institutionelle Lösung für Kompetenzstreitigkeiten in hohem Maße problematisch – insbesondere im Hinblick auf die EU, da es den Integrationsprozess gefährden und nachhaltig belasten könnte (vgl. *Witte* 1995, S. 154). Sollte es dennoch verankert werden, bedarf es aufgrund des konstitutionellen Charakters einer entsprechenden Abstimmungsregel, welche sich an dem diesbezüglich relevanten normativen Gebot der Einstimmigkeit ausrichten müsste.

3.2 Unzureichende Lösungswege – zur EU-Praxis

Betrachtet man vor dem Hintergrund der zuvor skizzierten konstitutionellen Lösungsmöglichkeiten eventueller Kompetenzstreitigkeiten zwischen den Ebenen einer Föderation den diesbezüglich in der EU verwirklichten Lösungsweg, kann zunächst festgestellt werden, dass die relevanten Verträge sowohl eine Art Kompetenzenkatalog enthalten als auch das Subsidiaritätsprinzip festschreiben und darüber hinaus der Verfassungsvertrag den Mitgliedstaaten sogar ein Sezessionsrecht einräumt. Was damit auf den ersten Blick wie eine starke institutionelle Absicherung gegen Kompetenzstreitigkeiten und gleichzeitig wie ein Hindernis gegen übermäßige Zentralisierungstendenzen der europäischen Ebene erscheint, erweist sich bei genauerer Betrachtung indessen als unzureichend und wenig wirksam.

Gemäß des bereits erwähnten „Prinzips der begrenzten Einzelermächtigung" darf die EU als kollektive Entscheidungs- und Handlungsebene nur dann tätig werden, wenn sie dazu ausdrücklich durch die Verträge legitimiert ist, das heißt, wenn die Mitgliedstaaten in ihrer Funktion als „Herren der Verträge" auf Kompetenzen freiwillig verzichten. Ausgehend von diesem Prinzip werden in der EU vier Arten von Zuständigkeiten unterschieden (vgl. Art. I-11 – I-18 VVE):

- *ausschließliche Kompetenz*: In diesem Bereich besitzt die EU die ausschließliche gesetzgebende Macht und nur sie darf verbindliche Rechtsakte erlassen. Mitgliedstaaten dürfen demgegenüber nicht selbst gesetzgeberisch tätig werden.
- *konkurrierende Kompetenz*: Dieser Bereich mit geteilter Zuständigkeit zeichnet sich dadurch aus, dass sich EU und Mitgliedstaaten die legislativen Befugnisse teilen.
- *Rahmenkompetenz*: Dieser Bereich liegt dann vor, wenn die Verträge selbst nur Koordinations- und Kooperationsbefugnisse für die europäische Ebene vorsehen, die sich in der Aufstellung von Rahmenbestimmungen und Programmen erschöpfen.

- *Unterstützungskompetenz*: In diesem Bereich kann eigentlich von keiner eigenen EU-Kompetenz gesprochen werden, denn die Funktion der zentralen Ebene beschränkt sich hier auf Unterstützungs-, Koordinierungs- und Ergänzungsmaßnahmen, während die legislativen Entscheidungsbefugnisse bei den Mitgliedsländern liegen.

Dieser „Kompetenzenkatalog" ist jedoch in vielfacher Hinsicht problematisch. Zunächst ist zu beklagen, dass die konkrete Definition von Kompetenzen – sowohl im Verfassungsvertrag als auch in Art. 3 EGV – derart breit gefasst ist, dass keine eindeutige Aussage darüber getroffen werden kann, auf welchen Politikfeldern der EU Betätigungsmöglichkeiten zugewiesen werden beziehungsweise auf welchen sie demnach nicht tätig werden könnte. Auch der dritte Teil des EG-Vertrags (Art. 23 – 181 EGV) schafft trotz des Titels „Die Politiken der Gemeinschaften" diesbezüglich wenig Klarheit. Eine derart unpräzise Definition von Kompetenzfeldern führt indessen dazu, dass die europäische Ebene mit fortschreitender Integration praktisch für sämtliche Bereiche (Teil-)Zuständigkeit erlangt und somit verwundert es auch nicht, dass der Komplex *geteilter Zuständigkeiten* beziehungsweise *konkurrierender Kompetenzen* zwischen europäischer und mitgliedstaatlicher Ebene den anzahlmäßig größten Bereich bildet.[155] Genau in diesem Bereich existieren gerade die meisten Kompetenzstreitigkeiten zwischen dezentraler und zentraler Ebene, so dass ein derart gestalteter Kompetenzenkatalog zumindest jene Probleme nicht zu lösen vermag, welche hier im Fokus der Betrachtung stehen. Auch bei der Ausarbeitung des Europäischen Verfassungsvertrags wurde eine klarere Abgrenzung der Zuständigkeiten für die europäische und mitgliedstaatliche Ebene mittels eines wirklich präzisen Kompetenzenkatalogs mit der Begründung abgelehnt, dass es nur wenige Politikfelder gibt, in denen eine ausschließliche europäische Kompetenz besteht, während die meisten der Union zugewiesenen Kompetenzen aufgeteilt oder komplementär sind und demzufolge ein festgeschriebener Kompetenzenkatalog die Handlungsmöglichkeiten der Unionsebene begrenzen würde. Vor dem Hintergrund der bisherigen Ausführungen stellt sich allerdings die Frage, was daran so schlimm sein soll? Denn die ausschließliche Zuständigkeit der europäischen Ebene für bestimmte (wenn auch wenige) Politikfelder ist unter ökonomischen Effizienz- und individuellen Freiheitsgesichtspunkten immer noch jener Kompetenzvermischung und Unverantwortung vorzuziehen, wie sie momentan in der EU zu erkennen ist.

---

[155] Wobei besonders kritisch anzumerken ist, dass gerade dieser Bereich im Zuge des Verfassungsvertrags teilweise erheblich ausgeweitet wurde, so dass die EU nunmehr tatsächlich in fast sämtlichen, politisch gestaltbaren (Lebens-)Bereichen eine Mitzuständigkeit besitzt. Eine Überprüfung von einmaligen (Rück-)Verlagerungen von Aufgaben und Kompetenzen auf die Ebene der Nationalstaaten sowie eine Neuordnung der Zuständigkeiten zwischen europäischer und mitgliedstaatlicher Ebene ist damit – wenngleich der *Auftrag von Laeken* genau dieses vorsah – keineswegs zu verzeichnen.

Risiken und Nebenwirkungen einer unzureichenden Kompetenzordnung sowie einer zunehmenden Zentralisierung werden in der EU indessen mit dem, in Artikel 5 EGV erstmals festgeschriebenen Subsidiaritätsprinzip zur institutionellen Begrenzung und Ordnung der Gemeinschaftskompetenzen zu entschärfen versucht:

> „Die Gemeinschaft wird innerhalb der Grenzen der ihr [...] zugewiesenen Befugnisse und gesetzten Ziele tätig. In den Bereichen, die nicht in ihre ausschließliche Zuständigkeit fallen, wird die Gemeinschaft nach dem Subsidiaritätsprinzip nur tätig, sofern und soweit die Ziele der in Betracht gezogenen Maßnahmen auf Ebene der Mitgliedstaaten nicht ausreichend erreicht werden können und daher wegen ihres Umfangs oder ihrer Wirkungen besser auf Gemeinschaftsebene erreicht werden können [...]."

Gerken et al. (2002, S. 22) weisen hinsichtlich des materiellen Gehalts eines derart formulierten Subsidiaritätsprinzips auf zwei grundsätzlich mögliche Auslegungswege hin. Demnach enthält der Artikel sowohl ein Negativkriterium als auch ein Positivkriterium. Das erste Kriterium erlaubt ein Tätigwerden der Gemeinschaft im Bereich konkurrierender Kompetenzen nur dann, wenn ein bestimmtes Ziel auf mitgliedstaatlicher Ebene *nicht ausreichend* erreicht werden kann, während dem zweiten Kriterium nach eine Zuständigkeit dann der europäischen Ebene zukommt, wenn ein Ziel in Anbetracht des Umfangs und der Wirkung *besser* auf zentraler Ebene erreicht werden kann. Die Schwierigkeit besteht nun darin, zu unterscheiden, wann ein Ziel *nicht ausreichend* auf Ebene der Mitgliedstaaten und wann es *besser* auf Gemeinschaftsebene erreicht wird sowie ob diese beiden Voraussetzungen kumulativ oder bloß alternativ erfüllt sein müssen.[156] Doch auch ungeachtet dieses vornehmlich juristischen Problems lassen sich hinsichtlich der konkreten institutionellen Ausgestaltung des Subsidiaritätsprinzips Unzulänglichkeiten ausmachen, die dessen normative Wirksamkeit einschränken. Daher ist das Subsidiaritätsprinzip in der EU „eher ein Papiertiger als eine wirksame Waffe gegen einen europäischen Superstaat" (*Wagener/Eger/Fritz* 2006, S. 155). In diesem Zusammenhang ist zunächst zu kritisieren, dass das Subsidiaritätsprinzip durch ein „Protokoll über die Anwendung der Grundsätze der Subsidiarität und der Verhältnismäßigkeit" im Amsterdamer Vertrag spezifiziert wird. Darin heißt es unter anderem:

> „Das Subsidiaritätsprinzip stellt nicht die Befugnisse in Frage, über die die Europäische Gemeinschaft aufgrund des Vertrages entsprechend der Auslegung des Gerichtshofs verfügt. [...]"

[156] Was letzteren Punkt anbelangt, schafft der Verfassungsvertrag in Art. I-11,3 insofern Klarheit, als dass es dort statt wie bisher „*und daher* wegen ihres Umfangs [...]" von nun an „*sondern vielmehr* wegen ihres Umfangs [...]" heißt, was letztlich bedeutet, dass beide Kriterien erfüllt sein müssen. Damit wird verfassungsvertraglich festgeschrieben, was zuvor lediglich im „Protokoll über die Anwendung der Grundsätze der Subsidiarität und der Verhältnismäßigkeit" des Amsterdamer Vertrages festgehalten war.

Das bedeutet zum einen, dass das Subsidiaritätsprinzip in der EU wirklich nur im Bereich *konkurrierender Kompetenzen* Anwendung findet und damit eine mögliche Rückverlagerung von Kompetenzen grundsätzlich ausklammert. Zum anderen wird durch dieses Protokoll die starke Rolle des EuGH bei der Auslegung des Subsidiaritätsprinzips deutlich. Der EuGH ist jedoch, und darauf weist *Vaubel* (2001, S. 132–134) hin, für die Auslegung und Prüfung nicht unbedingt eine adäquate Instanz, da er als europäisches Organ tendenziell integrationsfördernd und damit im Zweifelsfall für eine Zentralisierung entscheidet, was aus polit-ökonomischen Gründen letztlich auf die persönliche Motivation der Richter zurückzuführen ist. Gefordert ist indessen eine Instanz, die unabhängig – und zwar sowohl von der europäischen als auch von der mitgliedstaatlichen Ebene – ihre Entscheidungen trifft. Aus dem Grund wird in diesem Zusammenhang häufig ein sogenanntes Subsidiaritätsgericht (*Union Court of Review*) in die Diskussion eingebracht, dessen Mitglieder gemäß *Vaubel* (1996, 2001) und der *European Constitutional Group* (1993) von den höchsten Gerichten der Mitgliedstaaten für eine einmalige Amtszeit von sechs Jahren delegiert werden sollen. Wenngleich eine solche Lösung auf den ersten Blick einen gewissen Charme besitzt, bringt die starke Anbindung einer solchen Instanz an die Gerichtsbarkeit der Mitgliedstaaten ebenfalls Probleme mit sich. Denn obgleich ein derart zusammengesetztes Subsidiaritätsgericht einen Anreiz hätte, die Zentralisierung von Kompetenzen in Grenzen zu halten, bedeutet dies umgekehrt auch, „dass diese Richter eher zu wenig Zentralisierung zulassen, insbesondere wenn es sich um eine sinnvolle Kompetenzänderung handelt“ (*Feld* 2003, S, 310). Wenn man, wie *Vaubel* (2001, S. 183), einen „dezentralisierten Staatenverbund“ befürwortet, mag ein solches Gericht Relevanz haben. Wenn man jedoch die EU als ein föderales Gebilde auffasst, ist einer solchen Lösung mit Skepsis zu begegnen. Verfolgt man sie dennoch, so wäre es zumindest angemessener, sowohl die obersten mitgliedstaatlichen Gerichte als auch den EuGH an der Bestellung der Richter zu beteiligen, was *Apolte* (1999, S. 212) in diesem Kontext vorschlägt. Beim Europäischen Verfassungsvertrag hat man auf die Institutionalisierung eines *Union Court of Review* verzichtet, wohl aber versucht, die Einhaltung des Subsidiaritätsprinzips durch neue Verfahren in Form eines politischen Frühwarnsystems und der nachträglichen Klagemöglichkeit zu gewährleisten (vgl. *Maurer/Kietz* 2003). Konkret beinhalten diese Maßnahmen die frühzeitige Information der nationalen Parlamente über europäische Gesetzesvorhaben und die Möglichkeit einer Klage derselben – jedoch vor dem EuGH. Ob damit die Kompetenzordnung in der EU tatsächlich stärker im Sinne des Subsidiaritätsprinzips erfolgt, darf bezweifelt werden.

Ganz und gar nicht mit dem Subsidiaritätsprinzip vereinbar ist die „Generalermächtigung“ (*Vaubel* 2001, S. 122) des Art. 308 EGV, welche im Verfassungsvertrag in Art. I-18 unter der geradezu euphemistischen Bezeichnung „Flexibilitätsklausel“ ihr Pendant findet. Dieser Artikel ermöglicht nämlich den im Rat versammelten Regierungen der Mitgliedstaaten, auf Vorschlag der Kommission und nach Anhörung durch das Europäische Parlament einstimmig „geeignete Vorschriften" zu erlassen, die für die Verwirklichung politischer Ziele „erforderlich erscheinen". Während sich der bisherige Art. 308 EGV ausschließlich auf ein Tätigwerden der EU zwecks Verwirklichung von Zielen im Rahmen des Gemeinsamen Marktes erstreckte, geht Art. I-18 VVE weit über diesen Anwendungsbereich hinaus, indem die Zulässigkeit eines derartigen Tätigwerdens nunmehr auf sämtliche Ziele des Verfassungsvertrags ausgedehnt wird. Dieser Übertragungsweg von Zuständigkeiten auf die Gemeinschaft gilt dabei – und das macht die Problematik des Artikels aus – selbst dann, wenn im „Vertrag die hierfür erforderlichen Befugnisse nicht vorgesehen" sind. Hinsichtlich der Frage, ob ein Handeln der Gemeinschaft erforderlich erscheint, steht dem Rat damit ein sehr breiter Ermessens- und Handlungsspielraum offen. Fasst man die Übertragung von Kompetenzen als einen konstitutionellen Schritt auf, kann ein solcher in diesem Fall ohne formalen Eingriff in die geltenden Verträge und weitgehend ohne Beteiligung der davon betroffenen Bürger vollzogen werden. Aufgrund der bereits erwähnten Tatsache, dass die mitgliedstaatlichen Exekutiven an einer solchen Zentralisierung dann interessiert sind, wenn damit institutionelle Beschränkungen auf dezentraler Ebene umgangenen werden können, ist eine derartige Sonderermächtigung strikt abzulehnen. Eine dem Subsidiaritätsprinzip gemäße Kompetenzordnung lässt sich damit nicht verwirklichen – ganz im Gegenteil.

In den geltenden europäischen Verträgen ist die Möglichkeit eines einseitigen Austritts eines Mitglieds bislang nicht vorgesehen.[157] Der Verfassungsvertrag enthält hingegen in Art. I-60 Regelungen über einen „Freiwillige[n] Austritt aus der Union". Demnach kann „jeder Mitgliedstaat [...] beschließen, aus der Union auszutreten". In einem solchen Fall „handelt die Union mit diesem Staat ein Abkommen über die Einzelheiten des Austritts aus und schließt es ab [...] mit qualifizierter Mehrheit nach Zustimmung des Europäischen Parlaments". Als qualifiziert gilt dabei eine „Mehrheit von mindestens 72 % derjenigen Mitglieder des Rates, die die Mitgliedstaaten vertreten, sofern die betreffenden Mitgliedstaaten zusammen mindestens 65 % der Bevölkerung der beteiligten Mitgliedstaaten ausmachen". Die Problematik eines solchen Instruments zur Lösung von Kompetenzstreitigkeiten und zur Vorbeugung einer übermäßigen Zentralisierung wurde zuvor bereits erläutert. Fasst man die EU als ein föderales Gebilde auf, stellt der Austritt eines Mitglieds einen konstitutionellen Akt dar. Einen solchen ohne Einbezug der davon Betroffenen, nämlich der Bürger, zu vollziehen, muss

[157] Wenngleich berücksichtigt werden muss, dass die EU bereits einen Austritt erlebt hat. So gehörte nämlich Grönland als Teil Dänemarks zwölf Jahre der Union an, bevor es sich nach Erlangung der Unabhängigkeit gegen einen weiteren Verbleib entschied und aus der Gemeinschaft austrat.

in höchstem Maße als problematisch angesehen und deshalb im Rahmen dieser Argumentation zurückgewiesen werden.

4. Warum sich die EU in einem konstitutionellen Reformstau befindet

Zu Beginn dieses Kapitels stand die Hypothese, dass die zu beobachtende konstitutionelle Reformresistenz der EU im Rahmen eines föderalen Problemkontextes erörtert werden kann. Ein föderaler Problemkontext liegt hier deshalb vor, weil davon ausgegangen wird, dass die EU in ihrer momentanen institutionellen Struktur weit mehr als eine Staatenverbindung ist und deshalb in vielerlei Hinsicht als ein föderales Gebilde betrachtet werden kann. Aus diesem Grund wurden drei zentrale Aspekte und Problemfelder, welche für die Konstitution eines föderalen Systems von grundlegender Bedeutung sind, aufgezeigt und im Hinblick auf die momentanen institutionellen Strukturen der EU analysiert:

- Legitimationsbedingungen (I);
- Grundsätzliche Funktion der zentralen und dezentralen Ebene in einer Föderation (II);
- Verhältnis von zentraler und dezentraler Ebene zueinander (III).

Dabei konnte gezeigt werden, dass die derzeitigen vertraglichen Grundlagen der EU keinen dieser drei Bereiche, welche ihrerseits durch eine hohe Interdependenz gekennzeichnet sind, dahingehend eindeutig regeln, dass die Bedingungen für ein funktionsfähiges föderales System geschaffen werden. Nach bislang jeder Reform blieben die Politiker der Mitgliedstaaten auf der EU-Ebene weiterhin die wesentlichen Handlungs- und Entscheidungsakteure und bildeten damit die Grundlage für Doppelzuständigkeiten von Institutionen und handelnden Personen für die zentrale und dezentrale Ebene (I). Dadurch schließlich können Aufgaben und Kompetenzen zwischen nationalstaatlicher und europäischer Ebene nur unzureichend geregelt werden (II). Der Einfluss dezentraler politischer Instanzen auf die Entscheidungsstrukturen der zentralen Ebene führt zudem gerade zu jener Vermischung von Kompetenzen und Verantwortlichkeiten (III), die letztlich die Ursache dafür ist, dass politische Vorgänge nicht nur undurchschaubar, sondern Entscheidungen der europäischen Institutionen unzureichend mit den europäischen Bürgern rückgekoppelt werden und diese daraufhin Europa als eine Domäne sich verselbstständigender, zentralistischer Exekutivgewalt wahrnehmen.

Nun könnte man dieser Behauptung entgegenhalten, die EU stelle aufgrund ihrer spezifischen Struktur gerade ein Gebilde *sui generis* dar und sei als ein solches durchaus optimal, da mit dieser Form ein staatsrechtliches Novum konstituiert wurde, welches einerseits den klassischen Nationalstaat in seinen Rechten (und Pflichten) belässt und andererseits über eine bloße Staatenorganisation hinausgeht, indem die europäische Ebene die Möglichkeit zur Durchsetzung eigener Regeln hat (vgl. u. a. *Grimm* 2002). Und in der Tat war ein solches Gebilde, welches die institutionelle Umsetzung dessen ist, was allgemein als *Gemeinschaftsmethode* bezeichnet wird, in der Vergangenheit gerade deshalb sinnvoll, weil dadurch die Souveränität nationalstaatlicher Regierungen erhalten und gleichzeitig ein weitgehender, nachhaltiger Grad an Integration zur *Lösung von Problemen* erreicht werden konnte. Allerdings haben diese spezifischen institutionellen Strukturen heutzutage kaum noch eine Berechtigung, denn sie sind in vielerlei Hinsicht *selbst zum Problem* geworden, weil sie – insbesondere nach den letzten Erweiterungsrunden – weder der Anzahl noch der Heterogenität der EU-Mitglieder entsprechen. Diese Behauptung basiert dabei nicht nur auf theoretischen Aussagen und wissenschaftlich fundierten Spekulationen, sondern ist mittlerweile derart ins Bewusstsein der EU-Bevölkerung eingedrungen, dass die grundsätzliche Akzeptanz der europäischen Integration durch die Bürger zunehmend zu schwinden droht. Angesichts dessen muss im Hinblick auf den zuvor genannten Einwand die Frage gestellt werden, ob es sich die EU leisten kann, dass sie ihre institutionelle Struktur an einem Gebilde ausrichtet, welches auf dem Prinzip „duale[r] Legitimität“ (*Petersmann* 1995, S. 189) beruht und damit im Großen und Ganzen jenem theoretischen Modell folgt, welches als Pyramidenkonzept klassifiziert wurde. Durch den Verlauf der Argumentation sollte deutlich geworden sein, dass die EU das nicht *soll* und darüber hinaus auch nicht *kann*. Denn wenn sie dies versucht – und genau diese Strategie wurde mit den bisherigen Vertragsrevisionen durch die *Einheitlichen Europäischen Akte* über die *Verträge von Maastricht, Amsterdam und Nizza* bis hin zum *Verfassungsvertrag* verfolgt und festgeschrieben – bleibt die EU nicht nur ein ewiger, ständig und in immer kürzeren Zeitabständen nachzubessernder Kompromiss, sondern gerät fortwährend tiefer in einen konstitutionellen Reformstau, der sich dadurch auszeichnet, dass eine Entscheidung darüber, welche Form politischer Integration man letztlich anstrebt, immer dringlicher, aber auch gleichermaßen immer unmöglicher wird.

Grundsätzlich gibt es zwei Strategien, diesem Reformstau zu begegnen: Die Beseitigung der Ursachen oder die Beherrschung der Konsequenzen. In der EU wurde bislang fast ausschließlich der zweite Weg gewählt, was insofern nicht verwundert, als dass diejenigen politischen Eliten, welche für die entsprechende konstitutionelle Fortschreibung verantwortlich sind, keinen ernsthaften Anreiz zur Beseitigung der Ursachen haben – denn damit würden sie sich in letzter Konsequenz selbst „entmachten“, indem sie die Regierungstätigkeiten auf europäischer Ebene fortan unabhängigen, durch die EU-Bürger legitimierten Organen überlassen müssten. Die Annahme, dass nur die Regierungen der Mitgliedstaaten durch ihre Mitsprache auf europäischer Ebene die hier im Zentrum stehenden Kriterien persönliche Freiheit der Bürger und ökonomische Effizienz zu sichern in der Lage sind, konnte im Rahmen der bisherigen Ausführungen widerlegt werden – zumindest dann, wenn man eine liberal-individualistische Haltung einnimmt und damit die Konstitution eines föderalen Systems auf Grundlage des Basiskonzepts als normatives Fundament akzeptiert. Nichtsdestotrotz ist die relative Reformresistenz der dafür entscheidenden Handlungsakteure aus deren Sicht in begrenztem Umfang durchaus rational. In begrenztem Umfang deshalb, weil die Beherrschung der Konsequenzen nicht endlos fortgeführt werden kann und mit zunehmender Größe und Heterogenität der Union an ihre Grenzen stößt, was wiederum in zweifacher Hinsicht von Relevanz ist. Die Grenzen der Beherrschbarkeit von Konsequenzen haben in denjenigen Fällen einen positiven Reformdruck entfacht, in denen der zentral-europäischen Ebene Institutionen und Kompetenzen zugunsten der europäischen Bürger übertragen wurden. Konkret ist hiermit die Institutionalisierung eines Europäischen Parlaments mitsamt der Direktwahl seiner Abgeordneten, die Einrichtung einer unabhängigen Europäischen Zentralbank als konstitutionell verankerte Währungshüterin oder die Zuständigkeit der Kommission für die Etablierung und Aufrechterhaltung des Binnenmarktes gemeint. Demgegenüber haben die Grenzen der Beherrschbarkeit von Konsequenzen aber auch einen negativen Reformdruck entfacht, welcher sich darin ausdrückt, dass in immer kürzer werdenden Zeitabständen die institutionellen Strukturen der EU geändert und angepasst werden müssen, was letztlich zu jenem Reformzyklus führt, dessen Ursprung es hier zu erklären galt.

Um aus diesem Reformkreislauf auszubrechen, bieten sich grundsätzlich zwei Lösungswege an. Entweder verzichtet man auf eine weiter gehende Integration Europas, schreibt, nach einigen Kompetenzrückverlagerungen zugunsten der dezentralen Ebene, den dadurch erreichten Zustand fest und räumt den (Regierungs-)Vertretern der Mitgliedstaaten für diejenigen dann noch auf europäischer Ebene verbleibenden Handlungsfelder weiterhin eine zentrale Funktion ein. Eine solche Lösung mögen Vertreter eines „dezentralisierte[n] Staatenverbund[es]“ (*Vaubel* 2001, S. 183) befürworten. Aus Sicht des Verfassers jedoch würde dieser Weg langfristig einen Rückschritt für Europa bedeuten. Ein Fortschritt hingegen, mit welchem – im wahrsten Sinne des Wortes – der Reformkreislauf durchbrochen werden kann, wird darin gesehen, den Weg von einem, im Großen und Ganzen dem Pyramidenkonzept folgenden Modell zu einer europäischen Föderation einzuschlagen, welche den normativen Grundlagen des Basiskonzeptes genügt. Was das konkret bedeutet, wie ein solcher Schritt aussehen könnte und mit welchen Widerständen zu rechnen ist, thematisiert das folgende und zugleich abschließende Kapitel.

E. Perspektiven europäischer Reformgestaltung

„Ich weiß nicht, ob es besser werden wird, wenn es anders wird. Aber soviel ist gewiss, dass es anders werden muss, wenn es gut werden soll." (Georg Friedrich Lichtenberg)

Die EU ist in einem von Erweiterung und Vertiefung geprägten Prozess an drei Grenzen gestoßen, die eine weitere Entwicklung der europäischen Integration – von einem Fortschritt ganz zu schweigen – derart behindern werden, dass der bisherige Reformstau in einem Reformstillstand zu münden droht. In *juristisch-formaler* Hinsicht stößt die EU mit der am 1. Januar 2007 vollzogenen Erweiterung um Rumänien und Bulgarien an eine Grenze, da die bislang gültigen, vertraglichen Bestimmungen ausschließlich für eine Union von maximal 27 Mitgliedstaaten gelten. In *psychologisch-emotionaler* Hinsicht bewegt sich die Union zumindest in einem Grenzgebiet, da die Akzeptanz und Zustimmung für Europa bei den davon hauptsächlich Betroffenen, den Bürgern in der EU, zunehmend schwindet. In *politisch-praktischer* Hinsicht werden ebenfalls teils unüberwindbar erscheinende Grenzen erreicht, da die bestehenden institutionellen Strukturen eine Entscheidungsfindung auf europäischer Ebene zunehmend erschweren und damit die grundsätzliche Handlungsfähigkeit der Union infrage stellen.

Europa erscheint vor diesem Hintergrund reformbedürftiger denn je – doch manifestiert sich diese Notwendigkeit in der Realität lediglich in einem Zyklus von Reformschritten, welche sich vor allem durch die Entfachung erneuten Reformdrucks auszeichnen. Das besondere Kennzeichen dieses europäischen Reformzyklus liegt dabei nicht in der fehlenden Bereitschaft, eine institutionelle Umgestaltung der EU grundsätzlich auf die politische Agenda zu setzen, wohl aber in der Unfähigkeit, eine grundlegende Reform des europäischen Vertragswerkes zu bewältigen. Der *Vertrag über eine Verfassung für Europa* ist – nach den Verträgen von Amsterdam und Nizza – das bislang letzte Resultat eines Scheiterns der bisherigen Form der Vertragsfortschreibung, -anpassung und -änderung und damit zugleich auch ein Eingeständnis, dass sich das intergouvernementale Regierungsmodell der EU, welches in wesentlichen Zügen der Pyramidenkonzeption folgt, mehr und mehr als zukunftsuntauglich erweist. An dieser Aussage ändert auch die Tatsache nichts, dass man im Vorfeld der Ausarbeitung des europäischen Verfassungsvertrags von der bisherigen Reformmethode einer ausschließlichen Regierungskonferenz Abstand genommen hat, indem ein Konvent eingerichtet wurde, dessen personelle Zusammenstellung sich auf eine breitere

Basis als bislang stützte.[158] Mancher mag in dieser Konstellation und der damit einhergehenden Arbeitsmethode einen großen Reformfortschritt sehen, doch wird dieser entscheidend durch die Tatsache getrübt, dass dem Konvent Akteure angehören, die im Rahmen eines Verfassungsprozesses Regeln aufstellen, denen sie nachher selbst unterworfen sind. Ein solches Verfahren verbietet sich jedoch grundsätzlich vor dem Hintergrund der hier ausgebreiteten *Buchanan*'schen Logik der individuellen Konstitution staatlichen Handelns. Aus diesem Grund ist der europäische Verfassungskonvent in seiner spezifischen Zusammensetzung nicht nur kritisch zu betrachten, sondern im Rahmen eines Verfassungsprozesses sogar abzulehnen (vgl. *Mueller* 2005b; *Vaubel* 2002; *Voigt* 2005). Das Verfahren des bisherigen europäischen Verfassungsprozesses dient damit nicht wesentlich einem Durchbrechen des Reformzyklus. Und auch die Ergebnisse des Verfassungsvertrags selbst bieten – so konnte ebenfalls gezeigt werden – keine überzeugenden Antworten auf die zentralen Herausforderungen der EU.

Daher kann im Hinblick auf den gesamten europäischen Reformzyklus seit den Achtzigerjahren die Behauptung vertreten werden, dass die bisherigen Reformen die bereits konstitutionell angelegten und organisatorisch verankerten institutionellen Defizite nicht nur nicht beseitigt haben, sondern überdies sogar verfestigt und teilweise ausgebaut haben. Ein wesentlicher Grund dafür ist, dass bislang jede Reform der EU nicht nur in der Logik des Pyramidenkonzeptes gedacht, sondern auch diesbezüglich umgesetzt wurde. Besonders deutlich ist diese Behauptung erkennbar an der weiterhin zentralen Stellung des Europäischen Rates sowie des Ministerrates innerhalb des Institutionengefüges der EU und der damit einhergehenden strukturell angelegten Doppelzuständigkeit von Entscheidungsträgern und Institutionen für die zentrale *und* dezentrale Ebene. Doch gerade diese unzureichende Trennung führt häufig zu jener institutionellen Vermischung von Verantwortlichkeiten, welche es eigentlich im Rahmen einer grundlegenden Reform zu beseitigen gilt. Soll dieser Zyklus verlassen werden und der europäische Integrationsprozess trotzdem weiterhin Bestand haben, wird man sich mit einer europäischen Föderation, welche im Wesentlichen dem Basiskonzept folgt, auseinander setzen müssen. Ganz in diesem Sinne sind die nachfolgenden, im Rahmen des bisherigen Argumentationsverlaufs als notwendig erachteten Reformvorschläge aufzufassen. Die Frage der konkreten Realisierbarkeit soll dabei zunächst vernachlässigt werden – nicht zuletzt aus dem Grund, um nicht solche Reformoptionen aufgrund zunächst unvermeidbar erscheinender Restriktionen voreilig auszuklammern, die sich bei einer näheren Prüfung als durchaus umsetzbar erweisen können. Ziel ist allerdings ganz sicher nicht die

[158] Neben den Vertretern der Staats- und Regierungschefs der Mitgliedstaaten setzte sich der Konvent aus Vertretern der nationalen Parlamente, des Europäischen Parlaments, der Kommission sowie der Regierungen und nationalen Parlamente der zum damaligen Zeitpunkt noch nicht der EU beigetretenen Ländern zusammen.

Ausarbeitung eines utopischen Entwurfs „zum ewigen Frieden" im *Kant*'schen Sinne (vgl. *Kant* 1781), sondern einer der Realität gemäßen, pragmatischen Orientierungshilfe, auf deren Grundlage eine dem Basiskonzept entsprechende, föderal organisierte, europäische Integrationsgemeinschaft konstituiert werden könnte. Den normativen Rahmen der folgenden Reformkonzeption bildet dabei die im Verlauf dieser Arbeit immer wieder betonte Erkenntnisbedingung, dass gesellschaftliche Institutionen wie der (National-)Staat oder die EU in erster (und auch einziger) Linie Koordinations- und Selbstbindungsmechanismen darstellen, die den Individuen die Verfolgung ihrer persönlichen Ziele vielfach überhaupt erst ermöglichen.

1. Wo eine Reform ansetzen muss – zur Notwendigkeit einer institutionellen Neuordnung

Die folgenden Überlegungen setzen an dem herausgearbeiteten, grundlegenden (Reform-)Problem einer weitestgehend dem Pyramidenkonzept folgenden EU an: Die politischen Entscheidungsträger der dezentralen Ebene haben auf zentral-europäischer Ebene das Sagen und sind damit die wesentlichen Akteure europäischer Politik sowie europäischer Integrationsentwicklung. Eine derart ausgebildete föderale Konstellation, welche sich in der EU in der personalen Verflechtung von nationalstaatlicher Exekutive und europäischer Legislative offenbart, führt jedoch aus liberal-individualistischer Perspektive im Hinblick auf die Kriterien Effizienz und Legitimation zu suboptimalen Ergebnissen. Da Ergebnisse als solche gemäß der bisherigen Argumentation nicht als Bewertungsmaßstab akzeptiert werden, ist bei den (Meta-)Regeln, durch welche solche Ergebnisse zustande kommen, anzusetzen. Daraus ergibt sich die Leitfrage, wie eine föderale europäische Union aus *liberal-individualistischer* Perspektive im Hinblick auf *Effizienz* und *demokratische Legitimation* konstituiert werden kann, wobei ...

- ... eine liberal-individualistische Perspektive darauf gerichtet ist, inwieweit die Freiheit des Einzelnen gewahrt oder vergrößert werden kann;
- ... das Kriterium der Effizienz eine möglichst weitgehende, eindeutige horizontale *und* vertikale Gewaltenteilung impliziert;
- ... demokratische Legitimation als Bürgernähe im Sinne einer unmittelbaren und mittelbaren Rückkopplung europäischer Politik mit den davon Betroffenen zu verstehen ist.

Diese Anforderungen berücksichtigend müsste in einem ersten konstitutionellen Schritt eine weitgehende Überprüfung der momentan verwirklichten Zuordnung (wirtschafts-)politischer Kompetenzen auf die dezentral-nationalstaatliche sowie zentral-europäische Ebene stattfinden. Dem vorgelagert sind überprüfbare Kriterien, die eine Bündelung und damit notwendige Zentralisierung von Kompetenzen auf europäischer Ebene begründen können. Ansätze einer dementsprechenden rationalen Kompetenzverteilung im Rahmen der europäischen Integration wurden auf der Basis der Kollektivgüter- und der *Public-choice*-Theorie sowie (fiskal-)föderalistischer Überlegungen im Verlauf der Arbeit präsentiert. Über diejenigen Kompetenzen, welche im Rahmen einer solchen Analyse auf europäischer Ebene verbleiben, müssen sodann Organe dieser Ebene entscheiden können – und zwar in weitestgehender Unabhängigkeit von den politischen Akteuren der dezentralen Ebene. Dieses Erfordernis hat jedoch Konsequenzen für die institutionelle Ordnung der EU, welche im Folgenden für die Organe und (Entscheidungs-)Verfahren der Gemeinschaft in groben Zügen skizziert werden. Diese Überlegungen sind getragen von der Idee einer föderal strukturierten Europäischen Union mit einer handlungsfähigen Kommission als Exekutive und einem handlungsfähigen Parlament als Legislative, flankiert von einer kontrollierenden, zweigliedrigen Judikative. Da der hier präsentierte Reformvorschlag weder der erste, noch der einzige dieser Art ist, liegen Verweise auf, Kritik an sowie Vergleiche mit bereits bestehenden Vorschlägen an der einen oder anderen relevanten Stelle nahe.

1.1 Umwandlung der Kommission – zur Reform der europäischen Exekutive

Im Gegensatz zu ihrem derzeitigen Status ist die Europäische Kommission im Hinblick auf eine konsequente Gewaltenteilung als eine wirkliche, handlungsfähige europäische Exekutivgewalt zu institutionalisieren. Zur Verwirklichung dieses Ziels ist vor allem an zwei Punkten anzusetzen:

Zum einen sind erhebliche Einschränkungen der momentan vorhandenen Legislativfunktionen der Kommission notwendig, indem der Kommission der Einfluss auf die europäische Gesetzgebung weitgehend entzogen wird. Die Umsetzung dieser Anforderung beinhaltet insbesondere einen Verzicht auf das momentane Initiativmonopol bei Gesetzgebungsverfahren. Legislativrechte sollen lediglich und gegebenenfalls im Bereich des Sekundärrechts beim Erlassen von Durchführungsvorschriften verbleiben, wie es für eine Exekutive durchaus üblich ist (vgl. *Gerken et al.* 2002, S. 287). Ihren bisherigen Aufgaben gemäß soll die Kommission weiterhin für die Umsetzung und Kontrolle der Einhaltung europäischer Rechtsakte, inklusive der Möglichkeit, bei Verletzungen des Primär- oder Sekundärrechts gegen Mitgliedstaaten Klage zu erheben, sowie für die Vertretung der EU nach außen hin zuständig sein.

Zum anderen – und dieser Aspekt geht mit umfangreichen institutionell-organisatorischen Veränderungen einher – ist die (Aus-)Wahl und Ernennung der Kommissare vom Einfluss mitgliedstaatlicher Organe der dezentralen Ebene konsequent zu trennen, damit die Legitimationsquelle der Macht der Kommission den europäischen Bürgern und nicht den (Regierungen der) Mitgliedstaaten entspringt. Momentane Praxis ist, dass die Regierungen der Mitgliedstaaten einen Kommissar ernennen und die gesamte Kommission vom europäischen Parlament bestätigt werden muss. Damit findet jedoch ein Verstoß gegen das Prinzip der vertikalen Gewaltenteilung statt, weil die entsandten Kommissare zumeist – wenngleich es ihnen formal untersagt ist – mitgliedstaatenspezifische Interessen vertreten oder aber zumindest in einer solchen Rolle von der Öffentlichkeit wahrgenommen werden (vgl. *Apolte* 1999, S. 207). *De jure* ist es so, dass die Kommissare ihr nationalstaatliches „Hemd" ausziehen und in einen europäischen „Mantel" schlüpfen, demgegenüber *de facto* davon ausgegangen werden kann, dass die Kommissare unter ihrem europäischen „Mantel" weiterhin das nationalstaatliche „Hemd" tragen. Aus diesem Grund ist das Bestellungsverfahren der Kommissare zugunsten international üblichem Brauch, demzufolge ein Regierungschef entweder direkt durch das Volk oder aber indirekt durch das Parlament gewählt wird und sodann eigenverantwortlich eine Regierungsmannschaft zusammenstellt, zu modifizieren. Geht man davon aus, dass eine derart legitimierte Kommission eine Regierung für die gesamte EU darstellt, ist es mehr oder weniger unerheblich, welchen Mitgliedstaaten die Kommissare entstammen, wobei hinzu kommt, dass politische Entscheidungsträger auf zentraler Ebene tendenziell einen gewissen Regionalproporz anstreben.[159] So gesehen steht der Wahl der gesamten Kommission durch das europäische Parlament, und damit einer mittelbaren Legitimation durch die europäische Wählerschaft, kein großer Einwand entgegen. Weit weniger einfach gestaltet sich indessen die Wahl des Kommissionspräsidenten als europäischen Regierungschef. Dabei geht es weniger um einen nichtvorhandenen europäischen *demos*, demzufolge Bürger einzelner Staaten sich nicht durch einen Kommissionspräsidenten ausreichend vertreten fühlen könnten,[160] sondern vielmehr um die Tatsache, dass eine fehlende europaweite Parteienlandschaft die Suche und Wahl eines Kommissionspräsidenten im Rahmen eines ausschließlich parlamentarischen Kontextes nahezu unmöglich machen würde. Zur Lösung dieses Problems schlägt *Apolte* (1999, S. 209) die Einrichtung einer eigens zu institutionalisierenden Wahlversammlung vor, deren Mitglieder, proportional zur Gesamtbevölkerung der EU, zunächst auf Ebene der Mitgliedstaaten, dort jedoch unabhängig von den jeweiligen Regierungsorganen, gewählt werden. Eine derart zusammengesetzte Wahlversammlung könnte darauf einen aus ihrer Sicht geeignet erscheinenden Kommissionspräsidenten wählen, „der für die Richtlinien der Politik verantwortlich ist und der in eigener Verantwortung und möglichst allein nach Maßgabe der fachlichen Qualifikation die übrigen Kommissare im Sinne von Res-

[159] Zumindest findet diese Behauptung in den Zusammensetzungen diverser Bundeskabinette seit Bestehen der Bundesrepublik Deutschland ihre Bestätigung.

[160] Selbstverständlich ist die Herkunftsfrage eines etwaigen Kommissionspräsidenten nicht vollkommen unwesentlich, doch ist sie im Hinblick auf Quelle und Ursprung seiner Legitimation nur zweitrangig.

sortministern bestellt" (ebd.).[161] Um zu verhindern, dass sich Bürger kleinerer Mitgliedstaaten nicht den Mehrheiten einiger großer Staaten unterworfen fühlen, schlägt *Apolte* ferner vor, dass zusätzlich zur Stimmenmehrheit der Mitglieder der Wahlversammlung eine Mehrheit der in dieser Wahlversammlung vertretenen Mitgliedstaaten erforderlich sein soll. Insgesamt ist dieser Vorschlag darum reizvoll, weil mit einer solchen Wahlversammlung das Prinzip der vertikalen Gewaltenteilung gewahrt bleibt. Problematisch hingegen ist die Tatsache, dass ein solches Verfahren letztlich zulasten der Transparenz und der Informationskosten für die Bürger geht. Aus diesem Grund hätte eine solche Wahlversammlung im Rahmen einer Initiierungsphase durchaus Relevanz, langfristig hingegen wäre eine Wahl des Kommissionspräsidenten durch das europäische Parlament wünschenswerter. Voraussetzung dafür ist hingegen eine entsprechend weitreichende Reform der europäischen Legislativgewalt.

1.2 Aufwertung des Parlaments und Abschaffung des Rates – zur Reform der europäischen Legislative

Das Europäische Parlament ist als Direktvertretungsinstitution der europäischen Bürger zum zentralen Legislativorgan (postkonstitutioneller) europäischer Rechtsetzung zu etablieren. Diese Ambition erfordert eine zweifache konstitutionelle Anstrengung: Zum einen ist dafür zu sorgen, dass das Parlament seine Funktion als Legislativorgan adäquat erfüllen kann, zum anderen ist zu gewährleisten, dass das Parlament auch tatsächlich das *einzige* Legislativorgan in der EU ist.

Soll das Parlament zur echten europäischen Legislative werden, ist folglich zunächst einmal seine Rolle im Gesetzgebungsprozess zu stärken. Konkret bedeutet dies, dass dem Parlament – zuungunsten der Kommission – das Initiativrecht für die postkonstitutionelle Gesetzgebung derjenigen Bereiche zugewiesen wird, für welche der EU auf konstitutioneller Ebene die Zuständigkeit übertragen wurde. Darüber hinaus käme dem Parlament die alleinige Entscheidung über Gesetzesvorlagen zu, also eine Aufgabe, welche momentan in den Kompetenzbereich des Ministerrates fällt. Dieser sollte zudem vollständig aus der europäischen Gesetzgebung zurückgezogen werden, weil es ihm in zweifacher Hinsicht an Legitimation fehlt: Einerseits bildet der Rat kein repräsentatives Abbild des Volks, woran weder die Stimmgewichtung des Nizza-Vertrags noch des Verfassungsvertrags etwas zu ändern vermögen. Gleichwohl könnte eine Neugewichtung der Stimmverteilung dieser Legitimationslücke Abhilfe schaffen.[162] Weitaus

---

[161] Dass im Zuge dessen die bestehenden Generaldirektionen im Hinblick auf eine effektive politische Kontrolle des gesamten Verwaltungsapparats vollständig den zuständigen Kommissaren unterzuordnen sind, sei hier nur am Rande erwähnt.

[162] Wobei zu betonen ist, dass eine gleiche Repräsentation der Bürger im Sinne des Gleichheitsgrundsatzes zwangsläufig zu einer (Über-)Dominanz der großen Länder gegenüber den

problematischer ist andererseits jedoch die Verletzung des vertikalen Gewaltenteilungsprinzips, da sich der Rat in seiner momentanen Funktion als europäisches Legislativorgan aus Vertretern der mitgliedstaatlichen Exekutive konstituiert und demzufolge Entscheidungen nur unzureichend mit den davon betroffenen Bürgern rückgekoppelt werden. Die im Rat sitzenden Entscheidungsträger orientieren sich bei ihren Entscheidungen – wenn überhaupt – an „ihrer" jeweiligen, mitgliedstaatlichen Wählerbasis und nicht an den Interessen der gesamten Bürger in der EU. Dieser Aspekt ist jedoch gerade Grundvoraussetzung einer gesamteuropäischen Legislative. Aus diesem Grund müsste der Rat – ganz im Sinne des Basiskonzepts – seine Funktion auf europäischer Ebene aufgeben und wäre demnach abzuschaffen (vgl. *Apolte* 1999, S. 206; *Gerken* et al. 2002, S. 286 f.). Im Zuge dessen würden sich zudem die momentan existierenden verschiedenen Gesetzgebungsverfahren zugunsten einer einheitlichen Prozedur zusammenfassen lassen, was insofern auch unproblematisch erscheint, da sich eine Koordination mit dem Rat erübrigen würde. Auch sämtliche Probleme, die unter dem Begriff der Komitologie zusammengefasst werden, würden dadurch entfallen.

Das Parlament als alleiniges europäisches Legislativorgan hat neben sämtlichen expliziten Gesetzgebungsfunktionen die Aufstellung des Haushaltes, die Wahl und Kontrolle der Kommission sowie die personale Bestellung von relevanten europäischen Institutionen wie dem Rechnungshof oder der Zentralbank, zu übernehmen. Damit eine gesamteuropäische parlamentarische Vertretung diese Aufgaben, welche im Übrigen Parlamenten in demokratischen Gemeinwesen traditionellerweise zugeschrieben werden, erfüllen kann, sind jedoch weitere Aspekte zu berücksichtigen. Zur Gewährleistung der Handlungsfähigkeit empfiehlt sich, die jetzige Größe des Parlaments mit 785 Abgeordneten nicht wesentlich zu überschreiten. Zur Garantie des Demokratieprinzips, demnach jede Stimme das gleiche Gewicht haben sollte, ist die momentane Missachtung dessen zu beseitigen. Ein solches Erfordernis würde hingegen zu erneuten Problemkonstellationen führen, da damit – unter den momentanen Bedingungen – aus den kleinsten EU-Mitgliedstaaten Luxemburg und Malta jeweils nur ein Abgeordneter im Parlament vertreten wäre. Um auch diesen Ländern ein Abbild von Mehrheitsverhältnissen zu ermöglichen, müssten diese mindestens drei bis vier Abgeordnete in das Parlament entsenden dürfen. Damit allerdings würde – bei Einhaltung gleicher Stimmgewichtung – die Größe des Parlaments zwangsläufig steigen, womit man sich letztlich in einem Dilemma befindet. Eine Möglichkeit, einem solchen zu entgehen, könnte darin bestehen, von der momentanen Praxis abzuweichen, wonach die Wahlbezirke durch die Grenzen der Mitgliedstaaten bestimmt sind (vgl. *Gerken/Schick* 2003, S. 9). Das Parlament hat sich demnach nicht mehr – wie bisher – nach der föderativen Parität der Mit-

kleinen führen würde.

gliedstaaten, sondern nach der demokratischen Egalität der europäischen Bürger zusammenzusetzen. Die konstitutionelle Rationalität eines solchen Schritts liegt dabei darin, dass es für eine parlamentarische Vertretung *aller* Unionsbürger einigermaßen unerheblich ist, aus welchen Mitgliedstaaten die Abgeordneten stammen, wenn die Bedingung gegeben ist, zwischen verschiedenen potenziellen Kandidaten (aus-)wählen zu können. Die Durchsetzung einer solchen Maßnahme dürfte jedoch auf viele Widerstände treffen, so dass – zumindest kurzfristig im Rahmen einer Modell- oder Initiierungsphase – zunächst in, ohnehin von der EU geförderten, grenzüberschreitenden Regionen Wahlkreise zu bilden sind, welche die nationalstaatlichen Grenzen überschreiten.[163] Schließlich obliegt dem Parlament die Aufgabe, die Präferenzen und politischen Ansichten aller Bürger der EU und nicht der Bürger aus den einzelnen Mitgliedstaaten widerzuspiegeln und dadurch einen wesentlichen Beitrag zur demokratischen Legitimation Europas zu leisten.

Es gibt Vertreter, die eine solche Legitimations- und Kompetenzaufwertung des Europäischen Parlaments kritisch sehen und in dieser Konsequenz entschieden mit der Begründung ablehnen, dass in einem solchen Fall die Anreize für die EU-Parlamentarier, eine kurzfristige Politik zugunsten organisierter Partikularinteressen zu verfolgen, ansteigen und zu einer übermäßigen Zentralisierung von Kompetenzen auf europäischer Ebene führen würden (vgl. *European Constitutional Group* 1993, 2003; *Erlei/Leschke/Sauerland* 1999, S. 501 f.; *Leschke* 1995; *Vaubel* 1995, S. 37 f.; 2001, S. 76 ff.). Aus diesem Grund plädieren jene Vertreter dafür, entweder den Einfluss des Parlaments nicht im Bereich der Gesetzgebung, sondern ausschließlich im Bereich der Kontrollaufgaben zu stärken[164] (vgl. u. a. *Erlei/Leschke/Sauerland* 1999, S. 502), oder aber ein Zwei-Kammer-System einzuführen, welches seiner Grundkonzeption nach auf die Überlegungen *von Hayeks* (1969e; 1981a) zurückgeführt werden kann (vgl. dazu auch *Nienhaus* 1982). Der Institutionalisierung einer zweiten Kammer werden dabei unterschiedliche Funktionen zugesprochen (vgl. *Gerken* et al. 2002, S. 283): Zunächst einmal wird vermutet, dass ein Zwei-Kammer-System die gesamte Legitimationsbasis vergrößert und damit einen zusätzlichen Schutz vor übermäßigen staatlichen Leviathan-Tendenzen schafft. Zurück geht diese Vermutung auf *Buchanan* und *Tullock* (1962, S. 233–248), die die Meinung vertreten, dass unterschiedlich zusammengesetzte Kammern jeweils eine eigene Legitimationsgrundlage besitzen, wenn sie aus unterschiedlichen Wahlmodi hervorgehen. „[...]if the basis of representation can be made significantly different in the two houses, the institution of the bicameral legislature may prove to be an effective means of securing a substantial reduction in the expected external costs of collective action [...]" (*Buchanan/Tullock* 1962, S. 236). Allerdings stellt sich grundsätz-

---

[163] Konkret ist in diesem Zusammenhang an die existierenden Euroregionen gedacht.

[164] Wobei der Rat als Legislative erhalten bliebe.

lich die Frage, wie sich eine zweite Kammer zusammensetzen soll, wenn schon die erste Kammer aus einer direkten und bevölkerungsproportionalen Wahl hervorgeht. Für die EU schlagen einige Vertreter in diesem Zusammenhang vor, die zweite Kammer aus Vertretern der mitgliedstaatlichen Exekutiven, also dem bisherigen Rat, zu besetzen (vgl. *Schneider* 1998, S. 14). Jedoch erweist sich eine solche Konstitution der zweiten Kammer als Staatenkammer – nicht zuletzt auch im Hinblick auf dementsprechende Erfahrungen mit dem deutschen Bundesrat – als problematisch. Es widerspricht nämlich den Grundsätzen des Basiskonzepts, ein Organ auf zentraler Ebene einer Föderation zu institutionalisieren, welches sich aus Vertretern der (Exekutive der) dezentralen Ebene zusammensetzt, denn damit wird gegen das Prinzip der vertikalen (und horizontalen) Gewaltenteilung verstoßen. Mit einem solchen Schritt würde ausschließlich die bisherige Stellung des Rates als Vertretungsgremium der Regierungen der Mitgliedstaaten festgeschrieben – lediglich in einem anderen Gewand. Wenn sich jedoch demzufolge die zweite Kammer nicht aus Vertretern der mitgliedstaatlichen Exekutive zusammensetzen soll, wäre eine separate Wahl der Mitglieder der zweiten Kammer durch die Bürger in der EU die logische Konsequenz – ähnlich wie bei den Wahlen zum Senat in den USA. Sofern jedoch beide Kammern auf der Grundlage der gleichen Wählerschaft beruhen, ergibt sich die Frage, wie dadurch die gesamte Legitimationsbasis vergrößert werden soll. Und tatsächlich ist dieser Einwand gerade für die USA von Relevanz, wie *Apolte* (1999, S. 210) mit Verweis auf *Levmore* (1992, S. 154) erwähnt, denn dort existiert dieses Problem seit dem 14. *Amendment* von 1913. Demzufolge gehen die Senatoren, ebenso wie die Mitglieder des Repräsentantenhauses, aus Wahlen innerhalb der Einzelstaaten hervor. Als Konsequenz dessen müsste, worauf *Vaubel* (1994, S. 157; 1995, S. 59) hinweist, die zweite Kammer aus Mitgliedern besetzt werden, die von den mitgliedstaatlichen Parlamenten abgeordnet werden, wie dies bis 1913 für die Senatoren in den USA und bis 1979 für die Parlamentarier in der damaligen EG galt. Damit allerdings würden – bezogen auf die EU – die Parlamente der Mitgliedstaaten Zuständigkeiten für europäische Angelegenheiten erhalten, wodurch es wiederum zu einer Kompetenzvermischung zwischen dezentraler und zentraler Ebene käme. Eine derartige Konstitution einer zweiten Kammer ist daher ebenfalls abzulehnen. Dennoch wird von der *European Constitutional Group* (1993, Art. VI–VIII; 2003, Art. 7(iv)) genau ein solches Institutionengefüge vorgeschlagen, indem die europäische parlamentarische Volksvertretung aus einer direkt vom Volk gewählten *Assembly* als erster Kammer und einer *Chamber of Parliamentarians* als zweiter Kammer bestehen soll, deren Mitglieder von den Parlamenten der Mitgliedstaaten aus deren eigenen Reihen gewählt werden und vornehmlich über die Einhaltung des Subsidiaritätsprinzips wachen sowie die erste Kammer kontrollieren sollen. Mit einem solchen Vorschlag wird hingegen nicht nur gegen das Prinzip einer vertikalen Gewaltenteilung verstoßen, indem eine Kompetenzvermischung von dezentraler und zentraler Ebene zu verzeichnen ist, sondern zusätzlich gegen das Prinzip einer horizontalen Gewaltenteilung, da die der zweiten Kammer zugewiesene Kontrollaufgabe vornehmlich in den Bereich gerichtlicher Zuständigkeit fällt: „Der Vorschlag läuft daher auf eine Vermischung von legislativer und judikativer Kompetenz hinaus" (*Gerken* et al. 2002, S. 284).

Vor dem Hintergrund dieser Einwände spricht damit insgesamt wenig für die institutionelle Ausgestaltung der europäischen Legislative als Zwei-Kammer-System, so dass das Parlament als nur *eine*, frei und EU-weit gewählte Kammer errichtet werden sollte. Selbstverständlich besteht damit im Hinblick auf die EU die Gefahr übermäßiger Kompetenzüberschreitungen der zentral-europäischen Ebene, weil die europäischen Abgeordneten Anreizen unterliegen, eine kurzfristige, an Partikularinteressen orientierte Politik zu verfolgen, worauf die oben genannten Befürworter eines Zwei-Kammer-Systems deutlich hinweisen. Diesem Einwand kann allerdings – und zwar ohne diese Bedenken in Abrede zu stellen – in zweifacher Hinsicht entgegengetreten werden: Denn zum einen handelt es sich hierbei um ein grundsätzliches Problem parlamentarischer Repräsentanz und nicht um eine EU-spezifische Angelegenheit, die vielmehr als Vorwand dafür benutzt wird, den mitgliedstaatlichen Einfluss auf der europäischen Ebene aufrechtzuerhalten. Da es sich hierbei um ein grundsätzliches Problem handelt, ist zum anderen gerade in diesem Bereich die – nicht selten vernachlässigte – Unterscheidung zwischen konstitutioneller und postkonstitutioneller Gesetzgebung von Relevanz. Im postkonstitutionellen Bereich wird nämlich eigentlich nur über und im Rahmen derjenigen Kompetenzen entschieden, welche zuvor auf konstitutioneller Ebene beschlossen wurden. Wird dieser Grundsatz beachtet, dann ist ein aus *einer* Kammer bestehendes Legislativorgan ausreichend. Der Schutz vor übermäßigen Kompetenzverlagerungen fällt dabei vor allem einer (verfassungs-)richterlichen Kontrolle zu, wie der folgende Abschnitt erläutert. Zentralisierung auf postkonstitutioneller Ebene hingegen dadurch verhindern zu wollen, dass die Institutionalisierung einer zweiten Kammer zu einer „enormen Reglementierung und Verkomplizierung des Gesetzgebungsprozesses" (*Witte* 1995, S. 152 f.) führt und damit ferner „die Informationskosten der Wähler in die Höhe treib[t], was tendenziell eine Verschlechterung der Politikerkontrolle zur Folge hat" (*Apolte* 1999, S. 211), mag zwar ein probates Mittel sein, erweist sich jedoch bei genauerer Analyse als eine intransparente, komplizierte und damit letztlich sehr streitbare Lösung. Aus diesem Grund ist dem grundsätzlichen Zentralisierungsproblem anderweitig zu begegnen, nämlich bereits auf konstitutioneller Ebene – beispielsweise im Rahmen eines Kompetenzenkatalogs. Die Festlegung, Fortschreibung oder Änderung eines solchen Kompetenzenkatalogs erfolgt dabei auf konstitutioneller Ebene und ist dementsprechend – abweichend von der postkonstitutionellen Praxis – auch im Rahmen eines konstitutionellen Gesetzgebungsverfahrens zu institutionalisieren. Vorstellbar wäre in diesem Zusammenhang ein zweistufiges, von qualifizierten

Mehrheiten bestimmtes Verfahren, in welchem zunächst das Europäische Parlament mit qualifizierter Mehrheit eine konstitutionelle Entscheidung fällt, die sodann im Rahmen eines EU-weiten Referendums von den Bürgern zu bestätigen ist. Gegebenenfalls könnte dabei eine doppelte Mehrheitsanforderung zur Geltung kommen, indem sowohl die qualifizierte Mehrheit der Gesamtbevölkerung als auch eine (qualifizierte) Mehrheit der Bevölkerung in den einzelnen EU-Mitgliedstaaten entscheidungsrelevant ist. Im Gegensatz zur derzeit gültigen Lage würden konstitutionelle Entscheidungen damit nicht mehr auf mitgliedstaatlicher Regierungsebene im Europäischen Rat beschlossen und von den jeweiligen Mitgliedstaaten mittels einschlägiger Verfahren ratifiziert. Den nationalen Regierungen ist demnach ihre diesbezügliche Kompetenz zu entziehen – was sich bei einer Abschaffung des Rates ohnehin erübrigen würde.

1.3 Neugestaltung der richterlichen Kontrollfunktion – zur Reform der europäischen Judikative

Die zuvor diskutierte Institutionalisierung einer zweiten parlamentarischen Kammer als Länderkammer wird von deren Vertretern gerade deswegen befürwortet, weil sie darin eine Vorkehrung sehen, um eine übermäßige Kompetenzverlagerung auf die europäische Ebene zu verhindern:

> „[...] Denn die Euro-Parlamentarier sind an einer Zentralisierung interessiert. [Daraus] gibt es nur einen Ausweg: die Parlamente der Mitgliedstaaten müssen in die europäische Gesetzgebung einbezogen werden“ (*Vaubel* 2001, S. 109 f.).

Ein solcher Schritt wurde jedoch zuvor abgelehnt, und zwar aus Gründen der Missachtung des vertikalen und horizontalen Gewaltenteilungsprinzips und *nicht* aus Gründen einer Unterschätzung der grundsätzlichen Zentralisierungsproblematik für den europäischen Bürger. Ganz im Gegenteil, es wurde weiter oben bereits erwähnt, dass strittige Fragen der Kompetenzabgrenzung ein wesentlicher Bestandteil föderaler Systeme sind und dementsprechend geregelt werden müssen. Jedoch wird ein Einbezug der nationalen Parlamente hier als ein unangemessenes Mittel betrachtet. Vielmehr sind zunächst auf konstitutioneller Ebene dementsprechende Vorkehrungen zu treffen – beispielsweise durch einen möglichst klar formulierten Kompetenzenkatalog. Damit würden sich eventuelle Kompetenzstreitigkeiten zwar einschränken, jedoch nicht gänzlich vermeiden lassen. Aus diesem Grund wird eine Institution benötigt, welche sich ausschließlich mit Fragen der Kompetenzabgrenzung beschäftigt. Diese Aufgabe soll einer unabhängigen Gerichtsbarkeit obliegen. Damit wird der bereits erwähnte Vorschlag der *European Constitutional Group* zur Einrichtung eines *Union Court of Review* aufgegriffen,[165] der über Fragen der Kompetenzabgrenzung zwischen der

---

[165] Wenngleich es fast ein wenig verwundert, dass dieser Entwurf ausgerechnet von dieser Gruppe eingebracht wurde, denn schließlich würde eine handlungsfähige Subsidiaritätsgerichtsbarkeit die Bedingungen dafür schaffen, dass der Rat, dessen Rolle bei der europäi-

EU und den Mitgliedstaaten entscheidet. Klageberechtigt wären neben sämtlichen europäischen Organen und Institutionen die Regierungen und Parlamente der Mitgliedstaaten sowie, was für föderale Staatswesen wie die Bundesrepublik Deutschland wichtig ist, die Länder. Der bestehende EuGH kann eine solche Aufgabe in seiner derzeitigen Verfasstheit nicht wahrnehmen, da er durch seine integrationsfördernde Rechtsprechung wesentlich zu einer Kompetenzzentralisierung zugunsten der EU beiträgt (vgl. u. a. *Vaubel* 1995, S. 38 ff.). Und in der Tat lässt sich auch am Beispiel der USA belegen, dass ein, bezogen auf seine personale Bestellung, von den Organen der zentralen Ebene weitgehend abhängiges Gericht einer Kompetenzzentralisierung Vorschub leistet.[166] Um ein dementsprechendes Gegengewicht zum EuGH zu institutionalisieren, schlägt die *European Constitutional Group* (1993, Art. XV; 2003, Art. 7 (vi)) vor, einen europäischen Revisionsgerichtshof aus Richtern zusammenzusetzen, die von den höchsten Gerichtshöfen der Mitgliedstaaten, denen sie selbst angehören müssen, entsandt werden. Begründet wird diese Bestellungspraxis damit, dass von den nationalen Gerichten abgeordnete Richter, im Gegensatz zu deren Amtskollegen beim EuGH, keinem Anreiz unterliegen, zugunsten einer übermäßigen Kompetenzzentralisierung zu entscheiden – insbesondere dann nicht, wenn – wie ebenfalls von der *ECG* vorgeschlagen – deren Amtszeit auf sechs Jahre beschränkt wird und im Anschluss daran die Option besteht, an „ihre" nationalen Gerichtshöfe zurückzukehren. *Vaubel* (2001, S. 114) spricht den Richtern eines Subsidiaritätsgerichts bezüglich einer solchen Regelung eine „Scharnierfunktion zwischen der europäischen und der nationalen Gerichtsbarkeit" zu. Ein Scharnier ist ein bewegliches Verbindungselement, um einen Raum zu schließen. Ist dieser Raum – wie im vorliegenden Fall – der Grad richterlicher Unabhängigkeit, dann ist der von *Vaubel* präferierte Vorschlag durchaus problematisch, beinhaltet er doch eine einigermaßen unzweifelhafte Abhängigkeit des Subsidiaritätsgerichts von den *mitgliedstaatlichen* höchsten Gerichten. Soll ein europäisches Revisionsgericht jedoch bei Kompetenzstreitigkeiten zwischen der EU und den Mitgliedstaaten eine Entscheidung treffen, empfiehlt sich eine größtmögliche Unabhängigkeit der betreffenden Richter – und zwar sowohl gegenüber der zentralen als auch gegenüber der dezentralen Ebene.[167] Die einseitige Bestellung einer

---

schen Gesetzgebung im Rahmen einer Schutzfunktion der mitgliedstaatlichen Souveränität gesehen wird, seine Legislativkompetenzen getrost dem Europäischen Parlament anvertrauen könnte. Die *ECG* (1993, 2003) plädiert jedoch für eine Beibehaltung des Rates.

[166] In diesem Zusammenhang ist darauf hinzuweisen, dass einerseits die Abhängigkeit des *Supreme Court* von der zentralen Ebene in den USA bei seiner Bestellung eine sukzessive Kompetenzzentralisierung begünstigt haben mag. Eine solche Entwicklung kann andererseits jedoch dem dortigen föderalen System als solchem nicht grundsätzlich angelastet werden (vgl. *Mueller* 1996a, S. 18).

[167] Um dieser beiderseitigen Unabhängigkeit auch begrifflich das nötige Gewicht zu verleihen, empfiehlt sich – zumindest im deutschen Sprachgebrauch – auf die Bezeichnung *Subsidiaritätsgericht* zu verzichten, impliziert dieser Name doch eine grundsätzliche Bevorzugung der

Kammer nationaler Verfassungsrichter auf europäischer Ebene könnte indessen zu einer Rechtsprechung führen, die tendenziell die dezentrale Ebene bevorzugt. *Apolte* (1999, S. 212) schlägt in diesem Zusammenhang daher vor, „sowohl die obersten mitgliedstaatlichen Gerichte als auch den Europäischen Gerichtshof an der Bestellung zu beteiligen". Selbstverständlich ist auch dies nur eine *Second-best*-Lösung, wobei allerdings zu berücksichtigen ist, dass man einen *First-best*-Zustand absoluter Unabhängigkeit grundsätzlich nicht erreichen können wird. Nichtsdestotrotz könnte man jedoch zusätzliche Mechanismen zur Gewährleistung einer möglichst großen Unabhängigkeit institutionalisieren. So könnte etwa, im Gegensatz zum Vorschlag der *European Constitutionl Group*, die Amtsdauer auf einen Zeitraum von beispielsweise 12 Jahren festgelegt werden, flankiert durch das Ausschließen einer Wiederwahlmöglichkeit.

Alles in allem könnte sich ein derart konstitutionalisierter *Europäischer Gerichtshof für Kompetenz- und Zuständigkeitsfragen* als eine wirksame, unparteiische juristische Überprüfungs- und Schlichtungsinstanz bei Kompetenzzuständigkeitsfragen zwischen mitgliedstaatlicher und europäischer Ebene erweisen. Im Zuge einer konkreten Institutionalisierung gilt es jedoch, zwei Aspekte entschieden zu berücksichtigen. Zum einen wäre ein solcher Gerichtshof nur auf postkonstitutioneller Ebene für Fragen der Kompetenzverteilung zuständig. Die Kompetenzverteilung selbst ist indessen auf konstitutioneller Ebene zu verorten und dementsprechend zu behandeln. Zum anderen würde der bisherige EuGH für die allgemeine Rechtsprechung auf europäischer Ebene nach wie vor seine Zuständigkeit behalten, wenngleich es sich, im Gegensatz zur momentanen Praxis, empfehlen würde, diesen durch das Europäische Parlament zu legitimieren. Darüber hinaus müssten auf konstitutionellen Ebene Vorkehrungen getroffen werden, um potenzielle Doppelzuständigkeiten und eventuelle Kompetenzstreitigkeiten zwischen zwei obersten Gerichten der EU zu vermeiden.

2. Wie eine Reform aussehen kann – Chancen und Restriktionen einer konstitutionellen Neugestaltung

Auch wenn die zuvor präsentierten Reformvorschläge lediglich im Sinne einer Orientierungshilfe aufzufassen sind, wäre es einigermaßen abwegig, die an dieser Stelle zwangsläufig aufkommende, bislang jedoch ausgeklammerte Frage der Umsetzbarkeit zu vernachlässigen. Denn in der Tat scheinen die hier formulierten, selbstverständlich noch zu spezifizierenden Leitlinien einer Neuordnung der Europäischen Union, welche den bisherigen Reformkreislauf zu durchbrechen in der Lage wäre, im Hinblick auf eine konkrete Realisierbarkeit auf den ersten Blick geradezu illusorisch und den Gegebenheiten der Wirklichkeit entrückt. Diese Auffassung kann man vertreten, doch gilt es zu berücksichtigen,

---

dezentralen Ebene. Angemessener wäre demgegenüber die Bezeichnung *Europäischer Gerichtshof für Kompetenz- und Zuständigkeitsfragen*.

dass die hier erarbeiteten Reformvorschläge *nicht* von einem archimedischen (Stand-)Punkt aus, der fest verankert außerhalb der vorliegenden Zusammenhänge liegt, entwickelt wurden, sondern vor dem Hintergrund des europäischen Reformzyklus und jener konstitutionellen Rationalität, wie sie sich im Verlauf dieser Arbeit entfaltet hat. So gesehen können die Reformüberlegungen zwar als unrealistisch, jedoch vor dem Hintergrund der bisherigen Argumentation als konsequent und wünschenswert betrachtet werden. Auf Grundlage dessen ist im Folgenden zu prüfen, inwiefern eventuelle Umsetzungshindernisse einer solchen Reformkonzeption wirklich unvermeidbar sind, oder aber nur als unvermeidbar gelten. Denn schließlich sind die bisherigen Entscheidungsstrukturen auf europäischer Ebene auch Machtstrukturen, deren Veränderung die Machposition jener Handlungsakteure berührt, die über die Reform der konstitutionellen Spielregeln mit zu entscheiden haben. Um diesbezügliche Antworten zu erhalten, empfiehlt sich die Betrachtung zweier relevanter Aspekte: Auf der einen Seite verursacht eine derartige Reform der bestehenden Institutionen allgemeine Änderungskosten, auf der anderen Seite ist mit Widerstand zu rechnen, der durch das spezifische Sanktionspotenzial der betroffenen Individuen relevant wird.

Die Umsetzung einer derart tiefgreifenden Reform der europäischen Institutionen und Verfahren würde zwangsläufig mit spezifischen Anpassungskosten einhergehen – und zwar sowohl auf konstitutioneller als auch auf postkonstitutioneller Ebene. Im ersten Fall ist dabei der bereits thematisierte Kapitalgutcharakter allgemeiner Regeln angesprochen, demzufolge es geboten erscheint, Reformen so durchzuführen, dass es nicht zu einem übermäßigen „Kapitalverlust" kommt. Der zweite Fall bezieht sich darauf, dass eine Änderung der Strukturen zunächst konzeptionalisiert, dann initiiert, kommuniziert sowie – und das ist im Sinne der bisherigen Überlegungen wesentlich – legitimiert werden müsste, bevor ein solches Reformvorhaben überhaupt implementiert werden könnte – ganz zu schweigen von der damit einhergehenden erforderlichen Umwandlung und Anpassung des institutionellen Gefüges. Eine Neuorganisation des Bestehenden verursacht dabei umso höhere Friktionskosten, je umfangreicher und tiefgreifender sich das spezifische Reformvorhaben erweist. Aus ökonomischer Sicht empfiehlt sich daher eine weitgehende Minimierung dieser Kosten, was unter anderem dadurch gewährleistet werden kann, dass man an den bestehenden Strukturen ansetzt und diese modifiziert sowie gegebenenfalls ab- oder auflöst. „Auf keinen Fall sollte man ein vollkommen neues System quasi am Reißbrett entwickeln", wie *Witte* (1995, S. 132) diesbezüglich festhält. Die Minimierung von Friktionskosten durch eine Orientierung am *Status quo* darf jedoch auch nicht dazu führen, möglichst viele bestehende Organe, Institutionen und Verfahren in die Reformkonzeption einzubeziehen, wie dies bei den Vorschlägen der *European Constitutional Group* zu konstatieren ist. Die Europäische Union ist bereits ein kompliziertes Gebilde, und man sollte bestrebt sein, es nicht noch komplizierter zu machen.

Zusätzlich zu diesen allgemeinen Änderungskosten ist im Falle einer Reformierung des bestehenden Systems mit nicht unerheblichen Widerständen zu rechnen – und zwar insbesondere bei jenen, welche im Rahmen der hier formulierten Überlegungen zu den Verlierern zählen würden, also die nationalen Regierungen, der Rat sowie die Kommission in ihrer bisherigen Konstellation. Diese Gruppe der Verlierer politischer Renten ist jedoch mit einem erheblichen Sanktionspotenzial ausgestattet, da letztlich nur sie dazu befugt sind, institutionelle Reformen einzuleiten und umzusetzen. Wenngleich man im Vorfeld der Aushandlung des *Vertrags über eine Verfassung für Europa* von diesem Zustand teilweise abgewichen ist, kann darin, wie oben erläutert, (noch) keine wesentliche Änderung gesehen werden. Diese Feststellung führt zunächst zu der wenig zuversichtlichen Einschätzung, dass die hier vorgeschlagenen Reformleitlinien bei den diesbezüglichen Hauptentscheidungsberechtigten auf nur geringes Verständnis stoßen dürften, denn es ist in höchstem Maße unwahrscheinlich, dass die nationalen Politiker von sich aus und freiwillig ihrer Macht und ihrem Einfluss auf europäischer Ebene entsagen würden. *Apolte* (2004, S. 288) stellt in diesem Kontext jedoch die Frage „seit wann [...] eine solche Machtbeschneidung schon deshalb als gesellschaftlich unerwünscht zu betrachten [ist], weil die (nationale) politische Elite dies nicht wünscht". Doch auch wenn man die dahinter stehende Ansicht teilt, demzufolge es sich in diesem Fall um lediglich unvermeidbar scheinende, weil gewollte Reformwiderstände handelt, ist wenig Anlass zum Optimismus geboten. Denn wenn schon nicht mit einer freiwilligen Machtbeschneidung der nationalen Politiker zu rechnen ist, liegt es an den europäischen Bürgern, den nötigen Druck zu entfachen. Dies wiederum dürfte sich allerdings aus zwei Gründen als schwierig erweisen, betrachtet man die beiden in diesem Zusammenhang relevanten Optionen *exit* und *voice*.

Im ersten Fall einer Abwanderung(sdrohung) entstünden den Individuen hohe Kosten im Verhältnis zum erreichbaren Nutzen, da ein Umzug in ein der EU nicht angehöriges Land vonnöten wäre.[168] Da die Möglichkeit einer Sezession von Staaten aus den zuvor erarbeiteten Gründen im vorliegenden Kontext abgelehnt wird, scheidet indessen auch diese Kollektivform des *exit* aus. Damit bleibt der Weg des Widerspruchs per *voice*, doch auch hier sind Vorbehalte zu erwarten. Zum einen stellt ein solcher Widerspruch im Kontext konstitutioneller (Spiel-)Regeln ein öffentliches Gut dar, weil jeder Einzelne darauf spekuliert, dass der andere initiativ tätig wird und seinerseits Ressourcen für eine Änderung der bestehenden Regeln einsetzt. Zum anderen liegt, unter den momentan gültigen Bedingungen, das durch *voice* entfachbare Drohpotenzial nicht auf Seiten der Bevölkerung, da die Regierungsvertreter der mitgliedstaatlichen Ebene Reformschritte bereits vor einer eventuellen Abstimmung verbindlich festschreiben

[168] Darüber hinaus ist ein derartiger Widersprich nur dann glaubwürdig, wenn „Abwanderungsandrohungen" ernsthaft kommunizierbar sind.

können (vgl. *Witte* 1995, S. 155 ff.). Den Bürgern bleibt dann lediglich die Möglichkeit, ein vorgegebenes Reformpaket als Ganzes per *voice* abzulehnen, damit jedoch auch den gesamten Integrationsprozess ins Stocken zu bringen – wie erst bei den kürzlich gescheiterten Referenden in den Niederlanden und Frankreich geschehen. Ein wirklicher Widerspruch der Bürger ist indessen nur dann möglich, wenn diese nicht einem alternativlosen „only game in town" (*Brennan/Buchanan* 1993, S. 137) ausgeliefert sind, sondern bei konstitutionellen Fragen direkt am Entscheidungsprozess beteiligt werden – beispielsweise in Form von europaweiten Referenden, wie dies weiter oben vorgeschlagen wurde.

Vor diesem Hintergrund scheinen die Chancen einer Umsetzung der hier erarbeiteten Vorschläge zur Reform der europäischen Institutionen und Verfahren insgesamt sehr gering, aber trotzdem nicht vollends utopisch. Die mit dieser Behauptung verknüpfte Hoffnung findet ihre Begründung in einem historischen Beispiel, auf welches schon mehrfach im Verlauf der Argumentation verwiesen wurde: So konnte nämlich im Zuge des Entstehungsprozesses der amerikanischen Verfassung der entscheidende konstitutionelle Durchbruch dadurch erzielt werden, dass die einzelstaatlichen Regierungen auf der zentralen Föderationsebene entmachtet wurden. Konkret gelang dieser Schritt dadurch, dass die Parlamente der Einzelstaaten bei der Ratifizierung der von der *Philadelphia Convention* ausgearbeiteten Verfassung – im Übrigen entgegen den Bestimmungen der bis dahin geltenden Konföderationsartikel – zugunsten unabhängiger Ratifizierungskonvente umgangen wurden. Diesem Schritt voraus ging jedoch jenes engagiert-aufgeklärte Werben für und beharrlich-standhafte Bemühen um eine Verfassungsreform im Vorfeld der Ratifizierung, welches in den *federalist articles* seine Niederschrift gefunden hat. Ganz in diesem Sinne ist das zusammenfassende und abschließende Plädoyer für eine wirkliche europäische Verfassung zu sehen.

3. Statt einer Zusammenfassung: Leitlinien der Konstitution eines europäischen Bundesstaates

Die vorliegende Arbeit hat gezeigt, dass die Europäische Union momentan einem doppelten Problem ausgesetzt ist. Zunächst sind die institutionellen Strukturen der Gemeinschaft vor dem Hintergrund sich zunehmend abzeichnender Entscheidungsunfähigkeit und fehlender demokratischer Legitimation grundlegend und dringend reformbedürftig. Ferner ist zu verzeichnen, dass es – trotz vielfacher Versuche und konkreter Ansätze – bis zum heutigen Zeitpunkt nicht gelungen ist, die dazu notwendige konstitutionelle Neuorganisation zu bewältigen. Stattdessen befindet man sich in einem Zyklus von Reformen, der durch die Notwendigkeit abermaliger Vertragsrevisionen in immer kürzeren zeitlichen Abschnitten gekennzeichnet ist. Ganz in diesem Sinne wird auch der Entwicklungsprozess einer Europäischen Verfassung mit dem vorliegenden Verfassungsvertrag nicht zu Ende sein – unabhängig davon, ob eine Ratifizierung doch noch gelingen sollte. Die hauptsächliche Ursache beider Probleme wird im unmittelbaren Zusammenhang mit der spezifischen (quasi-)föderalen Struktur der Union gesehen, die im Wesentlichen jenem theoretischen Modell folgt, welches in die vorliegende Analyse als *Pyramidenkonzept* bezeichnet wurde. Dieses zeichnet sich dadurch aus, dass die föderale Zentralebene nicht direkt durch die Individuen legitimiert und konstituiert wird, sondern auf dem Umweg über die politischen Organe der dezentralen Ebene. Eine solche spezifische föderale Konstellation, in der (allenfalls) eine indirekte Repräsentation der Bürgerinteressen und -präferenzen stattfindet, führt indessen dazu, dass in vielen politischen Handlungs- und Tätigkeitsfeldern auf Zentralebene nach Maßgabe (angeblich) nationaler Interessen entschieden wird, die sich allerdings bei näherer Prüfung vornehmlich als Eigeninteressen der politischen Handlungsträger selbst erweisen. Neben der Tatsache, dass dadurch die Entscheidungsfindung – gerade bei einer Vergrößerung der Union – in quantitativer und qualitativer Hinsicht zunehmend beeinträchtigt wird, findet vor allem keine hinreichende Rückkopplung mit den betroffenen Individuen statt, was wiederum zu einer Verschlechterung der Kontrolle und Bürgernähe der Europäischen Union führt. Darauf reagieren die Bürger mit mangelnder Akzeptanz für den europäischen Integrationsprozess – ungeachtet sämtlicher unstreitbarer Erfolge. Da zu befürchten ist, dass sich diese Probleme im Rahmen der bestehenden institutionellen Strukturen kontinuierlich fortentwickeln und verfestigen, ist es gleichermaßen Erfordernis und Herausforderung, nach entsprechenden Lösungsmöglichkeiten zu suchen.

Dies wurde im Verlauf der Arbeit unternommen, und zwar auf konstitutioneller Ebene. Dabei wurden, angefangen bei den grundsätzlichen Funktionen allgemeiner (Spiel-) Regeln, ferner über die Begründung staatlicher Herrschaft, schließlich die Bedingungen föderaler Strukturen herausgearbeitet, um auf dieser Basis die Legitimation europäischer Herrschaft unter individualistisch-liberalen Gesichtspunkten Schritt für Schritt nachvollziehen zu können. Im weiteren Verlauf erwies sich dabei die momentane Ausgestaltung der föderalen Strukturen in der EU als ein wesentliches Problem. Bei der anschließenden Analyse der Konstitution und institutionellen Gestaltung eines föderalen Systems wurden – teilweise unter Rückgriff auf die Entstehungsgeschichte der amerikanischen Verfassung – die wesentlichen Problem*ursachen* herausgearbeitet, um auf dieser Grundlage zu einem Problem*lösungsansatz* für die EU in einem föderalen Kontext zu gelangen. Ein derartiger Lösungsansatz ist dabei eng an die Forderung geknüpft, die EU – entgegen dem bislang weitgehend verfolgten Pyramidenmodell – nach jener Basiskonzeption zu konstituieren, deren Hauptmerkmal die direkte individuelle Legitimation der dezentralen *und* der zentralen Föderationsebene ist. Begründet wird ein solcher Schritt mit erwarteten positiven Konsequenzen in jenen drei Bereichen, die stets dann im Fokus stehen, wenn es darum geht, die EU demokratischer, effizienter und transparenter zu gestalten:

- Eine verbesserte demokratische Legitimation durch eine möglichst starke Anbindung politischer Entscheidungen auf zentraleuropäischer Ebene an die Präferenzen der Bürger;
- eine klare Kompetenzallokation zwischen zentraler und dezentraler Ebene, getragen vom Schutz persönlicher Freiheitsrechte und nachhaltiger wirtschaftlicher Entwicklung und flankiert von institutionellen Vorkehrungen gegen Kompetenzüberschreitungen der staatlichen Ebenen;
- eine Regelung des institutionell-organisatorischen Verhältnisses zwischen dezentral-mitgliedstaatlicher und zentral-europäischer Ebene – auch und vor allem in Konfliktfällen.

Die Annahme, dass die dabei relevanten Kriterien Freiheit und Effizienz am besten durch die Mitsprache der nationalstaatlichen Regierungen auf europäischer Ebene beachtet werden, wurde mit dem Verweis darauf zurückgewiesen, dass eine solche Regelung nicht nur zu einer Verletzung des horizontalen und vertikalen Gewaltenteilungsprinzips führt, sondern selbst zur Hauptursache für die Probleme und mangelnde Reformfähigkeit der EU wird. Unter diesen Voraussetzungen ist die erforderliche Richtung einer Reform der institutionellen Strukturen der EU klar: weg vom Pyramiden-, hin zum Basiskonzept. Gleichermaßen Hauptbestandteil und Voraussetzung eines solchen Schritts ist eine konsequente Einschränkung des Entscheidungsmonopols der mitgliedstaatlichen Regierungen auf europäischer Ebene bis hin zur Abschaffung der dementsprechend relevanten Institutionen. Es wird ausdrücklich *nicht* die Ansicht vertreten, „dass eine starke Kopplung der europäischen Gesetzgebung an nationalstaatliche Gremien bis auf Weiteres zwingend notwendig erscheint" (*Erlei/Leschke/Sauerland* 1999, S. 506). Ganz im Gegenteil erscheint eine solche Konstellation im Hinblick auf eine Reform geradezu hinderlich, werden doch die davon betroffenen Politiker einer Einschränkung des eigenen Einfluss- und Machtbereichs kaum zustimmen. Daher lässt sich der hier notwendig erachtete konstitutionelle Reformschritt weder durch die bloße Änderung, Fortschreibung und Weiterentwicklung der vertraglichen Grundlagen, noch durch gut gemeinte Appelle an den europäischen Gemeinschaftsgeist – so sich die Regierungsvertreter der Mitgliedstaaten von einem solchen überhaupt leiten lassen – umsetzen.

Aus diesem Grund lautet das Fazit der Arbeit: *Europa braucht eine Verfassung* – allerdings keine, wie sie mit dem Verfassungsvertrag vorliegt. Europa braucht keine Kompromisse mehr, sondern ein klar strukturiertes, für jeden europäischen Bürger grundsätzlich nachvollziehbares Basisdokument, welches festschreibt, dass die Europäische Union mitsamt ihren Organen ihre Legitimation einzig und unmittelbar – ganz im Sinne des Basiskonzepts – aus der Bevölkerung der EU bezieht und die Politiker der nationalstaatlichen Ebene infolge eines solchen Schrittes ihren diesbezüglichen Einfluss verlieren. Für eine derartige Umorientierung wären zweifelsohne etablierte Strukturen sowie die auf Machterhaltung ausgerichteten Interessen der mitgliedstaatlichen Regierungen zu überwinden. Doch nur so kann verhindert werden, dass der bisher beschrittene Reformweg nicht in jener konstitutionellen Sackgasse endet, in die man sich mit dem vorliegenden Verfassungsvertrag begeben hat. Dass mit der oben skizzierten föderalen Neuorganisation der Grundstein eines europäischen Bundesstaates gelegt werden würde, ist evident. Dem in diesem Zusammenhang vorschnell angeführten Argument, eine solche Ordnung sei politisch nicht durchsetzbar, weil sie die Schaffung eines europäischen Superstaates begünstige, kann widersprochen werden, indem man den Fokus darauf richtet, was eine derartige Verfassung bedeuten würde und was *nicht*:

- Die EU wäre nur in denjenigen Bereichen die höchste staatliche Instanz, in denen sie Kompetenzen besitzt. Sie ist damit aber nicht grundsätzlich die höchste staatliche Instanz, so dass die Existenz und Souveränität sowie die Identität und Eigenheit der Mitgliedstaaten nicht verloren gehen würde.
- Eine solche Verfassung würde eine konstitutionelle Entscheidung darüber fixieren, welche Rechte und Kompetenzen die Bürger – und nicht die Vertreter der Bürger – an die europäische Ebene abtreten und welche nicht. Wenngleich damit ein Teil staatlicher Aktivitäten von nun an unmittelbar von der europäischen Ebene ausgehen würde, bedeutet das nicht, dass sämtliche staatlichen Aktivitäten grundsätzlich von der EU ausgehen müssen. Ganz im Gegenteil ist mit einer solchen konstitutionellen Entscheidung sogar die generelle Möglichkeit und Notwendigkeit verbunden, bislang auf europäischer Ebene angesiedelte Kompetenzen zugunsten der dezentralen Ebene rückzuverlagern.
- Die bisherigen Erläuterungen sollten verdeutlicht haben, dass eine auf der Basiskonzeption fußende Verfassung keinen Zentralisierungsautomatismus impliziert und mit einer umfangreichen Kompetenzverlagerung zugunsten der europäischen Ebene einhergehen muss. Die Zentralisierungsgefahr besteht zwar grundsätzlich, ist jedoch keineswegs zwangsläufig, schon gar nicht im Sinne einer inhärenten Eigendynamik. Zudem verspricht der Verzicht auf eine solche Verfassung keineswegs, dass es damit zu keiner Zentralisierung kommt, worauf Feld (2003, S. 282 f.) hinweist: „Die bewusste Entscheidung für die Zentralisierung in einem Europäischen Bundesstaat ist allemal der derzeit zu beobachtenden schleichenden Zentralisierung vorzuziehen [...]. Eine schleichende Zentralisierung endet aller Wahrscheinlichkeit nach ebenfalls in einem Bundesstaat, aber ebenso wahrscheinlich in für die Bürger ungünstigeren Verfassungsregeln."
- Darüber hinaus würde eine solche Verfassung dazu führen, dass die Akzeptanz der EU steigt, weil der Bürger unmittelbar in den politischen

Prozess Europas integriert werden würde und die Gestaltung der Integrationsentwicklung nicht mehr ausschließlich politischen Eliten obläge. „Es ist eine ziemlich intellektuelle Herausforderung, sich eine voll entwickelte europäische Demokratie vorzustellen, die den demokratischen Charakter der Mitgliedstaaten nicht in Mitleidenschaft ziehen würde", stellt der deutsche EU-Kommissar Verheugen (2005, S. 35) in diesem Zusammenhang fest. Dieser Aussage ist hinzuzufügen, dass eine „intellektuelle Herausforderung" keine praktische Unmöglichkeit impliziert. Ganz in diesem Sinne würde das – ohnehin überbetonte – Argument an Kraft verlieren, dass es zu einem europäischen Bundesstaat an der dazu notwendigen europäischen Identität fehle. Europäische Identität würde nämlich erst im Zuge einer solchen Verfassung entstehen können.

- Es ist zu betonen, dass der Begriff „Verfassung" in erster Linie ein schriftliches Rechtsdokument umschreibt und nicht zwangsläufig jenen emotionsgeladenen, patriotischen Charakter haben muss, der dem vorliegenden Verfassungsvertrag im Vorfeld seiner Entstehung zugeschrieben wurde. Eine Verfassung ist zwar auch ein Wertekatalog, doch darf dabei der technokratische Charakter nicht in Vergessenheit geraten. Auch die deutsche „Verfassung" trägt bis heute den schlichten Titel „Grundgesetz" – und ist letztlich doch die Verfassung.
- Eine Verfassung findet in erster Linie ihre Begründung darin, eine grundlegende Rahmenordnung abzustecken, welche die konstruktive Lösung von gesellschaftlichen Problemen ermöglicht. Der konkrete (politische) Lösungsweg findet jedoch innerhalb dieser Regeln statt und muss deswegen nicht Bestandteil einer Verfassung sein. Ganz in diesem Sinne könnte der Teil III des vorliegenden Verfassungsvertrags gestrichen und als sekundäres Verfassungsrecht gehandhabt werden.

Insgesamt verlieren demnach einige Argumente gegen eine Verfassung, die einen europäischen Bundesstaat im Rahmen der zuvor gezogenen Leitlinien konstituieren würde, bei näherer Betrachtung an Stichhaltigkeit. Dennoch mag man eine solche Verfassung für die Europäische Union hinsichtlich einer konkreten Umsetzung weiterhin für utopisch und weltfremd halten. Und in der Tat wurde die Gelegenheit, die sich infolge des *Auftrags von Laeken* dazu bot, nicht genutzt. Vielmehr wurden zahlreiche Kompromisse gemacht, welche der generellen konstitutionellen Rationalität einer Verfassung derart entgegenlaufen, dass das erzielte Ergebnis mehr ein Vertrag als eine Verfassung ist. Trotzdem wird damit die Überzeugung nicht hinfällig, dass sich die strukturellen Probleme der EU im Allgemeinen sowie die unzureichende Reformfähigkeit im Besonderen nur im Rahmen einer adäquaten Verfassung lösen lassen. Die in dieser Arbeit entwickelten normativen Grundsätze liefern Hinweise darauf, was unter einer solchen adäquaten Verfassung zu verstehen ist und wie diejenigen Vorteile zur Geltung kommen können, die eine nach der Basiskonzeption aufgebaute, föderal konstituierte Europäische Union den europäischen Bürgern bieten würde. Wer diesen Grundsätzen nicht zustimmen kann, wird die daraus abgeleiteten Folgerungen ablehnen. Ziel der Arbeit war es, die hier eingenommene Position im Rahmen einer verfassungsökonomischen Argumentation zu fundieren. Die im Zuge dessen erarbeiteten Leitlinien einer grundlegenden europäischen Reform sind dabei als Orientierungshilfe aufzufassen und nicht als konkrete Handlungsvorschläge im Rahmen einer *road map* für die EU. Eine solche institutionelle Blaupause hilft nämlich nicht weiter, wenn man die Ansicht vertritt, dass eine Verfassung, die ihren Namen verdient, nicht vom Himmel fällt, sondern das Ergebnis der konstitutionellen Interessen der Individuen ist. Ob eine europäische Verfassung in diesem Sinn einmal Realität werden wird, hängt demnach einzig von den europäischen Bürgern ab – wenn sie denn jemals eine dementsprechende Chance erhalten. Für den grundsätzlichen Nutzen einer solchen Chance galt es hier zu überzeugen. Inwiefern die dahinterstehende konstitutionelle Rationalität Beachtung findet, wird die Zukunft zeigen.

***

Literaturverzeichnis

Abromeit, Heidrun (1998), Democracy in Europe. Legitimising Politics in a Non-State Polity, New York.

Adams, Angela und *Willi Paul Adams* (1994), Die Federalist-Artikel. Politische Theorie und Verfassungskommentar der amerikanischen Gründerväter Alexander Hamilton, James Madison, John Jay. Mit dem englischen und deutschen Text der Verfassung der USA, übers., eingeleitet und kommentiert von Angela Adams und Willi Paul Adams, Paderborn.

Akerlof, George A. (1970), The market for "Lemons". Quality Uncertainty and the Market Mechanism, in: Quarterly Journal of Economics, 84, S. 488–500.

Alesina, Alberto, Ignazio Angeloni und *Federico Etro* (2001a), The political economy of international unions, CEPR Working Paper No. 3117.

Alesina, Alberto, Ignazio Angeloni und *Federico Etro* (2001b), Institutional rules for federations, NBER Working Paper No. 8646.

Alesina, Alberto und *Roberto Perotti* (2004), The European Union: A Politically Incorrect View, NBER Working Paper No. 10342.

Alesina, Alberto, Ignazio Angeloni und *Ludger Schuknecht* (2005), What does the European Union do?, in: Public Choice, 123, S. 275–319.

Apolte, Thomas (1996), Vertikale Kompetenzverteilung in der Union, in: *Manfred E. Streit* und *Stefan Voigt* (Hrsg.), Europa reformieren. Ökonomen und Juristen zur zukünftigen Verfasstheit Europas, Baden-Baden, S. 13–29.

Apolte, Thomas (1997), Secession Clauses. A Tool for the Taming of an Arising Leviathan in Brussels?, in: Constitutional Political Economy, 8, S. 57–70.

Apolte, Thomas (1999), Die ökonomische Konstitution eines föderalen Systems. Dezentrale Wirtschaftspolitik zwischen Kooperation und institutionellem Wettbewerb, Tübingen.

Apolte, Thomas (2001), Zur Substitutionalität von nationaler und internationaler Wirtschaftspolitik, in: *Theresia Theurl* und *Christian Smekal* (Hrsg.), Globalisierung. Globalisiertes Wirtschaften und nationale Wirtschaftspolitik, Tübingen, S. 209–229.

Apolte, Thomas (2004), Die eigentümliche Diskussion um Zentralisierung und Dezentralisierung in der Europapolitik, in: Perspektiven der Wirtschaftspolitik, 5, S. 271–291.

Apolte, Thomas (2007), Regulierungswettbewerb in föderalen Systemen, in: *Wolfgang Kerber* und *Klaus Heine* (Hrsg.), Zentralität und Dezentralität von Regulierung in Europa, Schriften zum Vergleich von Wirtschaftsordnungen, Bd. 83, Stuttgart (i. V.).

Arnim, Hans Herbert von (2006), Das Europa Komplott. Wie EU-Funktionäre unsere Demokratie verscherbeln, München/Wien.

Arrow, Kenneth J. (1951), Social Choice and Individual Values, New York.

Auer, Andreas (2005), The Constitutional Scheme of Federalism, in: Journal of European Public Policy, 12, S. 419–431.

Backer, Larry Catá (2001), The Extra-national State. American Confederate Federalism and the European Union, in: Columbia Journal of European Law, 7, S. 173–240.

Balassa, Bela (1962), The Theory of Economic Integration, London.

Baldwin, Richard und *Mika Widgren* (2003), Decision-Making and the Constitutional Treaty. Will the IGC discard Giscard?, CEPS Policy Brief No. 37.

Beard, Charles A. (Hrsg.) (1964), The Enduring Federalist, 2. Aufl., New York.

Becker, Gary S. (1968), Crime and Punishment. An Economic Approach, in: Journal of Political Economy, 76, S. 169–217.

Becker, Gary S. (1982), Der ökonomische Ansatz zur Erklärung menschlichen Verhaltens, Tübingen.

Becker, Gary S. (1996a), Interessengruppen und politisches Verhalten, in: *Ders.*, Familie, Gesellschaft und Politik, Tübingen, S. 163–184.

Becker, Gary S. (1996b), Politischer Wettbewerb zwischen Interessengruppen, in: *Ders.*, Familie, Gesellschaft und Politik, Tübingen, S. 185–196.

Beckmann, Klaus (2004), Legitimation einer europäischen Verfassung. Anmerkungen aus einer verfassungsökonomischen Sicht, in: *Klaus Beckmann, Jürgen Dieringer* und *Ulrich Hufeld* (Hrsg.), Eine Verfassung für Europa, Tübingen, S. 117–136.

Behrends, Sylke (2001), Neue politische Ökonomie. Systematische Darstellung und kritische Beurteilung ihrer Entwicklungslinien, München.

Bellamy, Richard (Hrsg.) (1996), Constitutionalism, Democracy and Sovereignty. American and European Perspective, Aldershot.

Berg, Hartmut und *Frank Schmidt* (1996), Reformnotwendigkeiten und Reformmöglichkeiten der Gemeinschaftsinstitutionen und ihres Zusammenwirkens. Einige Folgerungen aus der ökonomischen Theorie der Verfassung, in: *Werner Zohlnhöfer* (Hrsg.), Europa auf dem Weg zur Politischen Union? Probleme und Perspektiven der europäischen Integration vor „Maastricht II“, Berlin, S. 113–143.

Breton, Albert und Anthony Scott (1978), The Economic Constitution of Federal States, Toronto.

Besley, Timothy und *Anne Case* (1995), Incumbent Behavior. Vote-Seeking, Tax-Setting, and Yardstick Competition, in: American Economic Review, 85, S. 25–45.

Best, Edward (2005), The European Union´s Constitutional Crisis – Causes and Consequences, in: Intereconomics, 4, S. 180–185.

Blankart, Charles B. (2000), The Process of Government Centralization. A Constitutional View, in: Constitutional Political Economy, 11, S. 27–39.

Blankart, Charles B. (2003), Öffentliche Finanzen in der Demokratie, 5. Aufl., München.

Blankart, Charles B. (2005), Warum ist die Europäische Verfassung so bürgerfern?, in: List Forum für Wirtschafts- und Finanzpolitik, 31, S. 45–54.

Blankart, Charles B. und *Dennis C. Mueller* (2003), Welche Aspekte sollten in einer Verfassung der EU berücksichtigt werden und welche nicht?, in: ifo Schnelldienst, 56, S. 9–12.

Blankart, Charles B. und *Dennis C. Mueller* (2004), Bringing the European Union to its Citizens. Conclusions from the Conference, in: *Charles B. Blankart* und *Dennis C. Mueller* (Hrsg.), A Constitution for the European Union, Cambridge, S. 237–255.

Boeck, Ilka (2000), Die Abgrenzung der Rechtsetzungskompetenzen von Gemeinschaft und Mitgliedstaaten in der Europäischen Union. Zur Notwendigkeit und zu den Vorteilen bzw. Nachteilen der Aufstellung eines Kompetenzkataloges in den Gemeinschaftsverträgen, Baden-Baden.

Boeri, Tito (2000), Social Europe. Dramatic Vision and Real Complexity, CEPR Discussion Paper No. 2371.

Bolick, Clint (1994), European Federalism. Lessons from America, Occasional Paper 93, Institute of Economic Affairs, London.

Börzel, Tanja und *Thomas Risse* (2000), Who is Afraid of a European Federation?, in: *Christian Joerges, Yves Mény* und *Joseph H. H. Weiler* (Hrsg.), What Kind of Constitution for What Kind of Polity? Responses to Joschka Fischer, European University Institute, S. 45–59.

Bonus, Holger und *Raimund Weiland* (1995), Die Welt der Institutionen, in: *Gustav Dieckheuer* (Hrsg.), Beiträge zur angewandten Mikroökonomik. Jochen Schumann zum 65. Geburtstag, Berlin u. a., S. 29–52.

Bowle, John (1993), Geschichte Europas. Von der Vorgeschichte bis ins 20. Jahrhundert, 4. Aufl., München.

Bracher, Karl Dietrich (1979), Europa in der Krise. Innengeschichte und Weltpolitik seit 1917, erw. und erg. Textfassung des 1976 erschienenen sechsten Bandes der „Propyläen Geschichte Europas“, Frankfurt a. M./Berlin/Wien.

Brasche, Ulrich (2003), Europäische Integration. Wirtschaft, Erweiterung und regionale Effekte, München/Wien.

Brennan, Geoffrey und *James M. Buchanan* (1980), The Power to Tax. Analytical Foundations of a Fiscal Constitution, Cambridge.

Brennan, Geoffrey und *James M. Buchanan* (1993), Die Begründung von Regeln. Konstitutionelle Politische Ökonomie, Tübingen.

Brennan, Geoffrey und *Loren Lomasky* (1985), The Impartial Spectator Goes to Washington, in: Economics and Philosophy, 1, S. 189–211.

Breton, Albert (1965), A Theory of Government Grants, in: Canadian Journal of Economics and Political Science, 26, S. 175–187.

Breuss, Fritz und *Markus Eller* (2004), The Optimal Decentralisation of Government Activity. Normative Recommendations for the European Constitution, in: Constitutional Political Economy, 15, S. 27–76.

Brunkhorst, Hauke (2004), Verfasst ohne Verfassung. Europäische Union zwischen Evolution und revolutionärer Umgründung, in: Blätter für deutsche und internationale Politik, 49, S. 211–222.

Brunn, Gerhard (2002), Die Europäische Einigung von 1945 bis heute, Stuttgart.

Buchanan, James M. (1984), Die Grenzen der Freiheit. Zwischen Anarchie und Leviathan, Tübingen.

Buchanan, James M. (1985), Constitutional Democracy, Individual Liberty, and Political Equality, in: *Boettcher, Erik, Philipp Herder-Dorneich* und *Karl-Ernst Schenk* (Hrsg.), Jahrbuch für Neue Politische Ökonomie, Bd. 4, Die Vertragstheorie als Grundlage der Parlamentarischen Demokratie, Tübingen, S. 35–47.

Buchanan, James M. (1990), Europe's Constitutional Opportunity, in: *Frank Vibert* (Hrsg.), Europe's Constitutional Future, London, S. 1–20.

Buchanan, James M. (1991), Möglichkeiten für eine europäische Verfassung. Eine amerikanische Sicht, in: ORDO. Jahrbuch für die Ordnung von Wirtschaft und Gesellschaft, Bd. 42, Stuttgart/New York, S. 127–137.

Buchanan, James M. und *Dwight R. Lee* (1994), On a fiscal constitution for the European Union, in: Journal des économistes et des etudes humaines, 5, S. 219–232.

Buchanan, James M. und *Gordon Tullock* (1962), The Calculus of Consent. Logical Foundations of Constitutional Democracy, Ann Arbor.

Bund, Dorothee (1984), Die ökonomische Theorie der Verfassung. J. M. Buchanans Modell des Verfassungsvertrages und evolutionstheoretische Kritik, Baden-Baden.

Bungenbach, Marc (2000), Dynamische Integration. Art. 308 und die Forderung nach dem Kompetenzkatalog, in: Europa-Recht, 35, S. 878–900.

Burghardt, Günter (2004), Die europäische Verfassungsentwicklung aus dem Blickwinkel der USA, in: Walter Hallstein-Institut für Europäisches Verfassungsrecht (Hrsg.), Die europäische Verfassung im globalen Kontext, Baden-Baden, S. 42–55.

Christie, Mark C. (2005), Political Integration in Europe and America. Towards a Madisonian Model for Europe, CEPS Policy Brief No. 72.

Coase, Ronald H. (1960), The Problem of Social Cost, in: Journal of Law and Economics, 3, S. 1–44.

Cooke, Jacob E. (Hrsg.) (1961), The Federalist, Middletown.

Cooper, Ian (2006), The Subsidiarity Early Warning Mechanism. Making It Work, in: Intereconomics. Review of European Economic Policy, 41, S. 254–257.

Dahrendorf, Ralf (2004), Ein merkwürdiges Dokument, in: *Die Welt* vom 12.07.2004, abgerufen am 14.10.2005 unter http://www.welt.de

Demsetz, Harold (1966), Some Aspects of Property Rights, in: Journal of Law and Economics, 9, S. 61–70.

Demsetz, Harold (1967), Toward a Theory of Property Rights, in: American Economic Review, 57, S. 347–359.

Demsetz, Harold (1969), Information and Efficiency. Another Viewpoint, in: Journal of Law and Economics, 12, S. 1–22.

Deuerlein, Ernst (1972), Die historischen und philosophischen Grundlagen des föderativen Prinzips, München.

Dieckheuer, Gustav (2001), Internationale Wirtschaftsbeziehungen, 5., vollst. überarb. Aufl., München/Wien.

Di Fabio, Udo (2001), Der Verfassungsstaat in der Weltgesellschaft, Tübingen.

Doering, Detmar (2000), Austritt erlaubt? Die Verfassung der Europäischen Union braucht ein Sezessionsrecht, in: ORDO. Jahrbuch für die Ordnung von Wirtschaft und Gesellschaft, Bd. 51, Stuttgart, S. 383–404.

Downs, Anthony (1957), An Economic Theory of Democracy, New York.

Elazar, Daniel J. (1988), The American constitutional tradition, Lincoln.

Erlei Mathias, Martin Leschke und *Dirk Sauerland* (1999), Neue Institutionenökonomik, Stuttgart.

Eschenburg, Rolf (1977), Der ökonomische Ansatz zu einer Theorie der Verfassung. Die Entwicklung einer liberalen Verfassung im Spannungsverhältnis zwischen Produktivität und Effektivität der Kooperation, Tübingen.

Eschenburg, Rolf (1978), Vertragstheoretisches Denken in der Ökonomie, in: *Heinz-Dietrich Ortlibeb*, *Bruno Molitor* und *Werner Krone* (Hrsg.), Hamburger Jahrbuch für Wirtschafts- und Gesellschaftspolitik, 23. Jg., Tübingen, S. 221–236.

Eschenburg, Rolf (1980), Die Legitimation von Ordnungen, in: *Warnfried Dettling* (Hrsg.), Die Zähmung des Leviathan. Neue Wege der Ordnungspolitik, Baden-Baden, S. 21–38.

Eucken, Walter (1940), Die Grundlagen der Nationalökonomie, 7. Aufl. Berlin 1959.

Europäische Kommission (Hrsg.) (2001), Gesamtbericht über die Tätigkeit der Europäischen Union 2000, Luxemburg.

Europäische Kommission (Hrsg.) (2002), Gesamtbericht über die Tätigkeit der Europäischen Union 2001, Luxemburg.

Europäische Kommission (Hrsg.) (2003), Gesamtbericht über die Tätigkeit der Europäischen Union 2002, Luxemburg.

Europäische Kommission (Hrsg.) (2004), Gesamtbericht über die Tätigkeit der Europäischen Union 2003, Luxemburg.

Europäische Kommission (Hrsg.) (2005), Gesamtbericht über die Tätigkeit der Europäischen Union 2004, Luxemburg.

European Constitutional Group (1993), A Proposal for a Constitution, Report of the European Constitutional Group, London.

European Constitutional Group (2003), A Basic "Constitutional" Treaty for the European Union – with Comments, London.

Fabbrini, Sergio (1999), American Democracy from a European Perspective, in: Annual Review of Political Science, 2, S. 465–491.

Fabbrini, Sergio (2004), Transatlantic constitutionalism. Comparing the United States and the European Union, in: European Journal of Political Research, 43, S. 547–569.

Fabbrini, Sergio und *Daniela Sicurelli* (2004), The Federalization of the EU, the US and 'Compound Republic' Theory. The Convention's Debate, in: Regional and Federal Studies, 14, S. 232–254.

Faber, Malte und *Friedrich Breyer* (1980), Eine ökonomische Analyse konstitutioneller Aspekte der europäischen Integration, in: Jahrbuch für Sozialwissenschaften, 31, S. 213–227.

Faiña-Medín, J. Andrés, Antonio García-Lorenzo und *Jesús López-Rodríguez* (2005), The Powers of the Central Governments and the Problems of Enlarging and Deepening the European Union. An Essay of Constitutional Political Economy, in: Constitutional Political Economy, 16, S. 369–386.

Feld, Lars P. (2000), Tax Competition and Income Redistribution. An Empirical Analysis for Switzerland, in: Public Choice, 105, S. 125–164.

Feld, Lars P. (2003), Eine Europäische Verfassung aus polit-ökonomischer Sicht, in: ORDO. Jahrbuch für die Ordnung von Wirtschaft und Gesellschaft, Bd. 54, Stuttgart, S. 289–317.

Feld, Lars P. und *Gebhard Kirchgässner* (1996), Omne agends agendo perficitur. The Economic Meaning of Subsidiarity, in: *Robert Holzmann* (Hrsg.), Monetary Constitution Without a Fiscal Constitution?, Baden-Baden, S. 195–226.

Feld, Lars P. und *Gebhard Kirchgässner* (1998), Fiskalischer Föderalismus, in: Wirtschaftswissenschaftliches Studium, 27, S. 65–70.

Feld, Lars P. und *Gebhard Kirchgässner* (2001a), The Political Economy of Direct Legislation. Direct Democracy in Local and Regional Decision-Making, in: Economic Policy, 33, S. 329–367.

Feld, Lars P. und *Gebhard Kirchgässner* (2001b), Does Direct Democracy Reduce Public Debt? Evidence from Swiss Municipalities, in: Public Choice, 109, S. 347–379.

Feld, Lars P. und *Gebhard Kirchgässner* (2004), The Role of Direct Democracy in the European Union, in: *Charles B. Blankart* und *Dennis C. Mueller* (Hrsg.), A Constitution for the European Union, Cambridge / London. S. 203–235.

Feld, Lars P. und *Marcel R. Savioz* (1998), Vox Popili, Vox Bovi? Ökonomische Auswirkungen direkter Demokratie, in: *Gerd Grözinger* und *Stephan Panther* (Hrsg.), Konstitutionelle Politische Ökonomie, Marburg, S. 29–80.

Feldmann, Horst (2000), Wie sozial ist die europäische Sozialpolitik?, in: ORDO. Jahrbuch für die Ordnung von Wirtschaft und Gesellschaft, Bd. 51, Stuttgart, S. 405–433.

Felsenthal, Dan S. und *Moshé Machover* (2001), The Treaty of Nice and Qualified Majority Voting, in: Social Choice and Welfare, 18, S. 431–464.

Filippov, Mikhail, Peter C. Ordeshook und *Olga Shvetsova* (2004), Designing Federalism. A Theory of Self-Sustainable Federal Institutions, Cambridge.

Fischer, Joschka (2000), Vom Staatenverbund zur Föderation. Gedanken über die Finalität der europäischen Integration, Frankfurt a. M.

Frey, Bruno S. (1983), Democratic Economic Policy. A Theoretical Introduction, Oxford.

Frey, Bruno S. (1992), Efficiency and Democratic Political Organisation. The Case of the Referendum, in: Journal of Public Policy, 12, S. 209–222.

Frey, Bruno S. (1994), Direct Democracy. Politico-Economic Lessons from Swiss Experience, in: American Economic Review, 84, S. 338–342.

Frey, Bruno S. (1996), A Directly Democratic and Federal Europe, in: Constitutional Political Economy, 7, S. 267–279.

Frey, Bruno S. und *Reiner Eichenberger* (1995), Competition Among Jurisdictions. The Idea of FOCJ, in: *Lüder Gerken* (Hrsg.), Europa zwischen Systemwettbewerb und Harmonisierung. Europäische Ordnungspolitik im Zeichen des Subsidiarität, Berlin, S. 209–229.

Frey, Rainer und *Ansgar Kortenjann* (2005), Regionalisierung. Formen einer Modernisierungsstrategie in Nordrhein-Westfalen, in: Verwaltungsrundschau, 50, S. 409–417.

Friedrich, Carl J. (1967), The Impact of American Constitutionalism Abroad, Boston.

Folkers, Cay (1995), Welches Finanzausgleichssystem braucht Europa?, in: *Helmut Karl* und *Wilhelm Henrichsmeyer* (Hrsg.), Regionalentwicklung im Prozess der europäischen Integration, Bonn, S. 87–108.

Gasteyger, Curt (2001), Europa zwischen Spaltung und Einigung. Darstellung und Dokumentation 1945–2000, vollst. überarb. Neuauflage, Bonn.

Gerken, Lüder (1995), Institutional Competition. An Orientative Framework, in: *Ders.* (Hrsg.), Competition among Institutions, Houndsmill, S. 1–31.

Gerken, Lüder, Jörg Märkt, Gerhard Schick und *Andreas Renner* (2002), Eine freiheitlich supranationale Föderation. Zur Aufgabenverteilung in Europa, Baden-Baden.

Gerken, Lüder und *Gerhard Schick* (2003), Wege zur europäischen Verfassung I. Wer garantiert die Subsidiarität, in: Stiftung Marktwirtschaft. Argumente zu Marktwirtschaft und Politik, Nr. 75.

Gerken, Lüder, Marco Holtz und *Gerhard Schick* (2003), Reform der Komitologie im Verfassungsentwurf des Europäischen Konvents, in: Wirtschaftsdienst, 83, S. 662–668.

Giersch, Herbert (1987), Eurosclerosis. What are the Cures?, in: *International Management Institute* (Hrsg.), The Renewal of Europe in a World Perspective. 1946–1986, Genf, S. 20–22.

Goldstein, Leslie Friedman (2001), Constituing federal sovereignty. The European Union in comparative context, Baltimore.

Grimm, Dieter (1991), Die Zukunft der Verfassung, Frankfurt a. M.

Grimm, Dieter (2002), Constitutionalism Beyond the Nation State, in: *Stefan Voigt* und *Hans-Jürgen Wagener* (Hrsg.), Constitutions, Markets and Law. Recent Experiences in Transition Economies, Cheltenham, S. 317–323.

Grimm, Dieter (2003), Die größte Erfindung unserer Zeit. Als weltweit anerkanntes Vorbild braucht Europa keine eigene Verfassung, in: *Frankfurter Allgemeine Zeitung*, Nr. 137 vom 16.06.2003, S. 35.

Grossekettler, Heinz (2003), Öffentliche Finanzen, in: *Dieter Bender* et al. (Hrsg.), Vahlens Kompendium der Wirtschaftstheorie und Wirtschaftspolitik, Bd. 1, 8., überarb. Aufl., S. 561–717.

Göbel, Elisabeth (2002), Neue Institutionenökonomik. Konzeption und betriebswirtschaftliche Anwendung, Stuttgart.

Gruner, Wolf D. und *Wichard Woyke* (2004), Europa-Lexikon. Länder – Politik – Institutionen, München.

Hausner, Karl Heinz (2006), Theorie der öffentlichen Güter, in: Wirtschaftswissenschaftliches Studium, 35, S. 395–397.

Hauser, Heinz und *Alexia Müller* (1995), Legitimacy. The Missing Link for Explaining EU-Institution Building, in: Außenwirtschaft, 50, S. 17–42.

Hayek, Friedrich August von (1969), Freiburger Studien. Gesammelte Aufsätze, Tübingen.

Hayek, Friedrich August von (1969a), Die Ergebnisse menschlichen Handelns, aber nicht menschlichen Entwurfs, in: *Ders.* (1969), S. 97–107.

Hayek, Friedrich August von (1969b), Bemerkungen über die Entwicklung von Systemen von Verhaltensregeln, in: *Ders.* (1969), S. 144–160.

Hayek, Friedrich August von (1969c), Rechtsordnung und Handelnsordnung, in: *Ders.* (1969), S. 161–198.

Hayek, Friedrich August von (1969d), Der Wettbewerb als Entdeckungsverfahren, in: *Ders.* (1969), S. 249–265.

Hayek, Friedrich August von (1969e), Recht, Gesetz und Wirtschaftsfreiheit, in: *Ders.* (1969), S. 47–55.

Hayek, Friedrich August von (1974), Die Anmaßung von Wissen, in: ORDO. Jahrbuch für die Ordnung von Wirtschaft und Gesellschaft, Bd. 25, S. 12–21.

Hayek, Friedrich August von (1980), Recht, Gesetzgebung und Freiheit, Band I. Regeln und Ordnung, Landsberg am Lech.

Hayek, Friedrich August von (1981), Recht, Gesetzgebung und Freiheit, Band II. Die Illusion der sozialen Gerechtigkeit, Landsberg am Lech.

Hayek, Friedrich August von (1981a), Recht, Gesetzgebung und Freiheit, Band III. Die Verfassung einer Gesellschaft freier Menschen, Landsberg am Lech.

Hayek, Friedrich August von (1991), Die Verfassung der Freiheit, 3. Aufl., Tübingen.

Hayek, Friedrich August von (1943), Der Weg zur Knechtschaft, Neuaufl., München 2005.

Heater, Derek (1992), The Idea of European Unity, Leicester.

Henke, Klaus-Dirk (2006), Subsidiarity in the European Union, in: Intereconomics. Review of European Economic Policy, 41, S. 240–245.

Herzog, Roman und *Lüder Gerken* (2007), Die Europäische Union gefährdet die parlamentarische Demokratie in Deutschland, in: Welt am Sonntag Nr. 2 vom 14.01.2007, S. 8–9.

Hirschman, Albert O. (1970), Exit, Voice, and Loyality, Cambridge, Mass.

Hobbes, Thomas (1651), Leviathan, übersetzt von *Jacob Peter Mayer*, Stuttgart 1970.

Homann, Karl (1985), Legitimation und Verfassungsstaat. Vertragstheoretische Interpretation der Demokratie, in: *Boettcher, Erik, Philipp Herder-Dorneich* und *Karl-Ernst Schenk* (Hrsg.), Jahrbuch für Neue Politische Ökonomie, Bd. 4, Die Vertragstheorie als Grundlage der Parlamentarischen Demokratie, Tübingen, S. 48–72.

Hrbek, Rudolf (2004), Die Europäische Union in föderaler Perspektive, in: *Piazolo, Michael* und *Jürgen Weber* (Hrsg.): Föderalismus. Leitbild für die Europäische Union?, München, S. 316–334.

Hueglin, Thomas O. (2000), From Constitutional to Treaty Federalism. A Comparative Perspective, in: Publius. The Journal of Federalism, 30, S. 137–153.

Inman, Robert P. und *Daniel L. Rubinfeld* (1996), Designing Tax Policy in Federalist Economies. An Overview, in: Journal of Public Economics, 60, S. 307–334.

Isensee, Josef (2007), Zweckverband oder Wertegemeinschaft, in: Frankfurter Allgemeine Zeitung Nr. 12 vom 15.01.2007, S. 8.

Jellinek, Georg (1900), Allgemeine Staatslehre, 3. Aufl., 6., unveränd. Neudr., Darmstadt 1959.

Josling, Tim und Heinz W. Meyer (1991), The Common Agricultural Policy of the European Community. A Public Choice Interpretation, in: Roland Vaubel und Thomas D. Willett (Hrsg.), The Political Economy of International Organizations. A Public Choice Approach, Boulder, S. 286–305.

Kaelble, Hartmut und *Günther Schmid* (2004), Das europäische Sozialmodell. Auf dem Weg zum transnationalen Sozialstaat, WZB Jahrbuch 2004, Berlin.

Kahl, Bruno (1994), Europäische Union. Bundesstaat, Staatenbund, Staatenverbund? Zum Urteil des BVerfG vom 12. Oktober 1993, in: Der Staat. Zeitschrift Staatslehre, Öffentliches Recht und Verfassungsgeschichte, 33, S. 241–258.

Kaltefleiter, Viola (1995), Die Entwicklungshilfe der Europäischen Union, Heidelberg.

Kant, Immanuel (1781), Zum ewigen Frieden. Ein philosophischer Entwurf. Editierte Einzelausgabe, hrsg. v. *Rudolf Malter*, Stuttgart 1984.

Kerber, Wolfgang (2003), Wettbewerbsföderalismus als Integrationskonzept für die Europäische Union, in: Perspektiven der Wirtschaftspolitik, 4, S. 43–64.

Kielmansegg, Peter Graf (2003), Integration und Demokratie, in: *Markus Jachtenfuchs* und *Beate Kohler-Koch* (Hrsg.), Europäische Integration, 2. Aufl., Opladen, S. 49–83.

Kirchner, Christian (1997), Competence Catalogues and the Principle of Subsidiarity in a European Constitution, in: Constitutional Political Economy, 8, S. 71–87.

Kirsch, Guy (1997), Neue Politische Ökonomie, 4. Aufl., Stuttgart.

Kirstein, Roland und *Stefan Voigt* (2000), The Violent and the Weak. When Dictators Care About Social Contracts, Center for the Study of Law and Economics Discussion Paper Nr. 2.

Koester, Ulrich (2001), Europäische Agrarpolitik. Ein Spannungsfeld divergierender Interessen, in: *Renate Ohr* und *Theresia Theurl* (Hrsg.), Kompendium Europäische Wirtschaftspolitik, München, S. 310–362.

Kortenjann, Ansgar und *Thomas Apolte* (2006), Die europäische Verfassung. Gründungsmythos oder Vertragskonsolidierung?, in: *Dirk Wentzel* (Hrsg.),

Europäische Integration. Ordnungspolitische Chancen und Defizite, Stuttgart, S. 75–93.

Laslovic, Michael J. (1993), The American Tradition. Federalism in the United States, in: *Michael Burgess* und *Alain-G. Gagnon* (Hrsg.), Comparative Federalism and Federation. Competing Traditions and Future Directions, Toronto, S. 187–202.

Leipold, Helmut (1987), Vertragstheoretische Begründung staatlicher Aufgaben, in: Wirtschaftswissenschaftliches Studium, 16, S. 177–182.

Leipold, Helmut (1988), Ordnungspolitische Konsequenzen der ökonomischen Theorie der Verfassung, in: *Cassel, Dieter, Bernd-Thomas Ramb* und *Jörg H. Thieme* (Hrsg.), Ordnungspolitik, München, S. 257–283.

Leipold, Helmut (1993), Die EG im Spannungsverhältnis zwischen Konsens und Effizienz, in: *Helmut Gröner* und *Norbert Berthold* (Hrsg.), Die europäische Integration als ordnungspolitische Aufgabe. Schriften zum Vergleich von Wirtschaftsordnungen, Bd. 43, Stuttgart, S. 41–71.

Leipold, Helmut (2006), Die EU im Spannungsverhältnis zwischen dem Konsens- und Mehrheitsprinzip, in: *Dirk Wentzel* (Hrsg.), Europäische Integration. Ordnungspolitische Chancen und Defizite, Stuttgart, S. 47–73.

Leschke, Martin (1993), Ökonomische Verfassungstheorie und Demokratie. Das Forschungsprogramm der Constitutional Economics und seine Anwendung auf die Grundordnung der Bundesrepublik Deutschland, Berlin.

Leschke, Martin (1995), Konstitutionelle Demokratie und die Europäische Union, in: List Forum für Wirtschafts- und Finanzpolitik, 21, S. 394–412.

Leschke, Martin und *Markus Möstl* (2007), Die Grundzüge der Subsidiarität und Verhältnismäßigkeit. Wirksame Kompetenzschranken der Europäischen Union, in: *Wolfgang Kerber* und *Klaus Heine* (Hrsg.), Zentralität und Dezentralität von Regulierung in Europa, Schriften zum Vergleich von Wirtschaftsordnungen, Bd. 83, Stuttgart (i. V.).

Levmore, Saul (1992), Bicameralism. When Are Two Decisions Better than One?, in: International Review of Law and Economics, 12, S. 145–162.

Linsenmann, Ingo (2000), Wirtschafts- und Sozialausschuss, in: *Werner Weidenfeld* und *Wolfgang Wessels* (Hrsg.), Europa von A bis Z. Taschenbuch der europäischen Integration, 7. Aufl., Bonn, S. 361–363.

Märkt, Jörg (2002), Zur Methodik der Verfassungsökonomik. Die Aufgabe eines vertragstheoretisch argumentierenden Ökonomen. Freiburger Diskussionspapier zur Ordnungsökonomik Nr. 4.

Maurer, Andreas und *Uwe Schmalz* (2000), Institutionelle Reformen, in: *Werner Weidenfeld* und *Wolfgang Wessels* (Hrsg.), Europa von A bis Z. Taschenbuch der europäischen Integration, 7. Aufl., Bonn, S. 256–261.

Maurer, Andreas und *Daniela Kietz* (2003), Nach dem Konvent. Die neuen Kompetenzen der nationalen Parlamente, Stiftung Wissenschaft und Politik, Berlin.

McGuire, Martin und *Mancur Olson* (1996), The Economics of Autocracy and Majority Rule. The Invisible Hand and the Use of Force, in: Journal of Economic Literature, 33, S. 72–96.

McKay, David (2001), Designing Europe. Comparative lessons from the federal experience, Oxford.

Meyer, Steffen (1998), Popitz' „Gesetz der Anziehungskraft des zentralen Etats", in: Wirtschaftswissenschaftliches Studium, 4, S. 197–200.

Michler, Albrecht F. (2006), Die Europäische Zentralbank. Struktur, Aufbau und ordnungspolitische Orientierung, in: *Dirk Wentzel* (Hrsg.), Europäische Integration. Ordnungspolitische Chancen und Defizite, Stuttgart, S. 95–168.

Mittag, Jürgen (2000), Ausschuss der Regionen, in: *Werner Weidenfeld* und *Wolfgang Wessels* (Hrsg.), Europa von A bis Z. Taschenbuch der europäischen Integration, 7. Aufl., Bonn, S. 78–81.

Moull, David (2004), Lessons the EU should learn from the formative years of the US. Challenges to RU authority in the areas of legitimacy and interpretive competence and the implications for the conceptualization of the EU. Jean Monnet Working Papers in Comparative and International Politics No. 51.

Mueller, Dennis C. (1996a), Constitutional Quandaries in Europe, in: Constitutional Political Economy, 7, S. 293–302.

Mueller, Dennis C. (1996b), Constitutional Democracy, New York.

Mueller, Dennis C. (1997), Federalism and the European Union. A Constitutional Perspective, in: Public Choice, 90, S. 255–280.

Mueller, Dennis C. (2002), Constitutional issues regarding European Union expansion, in: *Bernard Steunenberg* (Hrsg.), Widening the European Union, London, S. 41–57.

Mueller, Dennis C. (2003), Public Choice III, Cambridge.

Mueller, Dennis C. (2005a), Constitutional political economy in the European Union, in: Public Choice, 124, S. 57–73.

Mueller, Dennis C. (2005b), The constitution of the European Union, in: Wirtschaftspolitische Blätter, 2, S. 245–251.

Müller, Christian (1997), Der „Schleier des Nichtwissens“ und der „Schleier der Unsicherheit“, in: Wirtschaftswissenschaftliches Studium, 26, S. 245–247.

Müller, Christian (2000), Das vertragstheoretische Argument in der Ökonomik, Berlin.

Müller, Christian (2002), Legitimation supranationaler Wirtschaftspolitik. Das Beispiel der Europäischen Union, in: *Alfred Schüller* und *H. Jörg Thieme* (Hrsg.), Ordnungsprobleme der Weltwirtschaft. Schriften zu Ordnungsfragen der Wirtschaft, Bd. 71, Stuttgart, S. 496–523.

Müller, Christian und *Manfred Tietzel* (2000), Ordnungspolitische Implikationen der Vertragstheorie, in: *Helmut Leipold* und *Ingo Pies* (Hrsg.), Ordnungstheorie und Ordnungspolitik. Konzeptionen und Entwicklungsperspektiven, Stuttgart, S. 303–328.

Müller, Markus M. (2004), Mut zur Staatlichkeit. Volk, Demokratie und Staatlichkeit in der Verfassungsdebatte, in: *Klaus Beckmann*, *Jürgen Dieringer* und *Ulrich Hufeld* (Hrsg.), Eine Verfassung für Europa, Tübingen, S. 73–89.

Müller-Graff, Peter-Christian (2004a), Strukturmerkmale des neuen Verfassungsvertrages für Europa im Entwicklungsgang des Primärrechts, in: Integration, 27, S. 186–201.

Müller-Graff, Peter-Christian (2004b), Die Kompetenzen in der Europäischen Union, in: *Werner Weidenfeld* (Hrsg.), Die Europäische Union. Politisches System und Politikbereiche, Bonn, S. 141–165.

Musgrave, Richard A. (1959), The Theory of Public Finance. A Study in Public Economy, New York/Toronto/London.

Musgrave, R. (1969), Theories of Fiscal Federation, in: Public Finance, 24, S. 521–532.

Nicolaidis, Kalypso und *Robert Howse* (Hrsg.) (2001), The federal vision. Legitimacy and Levels of Government in the United States and the European Union, Oxford.

Nienhaus, Volker (1982), Persönliche Freiheit und moderne Demokratie. F. A. von Hayeks Demokratiekritik und sein Reformvorschlag eines Zweikammersystems, Tübingen.

Niskanen, William A. (1971), Bureaucracy and Representative Government, Chicago.

North, Douglas C. (1992), Institutionen, institutioneller Wandel und Wirtschaftsleistung, Tübingen.

Oates, Wallace E. (1968), The Theory of Public Finance in a Federal System, in: Canadian Journal of Economics, 1, S. 37–54.

Oates, Wallace E. (1972), Fiscal Federalism, New York.

Oates, Wallace E. (1999), An Essay on Fiscal Federalism, in: Journal of Economic Literature, 37, S. 1120–1149.

OECD (2003), Agricultural Policies in OECD Countries. Monitoring and Evaluation, Paris.

OECD (2004), Agricultural Policies in the OECD Countries at a Glance, Paris.

Ohr, Renate und *Torsten Gruber* (2001), Zur Theorie regionaler Integration, in: *Renate Ohr* und *Theresia Theurl* (Hrsg.), Kompendium Europäische Wirtschaftspolitik, München, S. 2–39.

Ohr, Renate und *André Schmidt* (2003), Der Stabilitäts- und Wachstumspakt im Zielkonflikt zwischen fiskalischer Flexibilität und Glaubwürdigkeit. Ein Reformansatz unter Berücksichtigung konstitutionen- und institutionenökonomischer Aspekte, CeGE-Discussion Paper, Nr. 19.

Olson, Mancur (1969), The Principle of ‚Fiscal Equivalence'. The Division of Responsibilities Among Different Levels of Government, in: American Economic Review, 59, S. 479–487.

Olson, Mancur (1985), Aufstieg und Niedergang von Nationen. Ökonomisches Wachstum, Stagflation und soziale Starrheit, Tübingen.

Olson, Mancur (1965), Die Logik des kollektiven Handelns. Kollektivgüter und die Theorie der Gruppen, 5., durchges. Aufl., Tübingen 2004.

Oppermann, Thomas (1999), Europarecht. Ein Studienbuch, 2. Aufl., München.

Oppermann, Thomas (2004), Vom Nizza-Vertrag zum Europäischen Verfassungskonvent, in: *Klaus Beckmann*, *Jürgen Dieringer* und *Ulrich Hufeld* (Hrsg.), Eine Verfassung für Europa, Tübingen, S. 191–208.

Ostrom, Vincent (1987), The Political Theory of a Compound Republic. Designing the American Experiment, 2., überarb. Aufl., Lincoln.

Ostrom, Vincent (1991), The Meaning of American Federalism, San Francisco.

Padgen, Anthony (Hrsg.) (2002), The Idea of Europe. From Antiquity to the European Union, Cambridge/New York.

Pelkmans, Jacques (2006), An EU Subsidiarity Test Is Indispensable, in: Intereconomics. Review of European Economic Policy, 41, S. 249–254.

Petersmann, Ernst-Ulrich (1995), How Can the European Union be Constitutionalized? The European Parliament's 1994 Proposal for a

"Constitution for the European Union", in: Außenwirtschaft, 50, S. 171–220.

Pfetsch, Frank R. (2001), Die Europäische Union. Eine Einführung, 2. Aufl., München.

Plessen, Marie-Louise Gräfin von (Hrsg.) (2003), Idee Europa. Entwürfe zum „Ewigen Frieden". Ordnungen und Utopien für die Gestaltung Europas von der pax romana zur Europäischen Union, Berlin.

Popper, Karl R. (1970), Die offene Gesellschaft und ihre Feinde, Bd. 1, Der Zauber Platons, 2. Aufl., Bern.

Pratt, John W. und *Richard J. Zeckhauser* (Hrsg.) (1985), Principles and Agents. The Structure of Business, Boston.

Prindle, David (2004), The Invisible Hand of James Madison, in: Constitutional Political Economy, 15, S. 223–237.

Popitz, Johannes (1927), Der Finanzausgleich, in: *Wilhelm Gerloff* und *Franz Meisel* (Hrsg.), Handbuch der Finanzwissenschaft, Bd. 2, Tübingen, S. 338–375.

Rawls, John (1975), Eine Theorie der Gerechtigkeit, Frankfurt a. M.

Reissert, Bernd (1989), Föderalismus, in: *Dieter Nohlen* und *Rainer-Olaf Schultze* (Hrsg.), Pipers Wörterbuch zur Politik, Bd. 1, Politikwissenschaft. Theorien, Methoden, Begriffe, A–M, München/Zürich, S. 238–244.

Richter, Rudolf und *Eirik G. Furubotn* (2003), Neue Institutionenökonomik, 3. Aufl., Tübingen.

Riker, William H. (1996), European federalism. The lessons of past experience, in: *Joachim Jens Hesse* und *Vincent Wright* (Hrsg.), Federalizing Europe? The Costs, Benefits and Proconditions of Federal Political Systems, Oxford, S. 9–24.

Ronge, Frank (1998), Legitimität durch Subsidiarität. Der Beitrag des Subsidiaritätsprinzips zur Legitimation einer überstaatlichen politischen Ordnung in Europa, Baden-Baden.

Rübbelke, Dirk T. G. (2005), Bereitstellung öffentlicher Güter in der Europäischen Union, in: Wirtschaftswissenschaftliches Studium, 34, S. 334–337.

Sachverständigenrat zur Begutachtung der gesamtwirtschaftlichen Entwicklung (2006), Widerstreitende Interessen, ungenutzte Chancen. Jahresgutachten 2006/07, Wiesbaden.

Salmon, Pierre (2003), Assigning Powers in the European Union in the Light of Yardstick Competition among Governments, in: *Manfred Holler* et al.

(Hrsg.), European Governance, Jahrbuch für Neue Politische Ökonomie, Bd. 22, Tübingen, S. 197–216.

Salmon, Pierre (2005), Political Yardstick Competition and Corporate Governance in the European Union, ECGI Working Paper Nr. 38.

Samuelson, Paul A. (1954), A Pure Theory of Public Expenditure, in: Review of Economics and Statistics, 36, S. 387–389.

Schäfer, Wolf (2006), Harmonisation and Centralisation versus Subsidiarity. Which Should Apply Where?, in: Intereconomics. Review of European Economic Policy, 41, S. 246–249.

Scharpf, Fritz W. (2002), Regieren im europäischen Mehrebenensystem. Ansätze zu einer Theorie, in: Leviathan, 30, S. 65–92.

Schneider, Friedrich (1992), The Federal and Fiscal Structures of Representatives and Direct Democracies as Models for a European Federal Union, Linz.

Schneider, Friedrich (1998), Einige grundlegende Elemente einer europäisch-föderalen Verfassung unter Zuhilfenahme der konstitutionellen ökonomischen Theorie, in: *Dieter Cassel* (Hrsg.), Europäische Integration als ordnungspolitische Gestaltungsaufgabe, Berlin, S. 11–31.

Schneider, Hans-Peter (2004), Entwicklungen, Fehlentwicklungen, Reformen des deutschen Föderalismus und die Europäische Union, in: *Michael Piazolo* und *Jürgen Weber* (Hrsg.): Föderalismus. Leitbild für die Europäische Union?, München, S. 46–57.

Schubert, Carina (1998), Theorien des Gesellschaftsvertrages und ihre ordnungspolitischen Implikationen, Köln.

Schulhoff, Wolfgang (1997), Europa auf dem Weg zur Selbstfindung. Eine historische und politische Betrachtung, Baden Baden.

Schulknecht, Ludger (1992), Trade Protection in the European Community, Chur.

Schulze, Hagen (2002), Europa. Nation und Nationalstaat im Wandel, in: *Werner Weidenfeld* (Hrsg.), Europa-Handbuch, Bonn, S. 41–65.

Schultze, Rainer-Olaf (2001), Föderalismus, in: *Dieter Nohlen* (Hrsg.), Kleines Lexikon der Politik, München, S. 127–134.

Schumpeter, Joseph A. (1942), Capitalism, Socialism and Democracy, New York, dt. Übersetzung: Kapitalismus, Sozialismus und Demokratie, 7., erw. Aufl., Tübingen 1993.

Shell, Kurt L. (2004), Der amerikanische Föderalismus. Eine kritische Perspektive, in: *Michael Piazolo* und *Jürgen Weber* (Hrsg.), Föderalismus. Leitbild für die Europäische Union?, München, S. 25–45.

Shleifer, Andrei (1985), A Theory of Yardstick Competition, in: Rand Journal of Economics, 16, S. 319–327.

Sinn, Hans-Werner (1994), How much Europe? Subsidiarity, Centralization, and Fiscal Competition, in: Scottish Journal of Political Economy, 41, S. 177–196.

Sinn, Hans-Werner (1997), The Selection Principle and Market Failure in System Competition, in: Journal of Public Economics, 66, S. 247–274.

Sinn, Hans-Werner (2002), Der neue Systemwettbewerb, in: Perspektiven der Wirtschaftspolitik, 4, S. 391–407.

Smeets, Heinz-Dieter (1996), Grundlagen der regionalen Integration. Von der Zollunion zum Binnenmarkt, in: *Renate Ohr* (Hrsg.), Europäische Integration, Stuttgart/Berlin/Köln, S. 47–75.

Spremann, Klaus (1990), Asymmetrische Information, in: Zeitschrift für Betriebswirtschaft, 60, S. 561–586.

Stehn, Jürgen (2002), Toward a European Constitution. Fiscal Federalism and the Allocation of Economic Competences, Kiel Working Paper No. 1125.

Steunenberg, Bernard (1994), Decision Making under Different Institutional Arrangements. Legislation by the European Community, in: Journal of Institutional and Theoretical Economics, 150, S. 642–669.

Storing, Herbert J. (1981), What the Anti-Federalists Were for, Chicago / London.

Streit, Manfred E. (1996), Systemwettbewerb und Harmonisierung im europäischen Integrationsprozess, in: Dieter Cassel (Hrsg.), Entstehung und Wettbewerb von Systemen, Berlin, S. 223–244.

Sundmacher, Torsten und *Christian Müller* (2006), Europäische Sozialpolitik, in: in: *Dirk Wentzel* (Hrsg.), Europäische Integration. Ordnungspolitische Chancen und Defizite, Stuttgart, S. 187–222.

Swenden, Wilfried (2004), Is the European Union in Need of a Competence Catalogue? Insights from Comparative Federalism, in: Journal of Common Market Studies, 42, S. 371–392.

Tabellini, Guido (2003), Principles of Policy-Making in the European Union. An Economic Perspective, in: CESifo Economic Studies, 49, S. 75–102.

Theurl, Theresia und *Eric Meyer* (2001), Institutionelle Grundlagen der Europäischen Union, integrationspolitische Strategien und aktuelle Entwicklungsperspektiven, in: *Renate Ohr* und *Theresia Theurl* (Hrsg.), Kompendium Europäische Wirtschaftspolitik, München, S. 41 – 204.

Tiebout, Charles M. (1956), A Pure Theory of Local Expenditures, in: Journal of Political Economy, 64, S. 416–424.

de Tocqueville, Alexis (1838), Democracy in America, Volume I, New York 1948.

Tullock, Gordon (1969), Federalism. Problems of Scale, in: Public Choice, 6, S. 19–29.

Tullock, Gordon (1974), The Social Dilemma, Blacksburg.

Vanberg, Viktor (1981), Liberaler Evolutionismus oder vertragstheoretischer Konstitutionalismus? Zum Problem institutioneller Reformen bei F. A. von Hayek und J. M. Buchanan, Tübingen.

Vanberg, Viktor (1988), „Ordnungstheorie" as Constitutional Economics – The German Economic Concept of a „Social Market Economy", in: ORDO. Jahrbuch für die Ordnung von Wirtschaft und Gesellschaft, Bd. 39, Stuttgart, S. 17–31.

Vanberg, Victor (1994), Subsidiarity, responsive Government, and Individual Liberty, in: *Knut W. Nörr* und *Thomas Oppermann* (Hrsg.), Subsidiarität. Idee und Wirklichkeit zur Reichweite eines Prinzips in Deutschland und Europa, Tübingen, S. 253–269.

Vanberg, Viktor und Wolfgang Kerber (1994), Institutional Competition Among Jurisdictions. An Evolutionary Approach, in: Constitutional Political Economy, 5, S. 193–219.

van den Bergh, Roger (2000), Towards an Institutional Legal Framework for Regulatory Competition in Europe, in: Kyklos, 53, S. 435–466.

Vaubel, Roland (1986), A Public Choice Approach to International Organization, in: Public Choice, 51, S. 39–57.

Vaubel, Roland (1992), Die politische Ökonomie der wirtschaftspolitischen Zentralisierung in der Europäischen Gemeinschaft, in: Jahrbuch für Neue Politische Ökonomie, 11, S. 30–65.

Vaubel, Roland (1994), The Political Economy of Centralization and the European Community, in: Public Choice, 81, S. 151–190.

Vaubel, Roland (1995), The Centralisation of Western Europe. The Common Market, Political Integration, and Democracy, London.

Vaubel, Roland (1996), Constitutional Safeguards Against Centralization in Federal States. An International Cross-Section Analysis, in: Constitutional Political Economy, 7, S. 79–102.

Vaubel, Roland (2001), Europa-Chauvinismus. Vom Hochmut der Institutionen, München.

Vaubel, Roland (2002), Die Politische Ökonomie des Europäischen Verfassungskonvents, in: Wirtschaftsdienst, 82, S. 636–640.

Vaubel, Roland (2005), Reformen der europäischen Politikverflechtung, in: *Michael Wohlgemuth* (Hrsg.), Spielregeln für eine bessere Politik. Reformblockaden überwinden, Leistungswettbewerb fördern, Freiburg / Basel / Wien, S. 118–134.

Verheugen, Günter (2005), Europa in der Krise. Für eine Neugestaltung der europäischen Idee, Köln.

Vibert, Frank (1995), Europe. A Constitution for the Millennium, Aldershot.

Voigt, Stefan (1996), Die konstitutionelle Ökonomik als Herausforderung für die Theorie der Wirtschaftspolitik. Eine Skizze zur Weiterentwicklung der einer ökonomischen Theorie der Verfassung, in: *Ingo Pies* und *Martin Leschke* (Hrsg.): James Buchanans konstitutionelle Ökonomik, Tübingen, S. 157–183.

Voigt, Stefan (1997), Positive Constitutional Economics. A Survey, in: Public Choice, 90, 11–53.

Voigt, Stefan (1998), Das Forschungsprogramm der Positiven Konstitutionenökonomik, in: *Gerd Grözinger* und *Stephan Panther* (Hrsg.), Konstitutionelle Politische Ökonomie. Sind unsere gesellschaftlichen Regelsysteme in Form und guter Verfassung?, Marburg, S. 279–319.

Voigt, Stefan (1999), Explaining Constitutional Change. A Positive Economics Approach, Cheltenham.

Voigt, Stefan (2005), Crisis – What Crisis? After the Failure of the Draft Constitution, Europe Needs Thorough Discussions – and a New Focus on Integration, in: Intereconomics, 40, S. 196–200.

Wagener, Hans-Jürgen, Thomas Eger und *Heiko Fritz* (2006), Europäische Integration. Recht und Ökonomie, Geschichte und Politik, München.

Walter, Christian (2000), Die Folgen der Globalisierung für die europäische Verfassungsdiskussion, in: Deutsches Verwaltungsblatt, 155, S. 1–13.

Weber, Marion (1991), Tyrannei der Mehrheit oder Dominanz von Sonderinteressen? Ökonomische Analyse von Verfahren zur kollektiven Entscheidungsfindung. Ausgewählte Volkswirtschaftliche Diplomarbeiten des Fachbereichs Wirtschaftswissenschaften der Universität-Gesamthochschule-Duisburg Nr. 6.

Weber, Max (1980), Gesammelte politische Schriften. Mit einem Geleitwort von *Theodor Heuss*, hrsg. von *Johannes Winckelmann*, 4. Aufl., Tübingen.

Weidenfeld, Werner (2002), Europa – aber wo liegt es?, in: *Ders*. (Hrsg.), Europa-Handbuch, Bonn, S. 15–40.

Weidenfeld, Werner (Hrsg.) (2004), Die Europäische Union. Politisches System und Politikbereiche, Bonn.

Weiler, Joseph H. H. (2001), Federalism without constitutionalism. Europe's Sonderweg, in: *Kalypso Nicolaidis* und *Robert Howse* (Hrsg.), The Federal Vision. Legitimacy and Levels of Government in the United States and the European Union, Oxford, S. 54–70.

Weingast, Barry R. (1993), Constitutions as Government Structures – The Political Foundations of Secure Markets, in: Journal of Institutional and Theoretical Economics, 149, S. 286–311.

Wentzel, Dirk (2007), Der Ausschuss der Regionen in Europa. Institutioneller Aufbau und Subsidiaritätsauftrag, in: *Wolfgang Kerber* und *Klaus Heine* (Hrsg.), Zentralität und Dezentralität von Regulierung in Europa, Schriften zum Vergleich von Wirtschaftsordnungen, Bd. 83, Stuttgart (i. V.).

Wessels, Wolfgang (1996), Europäische Union. Entwicklung eines politischen Systems, in: *Renate Ohr* (Hrsg.), Europäische Integration, Stuttgart/Berlin/Köln 1996, S. 19–46.

Wessels, Wolfgang (2004a), Das politische System der EU, in: *Werner Weidenfeld* (Hrsg.), Die Europäische Union. Politisches System und Politikbereiche, Bonn, S. 83–108.

Wessels, Wolfgang (2004b), Die institutionelle Architektur der EU nach der Europäischen Verfassung. Höhere Entscheidungsdynamik – neue Koalitionen?, in: Integration, 27, S. 161–175.

Wessels, Wolfgang und *Thorsten Müller* (2000), Entscheidungsverfahren, in: *Werner Weidenfeld* und *Wolfgang Wessels* (Hrsg.), Europa von A bis Z. Taschenbuch der europäischen Integration, 7. Aufl., Bonn, S. 110–122.

Wheare, Kenneth C. (1959), Föderative Regierung, München.

Wicksell, Knut (1896), Finanztheoretische Untersuchungen, Jena, Neudruck Aalen 1969.

Witte, Kirsten (1995), Ordnungspolitische Perspektiven der Europäischen Union. Eine Analyse aus Sicht der Neuen Institutionenökonomik, Bergisch Gladbach/Köln.

Wittman, Donald (1973), Parties as Utility Maximizers, in: American Political Science Review, 67, S. 490–498.

Wohlgemuth, Michael (1995), Economic and Political Competition in Neoclassical and Evolutionary Perspective, in: Constitutional Political Economy, 6, S. 71–96.

Woyke, Wichard (1995), Europäische Institutionen. Einführung, München.

Woyke, Wichard (1998), Europäische Union – Erfolgreiche Krisengemeinschaft. Einführung in Geschichte, Strukturen, Prozesse und Politiken, München.

Kolibri 360 GmbH
Ferdinand-Jühlke-Straße 7
99095 Erfurt, Deutschland
produktsicherheit@kolibri360.de

Druck:
CPI Druckdienstleistungen GmbH
im Auftrag der
Kolibri 360 GmbH
Ferdinand-Jühlke-Str. 7
99095 Erfurt